imaginist

想象另一种可能

理
想
国
imaginist

HELMUT SCHOECK

Der Neid.
Eine Theorie der
Gesellschaft

# 嫉妒与社会

[德] 赫尔穆特·舍克 —— 著

谭淦 —— 译

上海三联书店

Helmut Schoeck, Der Neid. Eine Theorie der Gesellschaft

© 1966 Verlag Karl Alber, part of Nomos Verlagsgesellschaft mbH & Co. KG

Simplified Chinese edition published by Beijing Imaginist Time Culture Co., Ltd.

All rights reserved.

著作权合同登记图字：09-2023-1014

**图书在版编目（CIP）数据**

嫉妒与社会 / （德）赫尔穆特·舍克著；谭淦译
. -- 上海：上海三联书店，2024.3

ISBN 978-7-5426-8370-0

Ⅰ . ①嫉… Ⅱ . ①赫… ②谭… Ⅲ . ①嫉妒－社会心
理学 Ⅳ . ① C912.69

中国国家版本馆 CIP 数据核字 (2024) 第 017902 号

# 嫉妒与社会

[德] 赫尔穆特·舍克 著　谭淦 译

责任编辑：宋寅悦
特约编辑：孔胜楠
封面设计：尚燕平
内文制作：陈基胜
责任校对：王凌霄
责任印制：姚　军

出版发行 / 上海三联书店
　　　　（200041）中国上海市静安区威海路755号30楼
邮　　箱 / sdxsanlian@sina.com
联系电话 / 编辑部：021-22895517
　　　　　发行部：021-22895559
印　　刷 / 山东韵杰文化科技有限公司

版　　次 / 2024 年 3 月第 1 版
印　　次 / 2024 年 3 月第 1 次印刷
开　　本 / 1230mm×880mm　1/32
字　　数 / 405千字
印　　张 / 18.5
书　　号 / ISBN 978-7-5426-8370-0/C·640
定　　价 / 82.00元

如发现印装质量问题，影响阅读，请与印刷厂联系：0533-8510898

# 目 录

## 第 10 章　文学中的嫉妒者

## 第 11 章　哲学中的嫉妒主题

## 第 12 章　作为安抚嫉妒手段的政治

## 第 13 章　贫穷的颂歌：从抵制奢侈到对富裕社会的反感

## 第 14 章　公正感与平等观

## 第 15 章　成为不平等者的内疚

## 第 16 章　平等社会中的杰出个人

## 第 17 章　脱离嫉妒的社会：一个乌托邦

## 第 18 章　私有财产是盗窃吗？

## 第 19 章　社会愤慨

## 第 20 章　作为收税员的嫉妒

## 第 21 章　社会革命

## 第 22 章　人类存在的嫉妒理论

第 1 章

# 嫉妒的人类

在历史的长河中，在文化的各个发展阶段，在大多数的语言里，作为迥然不同社会的成员，人们已经认识到自身存在的一个根本问题，并赋予其特定名称：嫉妒感与被嫉妒感（das Gefühl des Neides und des Beneidetwerdens）。

嫉妒是社会存在的核心问题；一旦两个高等生物能进行相互比较，这个问题自然而然地就会出现。至少有一部分驱使我们强迫性地与他人比较的动力机制，是在人类进化的早期阶段，即在我们成为现代人类之前的生物阶段就已经形成了。但是，在人类中，这种现象具有特殊意义。人类是一种容易嫉妒的生物，如果没有嫉妒带来的对被嫉妒者的社会约束，我们将无法发展出我们在现代社会中所使用的社会制度。

然而，作为嫉妒者的人可能会过度追求目标，并产生或引发对适应新环境问题的能力产生阻碍作用的抑制。而且，人可能会因为嫉妒而成为破坏者。迄今为止，几乎所有涉及嫉妒的零散文献（散文、文学、哲学、神学、心理学、法学等）都不断提到其破坏性、抑制性、无益的、痛苦的元素。在所有的文化、语言、谚语和人类童话中，嫉妒都受到了谴责。充满嫉妒的人被要求无论在何处都应该感到羞愧。

尽管现代心理学的一些流派实际上已经从它们的词汇中删

除了"嫉妒"这个词，甚至给人以根本不存在嫉妒作为主要动机的假象，但现有的证据使得人们对它存在的普遍性没有任何怀疑。在几乎所有的语言中，从最简单的、原始民族的语言，到印欧语系，再到阿拉伯语、日语和中文，都有一个固定的词语来表达"嫉妒"或"嫉妒的人"。世界上各种文化的谚语，都以百般形式提到了它。格言家和哲学家都曾谈论过它。在克尔凯郭尔的作品中，嫉妒扮演着非常特殊的角色，他奇怪地提到了那些使他人嫉妒的被嫉妒者。无数的文学作品让嫉妒至少以配角的身份出场。我们每个人也都在自己的生活中多次遭遇嫉妒。它是所有人际关系的重要调节器：对引发嫉妒的恐惧，抑制和改变了无数的行为。

　　尽管嫉妒在人类生活中的角色显而易见，而且理解它并不需要发明新的概念体系，但令人惊讶的是，专门研究嫉妒的作品却非常少。这包括弗朗西斯·培根（Francis Bacon）的一篇随笔；三百年后的法国人欧仁·雷加（Eugène Raiga）写的一本短篇小说，以及同时期的一部俄国小说；除此之外，还有几乎被遗忘的19世纪法国作家欧仁·苏（Eugène Sue）的一部小说、弗里德里希·尼采（Friedrich Nietzsche）的一些警句，以及马克斯·舍勒（Max Scheler）的一项研究，尽管舍勒的研究实际上更多地是关于另一种特殊情况——怨恨（Ressentiment）。

　　这本书可能会让一些读者感到不安，包括那些处于各种世界观阵营的人。但我相信，我可以展示两个事实：一方面，嫉妒的普遍性远远超过迄今为止其被承认甚至被意识到的程度，事实上，只有嫉妒才使任何一种社会的共同生活成为可能；另一方面，我认为，作为社会政策的一个未被明说或承认的核心，嫉妒的破坏性要远超过那些从嫉妒中提炼出自己的社会和经济哲学的人们愿意承认的程度。

人与人之间的关系越密切，产生嫉妒的强度和可能性就越大，这一可能性恒常存在，是在所有文化发展阶段的人类生活中的一种令人不安、有时难以察觉，但却至关重要的基本事实。在某种程度上，一些备受尊敬的社会哲学和经济理论的不完整性和时代局限性，源自它们的一个假设，即人们的嫉妒情感是由偶然、随意和暂时的情况引发的，特别是由显著的不平等引发的，并且假设如果消除这些因素，嫉妒情感也就可以被消除——换句话说，它可以被永久性地治愈。

现代人类在其发达的文化和复杂的社会中所展现的、与原始社会区别开来的大多数成就，也就是人类文明的历史，实质上是嫉妒——也就是嫉妒者——无数次失败的结果。

马克思主义者所称的"宗教的鸦片"，即在各种生活环境下为信徒提供满足感和希望的能力，对于嫉妒者和被嫉妒者而言，不过是提供了一种观念，让嫉妒者摆脱嫉妒，让被嫉妒者摆脱其内疚感和对嫉妒者的恐惧。马克思主义者正确地认识到了这一功能，但在面对任何未来社会中仍需解决的嫉妒问题时，在看待那些完全世俗化且可能真正实现平等的社会如何处理存在的潜在嫉妒方面，仍然存在很多困难。

然而，决定一种文化的理念和意识形态内容，不仅是影响嫉妒所扮演角色的因素；由这些理念因素支持或产生的社会结构和进程，也会对嫉妒的角色产生影响。

## 嫉妒者的世界观

我们必须从嫉妒者的视角去考察社会。一定程度的嫉妒倾向，是人类生物学和社会学特质中的一部分，没有这种特质，人们可能在很多情况下会被他人轻易地压倒。例如，我们会以潜在的嫉妒感来检验社会系统的适用性：在我们加入某个团体、参与某个企业之前，我们会试图分辨出其中是否存在可能引发我们或他人强烈嫉妒的结构。如果这是真实的情况，那么这可能是不适合执行特定任务的组织。人必须配备潜在的嫉妒，以便反复地检验在他一生中不断出现的情况和问题解决方案是否公正。在与雇员、同事等打交道时，我们中很少有人能采取一种有意识地忽略嫉妒存在的立场，比如，在《圣经》关于葡萄园劳工的寓言*中主人所采取的立场。无论人事主管或企业负责人自己多么成熟，对嫉妒有多大的免疫力，当涉及工资这样的禁忌和针对全体员工的措施时，他必须能够准确地感知到，在普遍存在相互嫉妒倾向的情况下，有哪些对于企业来说是必要的措施，是恰好可以承受的。["tragbar"（可承受的）或"untragbar"（无法承受的）这两个词，在过去的几十年中，承担了掩盖嫉妒情感的功能，同时也为由嫉妒引发的、倾向于单方面施加影响力的愿望提供了正当性。]

"嫉妒"一词所描述的现象，是一个基本的人类学范畴。它

---

\* "葡萄园劳工的寓言"（Arbeitern im Weinberg），出自《圣经·新约·马太福音》，是耶稣讲述的一个故事，关于一位葡萄园主人雇佣工人的情景。在一天的不同时间，他雇佣了不同的工人。当一天结束时，葡萄园主人付给所有工人相同的工资，无论他们工作了多长时间。那些从早上开始工作的劳工看到后期加入的劳工也得到相同的工资，感到愤怒和嫉妒。这个寓言强调了上帝对所有人的慷慨和公正，以及人们可能因此产生的嫉妒心理。——译者注

是一个心理过程，必然假定了一个社会前提：两个或多个个体。很少有概念是如此根本地属于社会现实，同时却又在行为科学的范畴中如此明显地被忽视。当我强调"嫉妒"作为一个纯粹的概念代表着一个基本问题时，我并不是要声称，这一概念或关于嫉妒作用的理论，可以解释人类生活、社会或文化历史中的一切。还有其他相关的概念和过程，以及人类社会存在的其他各个方面，这些方面都不能通过人的嫉妒来解释。人不仅仅是嫉妒者，还是玩乐者（homo ludens）和创造者（homo faber）；但人能组成持久的群体和社会，主要是因为人总是会对那些偏离规范的他人产生一种不断的、往往是潜意识的嫉妒冲动。

要理解嫉妒的角色，就必须揭开嫉妒现象的面纱，就像精神分析对情欲所做的那样。我希望，读者不会觉得我也是以同样的、片面的方式绝对化了嫉妒的倾向。嫉妒并不能解释所有事情，但它确实能比我们过去愿意承认或者看到的更好地阐明很多事情。

"嫉妒"这个纯粹概念的一个优点在于，它的诞生先于科学的出现。与诸如"矛盾心理"（Ambivalenz）、"相对剥夺"（relative Deprivierung）、"挫折感"（Frustrierung）或"阶级斗争"（Klassenkampf）等概念相比，无数从未将自己视为社会科学家的人，在过去的几百年甚至几千年之前，用各种各样的语言，总是一致地观察到一种行为——"嫉妒"，对于这种行为，他们找到了在词源上往往与之等价的词汇。

对嫉妒在社会历史中的积极和消极作用进行详尽的研究之所以重要，是因为这种情感和动机的复合体，不仅仅是我们应该明白的、个体人类存在的核心基点；对嫉妒现象的正确或错误评估，对其影响的低估或高估，以及最重要的是，那种毫无根据的希望，即认为我们能够规划我们的社会生活，从而创造出没有嫉妒的人或社会，这些都对政策，尤其是经济政策和社会政策，具有直接的影响。

如果将嫉妒仅仅视为诸如思乡病、渴望、忧虑、厌恶、贪婪等多种心理反应中的一种，我们或许可以满足于大多数人对嫉妒的基本理解。然而，对于儿童心理学、教育学或心理治疗等领域来说，系统地整理和发展我们对嫉妒的全面理解仍是一项有价值且重要的任务。这也是本书试图做的事情。对嫉妒潜力的正确评估，以及对其无所不在和顽强性的理解，将影响我们在未来几十年中，能在国家立法以及与其他国家的国际关系中表现出多大的理性。

## 嫉妒者的孤独

嫉妒是一种社会行为，必然需要有另一个人作为对象。这也体现在，如果没有被嫉妒的人，嫉妒者就无法成为一位嫉妒者，但通常他并不想与被嫉妒的人建立任何社会关系。爱情、友谊、敬仰，这些都是对他人的情感倾向，期待着回应、认可，甚至希望形成某种联系。然而，嫉妒者并不希望这样，他不希望被嫉妒的人认出他是个嫉妒者；他也不愿主动与被嫉妒的人交往。可以这么理解纯粹的嫉妒行为：嫉妒者越是细致而强烈地关注他人，就越会陷入对自己的自怜。没有人会嫉妒一个自己不认识的人，或是嫉妒一个自己都没有想象过的人。然而，与对其他人的其他情感倾向相反，嫉妒者不能期待得到对方的相应回应。他不希望被"反嫉妒"。

　　然而，历来观察到，嫉妒者很少对将他人所有的价值转移到自己身上感兴趣。他希望看到他人被掠夺、被剥夺、被揭露、被羞辱、被损害，但他几乎从不具体想象如何可能将他人的财产转移到自己身上。纯粹的嫉妒者不是为自己的利益进行抢劫或欺骗。无论如何，当嫉妒涉及另一个人的个人特质、技能或声誉时，抢劫本身就无法执行。然而，希望他人失去他的声音、他的技艺、他的美貌或他的美德，这样的愿望是轻易就可以怀有的。

　　嫉妒的发生，和对嫉妒者的刺激源无处不在，嫉妒的强度几乎并不取决于刺激的大小，反而更多地取决于嫉妒者与被嫉妒者之间的社会距离。个人通过自我发展而达到的成熟，可以控制嫉妒，但这种情况在现实中往往并不普遍。因此，嫉妒在不同社会中的角色或产生影响的原因，可能需要在不同社会的文化观念和意识形态中寻找。无论是需要处理不平等现象的嫉妒者，还是寻求保护的被嫉妒者（这两种情感过程有可能同时存在于同一人），他们都会对那些能帮助实现相对的"除嫉"（Entneidung），从而使日常生活得以顺利进行的信仰体系、谚语、意识形态等产生兴趣。

## 幸运与厄运

　　并不是像一些社会评论家所坚称的那样，只有那些受到幸运、父辈遗产和经济繁荣所眷顾的人才对抑制嫉妒的思想感兴趣。实际上，嫉妒的人也可以通过构建一种理论，将视线从引发嫉妒的幸运者身上转移，将精力集中在自己可以达到的、适合自己的目标上，由此真正开启自己的生活。

　　能够压制嫉妒心理的信念之一是对"盲眼幸运女神"（blinde

Glücksgöttin）的信仰。人们在生活中或幸运或不幸，以及从生活的抽奖中所抽取到的，都与邻居的幸运或厄运无关。可以说，世界对于这两者都有无穷无尽的储备。被嫉妒严重侵蚀的部落文化，比如多布族（Dobu）和纳瓦霍族（Navaho），他们根本就不了解"幸运"（Glück）这个概念，也不了解"偶然"（Zufall）这个概念。在他们那里，没有人会无缘无故地被雷击中，除非是一个嫉妒他的邻居故意为之。

要从一个文化的普遍特性——其发展程度或经济形态——推断出哪些因素通常能够抵抗嫉妒，哪些因素最易引发嫉妒，这并不简单。一些普世性的价值，比如身体健康、年轻、有孩子等，就像许多民族的谚语和各种避免行为所展示的那样，几乎在所有地方都要对抗那种源于嫉妒的邪恶之眼（böse Blick）。可以推测，在某种文化中，那些对于社会整合有利的价值或者个体间的不平等，例如一些欧洲国家中的君主制至今仍然展示的华丽和奢侈，可能相对地较不易引发嫉妒。[1]

嫉妒是一种心理和社会现象，常常伴随着显著的身体反应。它具有生物学上的根基。嫉妒，或者说嫉妒感，首先可以被看作个人的心理问题。但是我们不能只看到这一点。它也是一个最重要的社会学问题。为什么如此基本、普遍、强烈的心理现象，如嫉妒——以及对其的恐惧，至少是持续的警觉——在不同文化中会导致如此不同的社会结果？有一些文化被嫉妒控制，几乎所有的事件都被归因于嫉妒；有一些文化则似乎在很大程度上驯化了嫉妒，或将其排除在意识之外。造成这些差异的原因是什么？是特定的人格或性格类型出现的频率不同吗？一些研究似乎指向了这个方向。一种可能是，某些文化更倾向于培养特别嫉妒或者不太嫉妒的人。但这并不能解释是什么使得每一种文化走向了当前的道路。

尽管我们的语言和文学认识到了"嫉妒"这个抽象的名词，但严格来说，并不存在嫉妒这种东西。我们可以找到嫉妒的人，甚至习惯性的嫉妒者，我们可以在我们自己或他人中发现可以称为嫉妒的情感。但是，我们无法像体验恐惧或悲伤那样体验嫉妒。嫉妒更像是"害怕"（Sich-Fürchten）：我们嫉妒某个人或某件事，就像我们害怕某个人或某件事一样。嫉妒是有方向的情感。如果没有目标，没有受害者，它就无法出现。

## 兄弟姐妹间的妒忌

人类对嫉妒的敏感度远超过其他生物，其中一个主要原因是人类的童年时期较长，使个体在家庭内暴露于兄弟姐妹间的妒忌（Geschwistereifersucht）的时间远远超过任何动物。嫉妒是人类存在的一部分，但几乎所有的文化——比如通过其部落的道德——以及所有的宗教都谴责了嫉妒和嫉妒者。嫉妒总是被认为是危险的。在极少数情况下，例如在某些诗歌中，嫉妒被描绘为一种激励，一种崇高或建设性的东西。但这实际上是诗人在选择词语上出现的错误，他指的是一种竞争性的现象。真正的嫉妒者自始至终都会将自己排除在竞争（Wettbewerb）之外。

从实际意义上讲，嫉妒并不比悲伤、欲望、喜悦、焦虑和恐惧等情感更为具体。相反，这些情感是由个体所经历的一系列心理和生理过程组成的，这些过程表明了某些特质，如果将这些过程视为一个整体的组成部分，它们就对应于这些抽象词汇的意义。

在各种不同的语言中，"嫉妒"一词与其他相邻的现象有着明显的区别，然而，值得注意的是，"嫉妒"在艺术中的具象化却相当罕见。悲伤、喜悦和恐惧显然更容易被表现出来。但是，如果没有其他的参照点，就无法展示嫉妒或嫉妒的人。我们可以用图画来描绘一个悲伤或快乐的人，但实际上，我们几乎不可能单独描绘出一个人，使每个观看者立即知道：这就是嫉妒的人。要做到这一点，需要有一个社会情境，或者与嫉妒有关的符号，这些符号在特定的文化中是所有人所熟知的。[2]

然而，在社会结构中对嫉妒进行社会性的制度化，却比对兴趣（Lust）或欢乐（Freude）的相应嵌入要容易。我们可以设立全国性的或地方性的欢庆日和哀悼日，但除了"幸灾乐祸"（Schadenfreude）（它与"嫉妒"非常相似）外，很难将一种情感状态直接转化到制度化的地位，就像嫉妒所能做到的那样。阶梯式的累进所得税、没收性遗产税以及原始社会中的相应习俗，比如毛利人的"穆鲁袭击"（Muru-Überfall），都可以轻易地被证明是嫉妒的具象化。

嫉妒、嫉妒的过程，主要是一种心理和社会现象。从概念上讲，它可以与从中衍生出的其他类似心理过程更明显地区分开来，在最近的文献中，人们往往把这些过程作为嫉妒的概念替代品。攻击性、敌意、冲突、挫折、相对剥夺、紧张、摩擦等所有这些概念都是合理的，但不应用来掩饰或隐瞒嫉妒这一基本现象。直到19世纪末，实际上，在某些特定情况下，直到大约一代人前，大多数研究人类这方面性格的作者都非常熟悉嫉妒这个可以清晰区分的概念。

并非所有的文化都有像希望、爱、公正、进步这样的概念，但几乎每一种文化，包括最原始民族的文化，都觉得有必要给那些不能忍受其他人拥有他所没有的东西的人，以及因此在看到别人失去这些东西时感到快乐的人，赋予一个名称。所有的文化都提供了一套概念和仪式机制，以寻求保护自己免受这样的同胞的侵害。我们这些生活在复杂、大型社会中的现代公民，在处理我们的公共事务时所使用的大多数概念和思维链，对一个原始部落的成员来说可能都是无法理解的，但我们担忧引发嫉妒，以及嫉妒产生的情况，他立刻就能理解并感同身受。这一点从丰富的人类学（ethnographisch）数据中可以清晰得出。

## 嫉妒这个概念被排挤出去了吗？

令人非常奇怪的是，我们可以看到，从 20 世纪开始，在文献上，尤其是在社会科学、道德哲学的文献中，"嫉妒"这个概念越来越被排挤了出去。我认为这是一种真正的排挤过程。政治理论家和社会评论家发现，将嫉妒作为解释性范畴，或是用来描述社会事实，变得越来越令人不适。个别情况下，仅仅作为其他观点的附加说明，一些现代作者提到了嫉妒，但即使在这种情况下，他们也几乎总是淡化其重要性。嫉妒或许可以用来解释某个局部问题——例如，为什么一些过度专业化的评论家拒绝对面向普通读者的书说些好话。然而，如果嫉妒作为社会现实的一个要素被认可，可能导致社会政策的基本原则受到质疑时，人们就会回避使用嫉妒这一概念。[3]

在被掩盖或误导的标题下，作为专门研究其他主题的论文的一部分，我们偶尔会看到对嫉妒及其问题的探讨，但在社会科学中，人们如此频繁地回避这种情感综合体及其社会影响，仍然显得非常奇怪。

为什么一个多世代的学者们一直回避这个关乎每个人的主题？精神分析理论早已告诉我们，在这种情况下，我们怀疑存在排挤（Verdrängung）。对于那些本来有准备处理这个主题的人来说，它是令人讨厌的、不愉快的、痛苦的，政治上具有爆炸性的。本书中的一些观察结果，似乎支持了这种解释。

虽然我很想同意那些几千年来一直描述并谴责嫉妒之消极、破坏性面相（尤其是当嫉妒变成一种自我目的时）的作者，但从今天已有的人类学观点来看，人类在社会中无法摆脱嫉妒。不能用一个所有人都没有嫉妒的乌托邦来代替一个所有人都被教育成没有嫉妒的乌托邦。虽然在到目前为止的历史中，在进行各种社会实验时，如果人们试图实现后者的乌托邦，会比试图实现一个没有嫉妒的平等社会更成功。

每个人都可能轻易地引发嫉妒；没有嫉妒，社会内部各种社会力量的互动就难以想象。只有病态的、排挤其他所有东西的嫉妒，以及完全为了安抚那些想象中的众多嫉妒者而设计的社会，才会在社会运作中失效。嫉妒的能力为社会建立了一个必要的警示系统。值得注意的是，在不同语言的口头表达中，很少允许一个人直接对另一个人说："别那样做，这将让我嫉妒！"相反，人们更倾向于谈论抽象的公正，声明某件事是不可容忍的、不公平的，或者只是沉默地、郁郁地忍受。没有一个孩子会用这样的话警告他的父母不要采取不慎重的举动："如果你们这样做，这样给予，这样允许，我会嫉妒汉斯／洛特。"即使在这个层面上，对公开宣称嫉妒的禁忌也是有效的。尽管在英语和德语中，人们确实可以说"我嫉妒你的成功，你的财产"——也就是说，只有当参与者之间的实际情况（至少是"官方"版本）排除了真正的、具有破坏性的、恶意的嫉妒的可能性时，一个人才能谈论自己的嫉妒。

有趣的是，在德语中，我们甚至不能说："Ich habe ein Ressentiment gegen Sie!"（"我对你有怨恨！"）没有这样的表达，而且谁会使用这种夸张的表达呢？更别提自尼采和舍勒以来，这个词对我们揭示了什么。但在英语中，特别是在美国，人们经常听到和读到这样的表达："I resent that."（"我怨恨那个。"）或"I resent your action, your remark, etc."（"我怨恨你的行为、你的言论等。"）但实际上，这里指的并不是真正的怨恨，而通常只是我们内心因对他人的粗心、无礼、过分的要求，或者对我们自身动机的质疑而产生的愤慨或恼怒。

## 行动，就好像嫉妒不存在

预示一下本书的一个主要论点：在一个特定的社会中，无论是私人（Privatleute），还是政治权力的持有者，如果都能表现得好像没有嫉妒这种东西，那么经济增长和总体创新的数量就会更高。最能充分、不受限制地发挥人类创造力（经济、科学、艺术等方面）的社会氛围，是一个在正式的规范体系、习俗、宗教、常识和公共舆论方面基本达成共识的环境，即使忽略嫉妒者，它也能发挥作用。这种观念由这样一个社会的大多数成员所共享，使他们能够以现实的态度，去应对人与人之间明显存在的差异，而且相对不受嫉妒影响；实际上，这种态度使立法者和政府能够为社会成员的不平等成就提供平等的保护，有时甚至为他们提供不平等的优势，以便从长远来看，社会能够从一开始可能只有少数人能够达到的成就中受益。

在现实中，这些促进增长和创新的最佳条件从未完全实现过。另一方面，关于"良好社会"或完全"公正的社会"的许多善意的建议，是注定要失败的，因为它们是基于一个错误的前提，即这个社会必须是一个没有任何东西可以让人嫉妒的社会。这种情况永远不可能发生，因为正如已经证实的，人们总是不可避免地会发现新的嫉妒对象。在乌托邦社会里，我们所有人穿着相同的衣服，甚至拥有相同的面部表情，但一个人仍然会嫉妒另一个人，因为人们总是会设想，在这个外表平等的面具之下，别人可能拥有一些独特的内心情感和思想，而这，正是他们嫉妒的根源。[4]

第 2 章

# 嫉妒与语言

无论是在文学作品里，还是在与不同人进行有针对性的对谈中，询问他们对嫉妒的理解时，我都惊讶地发现，人们倾向于用"妒忌"（Eifersucht）这个词，而不是"嫉妒"（Neid）。大概因为承认妒忌对人来说更易于接受，而嫉妒则是一种可耻的情感。妒忌的人可能在部分权力斗争或竞争中处于下风，但他并非像嫉妒的人那样，从根本上对所关注的价值感到自我贬低。然而，即使是社会科学的研究，也经常回避嫉妒现象和嫉妒行为，仿佛它是禁忌，用诸如"矛盾心理"、"对抗"（Rivalität）、"妒忌"等类似的、对现象的间接描述来掩饰嫉妒的动机。

　　嫉妒在人类社会中的存在是如此基础、原始，而我们通常所谓的妒忌（或者更准确地说，我们真正想表达的含义）在语言中的表达却相对轻松无碍，这一点从语言本身就可以看出。在《格林词典》（Grimms Wörterbuch）中，只需要几行来解释"Eifersucht"（妒忌），但是，需要超过15行来解释"Neid"（嫉妒）及其相关的词。"Eifer"（热忱）和"Sucht"（渴望）这两个词也可以单独存在，但都远远无法接近"Neid"（嫉妒）的深度、神秘性，甚至可以说是"存在主义的"（existentielle）含义。

　　关于我们的问题，我们能从《格林词典》中了解到什么信息呢？"Neid"（嫉妒）是一个普遍而又独特的日耳曼语词汇：古高地德语是"*nid*"，中高地德语是"*nit*"。其词源不明。最初，这个词可能意味着"Anstrengung"（努力）、"Eifer"（热忱）、"Wetteifer"（竞争），所以完全代表了一些积极的价值，没有这个词被逐渐赋予的破坏性、无力感的核心含义。然而，很难想象的是，在这个词被赋予负面含义之前，人们并没有被我们现在所说的嫉妒困扰。我们还必须记住，"竞争"、"Agonale"（对抗）的积极评价完全取决于文化。尽管对于西方文化圈和一些非西方的部落文化来说，这是理所当然的，但在其他文化中，例如北美的霍皮印第安人（Hopi-Indianer），竞争的行为可能是被禁止的，在实践中也是不可能的。

人们逐渐开始区分"恶性嫉妒"（übeler nit）和"良性嫉妒"（guoter nit）。尤其当看到一个人充满战斗的仇恨（Haß），怨恨地（Groll，Zorn）冲向对手，但在他有任何机会部分释放其积蓄的攻击欲望之前就被挫败——就像我们今天所说的，他"受挫了"（frustriert），人们似乎会预设这个人内心充满了恨意、怨恨、愤怒和敌意。在《希尔德布兰德之歌》（*Hildebrandslied*）和《尼伯龙根之歌》（*Nibelungenlied*）中，"*nid*"和"*nit*"或多或少地与仇恨、敌意（Feindseligkeit）、战斗的热情（kriegerische Eifer）和妒忌（Eifersucht）意义相同。

古北欧语的"*nid*"（嘲笑，侮辱）"也是基于仇恨的概念，尤其是表现为竖起一根嫉妒杖（nidstöng），这是最高级别的、有魔法力量的仇恨的标志"。然而，正如我们稍后将看到的，"嫉妒杖"也可以被归入那些用来让嫉妒者远离自己的符号类型。在较早的新高地德语中，就像《格林词典》所展示的，我们还能找到"嫉妒"

的原始含义，比如"勇气"（Mut）、"好战"（Kampfgier）和"愤怒"（Zorn）。例如："In Zorn lief ihn der Ritter an und schlug auf ihn mit großem Neid."（"骑士在愤怒中冲向他，充满强烈嫉妒地攻击他。"）

然后，我们逐渐接近今天的意义。"恶意"（Bosheit）和"伤害他人的欲望"（Lust zu schaden）（即幸灾乐祸，对于行为者并无收益的破坏行为）开始浮现。"让我们诚实地行事……不要有争吵和嫉妒。他们常常因为强烈的嫉妒而活生生地切掉别人的手脚。究竟是什么原因让你们产生了这么强烈的嫉妒（即伤害他人的欲望），以至你们对我采取了这种行动。"

"仇恨"和"嫉妒"开始作为"善意"（Gunst）和"友谊"（Freundschaft）的反面出现，而"忌妒"（Mißgunst）也仍然非常接近真正的嫉妒。在 H. 施塔登（H. Staden）的作品中，我们发现了一个观点，即食人主义（Kannibalismus）可能是生存嫉妒的一种极端形式："他们这么做（吃掉他们的敌人）不是因为饥饿，而是因为强烈的仇恨和嫉妒。"

## 一种定义

《格林词典》就同时代的德语中的"嫉妒"给出了一个定义，这个定义已经涵盖了我们的考察所需的所有基本要素："在今天，就像在古代的语言中一样，'嫉妒'表示一种报复性、内心煎熬的心态，即当一个人察觉到他人的繁荣和优势时，他会对这些东西心生嫉妒，并希望能够摧毁或自我占有这些东西。这种心态与

'羡慕'（Abgungst）、'忌妒'（Mißgunst）*、'眼红'（Scheelsucht）
有相近的含义。"

我们现在来看看该定义的各个要素。

1. 报复心（Gehässig），内心的煎熬（innerlich quälend），不
满（mißvergnügt）。这些代表着已经认识到自己的无力，并将部
分攻击性和痛苦，甚至带有一些自虐，转移到自己身上。我们必
须进一步研究，在何种程度上，极度和长期的嫉妒者实际上是一
个因为某种原因而渴望消灭自己的人，但他无法忍受那些充满生
命活力或至少勇敢的人比他活得长。

2. 看到他人的繁荣和优势令人痛苦。嫉妒显然是一种认知行
为。正如我们将看到的，对于是什么刺激了嫉妒，没有客观的标准。
政治平等主义者的错误就在于此，他们认为，只要一劳永逸地消
除这个世界上的某些不平等现象，就能产生一个没有嫉妒的、平
等的和谐社会。但是，那些有嫉妒倾向的人，无论如何都会在他
人身上找到值得嫉妒的品质或财产。这方面的实验证据并不缺乏，
特别是在儿童心理学领域。

3. 人们嫉妒他人的个人价值或财富，并通常更倾向于破坏它
们而不是自己去获取。与纵火犯相比，职业小偷更少受到嫉妒的
困扰。在嫉妒者的潜在破坏欲之下的是，他意识到，长期拥有被

---

* 在本书中，"Abgunst""Mißgunst""Bosheit"都与负面情感有关，但它们的侧重
点和背景有所不同。"Abgunst"是"嫉妒"（Neid）的近义词，但它更多是指对
他人拥有东西的一种渴望或不满，可译为"轻微的嫉妒"或"羡慕"。"Mißgunst"
一词最接近"嫉妒"或"忌妒"，它描述的是一种不希望他人成功或幸福的感觉，
原因在于嫉妒他人拥有的东西或取得的成就。"Bosheit"通常译为"恶意"或
"邪恶"，它描述的是一种来自内心的坏意图或愿望，可能造成对他人的伤害或损
害。——译者注

嫉妒者的品质或财产将是一项非常苛刻的责任，而最好的世界是既没有被嫉妒者，也没有嫉妒者拥有它们。例如，一个以嫉妒为导向的政治家，就认为所有人的收入较低更容易忍受，而不是所有人的收入较高但却有一些富人的存在。

在古高地德语中，动词"neiden"是由"nid"派生出的弱变化动词"nidon"；在中高地德语中，它变为"niden"。在《格林词典》中，它的定义是："出于'忌妒'（Mißgunst）而满怀仇恨地追赶、憎恨。"

在路德的《圣经》译本（《创世记》，26:14—15）中，我们读到："他拥有大量的小牲畜、大牲畜……因此，非利士人（die Philister）就嫉妒他，并堵塞了他父亲的仆人挖的所有井。"（自旧约时代以来，人类的本性几乎没有什么变化：在许多现代的乡村社区，比如在南美洲，嫉妒邻居的牲畜和对邻居的供水设施进行破坏都是日常行为。）

即使考虑到德语有一种特别的能力和倾向，可以将词语组合在一起，与"嫉妒"（Neid）相关的词语组合的数量也是惊人的，而且十分有启示性。这里是《格林词典》中最重要的几个："Neidauge"（嫉妒之眼），"Neidbau"（嫉妒之筑），"neidenswert"（值得嫉妒的），"Neiderbrut"（嫉妒者的后代），"Neidesmilch"（嫉妒之乳汁）[在弗莱明（Fleming）的书中，有这样的说法，"你吸吮了蓝色的嫉妒之乳汁"]，"Neidessporn"（嫉妒的刺），"Neideszeit"（嫉妒之时），"Neidfürst"（嫉妒之王），"Neidhals"（嫉妒之喉），"Neidhart"（嫉妒之心），"Neidhaß"（嫉妒之恨），"Neidhund"（嫉妒之犬），"Neidloch"（嫉妒之洞），"Neidpfad"（嫉妒之路），"Neidstück"（嫉妒之事）。在最后一个词（"Neidstück"）

中，它显然是指在中世纪骑士比赛中发生的违反规则或道德的行为："嫉妒之事"是比赛规则禁止的行为，也就是现代体育中被称为"犯规"或"不公平"的行为。

在现代德语中，你仍然可以将恶毒或讥讽的评论称为"maliziös"（恶意的）。在过去，你也可以使用外来词"Malice"来表示恶意。在英语中，"malice"（恶意）在日常语言和法律中仍然扮演着重要角色。例如，在某些诉讼中必须证明诽谤者或损害者是出于"malice"（恶意）行事的。英语中的"malice"（恶意）背后隐藏着"嫉妒"，这在英语中比在德语中更为理所当然。

1952 年，牛津大学为一篇关于"恶意"（Malice）的论文颁发了奖项。作者 F. 乔治·斯坦纳（F. George Steiner）通过引用大量的资料，展示了嫉妒与恶意之间的紧密联系，以及两者在何种程度上是社会接近（soziale Nähe）的结果：弗拉芒谚语（flämische Sprichwort）说，"恶意源于熟悉"。当格劳秀斯（Hugo Grotius）提出在自然状态下没有恶意的人时，他心中想到的是那些在黄金时代的孤独生物。"恶意是由低矮的花园围栏产生的，它出现在狭窄的街巷里，在那里，人们不停地擦肩而过，这个人的果园给那个人的葡萄园投下了可怕的阴影。"[1]斯坦纳引用了英国圣公会礼拜仪式（anglikanische Liturgie）与拉丁诗人佩尔西乌斯（Persius）的诗篇，证明嫉妒是一种普遍的人类疾病。他认为，拉罗什富科（La Rochefoucauld）的最可怕的格言之一，是道德家指出，我们内心中有一种东西，在看到朋友的不幸时就会感到温暖。这就是产生嫉妒的隐秘恶意。

"Neid"（嫉妒）这个词与"Unheimlichen"（恐怖）、"Fluchtwürdigen"（值得逃避）和"Heimtückischen"（阴险）的连接，

也体现在神话中的应用上，卡尔·西姆罗克（Karl Simrock）给出了如下的例子："……当斯塔克特尔（Starkather）进行了一次'Neidingswerk'（嫉妒之举），实际上行刑了一位国王，而这位国王原以为自己只是被选出来表演死亡，斯塔克特尔在行刑时说了一句：'我将你献给奥丁（Odin）。'"[2]

在北欧，人们还知道所谓的"Neidstange"（嫉妒之杆），顶端装有马头，由敌人和嫉妒者设立，以驱赶好的精灵，也就是土地的守护神 [Landwätter，即小精灵（Wichter）]。然而，嫉妒之杆也可以在一场马祭之后被立起来，以驱赶邪恶的精灵，也就是嫉妒者。卡尔·西姆罗克猜测，德国农舍的山墙上刻有马头的动机可能也是类似的。[3]

## 谚语中的嫉妒

K. F. 万德（K. F. Wander）的《德语谚语词典》（*Das Deutsche Sprichwörter-Lexikon*）（1863—1880）收录了 136 条与嫉妒有关的谚语，以及另外 76 条由"neiden"（嫉妒）、"Neidhart"（嫉妒者）、"neidisch"（嫉妒的）、"Neidkragen"（嫉妒者）等词组成的谚语。[4] 在这 200 多条谚语中，往往有对应的拉丁语、丹麦语、俄语、匈牙利语、波兰语等版本，这些谚语对嫉妒现象的大部分概括性观察，都表达得令人惊讶地准确。

下面让我们提出一些关于嫉妒现象的论点，并分别引用相应的谚语。

1. 嫉妒首先是一种社会关系的亲近感（soziale Nähe）引发的现象。在英语中，甚至有一个专有的词汇——"invidious

proximity"，用于形容这种会激发嫉妒的紧密亲近感。

> 嫉妒总是发生在邻居之间。
>
> 嫉妒的人认为，如果他的邻居摔断了一条腿，他自己就
> 能行走得更好。

2. 滋生嫉妒的，不是人与人之间的绝对差异，而是主观的感知，即嫉妒的光学（Neidoptik）。人们也可以说，嫉妒的人只看到那证实了他的嫉妒的东西。

> 嫉妒能将矮小的草丛变为高大的棕榈树。
>
> 在嫉妒者的眼中，金雀花丛会成长为棕榈林。
>
> 在俄语中，嫉妒会将杜松丛看作森林。
>
> 在嫉妒者的眼中，蘑菇会变成棕榈树。
>
> 嫉妒会先看到缺点而不是优点。

各种俄罗斯谚语表达了这样的思想，即嫉妒者只看到对方身上那令人嫉妒的东西，而没有看到他要抗衡的不利因素：

> 嫉妒者看得到船，但看不到漏水的洞孔。
>
> 嫉妒者看得到海，但看不到暗礁。
>
> 嫉妒者只看到桥，但看不到它所跨越的沼泽。
>
> 嫉妒者看得到熊皮，但看不到蛾子。
>
> 嫉妒者把沼泽看作湖泊。
>
> 对嫉妒者来说，臭鸭蛋也能孵化出天鹅。

> 嫉妒者把鱼池里的鲴鱼看成金鳟鱼。
> 嫉妒的眼睛会把蚊子看成大象。
> 俄罗斯人还会说：嫉妒者用耳朵来看。

上述谚语，更确切地说，是突出了嫉妒者的特性，这也解释了为什么在所有文化中，包括我们自己的文化中，提及自己的优点、新拥有的财产或幸运的事情时，总是要伴随一个缺点、劣势和不幸的事情，这不仅是礼貌，甚至已经成为一种强迫行为。因此，拥有新车（以前可能是马）的人会立即提到他去上班的路途远且艰辛；中彩票的人、收到意外经济赠予的人会立即列出一百个责任；被提拔的人会立即提醒我们他现在面临的高管压力症（Managerkrankheit）。在某些文化中，尤其是在原始部落中，这种强迫已经发展到这样的程度，以至基本上没有人能够说出自己或家庭成员的好事。

3. 嫉妒是人类非常早期、无法逃避、无法满足的驱动力，使嫉妒的人不断地对其环境做出反应，以至他的嫉妒无法得到平息。因此，试图通过社会改革来消除嫉妒的社会是完全没有希望成功的。

> 嫉妒甚至从小孩子的眼睛里都可以看到。
> 嫉妒是一头野兽，如果得不到其他东西，它会啃自己的腿。
> 嫉妒是与生俱来的。
> 嫉妒四海为家。
> 嫉妒永生不死。
> 嫉妒与妒忌不朽，友谊与爱却脆弱易逝。
> 在这个世上，没有人能没有嫉妒地活着。

如果嫉妒是一场疾病，那么世界早已死亡。（这句谚语也有丹麦语、意大利语、拉丁语和瑞典语等版本。）

如果嫉妒是一种疾病，那么世界将会是一个医院。

想要没有嫉妒，就不要告诉任何人你的欢喜。

嫉妒的人会死去，嫉妒却会遗传。

嫉妒者已经死了，但留下了许多兄弟。

对嫉妒的人越仁慈，他就会变得越坏。

这最后一条观察尤为重要，因为心理病理学已经反复证实了这一点。越是试图通过给予嫉妒者礼物和恩惠来消除他表面上的嫉妒理由，就越是展示出自己的优越性，强调赠送的礼物对自己来说是多么微不足道。即使一个人放弃了所有财产，这种善意的展示仍然会使嫉妒者感到羞辱，以至他的嫉妒会从对方的财产转移到对方的品质上。如果把嫉妒者的收入提高到与他嫉妒的人相同的程度，这种人为创造的平等并不能使他感到丝毫的幸福：首先，他还是会嫉妒施恩者的性格；其次，他还会嫉妒施恩者把过去物质上的优越性带入这个平等的阶段的记忆。

4. 嫉妒的人完全愿意伤害自己，如果这样做可以伤害或打击到他嫉妒的对象。如果我们认识到嫉妒者的这种特性，则许多犯罪行为，甚至是自杀，就会变得更加容易理解。

嫉妒会烹煮自己的肢体。

嫉妒的人常常愿意伤害自己，只要他的同伴也能受到伤害。

5. 不仅是德语，其他语言中的谚语也都认为，嫉妒者造成的最大伤害是对他自己的伤害。嫉妒被描述为一种完全破坏性、无创造性、通常接近病态的心理状态，没有治愈的可能。

> 嫉妒从未让任何人富有。
>
> 嫉妒割断的是自己的喉咙。
>
> 嫉妒是他自己的痛苦。
>
> 嫉妒只会吞噬自己的心。
>
> 嫉妒，嫉妒的是自己。
>
> 嫉妒给嫉妒的人带来痛苦。
>
> 嫉妒吞噬他自己的主人。
>
> 嫉妒是他自己的鞭子。
>
> 嫉妒打的是他自己。
>
> 嫉妒使生活变得痛苦。
>
> 嫉妒者对任何人的伤害都不如对自己的伤害大。
>
> 嫉妒最终会消耗他自己。

6. 就像原始部落的人总是把对同族人的黑魔法的恐惧归咎于同族人嫉妒的动机，欧洲的谚语反复强调了被动的嫉妒者是多么容易变成具有攻击性的罪犯。对于嫉妒的人来说，仅仅等待命运降临他的邻居他才能高兴地欢呼是不够的（他的幸灾乐祸在无数谚语中得到了证实）：他会给命运搭个帮手。

> 嫉妒一诞生，就与刽子手和绞刑架结伴。
>
> 嫉妒从不笑，直到一艘载人的船沉没。
>
> 嫉妒会制造尸体。

嫉妒寻求着邪恶之路。

## 英语中的嫉妒和妒忌

《牛津英语词典》[5]对"嫉妒"（envy）和"嫉妒的"（envious），以及"妒忌"（jealousy）进行了介绍。这三个词大约都有四行的解释。这个篇幅远远低于《格林词典》中解释"嫉妒"的篇幅。

现代英语中的"嫉妒"和"嫉妒的"源自拉丁语中的"*invidia*"和"*invidiosus*"，它们具有相同的含义。动词"envy"对应于拉丁语的"*invidere*"。在西班牙语、葡萄牙语和意大利语中，也有来自拉丁语的类似派生词，表示相同的心理状态。

英语中的早期例子有："有一些人嫉妒别人的地位比他们高。""没有合法手段可以让我摆脱嫉妒的困扰。""嫉妒别人的金钱、衣服或财产，是更可耻的事。"

这些定义强调了敌意（feindselige Gefühl）、恶意（Bosheit）和忌妒（Mißgunst）这样的感受。因此，"当一个人在面对另一个人的优势时，感到濒临死亡、深受伤害和充满恶意"，嫉妒就出现了。另一方面，嫉妒可能仅仅意味着一个人希望自己能像别人一样做某事。对于"嫉妒"这个动词的第一个定义是最具体的："对于另一个人的优势（在幸福、成功、名誉或财产方面）感到不悦和憎恨。"

当一个人出于恶意而剥夺他人的东西时，我们也会称之为嫉妒；稍后我们还将讨论吝啬（Geiz）现象及其与嫉妒的关系。因此，在17世纪初的英国，有人曾说孔雀如此嫉妒人的健康，以至它会吃掉自己的粪便（当时可入药）。

顺便说一句，现代英语中源自拉丁语的"嫉妒"和"嫉妒的"几乎与现代德语中源自古日耳曼语词根的那些词的含义相同，它们表达了相同的情感和心理状态。

虽然在《格林词典》中，"Eifersucht"（妒忌）的内容只有大概 30 行，但《牛津英语词典》对"妒忌的"（jealous）和"妒忌"（jealousy）却进行了详细的解释。显然，"妒忌的"最初只是表示一种强烈的或高度激动的情感状态，后来又包括了对另一个人的感情的渴望。再后来，它被用来表示害怕失去他人的感情，就像现代意义上的"妒忌"一样。偶尔，"妒忌的"具有"嫉妒的"意味，比如："可以肯定的是，他们用妒忌的眼光看待它。"早期，英语中还有一个词汇叫"妒忌的玻璃"（jealous glass），意指用于底层窗户的磨砂玻璃，类似于法语的"*jalousie*"。但是"妒忌"的主要含义仍然是指激烈地努力保持自己应得的东西。因此，与嫉妒的人（envious man）完全相反，我们可以假设一个具有妒忌别人的性格的人（man of jealous disposition），一旦他知道自己没有竞争对手，他的心就会平静下来。1856 年，爱默生（R. W. Emerson）写道："每个阶层为保护自己而产生的妒忌心，都是对他们在生活中发现的现实的证明。"当妒忌带有不信任或仇恨的色彩时，通常指的是我们怀疑有人想从我们这里夺走一些我们迄今为止一直平静享受的东西。在某些情况下，妒忌心甚至可以代表正当的防卫者（rightful defender）在与嫉妒的恶棍（envious miscreant）抗争中坚守自己的立场。

更确切地说，有妒忌心的人（jealous man）通常不会成为一个自发的、主动的攻击者。只有当出现一个竞争对手并给他带来特定的焦虑原因时，他的敌对行为才会开始。这个竞争对手可能真的在争夺某项价值，也可能是受到了嫉妒的驱使。每个人都熟悉小说中经常描述的这种类型的人：他想勾引朋友的未婚妻，不是因为他想娶她，而只是因为他不愿看到别人纯洁的幸福。

与嫉妒的人通常明确知道他被什么驱动不同，有妒忌心的人通常不确定他需要对抗谁：是一个在同一水平上、真正的、诚实的对手，还是一个嫉妒的人（envious man），他装作竞争对手，实际上只是想搞破坏。另一方面，嫉妒的人可能对一个实际上可能不知道他的存在的人产生敌意情感。因此，从社会学的角度来看，妒忌（jealousy）和嫉妒（envy）代表了基本不同的社会情境，因为在妒忌中，两个或更多的人必须在一种有意识的交互关系中。

1961 年全新修订的、最全面的美国英语词典《韦氏第三版新英语国际词典》（*Webster's Third New International Dictionary of the English Language*, Unabridged，以下简称"《韦氏词典》"）中，英语"envy"（嫉妒）和"envious"（嫉妒的）这两个词的篇幅很少。它引用了两个当代英语的用法例子：《时代》（*Time*）杂志中的"刻板的、嫉妒的人为平等原则"（the sterile and envious principle of artificial equality）；以及，"用嫉妒的眼光审视轮胎"（examining the tire with envious appreciation）。"envious"（嫉妒的）被定义为一种因他人的财产或成就而产生的不满情绪状态，是一种希望他人失去这些财产的恶意愿望。相比之下，"jealousy"（妒忌）一词是指我们以不信任或不满意的态度观察或想象某人正在获得我们应得的东西或真正属于我们的东西。

因此，决定性的区别是显而易见的："妒忌"（jealousy）只针对特定的价值转移或价值流动，而不是它所关注的价值本身。

"嫉妒"（envy）很多时候否定了价值本身。此外，"妒忌的"（jealous）一词可以在没有任何贬义含义的情况下使用，例如约翰·加尔斯沃西（John Galsworthy）写道："……深知自己责任，视荣誉如珍宝。"（...conscious of their duty, and jealous of their honour.）

《韦氏词典》所举"envy"（嫉妒）的例子，再次模糊了这种微妙的区别，并从现代英语中，尤其是"美式英语"（很有意思的是！）中，给出了典型的用法：例如，人们会说"I envy you"（我嫉妒你），尽管在某些情况下，其实应该说"I am jealous of you"（我妒忌你）。例如，霍利斯·奥尔波特（Hollis Alpert）写道："我对和她一起坐出租车的那个男人感到疯狂的嫉妒。"另外，V. S. 普里切特（V. S. Pritchett）则表示："我经常嫉妒在大学工作的那些作家。"

《韦氏词典》对"envy"（嫉妒）和"envying"（嫉妒着的）的定义，更多的是强调了对属于他人的东西的占有欲望，而不是希望看到它被破坏。事实上，这种侧重点的转变，几乎完全对应了目前美国人对"envy"（嫉妒）的看法。因此，在美国的广告中，你可以看到他们鼓励你应该购买这个或那个东西，以便别人嫉妒你——也就是说，让他们迅速去购买相同的物品，而不是像早期的文化那样，出于恶意而试图破坏它。

与嫉妒（envy）相比，《韦氏词典》对"jealousy"（妒忌）的定义主要是指对不忠或竞争的恐惧，但词典中也提到"妒忌"（jealousy）可以在"嫉妒的"意思上使用，比如："妒忌，因为她的外套没有你的漂亮。""妒忌"（jealousy）更多意味着"充满敌意的竞争"，我们认为，与真正的嫉妒相反，妒忌者并不期望竞争对手的失败。《韦氏词典》中这方面的例子是："现有的村庄之间，存在着激烈的地方性妒忌。"（Intense local jealousies among existing villages.）

## 嫉妒和竞争

在 1912 年出版的一部英文的宗教和伦理百科全书中，我们找到了对"嫉妒"的精妙定义和描述,这部作品将"Envy"（嫉妒）和"Emulation"（竞争）["Wetteifer"（竞争）,或者说是"Nacheifern"（模仿）、"Gleichtun-wollen"（渴望与之相等）] 进行了对比，由阿伯丁大学逻辑学教授威廉·L. 戴维森（William L. Davidson）撰写。

嫉妒是一种本质上既自私又恶意的情感。它针对的是人，意味着对拥有嫉妒者自己渴望或想要的东西的人的不喜欢，以及希望伤害他的意愿。因此，嫉妒的根源是自私和恶意。其中还包含着对被嫉妒者的自卑意识，以及在这种意识下的自我消耗。在我看来,拥有我所嫉妒之物的人占据了优势，我对此怀恨在心。因此，如果发现我所嫉妒的财产并不能给他带来完全的满足,甚至给他带来不满和痛苦,我会感到高兴：这简单地降低了他在我眼中的优越感，并满足了我对自我重要性的感觉。嫉妒表现为嫉妒者未能满足的欲望，并指向一种无能为力、无力的感觉，因为缺乏拥有所渴望之物所能带来的力量感，嫉妒本身就是一种痛苦的情感，尽管当看到不幸降临在嫉妒对象身上时，它会带来快感。

这段文字的作者还引用了德莱顿（John Dryden）的诗句：

嫉妒，与痛苦同居，
是破碎骄傲的喜悦和复仇。

这段文字将嫉妒（Neid）与妒忌（Eifersucht）进行了比较。它们有很多共同点，但代表了完全不同的情感。相对于嫉妒，妒忌带有更强烈的恶意，是一种更加难以控制的激情。妒忌源于一个人对自己应得之物的判断，这并非像嫉妒那样仅仅是自卑的感觉。妒忌的人面临着两重的困扰和不快，因为涉及三个人。妒忌者不仅要面对一个竞争者，而且要面对两个个体或团体。如果我妒忌某人，那是因为他赢得了我认为应属于我的他人的喜爱。因此，我不仅憎恨这个篡夺者，也憎恨那个被他诱惑的人。

接下来，这段文字对比了嫉妒与竞争（Emulation），后者常常被用作嫉妒的同义词。例如，现在的美国人更喜欢使用"envy"（嫉妒），而不是过时的"emulation"（竞争），但他们并不知道这种意义的转移：他们忘记了嫉妒那充满恶意的、破坏性的面相。

这段文字正确地提到，竞争（Wetteifer）与嫉妒有很大不同。具有竞争精神的人，寻求去做别人做过的事的人，既不是自寻烦恼、刻薄恶意，更不是满怀仇恨。竞争需要有一个对手、一个竞争者，但后者不一定要被看作敌人。他甚至可以是一个朋友，他的榜样激发了我们自己的能力和才华。竞争的行为，在许多动物身上可以观察到，在幼儿的简单游戏中也很明显。

这篇文章再次对"Ehrgeiz"（雄心）和"Wetteifer"（竞争）进行了区分。虽然雄心可能是值得称赞的，但它也可能退化为一种无情。它最终导致竞争对手受到伤害的方法，与嫉妒者的方法非常相似。竞争可能会变成嫉妒，比如，就在比赛结束前的很短时间里，一个跑者意识到自己无法超过冠军，于是试图绊倒他。这篇文章引用了约瑟夫·巴特勒（Joseph Butler）在他的一篇布道辞（Predigt）（《布道1》，注释20）中所做的如下区分：

> 当我们将自己与他人进行比较时，竞争仅仅是渴望和希望与他人平等，或比他人优越……如果希望通过特定的手段使他人降低到我们自己的水平，或低于我们的水平，以实现这种平等或优越，我认为这就是嫉妒的独特概念。我认为，这就是嫉妒的专属概念。[6]

约翰·盖伊（John Gay，1669—1745），一位英国哲学家，剑桥大学西德尼·苏塞克斯学院(Sidney Sussex college)的研究员，在关于德性或道德基本原则的研究中，对嫉妒现象进行了精彩的分析。[7]他认为，嫉妒是一种恶魔般的激情，并同意约翰·洛克(John Locke)的观点。洛克认为，有些人有可能完全没有嫉妒之心。此外，盖伊正确地指出，大多数人，如果他们稍微反思一下，会记得自己第一次受到嫉妒情感的影响。他认为这一点特别重要，因为能够记住第一次主动嫉妒的经历，表明了一系列基本动机对其人格塑造的影响。盖伊认为，由于最重要的嫉妒经历很难被忘记，那些认为自己从未受到过嫉妒影响的人可能是对的。当然，他不可能知道排挤这样的因素。

一开始，盖伊保留了嫉妒的通常定义，即当我们观察到他人的繁荣（Prosperität）时，我们会感到痛苦；但他马上对这一定义进行了限定，即它不是指所有人的繁荣，而是指特定人物的繁荣。什么人？盖伊认为，只要我们环顾四周，想知道我们可能会嫉妒谁，就会发现这种激情（passion）的根源：盖伊指出，嫉妒的受害者，总被证明是嫉妒者曾经的竞争对手。当盖伊引入了时间元素和必然的过程，他对嫉妒的解释和描述就非常接近于马克斯·舍勒所描述的"怨恨"（Ressentiment）：

> 当两个或更多的人竞争同一事物时，一个人的成功必然会对其他人产生不利影响：因此，我对手的成功和我自己的困境或痛苦在我的记忆中被关联起来。这种连接或关联留在了我的记忆中，每当我听到我的老对手的成功，甚至在与早期竞争无关的事情上，都会给我带来痛苦。尤其是在那些让我想起如果没有我的对手介入，我本可以享受的事情上，这种痛苦更是加大。

约翰·盖伊正确地指出了社会接近性在嫉妒中的重要性。通常，嫉妒只影响到那些实际上可能存在竞争的人。然而，将嫉妒限定在真实、实际的竞争对手上却过于狭隘，并且模糊了嫉妒与妒忌的界限。毫无疑问，嫉妒也可以出现在只存在想象之中的竞争，甚至在无法存在竞争的地方。然而，关键的是，正如我们将反复看到的，嫉妒之人深信，被嫉妒者的繁荣、成功、收入在某种程度上是嫉妒者自己贫困和匮乏的原因。现在，如果说嫉妒的能力来自兄弟姐妹之间的妒忌经历，那么嫉妒的这一面相就可以解释了；因为在一个家庭中，对一个孩子的偏爱（即使只是想象中的偏爱）必然会涉及对其他孩子的不利（或引起被忽视的感觉）。

　　根据亚当·斯密（Adam Smith）的说法，"envy"（嫉妒）、"malice"（恶意）和"resentment"（怨恨）是唯一能使人去伤害他人身体或名誉的激情。然而，大多数人并不经常被这些激情驱使，即使是最坏的恶棍，也只是偶尔为之。一个人，即使屈服于这种情感，也不会给自己带来真正的利益。因此，斯密认为，对大多数人来说，通过理性思考，嫉妒被抑制了。[8]

　　这个乐观的推测的证据当然在于，如果主流文化没有在很大程度上压制所有人的嫉妒，我们无法想象一个有序的社会生活。

## 嫉妒中的因果误解

　　舍勒对一个非常重要的概念进行了明确的阐释。他认为，通常意义上的嫉妒是无力感（Ohnmachtsgefühl）的产物：

　　　　这种无力感来源于当我们追求某种好处时，却发现别人已经拥有了它，从而感到受到了阻碍。我们追求该种好处和因此感到的无力之间的紧张，只有在转化为对那个拥有该种好处的人的恨意或敌意时，才会导致真正的嫉妒；也就是，在我们因一个误解，即错误地认为是他人和他的拥有物成为我们无法拥有该物的痛苦原因时。因为这种误解——我们误以为有一种外部力量正在抵抗我们的追求，而实际上，这只是我们自己的无力感——使得我们在刚开始追求该种好处时的那种紧张稍微得到缓解。但若没有这种特别的无能为力的经历，没有这种因果关系的误解，真正的嫉妒是不可能形成的。

现在有意义的是，正如我们将表明的那样，许多原始民族（如多布和纳瓦霍的印第安人），以及一些更发达社会的乡村社区（例如中美洲），都会产生舍勒所描述的因果错觉，而不是像现代社会的当代人那样，是无意识或潜意识地产生这种错觉：邻居的收成比我好，只可能是因为他通过黑魔法降低了我的收成。正是这种世界观，即我们内心的、原始人的魔法思维——我们在许多其他形式的迷信行为中还能看到它的影响——为现代、开明社会中的嫉妒提供了动力。

舍勒明确地表示："仅仅因为别人拥有我所渴望的东西而感到不快，并不能构成嫉妒；实际上，这只是我通过某种方式（例如，通过努力工作、购买、强取或盗窃）获得所渴望之物或类似物品的动机。只有当通过这些方式获得物品的企图失败，产生了无力感的意识时，嫉妒才会产生。"

一本英语的伦理学词典因此也正确地强调了"envy"（嫉妒）和"emulation"（竞争）之间的区别。后者是那些真正有机会做到的人想要模仿的，与嫉妒无关。然而，值得注意的是，英文中的"emulate"和"emulation"变得相当罕见。在德语中，表达"Wetteifern"（竞争）、"Gleichtun-wollen"（渴望与之相等）的词语，也没有达到英语中的"emulation"那样的清晰度。

在过去的几十年里，英语的社会学专业期刊对嫉妒概念的研究令人惊讶地不够深入。[9]

在伊斯兰文献中，大多数谚语都归功于先知本人、他的一位同伴，或者在什叶派中，归因于一位伊玛目（Imame）。伊斯兰的伦理道德和谚语智慧都把"hasad"（嫉妒）视为一种大恶。阿尔库拉尼（Al-Kulaini）写道：

"嫉妒会像火烧木头一样吞噬信仰"，先知据说是这么说的。"敬畏安拉，不要让你们中的一些人总是嫉妒其他人"，这是归因于耶稣的一句话……宗教的瘟疫包括嫉妒、虚荣和骄傲……据说摩西曾说："人们不应该嫉妒我赐予他们的丰富。"另一位伊玛目解释说："真正的信徒，是那些祝福他人，不去打扰他们的人。相反，伪君子是一个嫉妒的人，他不愿意让任何其他人幸福。"

## 归咎于嫉妒的动机

如今，当涉及归因于嫉妒的动机时，我们普遍比较谨慎和拘束。在 1800 年到 1920 年的社会学、政治学出版物中，人们比现在更自由、更彻底地研究了嫉妒的影响和本质。尽管如此，一些来自现代的引述足以暗示嫉妒动机在哪些情境中被谈及。在《法兰克福汇报》一篇名为《监事会的小时工资》（"Stundenlohn für Aufsichtsräte"）的小专栏文章中，提到了那些每年都在股东大会上重新决定其监事会薪酬的德国股份公司。尽管这种方法较为"民主"，但正如文章所述，"它总是引发一些股东的批评，这些批评的动机，从嫉妒情感，对监事会职责的无知，到'我们要给他们点颜色看看'的口号应有尽有"。[10]

1965 年 1 月 1 日，在一份德国周报的头条新闻《街道：嫉妒的游戏场》（"Die Straße: Tummelfeld des Neides"）中，针对第二部《道路交通安全法》进行了批评。很明显，作者（或编辑）认为，正是因为那些不开车的禁酒者对驾驶者的嫉妒，才出台了这样一项法规，即在酒后驾驶，即使未发生事故也会面临严重的惩罚。他特别担心的是，那些可能成为证人的人，会受到嫉妒动机的影响。[11]

1965 年，在一份德国日报上，一位记者在报道一名因纵火罪被判刑的人多年来争取案件重审的斗争时，表述得更为清楚。在火灾发生后的初步怀疑和判决中，决定性的因素是被告居住社区的市长的表态。报告中写道："即使是现在，市长仍然坦然地强调，被告的脑子里总是有些傻事。但那时他走得更远了：'他有妄想症，他想扮演企业家或制造商的角色。'"这位记者得出的结论是：市长这样说，"给出了他早期言论动机的唯一线索：嫉妒。因为（被告）是一个非常勤奋和有进取心的人……他经营着一个沙坑，甚至租用了一台制造空心砖的机器。"[12]

1964 年，一位女记者在解释福特基金会在柏林的"驻场艺术家项目"（"Artists-in-Residence Projekt"）部分失败（即参加者被孤立，还有当地艺术家的强烈反应）的原因时，给出了直截了当的答案，即要归因于他们的同行的嫉妒心理。她引用了一位柏林艺术家的露骨评论："当我去伦敦或巴黎时，没有人为我铺设红地毯。""我的工作室比福特的艺术家的工作室小得多。"令人嫉妒的，还有这些人每个月的津贴（高达 5000 德国马克）。[13]除了美国人，没有人能够想象到他们会尝试这样的企划，因为美国人对嫉妒的现实常常表现出盲点。

因此，在美国，广告文案不时地将嫉妒视为一种根本不需要担心的情感，那些对广告做出回应的人，将会在邻居和同事中引起嫉妒："如果你从未成为华尔道夫酒店（Waldorf）的客人，你可能会不假思索地认为它很昂贵。"然后它继续说："家人对你的钦佩（admiration）（如果不是嫉妒的话），是包含在房费里的……。"[14] 最近，德国的广告文案也开始采用这种暗示被嫉妒的事实，将之作为产品的卖点。因此，在 1965 年年底，美因茨街头电车上的巨幅海报向一款洗衣机的幸运拥有者承诺，他们会被别人嫉妒。1966 年，一家卡车制造商在德国的日报上刊登广告，展示了他们卡车里一个布满绒布的座位，广告语是："你会因为这个工位被人嫉妒。"

然而，在美国的商业生活中，嫉妒的抑制和破坏性，有时会被认识到并被提及。1958 年，在美国商会（U. S. Chamber of Commerce）的月刊中，发表了一篇关于"七宗罪"的文章，专门讨论了嫉妒在企业中的作用。文章称，嫉妒有时出现在上级对其更有才能和效率的下属的态度中，或者在出于嫉妒而结成小圈子反对高效人士的同事之间。[15]

## 坦承自己的嫉妒

毫无疑问，当嫉妒者最终公开承认自己的嫉妒，并坦承他是因这种动机伤害了别人时，我们就有了嫉妒在情感中的角色的最罕见而又最明确的证据。到目前为止，我只读到一篇这样的自白。1964 年，一篇尖刻评论的作者写道：

"现在回想起来，我之所以妒忌（jealousy）他，是因为他有很好的数学背景，而我一直不擅长数学，他很容易就掌握了理性思考。我现在是否需要明确表示，我反对所有这些……"[16] 然而，值得注意的是，这个人仍然躲在不那么痛苦的"妒忌"（Eifersucht）一词的背后，虽然在这里，这个词的使用是错误的。

据我所知，唯一一次公开讨论嫉妒问题时参与者都谈到了自己的嫉妒经历的，是在英国广播公司（BBC）一次没有脚本的谈话节目中，发生在阿诺德·汤因比（Arnold Toynbee）和他儿子菲利普·汤因比（Philip Toynbee）之间。菲利普，这位前共产党人（正如在广播中透露的），在讨论道德进步过程时提到："嫉妒怎么说呢？嫉妒和贪婪在我看来一直是非常相似的东西……"阿诺德·汤因比回答说："……我经常听到美国的商人谈起嫉妒的邪恶。"菲利普·汤因比接着说："也就是说，穷人想要拥有更多的钱是多么的邪恶？"

所以，菲利普·汤因比误解了嫉妒的真正含义。他的父亲回答说："就是这样……我觉得，嫉妒只会让嫉妒的人感到不幸，即使那个被嫉妒的人，由于他值得嫉妒，他也会不幸。"父亲忽视了他儿子天真的阶级斗争解释，而更多地从我们在这里描述的传统意义上理解嫉妒。

接下来，汤因比父子都谈到了他们自己的嫉妒经历。儿子嫉妒那些被评论家称赞的作家，尤其是当他自己受到负面评论时。父亲则认为自己很少感到嫉妒。他们都认为嫉妒是人们从事有价值活动的障碍。父亲认为，如果他们两人都没有因为嫉妒而受到不当的痛苦，这并不是因为他们自己的任何优点，而只是因为运气好，比如说，他们都从事了他们真正希望从事的职业。最后，阿诺德·汤因比回忆起他对法国人的嫉妒，因为他们即使在德国占领下也能继续他们的写作。[17]

1960 年，在一项关于非学术职业型高中毕业生的研究中，在"社会张力"（soziale Spannungen）的条目下，就提到了非学术职业型高中毕业生的嫉妒。研究发现，高中毕业生明确地将他们感受到的——或许只是主观上的——他人的敌意，解释为"嫉妒或自卑情结的表现"。[18] 1966 年，一份德国日报在谈到大学毕业生成为大公司高管的培训期时，建议"不应过早公布该人未来的职位"，以免受训者"因此引起的嫉妒"而被故意误导。它的动机是："公司的许多员工自己也希望能有同样全面和报酬丰厚的培训。"[19]

然而，职业领域的问题，不仅仅是对更高学历者的嫉妒。例如，1961 年，关于现代企业中社会冲突的一项研究表明，嫉妒情感很普遍，特别是可能导致生产损失的嫉妒情感。这项研究甚至揭示了一些损害公司利益的、小规模的相互破坏行为，其动机被明确地归因于嫉妒。生产计划部门的经理说："有一些嫉妒的工头。当工头看到有人挣了很多钱时，他会试图讨好我们，告诉我们：'我们可以降低计件工资。'"[20]

第 3 章

# 文化镜像中的嫉妒者

没有任何一种伦理、宗教、谚语所蕴含的民间智慧、任何寓言中的道德，或是任何原始民族的行为规范，会将嫉妒视为一种美德。相反，人类社会——或者更准确地说，必须在社会中生活的人们——总是尽可能地抑制嫉妒。为什么呢？因为每个群体中的嫉妒者都不可避免地会成为麻烦制造者、潜在的破坏者，甚至是叛乱的煽动者，其他人基本上无法让他们满足。因为如果一个社群想要有所建设和发展，那么它不能追求绝对的平等或真正地对所有事物一视同仁。从定义上看，嫉妒者实际上否定了每一个社会的基础。虽然长期处于嫉妒状态的人可能会在某些时期激发和领导千禧年*的革命运动（chiliastische Umsturzbewegungen），但他们永远不能建立一个稳定的社会，除非他们与自己关于平等的"理想"妥协。

在人类对社会关系的思考中，从有最早的证据以来，人们对嫉妒的本质就从未抱有幻想。大多数社会都发展或塑造了一些习俗和观念，试图让部落的每个成员能够在某种程度上保持不平等，但不会受到他人嫉妒的伤害。

---

* 千禧年主义（Chiliasmus），一种宗教信仰，指的是一个预期的黄金时代或乌托邦，通常与世界末日的观念联系在一起。——译者注

人类学的资料显示，在人类社会存在的方方面面，嫉妒和被嫉妒的问题都是无法避免的。处于国家经济或政治发展特定阶段、特定社会阶级的成员，特定群体环境中的个人，私人领域中的个人，在面对他人对他的嫉妒感时——即使只是他猜测的——都可能会认为那是因为自己与别人有所不同。他可能会自我安慰：在我生活的社会中，就是这样的。如果存在 a、b、c 这些条件，那么嫉妒就会出现。

然而，需要对人类学资料进行深入研究，才能理解嫉妒与生活状况差异的特定规模、与文化或政治发展阶段的关联性是多么微不足道。嫉妒是人类社会生活的必然伴随现象，任何回避这一问题的人类学都是不完整的。

1937 年，人类学家理查德·图恩瓦尔德（Richard Thurnwald）曾这样写道：

> 在原始民族中，我们可以遇到和我们一样的、各种气质的性格类型的人。他们相互影响，彼此融合或排斥。在个性的互动中，个人作为成功的猎人、娴熟的舞者、富有想象力的歌手、有效的魔术师、狡猾的杀手或卓越的演说者而赢得了影响力和威望。在地位互相平等的相关家族中，个别人的优秀表现往往会引起他人的不满和嫉妒。对于强势领导的出现，人们表现出的是厌恶。像可怕的魔术师这样的人，被社区杀害或被迫逃亡的情况并不罕见，这是一种原始的放逐行为。事实上，这种态度导致了文化发展的缓慢，因为它反对引入任何新事物。[1]

## 有没有不嫉妒的社会？

在某种文化中，无论我们在哪里发现了看似不考虑嫉妒或妒忌的制度，它们都是例外，这并不能否定前文所说的观点。例如，在许多实行一夫多妻制的非洲部落中，有一种规定要求丈夫必须严格公正地在所有妻子之间平均分配他的恩宠。在洛维杜人（Lovedu）部落的案例中，克里格夫妇（the Kriges）*明确证实了这一点。在这个部落里，妻子们拥有各自的小屋，围绕着丈夫的小屋呈半圆形排列，她们总是密切关注丈夫是否在其中一个小屋里花了过多的时间，或者是否偏爱某个特定的妻子。如果一个妻子在一天中只能享受到与其他人共享的丈夫的两到四个小时，她就会像一个可以在整整 24 小时内对丈夫拥有独占权的一夫一妻制的妻子那样，嫉妒地守护这段时间。一夫多妻制并不能否定人类具有普遍易激发性的性嫉妒假设。

因为某个社会没有"薪酬禁忌"来避免嫉妒，就说它是一个相对不嫉妒的社会，这同样是错误的。瑞典人认为自己是一个嫉妒的民族，有一种表达是"瑞典皇家嫉妒"（königlich schwedischen Neid）。[2]然而，在瑞典，任何人都可以查看其他公民的纳税申报表。事实上，有一家私人公司每年都会发布一份备

---

\*　即艾琳·詹森·克里格（Eileen Jensen Krige，1905—1995）与其丈夫杰克·丹尼尔·克里格（Jack Daniel Krige）。艾琳·詹森·克里格是南非著名社会人类学家，以对祖鲁和洛维杜文化的研究而闻名。1928 年，她与杰克·丹尼尔·克里格结婚。杰克是德兰士瓦最高法院的辩护人，与克里格分享了对人类学的兴趣，随后陪同她进行了大部分实地考察。他们一起成功鼓励了非洲学生对人类学的兴趣。其中包括后来发表论文《祖鲁的变迁》（"Zulu Transformations"）的阿布索洛姆·维利卡齐（Absolom Vilikazi）和以著作《祖鲁医学中的身心》（*Body and Mind in Zulu Medicine*）而闻名的哈丽特·恩古班（Harriet Ngubane）。——译者注

受关注的名单，列出所有年收入超过大约 15,000 德国马克家庭的收入。这类制度可能是在有意识地利用民主社会中普遍存在的嫉妒现象，目的是在税收事务上落实诚信原则。因此，如果在一个社会中为了避免嫉妒而保密的数据在另一个社会中被公开，这并不意味着后者的态度就不那么嫉妒。在美国，在报税问题上一般都能保证保密。然而，从 1923 年到 1953 年，在威斯康星州（可能并非纯粹的巧合，该州是美国历史上一些特别怀恨在心的政治家的故乡），曾有一项法律允许任何人查看其他公民的纳税申报表，包括所有的细节和详细情况。直到 1953 年，这项提供给好奇或嫉妒人的权利，才被一项新的法律限制，该法律要求支付一美元的费用，且仅限于了解另一个人所缴纳的总税款。[3] 在某些州，民主社会普遍存在警惕心，要求每一个公务员的薪酬和开支在每一年都应记录在公共图书馆的书中。任何听到这一制度的人都可能得出结论，认为美国人很少受到嫉妒的困扰，因为如果他们真的嫉妒，他们就不可能这样公开薪资了。但是，正如可以观察到的，财政部门的坦率往往导致个人之间的冲突，而后者正是其他地方薪酬禁忌所要避免的。

比较文化人类学提供的数据越多，就越能看出，我们不能从某种制度和典型做法的缺失中，推断出任何一种人类基本驱动力的相应缺失。这尤其适用于嫉妒。各种个性的文化已经演变出各种不同的、有时当然相当弱的机制，以便其成员尽管存在嫉妒，仍然能相互共处。

要验证一个关于嫉妒的理论并不容易。当然，在明确提到了嫉妒或关注嫉妒的情况下，可以证明嫉妒动机的存在，而且在大多数语言中，都有一个词来表示它。同样，如果一个人希望其他人拥有的比自己少，甚至一无所有，而不是允许别人拥有更多；或者他想要去损人不利己，那么至少可以认为存在嫉妒。

在一种文化或特定社会情境中，要证明没有嫉妒，或嫉妒的作用很小，这方面的证据更难找到。充其量可以说，某人已经能够抑制他的嫉妒，因此能够欣然接受他人的特权或优势。但是，我们几乎不可能断言，在特定的社会情境或习俗中，参与者都没有感受到嫉妒。然而，我们完全有理由相信一个在访谈节目中自发承认自己嫉妒的人。通常情况下，他更有可能会隐瞒这一事实。但是，我们不能完全相信那些坚持认为这件事或那件事不会引起他嫉妒的人。

我们不能因为某些社会制度［如长子继承制（Primogenitur）或一夫多妻制（Polygamie）］的存在而认为其中就不存在嫉妒。这些制度往往会导致黑魔法或其他行为模式的出现，这些现象表明，受到这些制度许可行为（比如父亲或配偶的行为）影响的人，都有可能产生嫉妒心理。

如果一种文化不能在合理范围内迫使那些真正有理由妒忌或嫉妒的人合作，社会生活将是不可能的。毕竟，一个从未存在嫉妒理由的社会，一个完全平等、恒定的社会，即使是在思想实验（Gedankenexperiment）中也是行不通的。因此，我们唯一能够追问的是：一个社会在生活的某些领域如何很好地消除、转移或限制嫉妒？我们永远不能说，如此这般的文化、如此这般的社会环境，没有任何成员是妒忌或嫉妒的人。相反，某些文化可能会努力实现某种条件，可以使得许多社会活动的进行如同没有嫉妒发生一样。

每个社会、每个文化都可能对某种东西、地位、成就或精神状态（如狂喜）给予如此高的尊重，以至不可避免地会有一些人认为他们受到了不公正的对待。那些引发嫉妒的区别和差异，是所有社会都有的伴生现象。在某些社会中，声望来自对财产或财富的占有和操控，而在其他社会中，声望来自正式的学术研究（在古代中国），在印度教和佛教文化中，声望来自精神上的完美。但是，嫉妒和怨恨不仅仅来源于声望上的差异；正如人类学家H.G. 巴尼特（H.G. Barnett）所强调的，大多数文化都为一个人提供了出人头地的机会，从而成为嫉妒的原因，即使他的成就与社会的一般声望体系只有很小的关系，或完全无关："……引发怨恨的源泉，是无穷无尽的。"[4]

纳瓦霍族是美国现存最大的印第安部落。他们在保留区过着贫困的生活。纳瓦霍人没有与我们的"个人成功"或"个人成就"相对应的概念。他们也不可能有幸运或厄运。根据他们的观念，任何一个人的繁荣或富裕，都只会是以别人的利益为代价的。因此，生活条件更好的纳瓦霍人，会感受到持续的社会压力，要求他们慷慨地招待客人，慷慨地赠送礼物。他们知道，如果做不到这一点，"嫉妒的声音会在巫术的低语中说出来"，而那将会使他们在社会中的生活"变得紧张和不愉快……"[5]

再举一个例子，原始的渔民，即使他只有一次幸运的捕捞，也必须考虑到同伴的嫉妒。研究波利尼西亚（Polynesien）岛屿民族的专家雷蒙德·弗思（Raymond Firth），描述了一个渔民群体之间的关系：

> 如果一个人只捕到一两条鱼，而他的同伴们（在海上的船上）没有任何收获，那么他就会把鱼送给船上的其他成员，

而不是留给自己。如果他真的保留了自己的鱼，让其他人空手而归，他就会有被恶意诽谤的风险。人们将这种习俗理性地解释为对社交场合的考虑。因为，如果其中一个人不是在海上，而是在内陆湖泊用网捕鱼，他可以保留所有的鱼，"因为他是一个人"。只有作为船员的一分子时，他才需要遵循上述的习俗。这种做法被直接描述为"遏制嫉妒"（*te pi o te kaimeo*）[*]。[6]

一个旨在避免嫉妒的做法，可能会因为这个原因，而被部落的习俗公开予以规定。在其他情况下，一种无法解释的禁忌也试图达到同样的目的。因此，人们注意到，在玻利维亚，一个西里奥诺印第安猎人可能不会吃他所猎杀动物的任何部分。如果他违反了这一禁忌，同类动物将永不会成为他的箭下猎物。这一禁忌最初是为了公平分配猎物。然而，20 世纪 40 年代初，美国人类学家阿伦·霍姆伯格（Allan Holmberg）注意到这个规则已经被频繁打破。[7]

西里奥诺人（Siriono）是一个以 15~25 人的小群体生活的部落，他们的生活极度贫困。他们表现出一些显著的行为特征，而那可以解释为是为了避免他们部落伙伴的嫉妒。西里奥诺人一般都是独自在夜间进食，因为他不希望与别人分享他的猎物。如果他在白天吃东西，一群非直系亲属的人会聚集在他身边。他们嫉妒地盯着他看。尽管他几乎从不给他们任何东西，但他还是会感

---

[*] "*te pi o te kaimeo*"，波利尼西亚语短语，意思是"阻止嫉妒"（抑制嫉妒的情感）。在中文表达中，我们可以将其理解为"化解嫉妒"或"遏制嫉妒"。——译者注

到不安。甚至连霍姆伯格在与他们一起生活时，也最终采用了这种独自进食的做法。[8]

在大多数情况下，西里奥诺人表现出极端的个人主义，尽管他们常常不情愿地遵守一些群体规范。例如，一个给了亲戚食物的人，可以期望得到一些回报，不过，他也几乎总是去要求这样做。[9] 食物（肉类尤其稀缺）几乎从不与核心家庭成员（妻子，或者可能是最喜欢的妻子和孩子）以外的小群体成员分享。西里奥诺人互相指责对方囤积食物，但无法采取任何措施阻止这种情况发生。[10] 他们不断谴责对方偷食物。典型的情况是，每个人都会把任何可以吃的东西藏起来。一个回家的猎人，会把他的猎物藏在营地外，然后带着沮丧的神情加入到群体中。直到夜幕降临，他才会返回，也许是和妻子一起，回到藏身之处，吃掉他杀死的动物。[11] 在这里，我们看不到所谓的原始人在物质匮乏时期存在的紧密共同体的任何迹象——据说，越是贫穷，共同体的意识就越强。如果这些现象在一个多世纪前就能得到适当的观察和评估，则社会学理论本可以避免许多错误。

第 4 章

# 嫉妒与黑魔法

对大多数人来说，"巫师"（Hexe）这个词首先会让人想到童话，想到歌德的《浮士德》（Faust）或烧死巫师的场景。在我们研究原始民族关于巫师的看法，即由嫉妒的同族成员引发的普遍恐惧之前，有几个概念需要澄清。和其他地方一样，在欧洲，"巫师"最初的意思类似于"流浪者"（fahrende Leute），一个威胁性强、心怀恶意的人。它与邪恶之眼（böse Blick，即嫉妒者之眼）的联系很早就出现了。自古以来，对于那些有理由嫉妒的人，比如长得比他们好看的人、幸运的父母，或者庄稼丰收、牲畜健康的农民等，都存在对巫术或黑魔法（Schadenzauber）的怀疑。毕竟，厄运只会降临在那些有东西可以失去的人身上：健康、美貌、财产、家庭。当试图从情感上解决不幸问题时，人们会很自然地寻找可能心生嫉妒的人，因为这似乎是一个合理的解释。

在欧洲的巫师审判中，受到指控的正是那些以某种方式引起怀疑、被认为嫉妒他人并希望伤害他人的人。然而，渐渐地，嫉妒的人反过来成了指控者，被指控的人变成了那些相貌出众、品行端正、自豪富有的人，或者富有市民的妻子。在原始民族那里，嫉妒在巫术信仰中扮演的双重角色同样明显。外来者、残疾人，那些在某种程度上受到不公平对待的人，都会被怀疑心怀嫉妒，且被认为是造成损害的责任人。然而，同样的一个原始人可能会声称，他的部落里的另一个成员之所以富有、强大、善舞或狩猎，是因为他通过黑魔法获得了本应属于他的部落同胞的东西。

世界各地关于原始民族的报告，提供了大量关于巫术信仰和巫术实践的证据。这是他们存在的不变的方面。一些部落，如北美洲的纳瓦霍人、非洲的阿赞德人（Azande）和西太平洋的岛民多布人，似乎对巫术有着特别强烈的信仰，但实际上无论我们在哪里调查，情况基本上都是一样的。

在对怨恨的分析中，马克斯·舍勒已经将无法治愈的嫉妒者与巫师形象进行了比较。他认为："如果没有具体的无力感作为媒介，怨恨就永远不会有进一步发展。"他说，在某些社会情境中，除了个体特性之外，相关的人们特别容易产生怨恨。舍勒看到了女性与巫师形象之间的联系："女人由于较弱，所以更具有报复心，而且由于她们无法改变的个人品质，她们总是被迫与同性竞争以赢得男性的青睐，总是会发现自己处于这样的'处境'。因此，难怪最易报复的神，如那恶毒的蛇类后代，欧墨尼得斯*，首先在女性统治的母系社会中崛起……这也可以解释为什么没有与'巫师'形象对应的男性角色。"[1]

尽管舍勒正确地观察和解释了"第二性"[西蒙娜·德·波伏瓦（Simone de Beauvoir）愤怒地称之为"第二性"]与嫉妒的

---

\* 欧墨尼得斯（Eumeniden），希腊神话中的三位复仇女神。在希腊语中，她们被统称为厄里倪厄斯（Erinyes，即愤怒的人），在拉丁语中被统称为厄里尼厄斯（Furies），与拉丁语"furere"（愤怒）相关。她们的形象为三个身材高大的妇女，头上长着蛇发，眼中流出血泪，双肩生有翅膀，手执火把和蝮蛇鞭。她们永不停息地追逐杀人凶手，尤其是谋杀血亲的人，使他们受到良心的煎熬，直到丧失理智。为了避免激怒她们，凡人不敢直呼她们的名字，只能称她们为"温和的人"（the kindly ones）。——译者注

巫师形象之间的特殊亲缘关系，但在其他文化中发现的偏离却非常显著。

虽然在英语中有男性名词可以用来描述一个"男巫师"（sorcerer，wizard），但用英语写作的民族志学者在需要指代这类人时，几乎总是选择女性名词"witch"，即女巫。然而，在原始民族中，巫师绝非仅限于女性，例如，纳瓦霍印第安人认为，男人和女人都能成为巫师，但男性巫师（männliche Hexen）更为常见。在 222 起受到巫术指控的案件中，克莱德·克鲁克霍恩（Clyde Kluckhohn）发现，有 184 起涉及成年男性，其中 131 起中的成年男性年事已高。所有被指控的女性也都是老人。纳瓦霍人极度害怕老人的巫术，以至他们会竭力用丰盛的招待等方式来讨好老年人，即使那个人可能非常讨人厌。克鲁克霍恩对此的解释是，纳瓦霍人对长寿的重视程度很高。那些已获长寿的人试图保持长寿，往往是以年轻人为代价。这些印第安人普遍怀疑所有那些处于极端处境的人——无比富有的人、异常贫穷的人、有影响力的歌手、年迈的老人。他们相信，只有死去的亲属才能成为充满敌意的灵魂。只有同一家族的人，才能看见死者的灵魂。[2]

纳瓦霍人在生活中对巫术无处不在的忧虑，与他们不愿意讨论这个问题的程度一样严重。有些白人在他们中间生活了很多年，却仍然无法了解这一文化特征的严重程度及范围。即使是那些完全摆脱了部落宗教其他方面束缚的纳瓦霍人，仍然对巫师心有余悸。[3]

一些研究者认为，巫术信仰是一个有益的安全阀，一种可以理解和接受的制度，通过这种制度，社会内部的紧张关系得以调节。然而，克鲁克霍恩认为，这些观念的破坏性、抑制作用被严重低估了，它们更有可能导致胆怯，限制社会关系，而不是让攻击性情绪得以健康发泄。[4]

## 嫉妒与巫术嫌疑

克鲁克霍恩毫不含糊地指出了嫉妒和巫术嫌疑之间的直接联系。在纳瓦霍人中，一个人成为巫师（从他的父母之一那里继承了这种技艺）"是为了报复，为了获得财富，或者仅仅是为了恶意伤害——最常见的动机则是嫉妒"。[5]一种特殊的、"狂怒的巫术"（wütendem Hexenwerk），是主要针对那些富人的黑魔法。对此，有位纳瓦霍人是这么向克鲁克霍恩描述的："那是当他们看到你总是拥有最好的东西，出色的孩子，贤良的妻子。那个从那边过来的坏人可能就会想，'我们要毁掉那个家'。"[6]

在另一个印第安部落，霍皮印第安人被认为是非常和平的。在他们的文化中，社会和谐被视为最高的美德。但是，当霍皮人试图解释疾病、死亡和类似的不幸时，他们会像纳瓦霍人一样，认为在他们的附近有巫师。

霍皮印第安人知道嫉妒的危险。他们的主要原则是，永远不要吹嘘或炫耀。因为"人们可能会偷走吹嘘者的东西，并开始进行邪恶的巫术操作"。[7]正如一些知情人士揭示的那样，理想型的霍皮人会谴责嫉妒，认为它是一种无用的情绪状态。他应该放弃嫉妒的念想。[8]在其他任何地方认为值得嫉妒的那些事情，霍皮人同样也会嫉妒："一个人会因为另一个人更有钱，或是住的房子更好而嫉妒他。"[9]或者："你的心会为一个比你拥有更多的人而感到痛苦。你会说，'那应该是我的'。"[10]在霍皮族语中，有个词叫"*unangtutuiqa*",实际上的意思是"他的心生病了",美国的民族学家将之翻译为"envious,jealous"。[11]

与霍皮人一样,祖尼印第安人(Zuni-Indianer)厌恶竞争行为和公开的攻击行为,他们为了集体而牺牲个性。但这并不能消除嫉妒。无论是非常贫穷还是特别富有的祖尼人,都可能被怀疑是巫师。对巫术指控的持续威胁,有助于维持社会一致性。人们也注意到欧洲的巫术故事与祖尼人的故事之间的相似性。

在祖尼人的传说中,这样描述一位被欺骗的丈夫或是一位被抛弃的情人:他的报复感,或是满腔的仇恨,不是针对他的情敌,而是作为一个人,他不能容忍自己的独自不幸——整个部落,所有的成员,无论是否有罪,必须要同样地毁掉。祖尼人的民间故事明确表示,失去幸福的丈夫,不会希望别人得到幸福。当一个认为自己被欺骗或受到不公正对待的祖尼人沉浸在白日梦中时,他通常渴望的是让其他人也能像他一样受苦。被抛弃的妻子,可能会希望部落的死敌阿帕奇人(Apachen)赶来,摧毁这个村庄。

民族学家发现,在北美,有一些印第安部落,几乎没有对巫术的普遍恐惧,但他们仍然认为自己生活的核心价值受到了威胁。例如,生活在开阔平原上的科曼奇人(Komanchen)是勇敢的民族,攻击性的战士角色只会保留给20～45岁的男子。如果一个老人不能欣然接受和平养老的角色,他就会被怀疑有嫉妒的魔法。他甚至可能被某人的亲属杀死,因为他们怀疑他是巫师。可以理解的是,科曼奇人通常将那些年轻时并没有特别杰出表现的男子尊为老族长,因为他们不太可能对自己失去的青春感到遗憾。

在中美洲的印第安文化中,"嫉妒和贪婪通常被视为反常或犯罪。印第安人认为有一种由魔法引发的疾病，他们称之为‘envidia’（嫉妒），是由嫉妒的人的巫术召唤出来的。受害者在社区中有不容否认的权利，只要能找到他的敌人，就可以杀死敌人。正因如此，无论如何都不会有人公开承认自己嫉妒”。[12]

爱德华·埃文思-普里查德（Edward Evans-Pritchard）关于非洲阿赞德人中存在的巫术信仰和黑魔法的著作，被认为是对此类现象最为精确的研究。他的观察和结论与我们在本书中阐述的、嫉妒的一般理论完全一致。他反复描述了阿赞德人如何不断地想着别人的嫉妒，并据此行事。阿赞德人的价值观、文化、民族信仰都谴责嫉妒的人。像我们一样，他们也有“绅士”概念，即一个受人尊敬、正直可靠的人。他不会接受任何不公平的对待，他可以对那些以任何方式伤害他、他的家人和朋友的人采取无情的行动；他也不需要表现出虚伪的谦虚。但重要的一点是，他不会嫉妒他周围的人。[13]

这个部落的谚语与欧洲的谚语非常相似：“嫉妒与妒忌会杀死最强壮的人。”“恶意会指路，黑魔法相随。”“首先现身的是贪婪，接踵而至的是巫术。”这些东西和其他道德上的弱点，总是被引用作为“曼古”（mangu），即嫉妒的黑魔法的起源。[14] 阿赞德人的父母一遍又一遍地警告他们的孩子不要心怀恶意，不要有嫉妒，不要幸灾乐祸，不要妒忌。可能没有哪个原始民族像阿赞德人那样对嫉妒的危险有如此清醒的认识。谁要是没有明显的理由说邻居的坏话，马上就会被认为是嫉妒。事实上，并不是每个嫉妒的人都会成为巫师。在嫉妒的形式上，人们担心的是一种不太明显的“曼古”，因为它太温和了，不会导致应受惩罚的恶行。但任何被认为是嫉妒者的人都会受到回避，不会再受到邀请和其他人一起参加公共活动。

阿赞德人做了非常明确的区分："曼古"本身并不是犯罪的原因，而只是通过伤害他人来满足嫉妒心理的力量。[15] 他们相信，任何人都可能成为巫师。没有人能够完全清楚他人的情况。而且，因为没有人能够知道自己是否被怀疑，所以在公共场合必须始终要克制嫉妒。[16] 埃文思–普里查德认为，这种信念在社会上是非常有益的。因为阿赞德人把每个邻居都看成是潜在的巫师，嫉妒的人只有通过控制他的嫉妒才能避免被怀疑。但另一方面，他所嫉妒的人也可能是希望伤害他的巫师。正因如此，他也必须小心谨慎。[17] 不仅身体畸形的人会被视为巫师，那些习惯性不友好、脾气暴躁、肮脏鬼、杠精和神神秘秘的人也会被视为巫师。[18]

阿赞德人的咒语——旨在保护他免受魔法的侵害——总是指涉别的某些人的嫉妒。一般来说，他很清楚，无论他在哪个方面表现出色，无论他如何成功，总会有人嫉妒他的财产、血统、外貌，以及他作为猎人、歌手或演说家的技能，因此会寻求摧毁他。[19]

埃文思–普里查德将阿赞德人的"嫉妒巫术"（Neidzauber）观念与我们的幸运和不幸的概念相比较。如果我们对发生的不幸无能为力，我们就会用不切实际的"这只是运气不好"安慰自己。阿赞德人则是将其归因于"曼古"，它源于某个特定的人。[20]

## 我们中间的敌人

在研究报告《我们中间的敌人：安巴人中的巫术》（Der Feind unter uns: Hexerei bei den Amba）中，E. H. 温特（E. H.Winter）讨论了东非安巴人中的巫术问题，他得出了这样的区别——尽管安巴人认为巫师只存在于他们的想象之中，但来自欧洲的观察者却毫不怀疑，在他们中间确实有一些人在使用黑魔法，为了伤害他们的同族人而参与魔法实践："对于安巴人来说，巫师（Hexe）和魔法师（Zauberer）之间的基本区别在于其行为背后的动机。魔法（Zauberei）是由于普通动机产生的——嫉妒、妒忌和仇恨。它是由日常生活中发生的事件以及会产生仇恨情感的社会环境所引发的。因此，尽管安巴人会谴责巫术，但他们仍然可以理解为什么会有人涉足魔法。"

　　另一方面，巫师则是由于渴望人类肉体而给人们带来各种难以想象的灾难，这种渴望，对于普通的安巴人来说是无法理解的。温特随后提出了以下类比：为了继承权而杀害亲属的魔法师，相当于我们社会中的杀人犯，而巫师则相当于我们无法发现其动机的病态杀人犯。我们认为，这种类比是不可接受的，因为关于非洲人的魔法的全部文献表明，嫉妒的人（这里指魔法师）想伤害他所嫉妒的受害者，但很少期望以此为自己获得他所嫉妒的资产——无论是对方的一种财产还是属于他的一种人身品质。正如我们一再表明的那样，每一种文化都认为，嫉妒者获得的回报，要么是使他所嫉妒的人失去某种东西带来的快感，要么是对拥有令人垂涎的财产的人的"惩罚"，假设这种财产是不可毁灭的——比如通过英雄事迹赢得的名声。然而，安巴族人和他们的解释者温特很可能是完全正确的，他们认为，只有当一个人特定的嫉妒心被唤醒时，才会成为魔法师。在某些情况下，一个人在他的一生中可能只会有一次求助于魔法。他并不像巫师那样，后者的食人行为对每个人都是一种威胁，是一种持续的、普遍的危险。没有人能保护自己不受巫师的伤害。"至少在理论上，一个人可以避免在任何场合引起他人的恼怒或妒忌来保护自己免受魔法师（一个嫉妒的人）的伤害。"——或者，正如我们所说的，通过避免他人的嫉妒。[21]

在关于东非坦桑尼亚北苏库马人（Nördlichen Sukumaland）的魔法师的研究中，R.E.S. 坦纳（R. E. S. Tanner）曾经提到了巫术信仰（Hexenglauben）中独特的嫉妒动力。苏库马人认为，黑魔法（bösartige Zauberei）是一种有计划的、蓄意的犯罪行为。魔法师绝不是一个任意打击人类的邪恶之徒；相反，他沉浸于他的贪婪、他的嫉妒。他希望从他的魔法中获得物质利益。同样，魔法师被怀疑是一个嫉妒心无法安抚的人的程度，从以下事实可以看出：通过完全地孤立他，社区有时会迫使他离开这个地区。有时，对于这种人因嫉妒而可能犯下的罪行的焦虑，甚至可能导致他被以私刑处死。在其他文化中也有类似案例的报道，例如在中美洲，那些被怀疑或被判定具有嫉妒魔法的人，被驱赶了出去。

苏库马语中的魔法一词"布洛吉"（bulogi），来源于动词"感到恐惧"（sich fürchten）。坦纳强调，苏库马社区并没有受到魔法师的控制。但是，如果有人遭遇不幸，他总是会想知道亲戚或邻居为什么会对他施魔法。和其他地方一样，苏库马人只有在亲密关系或有密切联系的情境中才会施用魔法。他们有一种值得注意的倾向，即指责成功或富有的人使用魔法。坦纳解释说，在一个案例中，巫医（Medizinmann）和酋长共同提出了指控，并证明了指控的合理性——"事实上，这是一种基于嫉妒的政治行动"。

因此，在每个社会中，至少有两种可能的嫉妒倾向和表现需要认真对待：一个不富裕或仅仅是过得去的人，可能会对亲戚或邻居产生嫉妒，并实施破坏性的魔法和纵火。受害者以及其他或多或少与他有关的人，可能会认为他是出于嫉妒。随着怀疑加深，社区里的每个人，无论是富人还是相对富裕的人，都不得不害怕这个嫉妒心极强的人。最终，他可能会被驱逐出去。对群体的危险，潜藏在个人（魔法师）的破坏性嫉妒中。

这种情况也可以反过来看：社会紧张局势的出现，源于几个人对一个可能比他们更富有、更受欢迎或更成功的人的嫉妒。然后大多数人散布谣言，说这个幸运的人的成功是因为非法的魔法（illegale Zauberei）。坦纳提到了一个在苏库马人中臭名昭著的案例。一位酋长被怀疑利用死去的同族人的灵魂来耕种他的土地，因为人们看到的、在那里耕作的人的数量，不足以解释他们的优秀和产量。坦纳正确地将此描述为是对成功或卓越工作的嫉妒的表现，而不是对神秘主义观念的表达。

与其他大多数个别的实地研究一样，坦纳的研究未能在他所描述的现象的基础上为我们提供一种理论。这种魔法的普遍性，不能仅仅是基于零星的仇恨。坦纳表示，赞同流行的、压抑的情绪没有合法（如"极端情绪的释放"）的出口的理论。因此，有人认为，在与欧洲人和欧洲所辖区域接触之前，邪恶的魔法师的数量要比今天少得多。因此，人们在解释对破坏性魔法的逃避时，几乎都带着歉意地将其解释为是对白人行政管理及殖民化的一种压力反应。然而，我认为，仅凭部落中年老成员的记忆，基于嫉妒的魔法的增加可能只与欧洲人的到来有关，因为事实上，正是欧洲人的殖民统治第一次给部落带来了理性的法律规则，从而创造了一种社会经济状况，在其中使个人的成功——从而使嫉妒的原因——在任何程度上都成为可能。[22]

## 洛维杜人

在对非洲洛维杜人的描述中，尤其是关于巫术和黑魔法的章节中，尽管克里格夫妇避开了产生这些"冲突"的心理学因素，他们还是提供了大量观察，从中可以清楚地看出嫉妒元素的存在。如果该部落的一个人生病了，他会马上联想到巫术作祟的可能性，特别是当他与某人发生冲突或知道他有一个敌人时。一个被公认具有敌意的人或一个普遍不受欢迎的人，会首先被认为是对可能降临到他人身上的任何不幸负责的人。

"一个长相不善的人，很多时候会赢得巫师的名声……一个异常年老的人，也容易被认为是巫师；他的长寿，被认为是他用年轻亲属的生命来交换的自己的生命。就像带有怨恨的人被怀疑有巫术一样，成功的人也被认为特别容易被施巫术——那些比别人收获更好的人，成功的猎人，受欧洲雇主青睐的人。"[23] 克里格认为，"他们的成功是否也有可能要被归因于他们使用巫术"，那就是纯粹的投射。

在这里，也许我们可以引入一个概括性的说法：显然，原始人（洛维杜人可以被视为是数百个类似简单民族的代表）认为，在任何一个时间点上，每个人的处境都是完全平等的，这是一种规范。他对平等的渴望，与多年来在我们现代社会的政治趋势中所表现出来的一样。但是，现实总是不同的。由于他没有理解事实不平等的经验性原因，所以他在解释任何向上或向下偏离所谓的正常的——情感上可接受的——平等社会的情况时，会认为都是由同族人的蓄意和恶意的行为造成的。这种怀疑会随着关系的密切程度而增加。

克里格夫妇分析了他们观察到的 50 起巫术案例。主要动机是嫉妒与妒忌。在这些案例中，只有 15 起发生在没有关系的人之间。其中，只有 5 起涉及性妒忌（Geschlechtseifersucht）（例如，被抛弃的女孩寻求报复）；其他 10 起案例则与经济和社会的差异引起的嫉妒和怨恨有关。任何显眼的小玩意儿，比如邻居从城里买回来的缝纫机，都特别容易引起嫉妒，从而引发黑魔法。巫师的嫉妒，也会因另一个人有能力驾驶汽车、在城里找到工作或跳舞特别好而被激起。很多时候，复杂的妒忌情感会涉及性或是经济动机。克里格夫妇提到的嫉妒原因，包括地位、声望、个人魅力、嫁妆、财产分配和牛群的产量。[24]

洛维杜社会的全部前科学文献，例如关于嫉妒现象的谚语，无一例外地强调嫉妒的人和他所嫉妒的对象之间的社会接近性。这一因素在克里格夫妇的材料中也很明显。不仅是亲戚和邻居最常受到影响，人们也认为，要成功地对一个陌生人施行巫术是非常困难的。洛维杜人相信，只有母亲永远不会用巫术伤害她的孩子，正如孩子永远不会对他们自己的母亲施巫术一样。而这也正是最不可能出现嫉妒的关系。

英国人那典型的、让人觉得夸张的谦逊和低调（understatement），不仅在中国文化中出现过，也是洛维杜人的一个传统。当一个人从另一个地区回来时，邻居们会问他："那里的人都吃什么？"或者，他们会流露着嫉妒地问："对于我们这些和你在一起的人，他们有没有什么隐藏的？"对此问题的亘古不变的答案是："他们快要饿死了。"——即使他们什么都有，还表现出极大的热情好客。人们甚至担心，过分的热情会引起他人怀疑自己是在为成功而努力——如果有人经过一个洛维杜人正在劳作的田地，并说：“干活真努力啊，不是吗？”他们总是回答：“我们几乎啥都还没干哪。”[25]

　　一个早熟的聪明孩子，会被洛维杜人视为未来的巫师。生活是在对嫉妒的恒久恐惧中度过的。财产不会带来任何声望。[26] 在洛维杜社会中，没有社会的经济分层。这个班图人（Bantu）部落的文化——也就是整个规范体系——显示出各种根深蒂固的抑制，它们可以直接溯源到强烈的相互嫉妒，也清楚地表明了它们是如何具体地限制了（社会）发展。[27]

## 竞争是不可能的

　　令克里格夫妇印象特别深刻的，是手工艺人之间无法开展竞争的事实。一个陶艺家通常会向顾客推荐另一个陶艺家的产品。试图通过威胁将订单交给别人来使工匠加快工作速度是毫无意义的。即使一个洛维杜人迫切需要钱来支付税款，他也会避开赚钱的生意。他们也极不愿意公开与他人进行比较。事实上，他们的语言中甚至缺少用来区分、区别的表达方式，例如，比较级的形式。很难从他们那里得到任何关于手工制品、个人成就或其他文化属性的相对优点的意见和看法。正如克里格夫妇所强调的，对洛维杜人来说，就日常生活的物品而言，其目标是与他人平等。一个常见的说法是：“你对我隐瞒了什么？”克里格夫妇解释说，这句话的意思是：“难道我没有资格和其他人一样分享你的慷慨吗？”甚至当他们祈求他们的祖先帮助或给予某种恩惠时，他们也必须声明：“但是，只需要给我和其他人一样多的就好。”[28] 如果一个村庄的人从天花中恢复过来，而另一个村庄的人却在死去，洛维杜人的唯一解释就是，那是因为幸存者的巫术。[29]

在一个没有任何形式的竞争的文化中，时间毫无意义。用来表达"缓慢""没有任何喧嚣或匆忙"的词汇，与"美好的事物""美好的品德"的意思相同。

然而，我们必须认识到，不能将原始人的迷信等同于他们对部落同族人的长期嫉妒状态，也不能用其中一个来解释另一个。在我们现代社会中，受过教育的人也会有自怜的倾向，总是沉浸在对他人的优越地位或优势的思考中，并含糊地认为他人是自己失去机会的原因。原始人对黑魔法的信仰，与现代的观念差别不大。在1850—1950年，一些人通过一种复杂的经济理论，认为自己被企业家剥夺了权益；某些国家的政治家同样认为自己被工业化国家掠夺了。而在原始社会，人们相信自己被邻居通过使用黑魔法剥夺了部分收成。

然而，在人类理解世界的每一个历史阶段，嫉妒动机可能都已经渗透到个体的认知行动中，并强调那些支持嫉妒者怀疑的表现。但是，除非每个人都有嫉妒性比较的基本倾向，否则，即使在原始民族那里，魔法观念也不是一定要变成嫉妒的黑魔法。嫉妒的人会创造出报复被嫉妒者的手段。他总是会寻求安排他的世界，以使他的嫉妒情感得到满足。

仅从被用来损害他人繁荣的手段的性质来看，人们不能证明这些手段是出于嫉妒而使用的。当原始人使用黑魔法来惩罚那些伤害了他的家庭成员的人时，他是在采取合理的愤怒行动。成功地向立法机构建议对某些奢侈品或令人嫉妒的收入形式征收特别税的政府顾问，自己可能真诚地相信他的政策在经济上是合理的。因此，如下的看法是错误的：认为凡是在使用黑魔法的地方，无论是原始人还是一个相当先进的国家的农民，只是为了伤害他的邻居，而且显然是出于嫉妒，则那所涉及的只是出于迷信的不幸后果，而教育可以驱除这样的迷信。一些现代经济理论家仍然沉溺于一个人的收益必然导致其他人的损失这一错误的前提；虽然这些人没有使用黑魔法，但他们经常求助于同样荒谬的方法，例如，一种特别税种最终可能损害到它原本希望帮助的人。

一方面，人们对环境因素的认识片面，认为他人的每一项不平等都会消减自己的繁荣，从而产生嫉妒，这至少部分是基于对不平等原因的错误理解。另一方面，原始人也有可能在不将情况解释为魔法的情况下嫉妒他的邻居。魔法只是他因嫉妒而压制他人的最直接手段。原始人通过非理性的仪式（也许还有毒药）来伤害他所嫉妒的对象，而官僚机构中的高级官员因为暗中嫉妒将要晋升的人而悄悄地破坏下属的晋升，他们也是出于同样的动机，只是在方法上有所不同。

## 针对陌生人的黑魔法

原始人——有时也包括不那么原始的人——用黑魔法让别人同样不愉快；富有的父亲或受托人，为了让下一代，作为学徒，也像他以前经历过的那样去过艰难的日子而吝啬；工厂经理、部门主管、董事会成员反对购置空调设备或节省劳动力的机器，因为在他们加入公司时事情不是这样的——所有这些斯巴达式情结（Spartanerkomplex）*的非理性表现，都有一个基本的目标。他

---

\*　指追求简朴、清苦的生活观念。斯巴达（Sparta）是古希腊的强大城邦，斯巴达人不追求舒适奢华。——译者注

们认识的人，甚至他们不认识的人，都必须平等地承受他们过去承受的命运。诚然，谚语说，"分享悲伤，悲伤减半"（geteiltes Leid ist halbes Leid）。但是，在悲伤中真正陪伴自己的，是那些在我们未采取任何行动的情况下，要么自愿，要么由于外部环境的原因，与我们同时忍受痛苦境况的人。如果仅仅是为了安抚自己曾经遭受的不愉快经历，比如说一次艰难的考试，或者一项令人反感的任务，有人出于幸灾乐祸的心理，要让另一个人在未来承受同样的困难，他就是把自己的嫉妒提升到命运女神的地位。但是，像一位长者出于客观上令人信服的教育原因——不仅仅是为了掩饰嫉妒——对一个年轻人设置一些困难，无论是为了考验他，还是为了在身体上或精神上磨炼他，这种情况就不属于这个范畴。另一方面，我们可以理解那些真正的登山者，他们试图破坏通往最高峰的缆车计划，因为在他们看来，只有那些勇敢面对攀登过程中的危险和困难的人，才配享受顶峰的景色。这可能暗示着他们对高山本身的妒忌，但很难说是嫉妒。然而，这种人在世界各地和各种不同文化背景下都能找到，他们经常被当地人认为是典型的那种人，因为他们对陌生人施行巫术的唯一原因，是后者可能比他们过得更轻松。这种现象的持续出现引发了一个根本性的问题：究竟是什么样的人类动机在起作用？特别是在一些富裕的现代人身上，我们有时还能观察到这种现象的痕迹。

在我们看来，这是一种典型的基本态度，更复杂的嫉妒过程就是从中建立起来的。这种证据表明，人类存在这样一种基本冲动，它独立于他的绝对物质状况，并针对一个可能的陌生人，或者可能确实是一个纯粹假设的人，这会让人怀疑亚历山大·吕斯托（Alexander Rüstow）等人提出的原则是否合理：被嫉妒的人应该对嫉妒负责。例如，在我们自己的社会中，那些因为无法忍受开车的人而在路上撒满钉子的破坏者，可能仍然受到特定嫉妒经历的驱使。如下的行为是"有意义的"——想象一下自己拥有一辆漂亮的汽车，然后说："好吧，如果我不能拥有它，至少我可以破坏那些能拥有它的人的快乐。"但是，刚刚经历了剥夺或逃离危险的原始人，希望把这种经历魔法般地施加在别人身上，而他并没有以任何方式被他的受害者激怒。他希望把别人（当然也可以是他本人认识的人）拖拽到他当下沦落到的那个生活水平。虽然某些形式的嫉妒至少有某种"进步"的元素，但这种特定的行为具有报复性："既然我不能为我的痛苦命运报仇，而且在许多文化中往往也没有这样的概念来解释我的痛苦遭遇，那么我就会找别的人，希望他们也遭受同样的痛苦。"

对嫉妒的黑魔法的真正经典描述来自拉斐尔·卡斯滕（Rafael Karsten）对基瓦罗印第安人（Jivaro-Indianer）的观察。

当印第安人试图用魔法手段制造雨水时，他们几乎总是出于恶意，即为了给他们的同族人带来伤害或烦恼，特别是当他们在河边穿行时。1917 年，当我从漫长的河流探险中来到厄瓜多尔帕斯塔萨中部的阿丘亚雷斯（Achuares am mittleren Pastaza）时，被持续数周的大雨困扰，（大雨）导致博沃纳萨河（Bobonazza）河水暴涨，使得我的印第安人船员在河上航行时非常辛苦。当我们最后终于到达目的地时，我的一个印第安人船员说，他将通过魔法让雨继续下，这样其他旅行者也会遇到和我们一样的困难。[30]

也许，没有任何一种嫉妒是如此的纯粹，它仅仅是因为我们相信他人将要经受的短缺、恐惧比我们自己刚刚忍受并最终摆脱的更少。在这种情况下，嫉妒者本人未来的生活历程，并不会因为他人的收益、他人处境的改善而受到不利的影响。只有他本人对不愉快过往的回忆，才会让他不愿意别人过得更好。这种嫉妒极大地阻碍了社会的一切进步，它也会发生在家庭的几代人之间：父亲们感到很恼火，因为现在儿子们做的事情要容易得多了。在西方工业国家的家庭中，在最原始的部落里——那里的年轻一代通过与欧洲人的接触享受了某些优势——都可以观察到这种嫉妒的爆发。

## 代际间的嫉妒

传统的观念认为，对于父亲足够好的东西，对儿子也会足够好，这种看法对锐意创新有致命的影响。在英文中，这种说法是："What was good enough for father is good enough for son." 在这方面，我们看到了代际冲突。群体中的年长成员通常会对年轻人尝试或发起的创新采取消极的态度；他们的感觉来自比较，并伴随着嫉妒或妒忌。如果儿子与父亲从事相同的职业，或者是同一家公司的合伙人，那么就可能会用到"妒忌"这个词。如果创新与提高舒适度或声望有关，并且是由儿子或年轻一代的成员在父辈们无法表现自己的领域中所尝试的，那么"嫉妒"一词就会更合适。[31]

当然，也有一些年长的人，包括父亲，他们对年轻人的创新报以善意的微笑，并鼓励甚至促进其创新。如果没有这种受传统控制的社会的例外情况，创新就会更少。但是，有时候，即使是在年长者客观地帮助年轻人实现创新的情况下，也可以察觉到怀恨在心的暗示。

每个人都会理解，老一辈人出于对声誉的嫉妒，阻碍年轻一代的进步。当年轻人提出的创新（无论是发现它，还是仅仅采用了它）掩盖了对年长者的潜在指责时，即（责备）年长者自己没有想到这一点，类似的动机也会发挥作用。然而，当我们试图理解为什么老一辈在坚守斯巴达式生活的同时，还要嫉妒或禁止那些能提升生活舒适度的物品或设施，我们就需要深入到情感生活的更深层次。

顺便提一下，在许多原始部落社会中，有一种残酷的成年礼仪式习俗，它标志着青少年阶段的结束。也许可以将之理解成是一种普遍存在的嫉妒情感，是那些意识到自己年龄的成员对于那些人生刚刚开始的年轻人的嫉妒。

第 5 章

# 发展中国家的嫉妒恐惧

未来，是发展成果得以收获的时期，适宜于采用合作的方式，由能够交流，协调其观念、知识和愿望的人共同开发。但是，只有在某种程度上克服了对他人的嫉妒、对其可能施加的破坏或恶意魔法的恐惧，这才是可行的。对于未来会如何的问题，除非从现实的角度去认识，否则没有人能够对未来有合理的期望；但是，如果群体中的每个成员都小心翼翼地隐藏自己对未来的看法，我们就无法做出这样的预测。在一个群体中，除非每个成员能够在坦率的讨论中比较、权衡和协调他们对未来的所有不同看法，否则也无法形成有利于社会和经济发展的观点。然而，恰恰是这一点，比其他任何事情都更受到阻碍，因为人们总是担心，基本上每个人，特别是我们的近邻，都有可能是一个潜在的敌意嫉妒者，而对他最好的防御就是假装对未来完全漠不关心。

在某些情况下，一个无情、有魅力的领导者可能会在短时间内，在受到来自外部的危险威胁时，将自己对未来的看法强加给他人（尽管在有些情况下，即使面临最明显的危险，也不足以克服嫉妒对集体行动的抑制）。然而，由于领导者不可能事必躬亲，他的事业蓝图在落实过程中恰恰会受到他的追随者之间相互猜疑的影响。

## 制度化的嫉妒

研究南美农村文化和村落社区的专家埃里克·R.沃尔夫（Eric R.Wolf）特别提到了上述现象。他谈到了"制度化的嫉妒"，这种现象表现为诸如背后诽谤、邪恶之眼和实施黑魔法或对其的恐惧等。沃尔夫引用了研究这些社会的其他几位专家——奥斯卡·刘易斯（Oscar Lewis）、约翰·吉林（John Gillin）和克莱德·克鲁克霍恩的看法来驳斥浪漫主义（Romantizismus）的观念。浪漫主义认为，村落社区紧密的公共精神和居民之间极高的"平等"程度，导致了一种普遍的友好情感。

制度化的嫉妒（据我所知，沃尔夫是唯一使用这个概念的人），或者对它无处不在的恐惧，意味着个体几乎不可能取得经济上的进步，也没有与外部世界接触的途径，而社区可能正是希望通过这样的途径取得进步。没有人敢于展示任何可能让人认为他过得比较好的东西。创新是不太可能的。农业方法仍然是传统和原始的，这对整个村子并不利，因为每一次对以前做法的偏离都会遭遇到嫉妒设定的限制。[1]

一些美国文化人类学家在1960年研究农村社会中的人际关系时，发表了关于类似观察结果的论文——他们使用了"嫉妒""怨恨"和"幸灾乐祸"等术语。[2]

尽管很多社会科学理论都假设，普通人都在追求最大的生产和物质财富，我们当代的每一个人，包括"发展中国家"的人，都似乎希望实现最大化的进步。但这些理论却忽视了一个关键事实：在许多情境下，人们行动的真正目的是减少而不是增加。*这是一种经常出现的人类行为模式，其目标是看到某些价值本身被降低，而不仅仅是被其他东西替代。任何尝试描述嫉妒的人都会指出，这是一个纯粹的消极现象：人们希望其他人什么都不拥有，也不希望看到他们高兴。

在北美普埃布洛印第安人（Pueblo-Indianer）的一个部落中，就显示了"劳动分工"的雏形。这个村庄里的各种魔法和崇拜任务，如制造雨水、生育魔法、驱邪等，被委托给普埃布洛人的某些"社团"。但有时，其他村民认为这些"专家"的魔法力量主要用于为自己谋取利益。因此，他们采取行动，消灭了他们，而对于那些在任何方面看起来过得更好的人，则通过破坏他们的财产，或在较轻微的情况下通过官方警告来再次"同步"。

在一个相对简单的社会中，成员相互之间的嫉妒，很少取决于其生活水准中那些可以客观感觉到的差异，这一点从1950—1951年对牙买加一个村庄的个人关系进行的研究中可以看出。这个山村居住着277名讲英语的黑人。他们是前奴隶的后代，现在则是独立的、具有竞争意识的农民，将自己的各种产品推向市场。积累金钱和土地是他们的主要动机。大约80%的居民生活得还算可以，只有3%的成年人需要援助。然而，我们在这项研究报告中看到："无论一个人多么'独立'（富有），他通常都认为其他人，无论其看起来多么贫穷，比自己过得更好，存了更多的钱。"一个人可以做的最糟糕的事情之一，就是打听别人的财务状况。毫无

---

\* 即嫉妒的人的心理，或其在嫉妒心驱使下的行为，并不是希望自己处境更好或得到更多，而只是单纯想让别人变得更糟或得到更少。——译者注

疑问，这种态度是一种用于对抗嫉妒的保护。但是，每个人都对这方面的信息充满了无尽的好奇心。人们通常把自己想象中的贫穷归咎于另一个人，认为或相信那个人更富有。飓风或干旱对农作物造成的频繁破坏，通常仍被认为是某个邪恶的魔法师在代表一个嫉妒的邻居所为。几乎每个村民都确信他的邻居不喜欢他，对他嫉妒得无法忍受。当然，这些感觉是相互的。几个家庭要在一项共同的事务中汇聚任何种类的资源或工具，那是不可能的。有一个人要在村庄利益方面扮演主导角色，那也几乎同样不可能。[3]

在对北罗德西亚（Nordrhodesien）一个非洲部落社会凝聚力的研究中，威廉·沃森（William Watson）再次明确提到了嫉妒问题，这个部落的成员在铜矿和城镇工作，逐渐采用了货币经济。这些人是曼布韦人（Mambwe），尽管许多成员从事工业性的雇佣劳动，但他们在村落社区中作为一个部族的凝聚力并没有像人们通常认为的那样大大减弱。沃森在 1952 年和 1953 年对此进行了观察。

一个始终存在的、引起不满的原因是，有能力的人，虽然不属于酋长家族的"贵族"，但在传教士学校接受教育后，能够在他们地区的市场经济中通过个人的努力获得"财富"。财富的外在标志，通常是一座砖瓦房。这类人成功的一个决定性因素，似乎往往是决心离开他们出生时所在的酋长区域，到其他区域寻求财富，因为那样的话，抑制个人经济成功的社会控制就没有那么严格，社区的再分配要求也没有那么多。[4]

沃森记录了这样一个自力更生的例子：一个"普通人"，通过与另一个酋长的"王室家族"联姻，获得许可在部落中担任与他的财富相称的重要政治职务。这有时是可以成功的。但沃森描述了另一个成功者，他的故事清楚地表明，在一个原始社会中，经济地位较高的人，不仅会被怀疑是在进行超自然的阴谋诡计，他的力量还被认为与他损害邻居的能力成正比。

亚当当时41岁，他曾在一所教会学校接受过木匠方面的培训。在经过多次打工挣钱后，他现在拥有村里唯一的一座砖房。他还为他的亲戚们提供了很多帮助。但是，"像所有的成功人士一样，亚当被认为'懂得一些东西'（即拥有魔法知识）。据说他知道如何通过魔法驯服牛，使它们从别人的菜园和谷仓里偷玉米，然后带到他自己家里"。[5]

沃森还描述了一些成功的农民商人，他们生活在相当大的社会压力之下，不仅因为他们必须在一个有限的市场中面对竞争，也因为他们总是被怀疑使用黑魔法。"曼布韦人指责所有的成功人士都在施行巫术。"与太平洋地区的多布人完全一样，曼布韦人深信不疑的是，如果一个人播种的田地总是比邻居的收成好，不会是因为更好的耕作方法，而是使用了魔法的结果，魔法对其他田地造成了相应程度的破坏。成功的人士被认为是邪恶的、超自然的、危险的。一个据以判断的特征是，他们的生活方式与部落其他人不同。他们的砖房将他们与其他人隔离开来，如果村子里的人迁移，他们会留下来。[6]

## 对邪恶之眼的恐惧

作为当代最知名的墨西哥村落文化、"民族精神"（Volkseele）及下层阶级的研究者，奥斯卡·刘易斯在1951年有一个有趣的描述：在一个村庄，对他人嫉妒的恐惧决定着生活的每一个细节、每一次既定的行动。人们通过极度隐秘的行为，通过恐惧地隐藏所有的私事，创造出一个安全区域。人们保持内向，避免所有的亲密关系。"如果少言寡语，把自己的事情都留给自己，和别人保持一定的距离，会被认为更不容易结仇、受到批评或被嫉妒。一个男人通常不会谈论自己购买、出售或旅行的计划。一个女人通常不会告诉任何一个邻居，甚至是亲戚，她正在期待一个孩子，正在制作一件新衣裳，或者正在准备特别的晚餐。"[7]

在这里，很明显地表现出对嫉妒的恐惧，对他人"邪恶之眼"的恐惧，它威胁着我们所有的愿景、我们渴望的所有财产。在很多开明的人身上，这种恐惧在一定程度上仍然存在。对于我们所期望或努力追求的许多愿景，我们都会保持缄默，直到它们实现或得到充分保障。但是，当未来的维度几乎在根本上自动地被排除在人际交往和对话之外，甚至不能被讨论时，想象一个社区在经济和技术发展方面的意义是很困难的。无处不在的嫉妒，对它，以及它的承载者的恐惧，切断了这些人与任何面向未来的共同行动的联系。每个人都只是为了自己而活，每个人都要依靠自己的资源。所有的奋斗、所有的准备、所有规划未来的行动，只能由社会上分散的、隐秘的人来承担。

与十八九世纪出现的、对未受破坏的简单社会之共同精神的热情相比，现实有一个非常不同的面相。在这个墨西哥村庄，如果一个人的财产发生了意外或受到威胁，"很少有人会迅速通知财产的主人，而主人可能在财产完全损失之前都不会发现。在一个案例中，一位寡妇养的猪被一辆公共汽车撞死。虽然大家都知道她是猪的主人，但没有人告诉她这个事故。当她得知此事时，大部分的肉已经被附近的居民切走了，只剩下了猪头和猪尾"。

下面这一点也是很重要的：很多时候，嫉妒的人虽然不会为了伤害他人而采取行动，但也不会出于所谓的人性、一种体面感（这个世界上的绝大多数人仍然无法理解这些概念），而自愿做任何事情来阻止他人的伤害。在无数的情况下，仅仅保持袖手旁观，嫉妒之情就能得到宣泄。从下面这段话中可以看出，嫉妒是这个墨西哥村庄人的独特行为的原因：

> 人们更愿意同情地与他人谈论他的不幸，而不是为他人的成功感到高兴，这导致坏消息比好消息传播、分享得更远。人们对好运气的态度几乎是保密的，吹嘘的程度也很低。人们……通常不会互相告知哪里有好的买卖，如何治愈动物，或者如何改进作物的收成。

## "助我者，即我之敌"

可以想象，这种基本态度会对那些善意、乐观的发展顾问们的计划产生何种影响，发展顾问们认为，一些技巧、技术或农业技能，只要示范一两次，就会像野火一样自动从一个家庭传播到另一个家庭，从一个村庄传播到另一个村庄。刘易斯进一步观察道："穿过街道时，物品和篮子都被小心翼翼地遮盖起来，以防有人偷看……总的来说，这里缺乏利他主义、慷慨、仁爱和分享精神……"我们无法将这种典型的美国人对人类的积极态度直接翻译成德语。然而，自 1949 年以来，它们在很大程度上助长了美国人对所谓发展中国家的乐观态度，而那些（发展中）国家的既有文化却使得当地人很难理解他们。提倡发展援助的政治家们原本可以通过阅读这里所提到的研究来学到很多东西：

> 为他人提供恩惠是很少见的，而且会引起怀疑。恩惠通常只有在为了自身能得到某种回报的情况下才会给出。当年轻人或孩子对外人表示友善或同情时，他们的母亲经常会"纠正"他们。孩子们会因为把东西给朋友，或者因为信任、慷慨而把物品借给家庭以外的人而受到责骂。[8]

20 世纪 50 年代初，赫拉尔多·赖歇尔-多尔马托夫（Gerardo Reichel-Dolmatoff）和艾丽西亚·赖歇尔-多尔马托夫（Alicia Reichel-Dolmatoff）夫妇在哥伦比亚北部的阿里塔玛村（Aritama）做了一年多的实地调查。在这种文化中，他们也发现了嫉妒的动机，所有人都害怕其他人的嫉妒，这是一个决定性因素：

> 个人进行的、旨在伤害他人的魔法实践，是阿里塔玛村超自然信仰中最主要的方面之一。每个人都生活在对他人魔法攻击的持续恐惧中，村子里普遍的社会氛围是相互猜疑、潜在的危险、隐秘的敌意，这些贯穿于生活的各个方面。魔法攻击最直接的原因是嫉妒。任何可能被解释为相对于他人的个人优势的东西，都会受到嫉妒：良好的健康、拥有经济资产、好的外表、受人欢迎、幸福的家庭生活、一件新衣服。所有这些和其他许多方面意味着声望，以及随之而来对其他人的权力和权威。因此，攻击性的魔法被用来阻止或摧毁这种优越性。其结果是实现了一种平等化。[9]

## 买家就是个贼

对于所有那些意想不到的事情，只有一种解释：另一个村民嫉妒的黑魔法。尽管某些人特别可疑，但每个成年人都是潜在的、黑魔法武装的敌人。阿里塔玛村的居民不相信自然死亡的可能性。每一种疾病都是由一个人的敌人引起的。经济损失、收成不好、牲畜患病，甚至突然出现的不良特征——酗酒、暴力、阳痿、懒惰、不忠——所有这些都被认为是他人的敌意、嫉妒意图的产物。如果有人突然决定离开村子，无论是暂时的还是永久的，这一决定总是被认为是由一个敌人的魔法带来的，后者就是想要摆脱这个（突然想要离开村子的）人。当一个家庭不得不出售一些财产——房子、牲畜或土地——新的主人很明显地知道自己将受到憎恨和妒忌，因为他接管了财产。人们相信，房子的卖家会在他的余生中用黑魔法来报复买家。[10]

一件物品的卖家会憎恨买家，试图对其造成损害，这一事实本身就很令人惊讶，这也许可以解释为卖家在财产上仍然存在一种持续的、心理上的所有权。即使买卖是诚实的，是真金白银支付，卖家也会嫉妒买家的优越性，因为他有支付能力，也就是说，他有一种积极的品质。我相信，我们在这里看到了一种非常普遍的人类反应。买家永远无法摆脱卖家的嫉妒，而卖家自己也会有一种模糊的怀疑，觉得他被骗走了什么东西（换回了金钱这样短暂的东西）。我们也熟悉一些工匠和艺术家，他们并不准备把自己的产品或艺术作品卖给任何人。但是，在这方面，现代的匿名化、大规模生产的良好效果显而易见，因为它让我们几乎可以购买到任何东西，而不必考虑生产者的嫉妒。那些仍然怀念几乎每件商品都必须从个人制造商那里购买日子的浪漫主义者，根本不知道生产者和顾客之间的关系是如何微妙地扼杀了商品的自由流通。在现代社会中，有证据表明，许多领域的自由市场仍然受到类似的限制。这些限制是基于势利（Snobismus），而非嫉妒，尽管两者都可能会有涉及。一个自负的建筑师或画家不会仅因为有足够的钱就把他的作品卖给任何人。事实上，一些汽车制造商甚至试图确保他们的产品不会流向那些地位与财富不相称的人。当普林斯顿大学出版社出版了一本关于博弈理论的艰深数学著作时，许多职业赌徒订购了一本，但他们的支票被退回，附带一句评论："你们读不懂。"显然，人们认为这本专业著作的小册子不应该被扔到"猪"的面前，即那些美国黑帮赌徒。

作为雇员的售货员，在不是自己生产商品，但又无法购买商品的情况下，也可能会嫉妒顾客，正如人们观察到的美国女售货员一样。这并不是一个与特定对象相关的简单嫉妒，如制造商对买家的嫉妒，这种情感类似于婆婆对儿媳的那种感情。[11]

赖歇尔-多尔马托夫夫妇强调指出，在阿里塔玛村，实际上没有任何东西能够躲过村民的嫉妒和他们的黑魔法。如果群体的某个成员在干活的时候比其他人干得更快、更好，那么在他第二天早上到达之前，他工作的地点就会被标上一个"十"字。嫉妒的人接着会念三遍圣父祷告（Paternoster）和三遍圣母祷告（Ave Maria）。这被认为会让优秀的工人变慢、疲惫和口渴。农业用具，如砍刀，非常容易受到黑魔法的破坏。同样的道理也适用于所有的狩猎和捕鱼工具——陷阱、枪支、钩子和网。根据赖歇尔-多尔马托夫夫妇的说法，即使是一只猎狗的敏锐嗅觉，也可能会因为那些嫉妒狗的主人的敌人的阴谋而永远被摧毁。[12]

在阿里塔玛村，就像几乎所有其他地方一样，"邪恶之眼"是一种重要且特殊的恶意魔法形式。它可以导致疾病、干旱和衰败。重要的是，"经济性资产，如房屋、农作物、家畜或果树，据说比人本身更容易受到邪恶之眼的侵害。原因就是：嫉妒"。[13]

由此可以看出私有财产的仁慈效果，尽管这很少被认识到。私有财产并非是引起破坏性嫉妒的根源——如平等的使者们一直试图说服我们的那样，而是人与人之间一道必要的保护屏障。无论何时，只要没有令人嫉妒的物质财富，或者由于某种原因，这些财富从嫉妒的视线中消失了，我们就会得到邪恶之眼和对身体的破坏性的、嫉妒的仇恨。可以说，私有财产首先是作为一种保护措施出现的，以防止他人嫉妒我们的身体素质。

在阿里塔玛村，每个人都在别人的嫉妒面前发抖，赖歇尔-多尔马托夫夫妇发现，只有以下几种关系不能被施加黑魔法——也就是那些明显可以抑制住严重嫉妒的关系：父子之间，母女之间，尽管即使在这种关系里，也可能存在相当程度的紧张。另一方面，在夫妻之间、兄弟姐妹之间，以及其他任何形式的亲属关系中，恶意巫术的案例非常频繁。在家庭之外，任何人，每个人，都可能成为被怀疑的对象。

在一些部落中，例如非洲的洛维杜人部落，出于嫉妒而实施的魔法，几乎全都发生在亲戚之间，而陌生人几乎没有什么可担心的。这再次证明了社会接近性在嫉妒中的重要性。另一方面，在阿里塔玛村，怀疑是如此普遍，以至没有人会对一个明显无害的人说他没有实施过黑魔法，而是说他没有被人知道（*Todavía no se le ha sabido*）。[14]

## 中国人的"丢脸"现象与避免嫉妒

亚洲人，特别是传统的中国人，对"丢脸"的恐惧，基本上不过是一种旨在避免嫉妒而设计的仪式化态度，尤其是一种自我训练的形式，以避免在他人中引起幸灾乐祸。1944 年，中国人类学家胡先缙在美国发表了一篇关于中国人"面子"概念的研究，就清楚地证明了这一点。[15]

面子（lien，脸，汉语发音）丢失的程度取决于（面子）持有人的处境。公众的舆论，会考虑穷人和弱势群体在生活中情有可原的情况，并允许这些人在采取某些行动后仍得以保留颜面，而这些行动却是会让那些处境更好的人丢脸。拥有强大经济地位的人，只能以不违反道德原则的方式来使用这种地位。胡先缙对中国的社会控制过程的描述，让人想起海德格尔所描述的"人"的统治（die Herrschaft des "Man"）：

> 一种无形的公共舆论正在监督自我的行为，无情地谴责每一次道德失范，并以嘲笑作为惩罚。意识到了这一点，使得一些人变得极度敏感。在采取主动有可能招致失败的情况下，这一点尤其明显……一个未能通过考试的年轻人，有时会因为羞耻感过于强烈而自杀。

从这里已经可以看出，对丢脸的恐惧，是如何抑制了个体行为和经济发展所必需的行为模式。接下来的解释，揭示了嫉妒的动机。

胡先缙认为，西方观察者把中国人在贬低自己的成就或地位时表现出的过分谦虚归因于虚伪、做作或缺乏自信，这是错误的。相反，她说，这是一种精心制定的、旨在避免嫉妒的态度。任何过高地评价自己的能力或体力的人，就会犯下社会性的罪行：把自己看得比他人高。"既然不鼓励实施身体暴力，那么任何可能引起他人不愉快情绪如嫉妒和反感的行为也是不被接受的。一个爱吹嘘的人，在失败时不会得到他所在群体的同情，相反，他会受到嘲笑。"

然而，对于中国人来说，他们并不需要在面对公共舆论或一个真实的群体时约束自己的行为；"要会做人，让你的行为结果在同伴中引起的嫉妒最小化"*，是童年开始就牢记的座右铭，让他知道如何行事以保持面子。为了确保绝对不会引起别人嫉妒，他们在自我贬低（如相互间的称呼）方面，到了（对西方观察者来说）荒谬的地步。极度恐惧他人的嫉妒，也在中国的建筑风格中显现出来：每一座房子都面向内部，居住者的生活方式从外部是无法看出的。

有时候，即使是原始民族也会意识到，由于他们中的一些人有足够的勇气来藐视嫉妒的目光，他们才会繁荣起来。提夫人（Tiv）是一个信奉非主流宗教的民族，人口约为 80 万。他们居住在尼日利亚北部的贝努埃河谷（Benue-Tal），以农业为生，收入微薄。1955 年，一位人类学家对他们的经济体系进行了描述：

> 提夫人非常蔑视那些仅仅是在生活物资（或今天的金钱）方面富有的人，他们相信……富人的嫉妒的亲戚，会用某些

---

* 木秀于林，风必摧之。——译者注

魔法来降咒于他及其家人，以迫使他花费财富进行祭祀……
但是，一个人坚持将财富转化为更高层次的东西，而不是让
其被依赖者和亲属分散的人，被认为有一颗"坚强的心"……
他既让人害怕，又受人尊重……[16]

"*tsav*"这个词，是表示具有神奇力量的心灵物质，可以抵御
他人的嫉妒。并非每个人都拥有它。"如果一个人在某方面非常
出色，哪怕只是作为歌手、舞者或猎人，他就拥有一些 *tsav*，尽
管可能只有一点点。如果一个人健康、拥有一个大家庭和繁荣的
农场，那么他就是一个'拥有 *tsav* 的人'，否则他无法抵挡别人
的嫉妒，无论是在物理层面还是在其神秘的表达中。"[17]像其他许
多原始民族一样，提夫人不承认自然死亡。如果有人死亡，总是
被归因于他人嫉妒的魔法。只要人类学家还留在那个地区，他们
的一个线人就会感到安全，但之后，他希望"尽量做得不引人嫉
妒以便能生存"。[18]

## 习惯性地避免嫉妒与发展阻碍

赖歇尔-多尔马托夫夫妇描述了阿里塔玛村习惯性的嫉妒避
免态度：

> 攻击性魔法贯穿于村庄生活的每个方面。对于村民来说，
> 自然界中存在着足够的证据来证明这些魔法的效力——疾病
> 频发，农作物经常歉收，婚姻生活常常破裂，公共就业岗位
> 和农产品价格不稳定，所有这些都"证明"恶意的嫉妒和黑

魔法在持续地控制着个体。在这样一个充满所有人对所有人疑虑的氛围中，任何不幸都会立即归咎于一个由嫉妒驱动的敌人用魔法引起的。个体最好的防御方法是，从一开始就不让自己看起来值得嫉妒。因此，人们假装自己贫穷、生病、遭受各种不幸。人们不能夸耀自己的健康或财产，不能展示自己的财产或个人特质。永远不要泄露自己在任何方面比别人更有优势的信息。[19]

福琼（R. F. Fortune）在研究多布人时，提出了一个困难但合理的问题：这样一个充满嫉妒的文化是因为所有人对所有人的嫉妒而贫穷，还是说，极度的嫉妒是他们生活普遍贫困的结果？

在这个社会中，我们不能确定，人们对社会组织的态度，是由他们的魔法世界观还是由他们对人际态度的总体倾向造成的。但是，对于这两个领域，我们都可以展示一个持续的情感状态。对他人财产的嫉妒，是这个文化的基本音调。[福琼一般是使用"妒忌"（jealousy）一词，但显然是指"嫉妒"（envy）。]在社会组织中，这种嫉妒体现在亲戚关系和姻亲群体之间的冲突中。在园艺方面，这种嫉妒体现在园丁之间。任何的疾病、痛苦和死亡都会被归咎于他人的嫉妒，并引发痛苦的指责。我们当然可以很好地展示，普遍的贫穷、大量的人口压力，在现有土地上与普遍的财产嫉妒相吻合。但是，我们无法确定是贫穷引发了嫉妒，还是嫉妒导致了贫穷。我们只能展示它们的一致性。实际上，一种文化的相应元素越是一致，它们就越能强烈地相互推动。它们相互影响。[20]

## 种族分层社会中的嫉妒对阶层跃升的障碍

1932 年前后，一小组美国人类学家研究了科罗拉多州南部的一个小山城，该城大约在 1870 年建立，拥有约 2500 名居民，一部分是西班牙裔，一部分是盎格鲁-撒克逊裔。他们主要关注的是上层社会的盎格鲁-撒克逊裔与被他们压迫的、说西班牙语的群体之间的关系。他们特别研究了一个有能力的人，通过何种方式，才能从西班牙裔群体（占人口的 58%）攀升到说英语的、占主导地位的阶层。大部分说西班牙语的居民，是 1920 年左右才来到这里的，他们主要来自新墨西哥州北部的村庄。他们构成了较低的职业群体。只有极少数人拥有土地或其他经济资产，大多数人靠在当地农业中从事雇佣劳动为生。

为什么这个群体中的个体很难实现阶层跃升呢？研究给出了四个主要原因。（1）传统的行为模式，不能让西班牙裔与盎格鲁-撒克逊文化充分地接触。（2）社会阶层跃升的目标，是由盎格鲁-撒克逊群体的模式决定的，因此需要摒弃西班牙文化自身的目标。（3）英语群体尽管有一定的社会等级观念，但它足够开放，可以吸收西班牙社区中真正有才干的成员，从而使他们原来的群体失去了领导者。然而，对于我们的论题来说，最有启示性的因素是，（4）西班牙裔对那些看似正处在上升通道的同胞所表现出的嫉妒，这种嫉妒阻碍了他们的进步和成功。成功会被视为对群体的背叛。凡是在社会和经济上有所成就的人，都被认为是"把自己出卖给了盎格鲁-撒克逊人的人""踩着自己人的背往上爬的人"。那些在经济地位上虽然不算富裕，但却超过了西班牙裔层级的西班牙裔美国人，被称为"*orgullosos*"，即"傲慢的人"；人们错误地认为，他们对不那么成功的其他人心存蔑视。这一点通过他们为这些人创造的词汇"*agringados*"（意为"美国化"）更加明显地表达出来。许多使用这些词汇的人会马上承认，他们的同胞是嫉妒的，正因如此，他们既不能也不愿追随那些已经融入主流的人。这些动机的发现，使得研究者们相信，存在一个循环制约系统：在说西班牙语的人中，那些更有才能的人，不愿意担任领导角色，因为他们知道自己会受到多大的嫉妒和怀疑。然而，大多数人却会与潜在的领导者保持距离，因为他们认为后者对他们没有用处。因此，一些人仍然待在西班牙裔的"贫民区"（*ghetoo*），而少数有经济抱负的人却会尽快融入非西班牙裔社会。这些研究者甚至认为，北美人对西班牙裔的歧视还不够严重，这对西班牙裔群体的福祉并无益处。那些正在上升通道的"西班牙人"并未因为愤怒而被迫回到原本的群体，成为他们自己的领导者，为整个群体做出贡献。然而，现实情况是，他们只能在脱离原有环境的情况下，以个人的方式独自向上爬升。[21]

## 作为社区领袖之罪

即使是在那些没有成功消除大多数人对少数不平等者的嫉妒的社会，当然也需要有首领和拥有权威的人，即一个承担领导者职能的人。但在许多情况下，嫉妒的影响，以及领导者害怕引发嫉妒的恐惧等因素决定了他的行为，这在对领导者角色的描述中可以清楚地看出。西里尔·S.贝尔肖（Cyril S. Belshaw）描述了在位于美拉尼西亚（Melanesien）岛屿的南马西姆人（Massim）中，嫉妒的压力是如何严重限制了领导者，以至他有时会放弃那些本可以推动整个社区进步的事业，无论是出于公平的考虑，还是因为担心自己过于明显地从创新中获利。

和大多数美拉尼西亚人一样，马西姆人重视领导者的行政能力和组织才能。以前，这里的男人主要从事礼仪用品的生产和交换。一个人在技术上的成功，可能会归功于他良好的魔法或超自然天赋，而来自欧洲的观察者看到的，却只是非常世俗层面的组织才能。无论如何，对管理人才的高度尊重，有助于这个社会为现代商业行为做好准备。[22] 然而，许多企业仍然止步不前；不知何故，领导者们总是在成功的前夕过早地放弃项目。为什么会这样呢？首先，在这种文化中，领导者必须表现出极大的谨慎。如果他表现出不耐烦，他的人可能会离他而去。他不能大喊大叫，也不能表现出烦躁，每一个决定性的步骤都必须迎合公众舆论；正因为他被选为领导者，他必须不断地问自己："在我的追随者那嫉妒的眼神中，我的生活是什么样子的？""一名领袖，不会公然地将自己置于他人之上。在这里，分享财富带来的声望得到了加强，使领导者面临着一个必要的挑战，那就是通过与他人共享财富，几乎与自己同步地（*pari passu*）提高周围人的生活水平。"[23]

贝尔肖在这里展示了嫉妒，或者说对嫉妒的制度化考虑，对经济和技术增长的进程可能造成的危害。在一个社会中，要进行创新、改进甚至发展经济进程而不会产生不平等，这几乎是不可能的。但是，一个领导者或创新者何时才能确信，他不会招致那些不能立即从他的计划中受益的人的反感呢？被嫉妒困扰的领导者，可能会选择贝尔肖详细描述的那种方式，即他要将自己的抱负转向那些很难与他人分享的高消费水准的物品。对分享的需求，也可能使一个用心良苦的扩张计划落空，尽管这个计划最终会让整个村子受益。在马西姆人中，有一个混血儿因为无法忍受他人的嫉妒而放弃了各种独立事业，最后宁愿去一家欧洲公司做雇员。

有时，一个有抱负的人可以与几个选定的亲戚一起搬到另一个社区来促进自己的事业，在那里，他们可以充分参与到他的事业中来。如果他不愿意搬走，但又无法忍受自己村子里的嫉妒、敌意，那么以下程序可以适用：他尽可能地靠近习惯的生活水平。他可以允许自己和家人购买一些不显眼的小奢侈品，或者摄入蛋白质含量更高的食物，但他的财富则会被默默地积累起来，或者在盛大的仪式上分发出去。无论这种行为为他赢得多少尊重，它对整个人口的经济进步贡献甚微。

1958 年，研究发展中国家的杰出学者 S. 赫伯特·弗兰克尔（S.Herbert Frankel）展示了在非洲地区，嫉妒和专横的亲属对那些希望取得进步的个人的影响有多大。非洲大陆广大地区的一个特点是，小社区生活水平低下，且深陷于僵化的文化之中。这种社区对任何正在取得进步的人都持怀疑态度。弗兰克尔将这种心态与一些发达国家的极端平均主义进行了比较，在这些国家，特别能干、勤奋和成功的人，往往被认为是宁愿自己身边没有的那种人，应该被特别严厉地征税的人。

弗兰克尔描述了加纳一位重要部落的酋长面临的困难。这位酋长曾在一些欧洲出口公司的办公室担任文员长达 30 年。他知道，要获得政治影响力的唯一途径是积累储蓄，以便能资助一个政治组织。对他来说，这一点无比困难。每当他的亲戚认为他已经存了钱，他们就会施加家庭责任的压力。弗兰克尔注意到，在西非，人们总是在银行门口徘徊，当他们的亲戚提取了一笔钱出现时，他们就会扑上去。这位酋长不得不把他的账户从一家银行转到另一家银行，因为他的亲戚设法从银行职员那里套取了他的存款信息。他开始建造一所房子，但故意不完工，这样他就可以告诉他的亲戚："你们看，我没有钱了，我是个穷人。"最后，他们相信了他，他才能在不受干扰的情况下繁荣发展。[24]

## 对成功的恐惧

无论是出于热情、发现的喜悦，还是好奇心，原始的创新者就像探险者或发明家一样，可能会忽视他们所处环境中的抑制性的社会控制。然而，一般来说，任何创新，都必须被大量个体采用，才能在文化中发挥其作用。不过，任何想扮演创新者角色的人通常都要受到双重的社会控制。

在一个印度村庄里，一名私人或公共农业发展项目的代理人，建议一位农民在下一个收获季使用特制的种子或新型肥料——但这些建议很少被采纳。当我们问到为什么会这样时，一位在印度乡村担任传教士多年、对我们的理论一无所知的印度老人回答说：

"如果这个新方法果真如所承诺的那样带来特别的丰收，那么这个人就会害怕'*nazar lagna*'。"这是一个源于阿拉伯语的乌尔都语（Urdu）词汇，意思是"看"或"眼睛"，但通常不是在这个意义上使用，而是指另一个人，或恶魔的恶意、破坏性、嫉妒的目光。他既害怕同村人的嫉妒，也害怕某些邪灵的嫉妒。

当然，在印度乡村，如果有人认为自己比邻居更健康、更好看、子女更多、更繁荣等，也会担心遭受"*nazar lagna*"。可以理解的是，当一个人预料到由于自愿采纳某种新方法而在村民中显得与众不同时，这种恐惧就会大大加剧。

据我了解，现今的印地语（Hindi）中似乎没有"邪恶之眼"（böse Blick）一词。相反，印度教徒使用乌尔都语词汇"*nazar lagna*"。乌尔都语是从公元 1100 年左右直到印度分裂期间生活在印度教徒中的穆斯林少数民族的语言。在阿拉伯人和其他伊斯兰民族中，对邪恶之眼的恐惧尤为明显，这种恐惧表现在许多方面，比如，使用面纱的习俗和房屋向内的建筑方式。可以看出，少数民族问题的动态变化性，促使印度教徒从信仰不同的少数民族那里借用相应的词汇，来表示别人的邪恶、嫉妒的魔法。在乌尔都语中，"*nazar*"表示"看"，也在这种中性的含义上被使用。"*nazar lagna*"表示"邪恶之眼"，印度教徒只使用这种含义。

面对一项拟议的创新，人们一方面害怕它成功，但同时，正如我的线人所解释的那样，农民也会考虑到可能的失败后果。远比创新的发现者更甚的是，对于采用他人提议的创新的人来说，如果未能取得成果，他将不可避免地受到冷酷的幸灾乐祸和嘲笑。对个人而言，这种困境在受到传统束缚的文化中表现得尤为严重。然而，在先进文化中也同样存在这种困境，它成为发展过程中最严重的阻碍之一。这种双重社会控制的动机、情感和社会动力，无可否认地源于对社会环境中潜在嫉妒的直接意识，这一点可以反复证明。那些未能成功的创新者因为敢于冒险去尝试那些大多数人既没有勇气也没有动力去做的事情，而受到嘲笑和讥讽。但同时，如果他成功了，他又会面临"*nazar lagna*"的无声威胁。值得在此反思的是，几乎所有原始宗教，甚至一些更发达的民族，都有一个嫉妒的超自然的存在——有时甚至是一个可以嘲笑人类的存在。基督教为人类提供了第一个既不会嫉妒也不会嘲笑他的超自然存在，可以说是无意间为人类做出了最重要的贡献之一，使人们为创新行动做好准备，变得有能力去进行创新。从定义上讲，基督教的上帝和圣徒永远不会被信徒怀疑用嫉妒来对抗他的好运或成功，也不会在他真诚努力而失败时加以嘲笑和讥讽。

第 6 章

# 嫉妒的心理学

从各种简单的部落文化中得出的观察结果无疑证明，嫉妒，尤其是害怕被嫉妒从而被"施魔法"的恐惧，与对象的大小、价值无关，往往涉及的只是一些微不足道的小事。然而，有人可能会反驳说，这些只是从我们的角度来看是小事，对于原始社会的人来说，它们代表着一个人拥有而另一个人没有的价值。这种说法在一定程度上是正确的。但是，还有其他明显的例子表明，强烈的嫉妒，会集中在某个村庄、部落的物质价值之外的资产上。此外，我们还观察到了现代发达工业社会中那些引发嫉妒的刺激因素。这些因素也支持这样一个假设：嫉妒并不与所渴望之物的绝对价值成正比，很多时候集中在荒谬的小事上，以至在某些情况下，免受邻居、同事或选民嫉妒的最好方法，就是驾驶一辆劳斯莱斯，而不是一辆只比他们的车好一点点的车；或者，如果布莱顿（Brighton）是后者的度假胜地，那么就应该选择环球旅行而不是去西西里度假。换句话说，压倒性的、令人震惊的不平等，特别是当它具有无法企及的因素时，所引起的嫉妒要远远小于微小的不平等。微小的不平等会不可避免地使嫉妒的人想到："我差一点就可以在他的位置上了。"

## 兄弟姐妹间的妒忌

发展心理学中有关兄弟姐妹间妒忌的观点，可能有助于解释为什么嫉妒关注的是小的差异而不是真正的大差异。在很大程度上，嫉妒的倾向主要是在经历和遭受兄弟姐妹间的妒忌中获得的，如果不是在某些情况下完全如此的话。这其实近乎一种条件反射，自然地对较低阈值的刺激做出反应：在一个家庭，一个兄弟姐妹群体中，在大多数情况下，被嫉妒的物品与自己所拥有的非常相似（很多时候甚至完全相同，只是在怀有怨恨的孩子的想象中看起来更精致、更新、更贵、更大、更好）。嫉妒者在其潜意识深处，正如某种程度上我们所推测的，期待着哪怕是自己与他人之间最微小的差异也会触发自己的（嫉妒）情感。这种期待与他在童年和少年时期所经历的是一样的。

比较民族学毫无疑问地证实了兄弟姐妹间妒忌的普遍性。虽然在某种文化中，它可能被压制到一定程度，但大多数原始民族对这个问题都非常敏感，常常采取非常特别的禁忌，以避免其最严重的后果。

在北美大草原的苏族印第安人（Sioux-Indianer）中，一位成年苏族人炫耀，他的母亲在他出生后，过了很多年才又生下一个孩子，这表明在众多孩子中间，他的母亲更偏爱他，而非享受性交的快感。[1]

加拿大的达科他印第安部落（Dakota-Indianer），非常努力地想消除双胞胎之间的妒忌。这些双胞胎被认为是一个人。他们必须被绝对平等地对待，否则兄弟姐妹间的妒忌会达到如此不合理的程度，以至双胞胎中的一个可能会干掉另一个。[2]

当家庭中有新生儿出生时，危地马拉的一些印第安人会进行一种仪式，即用一只鸡击打先前出生的孩子，直至鸡被打死。这在某种程度上被认为会吸收原本针对新生儿的敌意。[3]一位实地研究者报道了一个阿拉伯村庄的信仰，即大一点孩子的恨意和嫉妒可能会强烈到导致小一点的孩子的死亡。[4]对于太平洋地区的多布人，我们已经了解到他们是一个充满嫉妒的社群，在这个群体中，对兄弟姐妹间妒忌的避免，起着特殊的作用。从青春期开始，兄弟不允许并排睡觉。人们会认为，有毒的血液会从一个人传到另一个人，从而导致兄弟间的杀戮。事实上，正如 R. F. 福琼所猜测的那样，兄弟间的不和源于对长子继承权的妒忌。多布人中的父亲，从不把他的魔法力量和方法传授给别的儿子；如果他有六个儿子，就会有五个儿子什么也得不到。但长子继承权可能会因偏爱而被推翻。因此，兄弟们因为继承的不确定性而彼此嫉妒，并因此受到他们文化规范的制约。[5]

然而，将核心家庭的成员，即兄弟姐妹间的妒忌和与父母中同性别一方的某种竞争，视为嫉妒能力的唯一原因或来源是错误的。事实上，正如精神分析理论和来自各种文化类型的无数例子所清楚表明的那样，每个人的直系家庭，都是人们学会相互竞争的主要领域，几乎每个人都在那里感受到他的第一次痛苦的嫉妒经历。然而，我们更应该从进化论上的攻击性驱动力的角度来审视嫉妒的历史，这种驱动力在没有兄弟姊妹的动物身上也有发现。这种驱动力已经固有于生物体内，在人类身上，由于其在家庭社会环境和兄弟姐妹圈子中度过的异常漫长的童年阶段，这种驱动力被激发并以尖锐的方式加以改变，从而产生了典型的嫉妒能力现象。

与当今的行为生理学（Verhaltensphysiologie）相符，我们可以假设，在生理上，攻击性强度的个体差异在很大程度上甚至完全独立于社会因素和早期社会经历。这些差异导致一个人由于兄弟姐妹间的妒忌而变得极度嫉妒，而另一个人则能很好地应对，即在家庭中经历类似的情境时，嫉妒之情较轻。

## 西格蒙德·弗洛伊德论嫉妒

据我所知，西格蒙德·弗洛伊德（Sigmund Freud）对嫉妒最详细的论述出现在《群体心理学与自我分析》（*Massenpsychologie und Ich-Analyse*）[6] 一文中。弗洛伊德试图得出群体本能发生过程（Ontogenese des Herdentriebes）*的结论：

> 当孩子独自一人时，他们的恐惧并不会因为看到任何一个偶然出现的"群体成员"而平息，相反，这种恐惧是由这种类型的"陌生人"的靠近产生的。在很长一段时间里，我们在孩子身上观察不到群体本能（Herden instinkt）或群体情感（Massengefühl）的迹象。类似这样的东西，最初是在有很多孩子的幼儿园中出现的，这是源于孩子与父母的关系，以及作为长子,在接受年幼弟妹时最初嫉妒情感的一种反应(！)。长子肯定想嫉妒地将他的继任者排挤在一边，让他们远离父母，剥夺他们的一切特权；但是，面对这个事实，即这个年

---

* "Ontogenese des Herdentriebes"，意思是"群体本能的发生学"，中文文献通常译为"群体本能的发生过程"或"群体本能的发展"。这一概念关注的是群体本能在个体发展过程中是如何形成和演变的。——译者注

幼的孩子（像所有后来的孩子一样）受到父母对他自己一样多的关爱，以及他在不损害自己的情况下维持敌对态度的不可能性，他被迫对其他孩子产生认同感。因此，在这群孩子中逐渐形成了一种共同的或群体的情感，这种情感在学校得到了进一步发展。

这一"反应形成"（Reaktionsbildung）（正如弗洛伊德所称），首先导致对"公正"（Gerechtigkeit）的呼声，要求所有人都被平等对待："如果自己不能成为最受宠爱的那个人，那么其他人也不能。"

弗洛伊德承认，人们可能会认为这种将妒忌转化并由群体情感、群体团结来取代妒忌的情况是不太可能发生的，然而，这种现象却在成年人中被反复观察到，因此它并不是不可能的。他以粉丝俱乐部为例（尽管当时他并不知道这个特定的表达），一个例子是，一名流行歌手的女性粉丝们联合在一起，尽管她们都宁愿把对方的眼珠挖出来，但由于没有人能独占偶像，她们还是通过共同行动在这个狂热的团体中沉浸在对她们偶像的欢愉中。

然后，弗洛伊德对"社会公正"的概念进行了深刻的分析：

> 社会中以"公共精神"（Gemeingeist）、"集体精神"（*esprit de corps*）等形式出现的东西，确实源于最初的嫉妒。没有人想凸显自己，每个人都应该平等。社会公正意味着我们要拒绝许多东西，这样别人也不能拥有它们，或者换句话说，也不能要求拥有它们。对平等的要求，是社会良知和责任感的根源。

在这方面，弗洛伊德回忆起所罗门审判的故事："如果一个女人的孩子死了，那么另一个女人也不能拥有一个活着的孩子。这种愿望正是丧子之母的显著特征。"

接下来，弗洛伊德试图将他关于团结意识（Solidaritäts-gefühl）和平等主义（Egalitarismus）的理论与"领袖原则"（Führerprinzip）结合起来。顺便说一下，他的观察和解释，共同形成了对希特勒统治下的德国国家社会主义（纳粹）的、极具启发性的社会学，"领袖原则"在当时被推向荒谬的地步，同时又与对平等原则的狂热追求相结合。弗洛伊德写道：

> 因此，社会情感的基础，是将最初的敌意感，逆转为具有认同性质的、积极色调的联系。到目前为止，我们已经能够追踪到事件的发展，这种逆转似乎是在与群体之外的人的共同感情联系的影响下发生的。我们并不认为我们对同一性（Identifizierung）的分析是详尽无遗的，但是对于我们当下的目的而言，我们应该回到这个特点——它要求平等应当始终得到贯彻实施。然而，请不要忘记，在一个群体中，对平等的要求仅适用于其成员，而不适用于领导者。所有成员在彼此之间必须平等，一个人高于他们所有人，但是他们都希望被一个人统治。

根据弗洛伊德的发现，那些质疑平等观念的人，偶尔会遭遇敌意的爆发，这在某种程度上可以部分解释为：人们压制原始的兄弟姐妹间的妒忌，或其他形式的嫉妒，并将之转化为团结的意识，因此对这一观念更加无条件地、狂热地抱有信仰。

奇怪的是，在大约 1925 年到 1950 年，尤其在英语国家，弗洛伊德精神分析学派的许多追随者都是热衷于政治的人，他们极度重视实际实施的、平等观念的政治理念。然而，尽管如此，实际上却没有人愿意深入思考并将弗洛伊德的理论应用到社会政策的问题上，这可能是由于他们过于关注政治理念，没有对社会政策产生足够的兴趣。

阿布拉姆·卡丁纳（Abram Kardiner）对于弗洛伊德没有充分认识到社会学问题，尤其是几乎没有考虑到与成年人世界中的社会嫉妒相关的大量现象，给出了一个非常合理的解释。

弗洛伊德的基本观点是，在许多群体中，集体身份被强加给个体，同时要求个体压抑对其他人的嫉妒，并用对公正和平等的要求来替代。这种对平等的渴望，可以说是群体为了放弃危及其存在的嫉妒而付出的代价。反过来，对平等的追求，又催生了社会良知和责任感。[7] 因此，团结是通过对原始的敌意或嫉妒的强制性改变而获得的。我们可以同意这个理论。然而，如卡丁纳所指出的，弗洛伊德的错误，源于他将攻击性（Aggression）视为一种本能："……他无法把财富和物品分配的不平等视为攻击性的根源，攻击的倾向在幼儿园就已经显现出来了。"[8]

卡丁纳相信，他和 R. 林顿（R. Linton）基于对马尔克萨人（Marquesa）和塔拉拉人（Tanala）社会的考察，证明弗洛伊德的本能理论（Instinkttheorie）不适合用来解释群体内部敌意的起源、故意破坏（公私财产）行为和超我（Super-Ego）严厉程度的增加。因此，可以清楚地看到，在塔拉拉–贝特西里奥（Tanala-Bestileo）文化中，每当开始食物短缺时，攻击性的、受虐性的破坏行为（被神灵附身和使用黑魔法）就会增加。

因此，对卡丁纳和林顿来说，在弗洛伊德社会学中，通过比较文化分析的实证方法，唯一被证明是错误的方面，就是那些"基于本能理论与来源于种群和个体发育之间的平行性的观念。这些观念总体上导致弗洛伊德未能深入研究当代的社会问题和现象，也回避了探讨人类对有效社会环境的反应"。[9]

值得注意的是，一些用"Neid"（嫉妒）这个词作为题目或索引的精神分析研究，它们的描述仅限于性别之间关于彼此性器官的相互嫉妒。在很多精神分析思维中，这都是一个关键的假设。然而，对我来说，令人惊讶的是，受过心理学训练或对心理学感兴趣的作者们，竟然如此沉迷于性别之间关于一个小小的解剖学特征的相互嫉妒，以至对嫉妒在人类整体生活中所起的无比巨大作用完全忽视。[10]

在一本关于梦境语言的书中，精神病学家艾米尔·A. 古特海尔（Emil A. Gutheil）记录了许多案例中兄弟姐妹间妒忌的持续时间和强度。然而，在那些事实上适用于"妒忌"（jealousy）的地方，他倾向于使用"嫉妒"（envy）一词。因此，他是这样写到一个病人的："与他的意识状态相反，这位病人提供了充满活动的梦境，梦中带有强烈的情感，但这些情感却具有明显的反社会性质。正是他对家庭成员的犯罪般的嫉妒，对单个家庭成员的不宽容，以及他对家庭的情感依恋，导致了一种表面上的'情感缺失'（Gefühlslosigkeit）症状。"

一个 19 岁的女孩嫉妒她的弟弟，因为弟弟得到了父母更多的关注。她希望自己能像弟弟那样年轻，并讲述了一个梦境，在梦中，她想象自己回到了母亲的身体里："我和弟弟躺在一张床上。我们把自己卷起来像胚胎一样。"古特海尔还描述了其他一些患

者的梦境，从中通常可以看出，在清醒状态下，对工作的抑制或
类似的困难，是由于嫉妒一个更成功的朋友、姻亲或兄弟姐妹引
起的。[11]

　　从梦境分析中获得的材料，至少证实了我的论点，即妒忌和
嫉妒的感觉，最初是在兄弟姐妹群体中感受到、学习到的，而这
些感觉一旦达到一定的强度，就会对个性产生特别的抑制性、破
坏性影响。

　　在《爱与恨的起源》（*Ursprünge von Liebe und Haß*）一书中，
精神病学家伊恩·D. 萨蒂（Ian D. Suttie）提到了"该隐\*式妒忌"
（Cain jealousy）。他认为，控制该隐式妒忌的需要，构成了母亲
崇拜（Mutterkulte）的伦理"主题"。兄弟姐妹间的这种妒忌，
是个体成长过程中最早期也是最有影响力的。萨蒂还提到一些
原始民族，如班图人，他们采取了"复杂的措施来对抗该隐式
妒忌"。在澳大利亚中部的土著人中，母亲每生第二个孩子时都
会吃掉他，并让较大的孩子参与这个仪式。精神分析学家萨蒂
对此解释道："这样，孩子不仅可以继续'吃他的母亲'，而且
母亲甚至允许他吃掉最小的兄弟姐妹。"[12] 这种为了抑制兄弟姐
妹间的妒忌而进行的食人行为，让人想起了上文描述的一个习
俗——当在一个家庭中有孩子出生时，会在较大的孩子身上击
打一只鸡至死。

　　伊恩·D. 萨蒂强调，性妒忌（sexuelle Eifersucht）必须被视

---

\*　该隐和亚伯的故事出自《圣经·旧约·创世记》。该隐和亚伯是亚当和夏娃的两
　个儿子。该隐是个农夫，亚伯是个牧羊人。有一次，他们向上帝献祭，上帝接受
　了亚伯的祭品，却没有接受该隐的祭品。因此，该隐心生愤怒和嫉妒，最终杀死
　了自己的弟弟亚伯。——译者注

为是所有控制的主要来源，无论是社会性控制，如禁忌，还是内生心理性控制（endopsychische Kontrollen），如抑制（Hemmung）、压抑（Verdrängung）。他认为，对社会化、社会融合的过程来说，该隐式妒忌提供了最重要的动机：兄弟姐妹间的妒忌在生物学上是不可避免的（也许最小的孩子除外），而且是人生中一种非常早期的体验。

## 性妒忌的社会功能

紧接着兄弟姐妹间的妒忌的，是性妒忌，它与前者有关，可能在强度上还超过了前者。但是，与兄弟姐妹间的妒忌问题相反，多数社会都已经通过普遍实行乱伦禁忌，在亲密团体内成功地消除了至少足够的性刺激情境，以确保人类社会的基本单位——家庭得以维持。G.P. 默多克（G.P. Murdock）研究了 250 个部落社会中乱伦禁忌的性质和范围。他得出的结论是，大概只有如下那些社会（部落）才幸存了下来，从而成为研究的对象：他们通过对乱伦问题的理性及非理性的信念，成功地进行了有效的抑制，得以将家庭内部的冲突减少到最低限度。

没有任何一个社会能够在没有核心家庭（父母和孩子）这个社会单位的情况下延续。任何削弱这个单位的行为都会削弱并危及整个社会。然而，正如默多克所强调的，没有比性竞争、性妒忌更具破坏性的冲突形式了。只有存在乱伦禁忌，才使得家庭团体的合作与稳定成为可能。默多克认为，即使不能完全忽视其他原因，功能论（funktionale Theorie）也应成为首要理论：个体利益和社会整体利益都需要内化的社会控制或抑制，这些控制或抑制得到相应文化中严格规范的支持，从一开始就在社会中最容易引发嫉妒的人际接触点预防了嫉妒的产生。默多克援引弗洛伊德的理论作为支持。他从弗洛伊德那里得到了一个富有成效的理论命题：每一种像乱伦恐惧这样普遍且根深蒂固的社会现象，都必定起源于核心家庭。但是，默多克的理论在此基础上超越了弗洛伊德过于简单的俄狄浦斯理论（Ödipus Theorie）。\* 毕竟，大多数的弗洛伊德式机制及其产物，如投射（Projektion）、虐待狂（Sadismus）、退行（Regressionen），† 在社会中很少被容忍或鼓励。然而，在乱伦禁忌的情况下，我们拥有一个无一例外地植根于有效文化形式的抑制。

在弗洛伊德理论的基础上，默多克补充了乱伦禁忌的社会学功能，并指出了其经济和技术方面的优势。每个家庭都有其独特的文化，许多发现、改进和语言创新最初是在其中演变，然后通过家庭其他成员的采纳，成为模式化的东西，并被稳定下来。就目前来看，乱伦禁忌要求人们与家庭成员之外的人通婚，有助于这些新文化元素的传播。默多克猜测，一个存在乱伦婚姻的社会可能因为缺乏重要文化元素的传播，或者至少是因为家族间的风

---

\*　在希腊神话中，俄狄浦斯（Oedipus）杀死了自己的父亲并娶了自己的母亲。奥地利心理学家西格蒙德·弗洛伊德据此提出了俄狄浦斯理论。这种心理分析理论认为，儿童在3—6岁之间，对异性父母会产生爱慕和依恋，同时对同性父母产生竞争和敌意。具体来说，男孩会爱慕母亲并希望取代父亲，而女孩则对父亲有相似的情感。随着成长，这种情感被压抑，并转化为对同性父母的认同和模仿。弗洛伊德视其为个体发展的一个关键阶段，认为其对性格和心理健康都有影响。——译者注

†　"投射"（projection），心理学术语，是一种心理防御机制，指个体将自己的某些情感、想法或者欲望归咎于他人，从而避免承认自己的内心冲突。"退行"（regression），心理学术语，是指个体在面对压力或困难时，回到了以前较为幼稚或成熟度较低的心理阶段。在这种情况下，个体可能会表现出在成长过程中已经放弃的行为和心理特征。——译者注

俗习惯过于不同，在与有乱伦禁忌的其他社会的竞争中处于劣势。我们确实采用了相似的思维逻辑，去解释那些能够在社会内部减少嫉妒情感的社会和心理过程及制度的积极作用。

最后，默多克试图回答一个问题：为什么普遍的乱伦禁忌在个体社会中经常扩展到远亲和完全不同的亲属类别。由于精神分析和社会学理论无法回答这个问题，默多克转向行为心理学中的刺激泛化原理（Prinzip der Reizverallgemeinerung），特别是由 C. L. 赫尔（C. L. Hull）发展的理论。根据这一原则，与某种刺激或某组刺激相关的每个习惯性反应，也可以被类似的刺激或刺激情境引发。遵循乱伦禁忌的回避行为，被认为遵循了这一原则。母亲的姐妹通常在外貌或性格上与她相似。然而，仅凭这一点无法解释乱伦禁忌的范围。因此，默多克在此基础上引入了冲突避免的社会学理论（soziologische Theorie der Konfliktvermeidung）。在亲属关系、宗族和社群中，普遍的乱伦禁忌有助于维护社会和平。[13] 然而，戴维·F. 阿贝利（David F. Aberle）等人反驳了默多克关于乱伦禁忌的纯粹社会学理论的观点，理由是，在动物中也可以观察到乱伦禁忌的现象。[14]

## 更多精神分析的见解

精神分析学家菲利斯·格林纳克（Phyllis Creenacre）提到了一种她称之为"美狄亚情结"（Medea-Komplex）的现象。她声称，在那些在童年时期遭受过重大创伤的女性中发现了这种现象，这种体验主要包括在青春期前对两性的主要和次要性别特征产生的嫉妒、比较和焦虑。特别容易导致这种体验的基本情境是：当患者还不到 16 个月大，尚不能说话时，家里又诞生了一个孩子。看到新生儿在母亲的怀里吮吸乳汁，这个小女孩内心充满了无法用言语表达的、极度紧张的口腔情感。有时候，当家里迎来新生儿时，我们也能在宠物身上观察到类似的嫉妒现象。[15]

维也纳精神病学家维克多·E. 弗兰克尔（Victor E. Frankl）试图建立一种存在主义心理治疗法。在他的著作中，弗兰克尔根据自己在集中营的经历，反复阐述了人类痛苦的程度和范围是多么的相对。对于外部观察者而言，环境可能越来越压抑和具有毁灭性，但对于身处其中的人来说，他会越来越从他自己能察觉和感知到的细微差异中，逐日在痛苦中寻找积极的因素，并紧紧抓住。[16] 然而，现在的事实是，没有任何一种环境所导致的人类痛苦的程度，能让那些互相观察的同命相怜者不在他们命运的每时每刻感知到不平等。因此，正如弗兰克尔所述，即便在这样的情境中，人与人之间的嫉妒也依然存在。他回忆起自己曾在看到一队普通的犯人时感到嫉妒，因为他们可以洗澡并且有牙刷。而在集中营里的人们也有值得嫉妒的地方，例如，各个看守的态度并不一样，有的看守更频繁地打人，或者嫉妒那些在工作时不必穿越深且软的泥地的人等。[17]

不过，弗兰克尔还展示了，即使是受到最恐怖的虐待、被剥夺权利的人，也能为了他的精神健康，从这种无力感的经验中，为未来吸取新的力量。弗兰克尔在此提到了尼采的名言："那些杀不死我的，会让我更强大。"（Was mich nicht umbringt, macht mich stärker.）[18]

一群美国精神病学家曾试图创建一个量表，以便能在临床情境中测量敌意程度。他们对 30 名男性和 30 名女性患者进行了详尽的询问,并由 3 名观察员根据以下"敌意(Feindseligkeit)方面"评估任何敌意迹象:怨恨、言语敌意、间接敌意、身体攻击、不信任、一般性敌意、敌意冲动的强度。值得注意的是,在我们的调查中,这项特定的研究完全忽略了嫉妒,只提到了怨恨。怨恨被认为是对实际或想象中的不公平待遇的不满情绪。作者从讨论精神病学文献中"敌意"(hostility)一词的各种含义开始。他们根据格雷森(Grayson)的调查发现,敌意包括:(a) 消极的情感状态,(b) 破坏性的冲动,(c) 攻击性的行为,和(d) 对挫败(阻碍欲望)的反应。尽管他们意识到敌意是由一系列子概念组成的,但他们没有提到嫉妒现象。[19]

美国精神分析学家哈里·斯塔克·沙利文(Harry Stack Sullivan)根据两组或三组模型,对"嫉妒"和"妒忌"之间的区别进行了非常深刻而有用的探讨:

现在,我想对"嫉妒"(Neid)和"妒忌"(Eifersucht)的含义差异进行阐述,因为它们常常被用作同义词。嫉妒和妒忌在情感组成上存在根本的区别。此外,二者在发生的人际情境方面,也存在基本的区别:嫉妒出现在两人的群体中,有时可能是由嫉妒者和他的听众组成的两人群体。而妒忌则总是出现在包含至少三人或更多人的社会关系中。我将嫉妒定义为与个人财产(persönliche Besitz)或性格特质(Charaktereigenschaften)有关的情感,在我们的社会组织中,嫉妒比妒忌更为常见。嫉妒是一种替代性的心理活动,是其中一个人在思考别人拥有自己所没有的某种东西的不幸结果。

当嫉妒从物品转向另一人的性格特质时,嫉妒并不会消

失，因为嫉妒可能是一个人积极地认识到与别人相比自己还
不够好的现实。尽管它主要涉及两人组情境，其中一个人可
能是一个或多或少具有神话色彩的人物。

　　但妒忌从来不涉及两人组的情境。它总是一个非常复杂
且痛苦的过程，涉及三人或更多人的群组，其中一个或多个
人可能是完全幻想出来的。妒忌比嫉妒更痛苦，更具破坏力；
与嫉妒相反，它并不关注个人的性格特质或财产，而是涉及
一大片复杂的人际关系领域。虽然数据很难获得，但显然，
妒忌经常出现在青春期……[20]

　　同样，沙利文正确地认识到了自怜（Selbstbemitleidung）与
嫉妒之间的关系。尽管他并没有将嫉妒视为自怜，但自怜有时可
能取而代之。自怜可能出现在一个自我评价不高的人遇到困难的
各种情境中。自怜消除了与他人的嫉妒性比较，但可能会危及我
们的自尊。[21]

　　沙利文在他对"怨恨"现象的描述中，暗指了其心理性、生
理性的成分：

　　怨恨，是我们给一系列相当复杂过程的感觉面相所起的
名称，如果这些过程被直接表达出来，它们将导致我们体验
到权威的压制力量。因此，怨恨具有极其关键的隐秘方面。
在最棘手的家庭环境中，这些隐形的过程还因为人们试图隐
藏自己的怨恨而变得更加复杂，他们害怕自己的怨恨被发现
并因此受到惩罚。出于我在这里不能探究的原因，隐藏怨恨，
已经变成与我们称之为"心身（心理性、生理性）"现象有关

的、一系列极其值得注意的过程之一。换句话说，当我们隐
藏我们的怨恨，并在此过程中逐渐发展更多自尊，防止我们
意识到自己的怨恨，我们必须以某种方式处理紧张状况，这
种处理将导致我们面临全新的问题状况。[22]

## 内疚与羞耻

基于精神分析理论，根据情感的产生和动态特性，格哈特·皮
尔斯（Gerhart Piers）区分了内疚（Schuld）和羞耻（Scham），
由此他构建了一对概念，这使他可以区分两种类型的嫉妒。在所
有具体的精神紧张状态中，内疚和羞耻是最重要的，不仅在情感
病理学（Pathologie der Emotionen）中如此，而且在个人性格的
形成和社会化过程中也是如此。

那种痛苦的内在紧张，我们称之为内疚，总是在我们触碰或
越过由超我设立的障碍时出现。相反，羞耻产生于自我（Ego）
和理想自我（Ich-Ideal）之间的冲突。简单地说，当我们做了或
获得了我们内在深处的原始冲动所渴望的事情，但我们知道我们
群体的官方规范会对此表示反对——至少当我们去追求它时会被
反对，这时我们会感到内疚。因此，内疚是对规范越界的后果。
而当我们没有能力或者没有达到我们应该按照我们为自己设定的
理想而去获得的事物，这时我们会感到羞耻。因此，羞耻显示了
我们的失败。

皮尔斯更喜欢使用"羞耻"这个更广义的词，而不是"自卑"
（Minderwertigkeitsgefühlen, Unterlegenheitsgefühlen），因为后者
预设了与他人的外部比较。而羞耻是在实际的自我（tatsächliches

Selbst）与我们渴望的完美的自我（vollkommenes Selbst），或至少是足够的自我（wenigstens adäquate Selbst）之间进行的比较。被自卑折磨的人，没有任何潜力是他还没有利用过的。感到羞耻的人，知道或相信他所做的事情低于他本应达到的水平。当然，皮尔斯并不理解这里的羞耻是指性羞耻（Sexualscham）。[23]

接下来，皮尔斯观察到，嫉妒通常会被嫉妒所产生的内疚感所抑制或限制。这种类型的嫉妒通常根植于兄弟姐妹之间口腔方面（orale Aspect）的嫉妒。无意识的推理过程或多或少是这样的："其他人得到的比我多。我必须从他那里夺走或杀了他。"皮尔斯指出，这种类型的嫉妒通常伴随着怨恨，怨恨可能如此之强，以至它会影响整个人格。面对权威的无力感而产生的这种怨恨，通常是针对父母的，后者被指责在兄弟姐妹之间有偏袒，无论是有意识的还是无意识的。这种怨恨情绪也可以针对父母权威的纯粹形象，甚至最终转向上帝或命运。

皮尔斯接着关注了另一种类型的嫉妒。他认为这是在成熟过程中与父母、兄弟姐妹的非口腔方面竞争的结果。在这种情况下，不自觉地就会出现这样的三段论："另一个人比我大得多，比我好得多。我太渺小了。我永远无法与他相提并论。"这种形式的嫉妒（令人不悦的比较）与另一种形式相反，是由羞耻感而不是内疚感来抑制的。

皮尔斯还提到，这两种类型的嫉妒，对应于弗朗茨·亚历山大（Franz Alexander）提到的兄弟姐妹间的妒忌的两种形式，他分别提出了"倒退"（regressiv）和"进步"（progressiv）的术语，前者归因于儿童发展的口腔期（orale Phase），后者归因于阴茎期

(phallische Phase）＊。²⁴

## 动物也会避免嫉妒吗？

20 世纪 30 年代，美国比较心理学家 R.M. 耶基斯（R.M. Yerkes）在佛罗里达州的实验室观察到，黑猩猩表现出某种社会良知的迹象。他有时称之为利他主义（Altruismus）。²⁵ 关心他人，并因对他人感到良心不安（而不仅仅是恐惧）而抑制行为，是进化的最重要结果之一。耶基斯认为，他在这些类人猿中发现了这种感觉的历史迹象，因为在人类中，这种感觉的很大一部分仍然深埋在无意识或潜意识中，或者因为谦虚和羞耻而被隐藏了起来。当耶基斯写道"在这些问题上，我们甚至对自己都不诚实、坦率和直接，更不用说对好奇的科学家了"，他可能想到了诸如嫉妒这样的动机，接下来，耶基斯描述了一个由孤立的黑猩猩伴侣进行的实验，每对黑猩猩都由一只雄性和一只雌性组成，从中可以观察到黑猩猩是否会因为对另一只动物的失望而抑制自发行为（抢占尽可能多的食物）。

一种美味的食物（香蕉、苹果或橙子）被提供给黑猩猩伴侣，放在笼子中的墙上固定位置。两者中的一个可以拿到它。这是种小点心，意味着它不能分享。在第一次的系列实验中，研究人员使用了箱子方法，食物被放在一个有盖子的木制容器里。这个容器在一天内的某个短时间隔里可以使用。两只黑猩猩很少去试图

---

＊　按照弗洛伊德精神分析理论，口腔期为个体性心理发展的最原始阶段，约从出生到 1.5 岁；阴茎期为个体性心理发展的第三阶段，约在 3—6 岁。——译者注

抢占点心。

在第二次，也是持续时间较长的实验系列中，研究人员使用了固定在笼子一侧的一个木制滑槽，每天的某个时刻，食物会放入滑槽。在每天的实验期间，研究人员让点心沿着滑槽滚进笼子，间隔 10 秒或 30 秒。有一个信号会让两只黑猩猩注意到它们即将被喂食。在第一次的系列实验中，雄性黑猩猩潘首先来拿点心。雌性黑猩猩乔茜满意地坐在旁边，显然同意潘拿走它想要的一切。然而，据耶基斯说，潘对这种单方面拿走食物的行为显然感到不安。"它低声地、带着疑问地自言自语，这是以前从未注意到的。"

潘继续坚持自己的优先权，直到第七次实验。但后来，乔茜抢在潘伸出的手到达之前，从滑槽里抢走了点心。"潘没有表示出任何愤怒，离开了滑槽，让乔茜占据了主导地位。潘既没有回来，也没有表现出不安或不满。"耶基斯于是问道："上述类似对话的发声可能是良心的暗示，还是对配偶的尊重？"

第二天，乔茜能够在没有潘干扰的情况下从滑槽里拿走食物，尽管潘显然也想要它。第三天的情况有所不同：两只黑猩猩都期待地走向滑槽。乔茜控制了局面，潘安静地走开了。然而，乔茜只咬了一口，就离开了滑槽，急忙跑到潘身边，把它带回喂食地点。在那里，乔茜向潘展示了性感，但没有成功。在乔茜站在它身边并明显渴望得到食物的情况下，潘站在滑槽前，接下来把滚下来的香蕉片拿走了。

然而，在第三次实验中，乔茜再次抢先一步。潘立即离开，没有回到喂食地点。那天，乔茜得到了实验期间提供的十份食物中的九份。接下来一天，潘再次尝试拿点心。乔茜对它尖叫，接下来的几天，乔茜几乎总是独自拿走食物，潘没有干扰。

当雌性黑猩猩的发情期结束后，两只动物的社交行为发生了变化。听到信号，两只黑猩猩立刻走向滑槽，伸手准备抢夺食物。现在，潘要坚持它的优先权，不顾乔茜的感受，并把接过来的食物一口气吃掉了。乔茜看上去很恼火。潘没有注意到这一点，继续抓住食物，但仍对乔茜保持友好。隔天，乔茜愉快地并且优雅地接受了潘对点心的优先权。然而，在随后的某一天，耶基斯及其同事注意到，潘表现出一种他们认为非常重要的新行为：在喂食期间，潘突然跑到笼子的角落，试图吸引另一个笼子里约40英尺远的两只雌性黑猩猩的注意力。这两只雌性黑猩猩当时都没有发情。耶基斯解释说，这种行为是潘试图找到一个借口，把滑槽里定期下降的食物留给它的伙伴乔茜，而实际上乔茜确实利用了这个机会。

接下来一天，潘离开了喂食地，没有找借口去关注其他雌性，但这次它跑到了笼子的另一边，凝视远方，观察者看不到有什么东西可能吸引它的注意力。一分钟后，潘回到乔茜正在取出食物的滑槽旁边。但在快走到乔茜面前时，潘改变了方向，坐在一边，静静地看着乔茜。当乔茜吃完后，潘得到了一次额外喂食的测试；它显然是很想吃的。

耶基斯认为，这些观察结果显示了一种良心，或对雌性的社会关怀，潘想给乔茜另一个机会。应该强调的是，这些实验是在每天特定时间的额外喂食，而不涉及动物的定期喂食。

这些实验具有特殊意义，因为人类精神病学和心理学利用了食物嫉妒（Futterneid）的概念。从发展心理学的角度来看，作为生物环境中最重要的物品，食物对于嫉妒和避免嫉妒行为的形成具有决定性意义。食物嫉妒在人类冲突和怨恨中的决定性作用，可以从这样一个事实中看出：在长期依赖自身资源的小团体内部，通过让每个成员不间断地获得大量食物来减少冲突。例如，"二战"期间，潜艇机组人员之间的冲突相对较少，因为每个成员都被允许不断获得食物。

## 更多关于攻击行为的行为生理学研究

在其简短专著《攻击行为》（*Aggression*，1958）中，动物学家约翰·保罗·斯科特（John Paul Scott）主要关注神经学、遗传学和动物心理学数据，并讨论了妒忌，特别是兄弟姐妹间的妒忌。根据一些未具体说明的临床研究，斯科特认为，攻击行为的动机通常源于紧密的家庭生活情境。[26] "因此，这种攻击行为的根源，在于人类在每一种社会关系中都有贪婪和妒忌的倾向。而在家庭中，最引人注目的攻击方式，就是兄弟姐妹间的妒忌。"斯科特认为，动物之间不存在这些，因为它们没有人类所特有的家庭成员或亲属之间的长期关系。斯科特提到，不仅被废黜的长子或长女可能有敌意，而且认为长子或长女有特权的年幼子女也可能有敌意。斯科特认为，无论父母的行为如何周到，都无法对兄弟姐妹间的妒忌产生太大的改变。一定程度的妒忌，甚至对个性的发展有益。此外，他还讨论了其他形式的妒忌，比如被忽视的丈夫认为，因为有了小孩，妻子已经没有时间关心他了。

然而，斯科特并没有继续探讨"嫉妒"这种现象。他仅仅讨论到"攻击"这一概念，将其定义为"发起战斗的行为"。他尝试提出一种多因素理论来解释这种行为。

斯科特对动物世界的一些观察，对我们了解嫉妒的早期阶段具有一定的意义。饥饿的老鼠在能够抢走食物时会争夺食物，但如果食物被固定或以粉末形式提供，它们就不会这么争夺。虽然雄性老鼠从不为雌性而战，但在许多类人猿（狒狒）、狗、鹿、水牛和山羊之间都有基于性动机的战斗。

动物之间为领土而战的现象，对于嫉妒的理论可能更有意义。哺乳动物和鸟类都表现出这种行为。斯科特引用了一项关于草原犬鼠*的研究。该项研究表明，美国西部草原的野生动物群体各自拥有一定的领土，只要其他草原犬鼠不越过边界，它们就会互不干涉。奥地利比较心理学家康拉德·洛伦兹（Konrad Lorenz）也详细描述了动物之间的领土争斗。[27]

根据斯科特的说法，所有这些刺激攻击行为的情境同样适用于人类。基于少量实验，斯科特得出结论认为，攻击行为是一种习得性行为，因此，通过剥夺争夺的机会，可以使孩子们成长为非攻击性的人。一个快乐、和平的环境，会"自动地让孩子在与朋友和亲戚和平相处的过程中完全习惯"。在这里，我们再次看到了美国实验心理学家无限的乐观主义。然而，斯科特确实提醒我们，攻击行为除了可以学习获得之外，还有其他原因。[28]

值得注意的是，斯科特提到了一些实验和观察结果，这些结果在很大程度上限制了长期以来关于攻击行为的挫折理论（Frustrierungstheorie der Aggression）。受挫的动物可能会受到驱使，表现出攻击之外的行为；其他动物（如老鼠）在战斗中越成功，

---

\* 草原犬鼠（Präriehunde），也被称为土拨鼠，它们生活在北美洲草原地区，以地下洞穴为家，具有社会性，属于啮齿类动物。——译者注

反而会变得更具攻击性——实际上，它们并没有受到挫折。[29]

## 啄序

1951 年，爱德华·鲍姆加滕（Eduard Baumgarten）已经强调，某些动物的行为，可以被视为类似于嫉妒的反应类型。

> 作为动物争夺地位的一个例子，最近人们讨论很多的是农场啄序（Hackordnung）。嫉妒中的痛苦冲动，一方面表现为，在这种动物社会中，个体被无情且不可逆转地归类到其所属的精确等级；另一方面则是，每个动物都有可能通过争斗来提升自己的地位。这种可能性令嫉妒者心烦意乱，同时它们也因为自身的软弱（无论是体质上还是地位上的实际劣势）而感到屈辱，这阻止了它们尝试争斗。[30]

然而，鲍姆加滕的意思并不十分清楚：我们无法知道，在啄序中地位最低的动物，是否会体验到与人类嫉妒相对应的情感；唯一能表明这种情况的迹象，是明确要损害群体的行为，以及（或者）明确旨在伤害啄序中的上级动物的行为，而这样的行为不会给该生物带来任何实质性的收益(如食物)。有必要进行一项实验，在这项实验中，根据推测，心怀怨恨的动物实际上可以破坏食物，或是让其他动物触及不到食物，但是——它在破坏行动开始时就意识到——它自己并未获得食物（或者更确切地说，以自己的一顿饭为代价这样做）。

不过，鲍姆加滕或许在考虑类似"皇家嫉妒"（Neid der

Könige）现象。地位较高的人不希望下属享有相同的特权——他在供应方面吝啬，实行配给，以免下属过于舒适。这也是一种嫉妒，但却是从有效权力的位置行使的。有时候，人们观察到的行为似乎揭示了这种嫉妒：地位较高的动物，虽然自己不能再吃了，或者在性方面已经满足，但仍然拒绝让地位较低的动物得到食物和伴侣。就好像它在说："如果我得停下来，你们也没有理由继续享受。"从发展心理学的角度来看，这种行为确实包含了嫉妒成分。

鲍姆加滕还提到了动物因嫉妒而引发的报复行为：

> 对于"不应得"（unverdiente）的地位差异的嫉妒，有一种特别恼人的形式，在动物中也有其原型。在有利的情况下，地位相对较低的雌性动物，可能因为伴侣的相对高等级，而在地位和权力上提升好几个层次。同样的情况也适用于后代。当雌性动物的高贵伴侣在场时，它那未经战斗而获得的地位可能会受到尊重；然而，一旦雄性伴侣不在场，雌性动物和幼崽就会遭受各种磨难。在这里，预示着人类关于地位争夺中最微妙的细节。每个人都熟悉这种微妙的讽刺，例如，地位较高的助手、仆人或下属对其主人因特权而显得无能的讽刺，或者，那些工作乏味、缓慢、平凡的人，可能会对那些因潮流、时尚、技术或理论体系而受到青睐、拥有较高地位和权力的人产生类似的讽刺，这些地位较高的人可能是自己把这些炫耀了出来，或者在大肆宣传中巧妙地摆了出来。[31]

例如，我们认为，当一个强壮的人主动去帮助一个被比受害者强大但比救援者弱小的人攻击的人时，这是社会正义感的表现。

这种"高尚"的行为，在学校操场上、儿童群体以及兄弟姐妹之间都可以明显地观察到，但也可以在某些成年人群体和陌生人之间观察到。现在，如果这种情况是为了保护群体中最弱小的成员，使其不至于缺少食物，那么这种情况在我们研究的问题上更为相关：为什么更强壮的人，尽管已经有了充足的供应，还要费心确保那些没有加入他们内部群体的弱小者或最弱者也能得到足够的食物呢？在考虑"同情"（Mitleid）、"平等正义"（gleichede Gerechtigkeit）、"怜悯"（Anteilnahme）或"高尚"（Edelmut）等矫揉造作的词汇之前，我们可能需要先观察一下动物。

康拉德·洛伦兹曾提到动物行为与道德行为的相似之处。例如，他描述了在所有寒鸦群体中严格遵循的优先顺序：如果两只寒鸦发生争执，一只地位极高的第三方寒鸦会立即以类似于反射的权威，代表地位较低的争斗者进行干预。"在寒鸦群体中，地位较高的鸟类，尤其是霸主本身，对地位远低于它们的鸟类并不具有攻击性：它们只是在与直接下级的关系中不断表现得易怒；这尤其适用于霸主和宝座的觊觎者——排名第一和第二的寒鸦。"

因此，对我们来说，看似骑士风度的行为实际上是一种与生俱来的反应，当然，这在物种的延续中起着作用。然而，这也确保了那些在某段时间内无法对抗更强大动物的寒鸦的地位安全，这样它们就会将侵略性转向地位低于它们的其他寒鸦。[32]

## 社会心理学实验与嫉妒的现实性

实验社会心理学已经得到在不同文化中进行的一系列实验结果，这些结果展示了普通人在面对一个实际或模拟的群体（这个群体在他不知情的情况下，被暗中指示传递错误信息）时，是多么倾向于怀疑自己的感官。[33] 该实验的成功，并非仅在于某些知道内情的参与者故意报告错误的观察结果，也是因为在被试者看来，这些参与者比被试者本人更胜任特定的观察任务，或者他们虚构的身份地位给被试者留下了深刻的印象。在这种情况下，我们可以说存在一种服从欲。无疑，这种欲望可能是存在的。在军事演习、工业生产、解剖实验室、X 光检查等场合，总是有一些地位较低的人，出于对与上级冲突的恐惧，会隐藏自己的观察结果，或者有意或半有意地按照地位较高者的观察来错误地解释结果。

然而，对于我们的嫉妒避免理论来说，这些实验起到了关键作用，特别是当那些诱导错误观察的群体对被试者来说是未知的、不关心的或完全是模拟的，而且这个群体无论如何都不具有更高的地位。在这样的实验中，我们可以观察到，那些突然不再相信自己感官的参与者无法忍受逆流而行，因为他们不想被视为过于聪明、事事皆知等。他们害怕其他人的怨恨，害怕他人的嫉妒，那些人会让他明白，只有自大的人、顽固不化的书呆子等，才会得出与他们不同的观察结果。

在 20 世纪 50 年代末，美国社会心理学家斯坦利·米尔格拉姆（Stanley Milgram）首先在哈佛大学，随后又在挪威和法国的大学生中进行了实验，以了解不同国家的文化、国民性格是否在一致性上起到了作用。每个被试者都被安排与其他人一起坐在六个小隔间中的一个。实际上，其他五个隔间都是空的，其他人的存在和参与都是通过插播的录音表现出来的。被试者通过耳机听到两个音符，他们必须指出其中哪一个更长。在他报告自己的观察结果之前，他有机会听到其他五个人的陈述。由于采用录音形式，实验者可以以任何他想要的错误方式播放这些陈述。社会控制的程度可以通过恶意评论、愤怒的咕哝等手段来提高。

这些实验通常会显示出令人惊讶的顺从性，就像社会心理学家 S. E. 阿希（S. E. Asch）之前进行的实验一样（他让被试者估计线条的长度）：个人更倾向于怀疑自己的耳朵或眼睛，而不是坚持反对一个小组的发现。然而，通过让被试者在第二次实验中相信他们的发现将用于构建飞行安全信号系统，米尔格拉姆设法提高了独立性出现的频率和程度。

米尔格拉姆在所有实验中都发现，挪威人比法国人更有从众倾向，尽管这个发现与其他观察一致，显示出挪威的社会控制更严格。但对于我们的讨论来说，这并不是最重要的。当被试者不必把自己的观察结果通过麦克风说出来（即不必告诉假设的团体），而只是写下来时，无论是法国还是挪威的被试者都表现出更强的独立性，不过在这里，挪威人仍然落后于法国人。米尔格拉姆提出这样的疑问：

> 令人困惑的是，为什么挪威人在秘密投票时还会如此频繁地与团体（也就是错误的观察结果）保持一致。一个可能的解释是，普通的挪威人，无论出于何种原因，都认为他的私人行动最终会为其他人所知……一位被试者说，她担心，尽管保证了保密，但实验者最后可能会把各种观察结果与团体进行讨论。

一个挪威人更明确地表达了他对平等的渴望，在 16 次观察中，他有 12 次错误地与团体保持一致："在今天的世界里，我们不能承受过多的反对。在中小学时我还比现在（在大学）更独立。这就是现代生活——你总是要尽可能地迎合别人。如果你在判断上与其他人有所偏离，他们会认为你不好。"[34]

当被提醒他可以秘密投票时，他解释说："是的，虽然我坐在我的小屋里，但我试图把自己置于一个团体的情境中。"

实际上，对于社会学家大卫·理斯曼（David Riesman）的他者导向型人格理论和概念，我们不能想象有比这些挪威人的行为更震撼的实验证据了。

## 作为避免嫉妒方法的顺从主义

但是，所有的这些实验与"嫉妒"有什么关系呢？只要我们问问自己：人为什么不相信自己的感官，不敢对抗群体？他害怕什么？对于那些他甚至不知道身份的其他参与者，如果他敢相信自己并揭开他们的谎言，他们能对他做什么？他为什么不敢做自己？答案就显而易见了。

在挪威和法国的实验表明，被试者最害怕的是那些未表明的关于他的想法，以及哪种评论使被试者的顺从冲动达到顶峰。轻微的笑声还算是温和的制裁。但是，插入这句话："你想出风头吗？"或"你不要炫耀了！"对挪威的实验对象有决定性影响——与群体的一致性达到75%。此外，他们默默接受了批评。

在法国，使用句子"你想引人注目吗？"对实验者的影响较小。但与挪威人不同，大约一半的法国人会反驳批评者。（顺便说一下，米尔格拉姆在一个对40名挪威工人的对照实验中发现，他们的行为与学生非常相似。)

所以，人们基本上害怕的是，如果他想比群体成员更好、更聪明、更敏锐、更观察入微，他会遭到言语压制，这就是对他的特殊能力、个性、自决性的嫉妒。

然而，又出现了另一个问题：被试者尝试使自己的观察结果与群体的判断相符，是因为他感到尴尬，害怕记录下错误的观察结果，还是他在本质上对自己的观察结果有信心，只是不想被视为一个自以为是的人？米尔格拉姆在实验中使用的言语压迫及其效果似乎暗示了后者。如果被试者因为像"伙计，睁大眼睛（或耳朵）看！"或"醒醒吧！"这样的尖刻评论而否认自己的观察结果，我们可能会认为这是出于羞耻。然而，最终区分这两种动机，几乎是不可能的，因为群体或其他人常常试图通过轻视他的判断（尽管他们心知肚明）来迫使那些他们秘密恐惧其优越性的个体遵从他们的结果。

也许，对我们更广泛的考虑来说，值得注意的是，米尔格拉姆在感知心理学实验中发现的挪威人的高度从众倾向，以及他们平静地接受"为了公共的福祉"而极度限制的公共政策。米尔格拉姆写道：

> 我发现挪威社会非常团结。挪威人有深深的团体团结感，他们非常关注自己社会环境的需求和利益。这种对社会责任的感觉，体现在巨大的福利国家的设施上……为此而必要的高额税收，他们愿意承担。如果这种社会归属感与高度的从众性是相关的，我们也并不会感到惊讶。

## 吹牛者实验

我们再次徒劳地在社会心理学家艾伯特·佩皮通（Albert Pepitone）关于"吸引力和敌意"（Anziehung und Feindseligkeit）的实验性社会心理学研究中寻找嫉妒的事实，该研究发表于1964年。[35] 这是一些小组实验，其中一个人通过各种类型的虚荣、傲慢、自大来激怒被试者，而从一个实验到下一个实验，传达给被试者关于傲慢者的虚构传记数据会变化，使得傲慢者的行为在某种情况下可以因他的成就得到解释，而在另一种极端情况下看起来是无理取闹。这个系列的实验是由美国海军研究实验室委托进行的，采用精确的定量方法。

作者显然完全沉浸在美国文化伦理中，这种文化在"官方上"不承认对成功者的嫉妒，以至虽然实验中明显存在嫉妒刺激，但该实验并没有纳入"嫉妒"这个概念。在一个案例中，傲慢者被认定为一位著名的教授，作为政府部门顾问，他收取非常高的咨询费。在佩皮通的研究中，针对一群可能经常为金钱问题感到困扰的学生，他提出了这样的问题：如果一个人在对话中表现得特别傲慢、自负，那么这些学生对他的评价会如何变化？尤其是，如果他们认为这个人是一个高薪的专家，或者只是一个做常规研究的、平均水平的研究者，他们的评价会有所不同吗？根据这个假设，如果那个傲慢的人地位越高，他应得到更好的评价。然而，作者完全忽视了一个事实，那就是部分被试者对那些明显成功者的潜意识嫉妒，实际上对抗着这种反应，而这种反应本身正是"逻辑上"预期的结果。我们可以很容易想象，一个容易嫉妒的人可能会更容易接受或简单地把同级别人的矫揉造作行为归类为不得体的行为，而不是那些因为收入和声望处于顶峰，应该表现出谦逊和亲民风度的人。只要实验者没有考虑到这一点，他的整个研究，就像在这个案例中一样，都会显得相当不精确。

接下来，佩皮通提出了另一个假设，即被试者对吹牛者的敌意（更准确地说，应该是嫉妒）是对预期地位损失的反应，也就是说，被试者的自我评价会因为作为刺激源的人的炫耀行为而降低。然而，实验结果并未支持这个假设。此外，这个假设忽略了一个人可能因嫉妒而对他人表现出敌意（如贬低或嘲讽），而这并不一定意味着他感到自己的社会地位受到威胁。

佩皮通试图超越"挫折-攻击理论"（Frustrierungs-Aggressions-Theorie）来解释敌意，这本身是值得称赞的。我们本希望在他关于对"吹牛者""炫耀者"反应的章节看到一些关于嫉妒的研究成果，然而，这种希望是徒劳的。当然，佩皮通成功地使被试者对吹牛者产生了愤怒。有些人会说："没有人能那么厉害！"但是，佩皮通从未想过引入"嫉妒"这个概念，即使是在吹牛者以直白的方式向被试者（一个学生）展示吹牛者自己在大学时期的经济状况要比实验参与者好得多的情况下。只有在一句话中，佩皮通接近了嫉妒的问题："吹牛者的自我评估对被试者来说必须是可信的，因为没有令人反感的比较（即嫉妒性的比较），就不会对实验参与者的自我评估构成威胁。"[36]

然而，佩皮通并没有深入探讨嫉妒的问题，而是用一个复杂的概念，即"激发地位防御行为的愤怒"（Ärger und der Verteidigungsverhalten）（这种愤怒激发了地位防御的行为），来阐述自我评估的利益。

虽然以往的一些作者，例如叔本华（Schopenhauer），已经清楚地看到，嫉妒的人通常会对被嫉妒的人进行破坏性的、恶意的批评，以此自我安慰。因此，佩皮通的实验仅仅证实了一种古老的日常经验。然而，为什么他和许多其他实验社会心理学家认为他们在避免使用"嫉妒"这个词时，为科学取得了一些进步，这是无法理解的。他在关于"吹牛者"章节的结论相应地显得平淡无奇："总的来说，对吹牛的访谈者（实验中的刺激者）的负面态度，可能至少部分是由他的过度炫耀引起的。"[37]

然而，为什么大多数文化的礼仪都将吹牛视为对良好品味的背离，这个问题并未提出；谦逊与避免嫉妒之间的联系，对于早期的作家来说是如此明显，但佩皮通却完全看不到。

总的来说，佩皮通赞同的，是这样的一些敌意理论（Theorie der Feindseligkeit）：当他人威胁到我们自身的地位时，我们对他人的排斥和敌意会增加。[38]这一理论在某种程度上是正确的，因为它与我们在书中反复提到的观察相符，即嫉妒主要是针对同一社会群体或同一阶层的人，而很少针对那些远远高于我们的人。叔本华也表达了同样的观点。他提到，作曲家相互之间的嫉妒，哲学家相互之间的嫉妒，要比一位不那么知名的作曲家对一位非常知名的哲学家的嫉妒多。

基本上，佩皮通和持同样观点的社会心理学家将不得不假定，一个地位较低的被试者，如果他的自我评价是正确的，也就是现实的，那么在面对一个地位更高的刺激者时，他不应该表现出敌意，只要他确信这个人有理由表现得如此傲慢，因为这符合他的成就水平。

但是，这样的理论完全忽视了日常经验，即嫉妒者总是知道如何改变自己的视角，使被嫉妒者显得毫无价值。佩皮通——按照美国的民族道德观念——相当天真地认为，大多数人都有强烈的需求，去确定他人的真实价值，并据此调整他们的情感。佩皮通在实验中试图创造一种环境，其中，吹牛者无法以任何方式威胁到被试者的地位，但他仍然得到了负面反应。他再次将此解释为"大学生文化"，在这种文化中，炫耀是违背良好品味的。[39]

　　我认为，整个研究的错误在于对吹牛者、炫耀者、自负者的概念理解。这些词从一开始就描述了一个人，他对自己的评价在客观上（从社会的角度看）是错误的。那么对于一个表现得傲慢的人——例如，一位诺贝尔奖得主或者其他在国际上得到认可的顶尖人物——我们应该如何对待呢？按照佩皮通所代表的社会心理学观点（这种观点忽视了"嫉妒"这个概念），对这样的人不会有任何敌意，因为被试者不会察觉到行为与地位之间的不一致。但在现实中，人们的行为并不是这样机械化的。在某种程度上，这种盲目的美国社会心理学也受到了一些欧洲批评者指出的其弱点的困扰，他们不愿意关注社会中真实的、无法逃避的冲突。在一个能够精确衡量特权、成就和功绩的社会中，根据佩皮通等人的观点，将不再存在敌意。他们没有看到，嫉妒对功绩和成就的关注是多么的微不足道。[40]

第 7 章

# 社会科学视角下的嫉妒

人们之间相互的、自发的监督，也就是社会控制，能够如此有效，得益于嫉妒这一因素。如果我们完全不嫉妒，更重要的是，也确信自己的行为不会引起任何人的嫉妒，那么就永远不会出现相互间谨慎地试探社会容忍极限的情况——这是一种持续的社会过程，社会生活的有序性就建立在这个过程之上。

没有嫉妒，就不会有更大的社会结构。嫉妒这个概念包含了有意识的过程，这个过程由情感、可能的内分泌、感知心理过程和理性化思维行为构成。尽管这个过程在大多数情况下会被人们隐藏、抑制和排斥，但它对社会的存在来说是必不可少的。类似地，对于我们人类来说更为必要的驱动系统——性欲，对它的否认和压抑，自20世纪初以来已经被深入研究和揭示。把一个对我们的生存至关重要的行为因素定义为少数特例，对其不过多讨论，这并不罕见。

在人际交往的几乎任何时候，任何偏离平均或标准的事物都可能存在唤起嫉妒的风险。这不仅有其必要的功能，同时也总是作为社会行为模式和社会组织的可变性的边界。

其他人的嫉妒——通常只是潜在的——在我们的意识或潜意识中存在，就像一个重力场一样发生作用：我们的社会相关的或至少是社会可见的行为（也就是不仅仅是我们自己可以察觉的行为）被牵制在某些轨道中，不能随意远离中心。在这个意义上，几乎所有的群体或社会成员都带有这种阻碍，我们都保持着对彼此的制约，不能随意在我们的行为中展示新的东西。

我认为，与通常的观点相比，对问题的这种理解更为准确。通常的观点认为，我们每时每刻都如此渴望他人的善意、他人的接纳，以至我们会表现出符合他人期望的行为。将这个动机置于首位，可能并不符合现实。我们往往会表现出一致性，尽管他人的好感对我们来说并不特别重要或者不应该特别重要：我们只是担心如果我们激发了他们的嫉妒，他们可能会采取或者不采取某些行动。

## 个体与群体

在那些我们期望是出于"避免嫉妒"动机的地方，现代社会心理学广泛采用了"渴望被接纳""渴望被喜欢"动机，这种现象本身就是一种"压抑过程"的表现。

许多社会学家，尤其是美国的社会学家，对一种反复被观察到的社会现象——群体的顺从（Konformität）进行了详细的研究。无论是作为群体的一部分，还是作为个体的成员，他们都会要求其他成员，特别是新成员，做到一定的符合群体规范的行为。人期望看到"一致性"（Gleichschaltung）和"适应性"（Anpassung），会惩罚不合群的行为。然而，这些研究从未探讨这种趋势是如何产生的，为何会在与群体的主要功能无关或关系甚微的领域，也要求个人行为的一致性。尤其引人注意但却没有解释的是，有些人（即那些自称为代言人或以某种方式显著表现为群体代表的人）

通过影响他人来强制执行一些规则，而这些规则通常并不被任何人视为愉快、实用或值得遵循的。更令人困惑的是，如果一个规则在实践中显得不愉快、无理甚至阻碍进步，无论出于何种原因（可能是因为它受到了管理机构的关注），人们也必须遵守，往往还会更加严格地互相监督。为何会如此？

难道在文化和社会中，人（也许经常是在无意识中）将自己视为如此独立的个体，以至对他来说，任何形式的群体成员身份在本质上都令人反感？他觉得自己被剥夺了一项资产——他的个体性（Individualität）。他必须成为一个群体的一员，以便谋生、获得一定的教育等，但他觉得自己因为属于一个群体而在某种程度上受到了削弱，即使他更喜欢这一特定的群体，而不是其他可能的群体。如果他积极参与剥夺其他成员的个体性，他最有可能"重新获得"他那因加入群体而失去的东西——他的一部分个体性——或减轻因这种损失带来的痛苦。

对于那些还需要适应群体的新成员所受折磨的恶意快感，对于不遵守规范的成员所受制裁的幸灾乐祸，使得群体的每一个成员都自动成了看门狗和鞭策者。群体的种类并不重要：它可以是一个议会政党、一个学校班级、一所寄宿学校、一个新兵连队、一个办公室工作人员团队、一群产业工人、一个原始部落的某个年龄段、一群囚犯，或者仅仅是一个家庭中的兄弟姐妹。

与一些有影响力的社会理论相反，人们可能并不将加入某个群体的经历视为自我实现的一种满足，而更像是一种削减。对于人来说，群体归属可能是他们与真实存在（wirklichen Sein）之间的妥协，它并非他们生命的巅峰，反而是他们生活的约束。这种约束对于那些希望获取某些价值，如经济安全、社会对其子女的接纳等的人来说是必要的。然而，在每个人，即使是最具有社会倾向的人的内心深处，仍然隐藏着一种倔强而骄傲的个体性，这是他人性的核心。当有机会让他人也体验到他自身所经历过的个体性丧失时，他会感到一种幸灾乐祸的快感。

## 权力与一致性

由此，我们得出了关于社会控制过程的一种假设，这个过程在建立新的权力结构方面可能是决定性的。本书主要关注的不是统治、权力和强制的形式；然而，权力和统治的社会学不应忽视嫉妒的因素，因为那些臣服于权力的人，总是希望仍能逃避这种权力的其他人也能臣服并顺从。如果忽略了那些已经顺从的人与尚未顺从的人之间的社会关系，就不能充分理解极权主义国家与现代独裁等现象。我们来看一个典型的案例：

一个新的权力中心诞生了。这可能仅仅是一种例行变更，也可能是篡夺、通过合法或非法手段上台的党派，或者是一个工厂的新部门经理，或者是一个军事单位的指挥官。之前存在的权力真空或权力平衡发生了变化；一个新的权力中心，无论是集团还是个人，已经存在，并试图通过将尚未屈服于其统治的群体和个人纳入其支配范围来扩大和巩固自己。在这个阶段，一些个人或团体已经在这个新权力的背后站队，无论是出于贪婪、懦弱、愚蠢还是真诚的热情。然而，这些已经屈服于新权力的人，并不满足于仅仅是自己顺从，对那些继续保持距离、怀疑地评估新权力并考虑是否保持疏离的人，他们几乎总是会有强烈的敌意。

如果按照一个独立的价值体系来判断，这种行为可能完全值得称道。但对于所涉及的体系来说，它很可能显得拖延时间和具有颠覆性，就像在赫尔曼·沃克（Herman Wouk）的小说《凯恩舰哗变》（*Caine Mutiny*）中，一艘小战舰的一些军官和船员一开始就不喜欢新舰长，并破坏他的指挥。那么，顺从者与不顺从者之间的紧张关系通常是如何产生的呢？

任何一个已经违心地适应了的人，无论是出于懦弱还是为了舒适，都会嫉妒他人的勇气、他们仍然享有的自由。任何一个已经效忠于新领导层的人，无论是出于计算还是真诚的热情，都会认为那些显然更倾向于保持距离并认为这在政治上是可行的人，对他自己和他选择的权力团体构成了威胁。那些处于权力中心边缘的人，尽管无权行使权威，但开始在日常社会生活中、在地方团体框架内，以及在商业或邻里关系中对其他人施加压力，目的是让他们也顺从。

在许多熟悉的社会情境中，我们都能看到类似的矛盾现象。一个小型的专业团体，如大学部门、企业或小型军事单位，作为一个团体，自然渴望获得其他团体和机构的尊重、认可和支持。因此，团体中每个成员的每个杰出表现、特殊成就，都对其他成员具有内在的价值。如果这个团体足够幸运地被赋予或能够选择一位对自己的价值充满信心，或者至少愿意为了其领导角色将其价值与整个团队的成就相结合的领导者，那么他作为同侪之首，很可能会尽一切可能来为团队的每个成员提供充分的发展机会。然而，观察显示，即使在如此理想的条件下，团队中的每个成员通常也会谨慎地甚至焦虑地遵循某些界限：没有人愿意过于出众，除非他的出色表现能在短期内得到大部分人的认同，并因此获得声誉上的增益或其他类似的回报。与此同时，每个看到并有机会快速晋升的人都知道，目前只有他能取得成功，这也将有助于整个团队的声望，没有人敢在公开场合正式批评他。但是，他暗自担心同事或同行可能实施的许多小的破坏行为，有时甚至是在无意识地进行这些行为，这些同事或同行总是不断地与他进行比较——因为他们嫉妒他在他们之前就在某件事情上取得成就或成功。

## 冲突社会学中的嫉妒

作为一位杰出的学者，美国社会学家 C. 赖特 · 米尔斯（C. Wright Mills）受到了那些与他持相同政治观点人的无情诋毁，在解释这种现象发生的原因时，德国社会学家拉尔夫 · 达伦多夫（Ralf Dahrendorf）完全按照叔本华的理念选择了"嫉妒"这个词："但是，从字里行间，还可以读出更多的内容。它们暴露了这个行业对那些取得了成功的外来者所持有的愤怒、仇恨和嫉妒的强烈混合态度。"[1]

然而，在讨论社会冲突的基本理论时，达伦多夫停留在了离嫉妒一步之遥的地方。格奥尔格 · 齐美尔（Georg Simmel）的冲突社会学，包含了一门详细、令人着迷且富有洞察力的嫉妒现象学；在他之后不久，马克斯 · 舍勒也对这个问题进行了深入研究。但是，达伦多夫在他关于社会冲突的论文中，用了近 40 页来讨论这个问题，却一次也没有提到过"嫉妒"这个词。[2]

首先，"冲突"（Konflikt）这个词或概念本身就部分地掩盖了嫉妒现象。如果我试图将所有人之间的敌意定义为冲突，那么我就是预设了一种具体的关系、一种相互认识、一种相互掠夺，等等。但是，嫉妒的人实际上可以在被嫉妒者不知道嫉妒者存在的情况下破坏他，真正的冲突从而只存在于嫉妒者的想象中，甚至可能不存在。当然，"冲突"听起来可能更为得体、更具民主性或更能被我们对社会敏感的耳朵接受，而古老的、毫不含糊的"嫉妒"一词则不然。如果我看到两个人（或群体）处于冲突状态，我无须确定哪个是劣势一方。但如果我谈论嫉妒，则我必定假定了两个对手中的一个意识到了他在地位、教育、财产或声誉方面的劣势。

在达伦多夫和其他人那里，嫉妒消失在视线之外，因为那些"冲突情景"（一方的动机明显源于他们的资源劣势）被纳入了更为抽象的概念之下，在这些概念中，大多数人几乎无法辨别出嫉妒的概念。例如：

> 所有其他的等级不平等（它可能作为冲突的直接出发点或冲突对象出现）——声望和收入的等级，财产、教育等的不平等分配——都只是合法权力分配中普遍不平等的体现和特殊形式。

在下面这样的表述中，我也会怀疑"冲突"一词是否完全合适：

> 在一般的社会冲突中，一方地位不平等可能意味着很多事情。在这种情况下，所指的可能是收入不平等或声望不平等——高薪阶层与低薪阶层之间的冲突，印刷行业受人尊敬的技术人员与矿业行业地位较低的人员之间的冲突……[3]

在这种收入群体和专业群体之间不可能存在真正的冲突；最多的情况可能是同一行业中收入不平等的工人之间产生嫉妒，就像英国的火车司机罢工，因为他们认为级别较低的铁路工人的工资与自己相差无几。对于上述的"摩擦"（Reibungen），对于实际上只能在个体成员心中发生的、群体之间的相互挤压，唯一正确的词是"嫉妒"。

这部分原因可能是，社会学家偏爱可观察的过程，导致他们用冲突现象和概念来替代嫉妒。嫉妒是一个无声、隐秘的过程，而且并非总是可以验证。冲突是公开的行为和社会行动。在嫉妒与冲突之间，我们可以设想某种紧张关系兼具了这两者的特点。然而，过度关注冲突和冲突情境，导致忽视了许多可以用嫉妒来解释，而无法用冲突来解释的人类和社会关系方面。因为嫉妒者和对嫉妒做出反应的人之间，可以没有任何冲突迹象地发生嫉妒。

当然，个人和群体中的嫉妒可能导致行为和行动，这些行为和行动可以正确地被归入冲突社会学。但是，冲突或攻击性不应该（不幸的是经常发生）与嫉妒混淆，这使研究人员最终更关注冲突，而非基本现象。

冲突社会学忽视了这样一个事实，即在嫉妒者和被嫉妒者之间，不需要存在真正的冲突可能性。与妒忌相反，嫉妒者常常感到特别恼火，从而导致更大的嫉妒，因为他无法与嫉妒对象展开公开冲突。

## 无嫉妒的冲突

在个体和群体之间，确实可能出现真正的冲突，尽管这种情况很少发生，但是，这种冲突与嫉妒没有关系，或关系很小。（在优先事项上，嫉妒总是可能存在的。）例如，如果两个对手在冲突情境中相互对峙，彼此都非常尊重对方，但各自认为必须遵循不同的规则，那么嫉妒就不会出现在这里。

文学小说和真实历史上都有这样的例子：亲密的朋友，或者至少是彼此之间无法找到任何值得嫉妒之处的角色，在一场即将到来的冲突中成为坚定的对手，原因是，其中一个人遵循普遍的道德法则，而另一个人遵循更有限、更具体的法则。从直接和观察到的经验中，我确信自己遵循了我认为正确的法则和适当的标准，这并不需要让我嫉妒我的对手，也不需要激起他对我的嫉妒。这种情况只有在冲突结束或解决之后才可能发生，当失败者被迫意识到由于某种原因，他所遵循的法则是错误的（不仅在实用主义方面是错误的，而且在重新评估的过程中被揭示为错误的）。然后，这可能导致失败者对胜利者产生强烈的愤怒、怨恨和嫉妒：为什么我不够聪明或经验丰富，一开始就看出我的价值选择在客观上是错误的？

但是，只要冲突情境中的双方都毫不犹豫地、坚定地相信他们所接受的法则的绝对正确性（或者至少是压倒性的正确性），整个冲突就可以在完全没有嫉妒的情况下进行。

甚至当双方在比赛或商业竞争中自愿承认相同的规则时，只要双方都不知道谁会赢，他们在冲突进行时都不会受到任何嫉妒的困扰。

## 社会学的矛盾

1963 年，美国社会学家罗伯特·K. 默顿（Robert K. Merton）

发表了一篇论文。在这篇论文中，他费力地探讨了关于"社会学的矛盾"（soziologische Ambivalenz）这一新概念，其中明显涉及嫉妒问题，但他并没有触及。默顿谈到当学生完成教育后无法找到与导师相当的职位时，社会结构在师生关系中就会产生矛盾。后来，默顿研究了社会似乎对自由职业怀有的"敌意情感"，尽管他们为社会福祉做出了明显的贡献。在这里，他再次引入了精神病学家欧根·布洛伊勒（Eugen Bleuler）在 1910 年首创的"矛盾"（Ambivalenz）概念，却回避了"嫉妒"这一更简单的基本观念。[4]

在现代的一些研究中，尤其引人注目的是，当探究为什么工人不愿意让他们的孩子上文法学校时，受访者在回答中明确提到了对邻居嫉妒和幸灾乐祸的恐惧，然而，社会学家却用"情感距离"或"通过社会控制支持的传统主义"等优雅的说辞来掩饰这一点："我们住在工人住宅区，我们的邻居认为我们狂妄自大，只是在等待我们失败。""我的朋友说：'哥们儿，脚踏实地点吧！'""他们认为我们傲慢，只是在等待他退出。""他们说：'看哪，那个炫耀的人！'"[5]

也许现代社会学之所以容易忽视嫉妒现象——这种情感主要源于攻击者，是因为它主要关注社会互动和相互联系。那些主要关注社会互动和联系的人，很容易忽视那些疏远他人并对他们所未接触的人心怀嫉妒和怨恨的人的行为。但是，在赞美健康的、有规律的社会互动时，我们不可忘记，这种互动可能发生在一个人对另一个人产生强烈嫉妒的情况下。

正如各种刑事案件所显示的，嫉妒可能是一种非常隐蔽和伪装良好的行为，受害者只有在一切为时已晚的时候，才会在朋友、仆人、同事、护士或亲戚中发现它。莎士比亚在伊阿古（Iago）*这一角色中描绘了这种情况。通常情况下，嫉妒部分是社会接近性的结果，尽管这种接近性可能会被记忆或想象取代。一个被困在荒岛、偏远乡村或监狱中的人，会想象自己错过了什么，以及其他人（无论他是否认识他们）在那一刻正在享受什么；他在没有任何社会接触的情况下嫉妒他们。人们只需回忆一下基督山伯爵的故事（Grafe von Monte Cristo）就会明白。

如今，社会科学家不断被要求提出理想社会的方案。然而，如果将嫉妒视为社会摩擦、冲突、破坏（无论大小）以及各种形式的犯罪的主要原因之一，那么要确定在一个具有较多或较少社会接触点的社会中，最好减少嫉妒还是将其相对控制起来，就变得非常困难了。

## 格奥尔格·齐美尔论嫉妒

在《社会学》第四章中，格奥尔格·齐美尔探讨了与冲突相关的嫉妒现象，他认为嫉妒包含在仇恨、妒忌和恶意的概念中。和许多作者一样，齐美尔立即面临术语上的模糊性问题：

> 最后，有一个看似完全个体化，实际上在社会学上极具意义的现象，它能将最剧烈的冲突情绪与紧密的相互依存关系紧密相连，那就是妒忌（Eifersucht）。在语言的使用上，我们并未对这个概念做出清晰的定义，经常无法将它与嫉妒

---

\* 《奥赛罗》中的反面人物。——译者注

（Neid）区别开来。

正如我们已经看到的，齐美尔在这里低估了德语（也包括英语和法语）的精确性。在他那个时代，已有的大型词典原本可以给他一些线索。但恩斯特·冯·维尔登布鲁赫（Ernst von Wildenbruch）在大约同一时期写了关于嫉妒或兄弟姐妹间妒忌的长篇小说，他也模糊了这些区别。因此，齐美尔是对的，他那个时代受过教育的德国人在不精确地使用这两个词，而且经常把它们当作同义词。齐美尔继续说：

> 在人际关系的形成中，有两种情感无疑具有很高的重要性。这两种情感都涉及一种价值，这种价值的获取或保留受到第三方的阻碍，无论是真实的还是象征性的。在获取方面，我们应该谈论嫉妒；在保留方面，更应该谈论妒忌。在这里，这两个词的语义区别本身当然是毫无意义的，只对心理-社会过程的区分有重要意义。

在这里，我不能无条件地同意齐美尔的观点：使用这些词并非偶然，正如我们在第2章已经证明的那样。几个世纪以来，不同文化中的谚语传说和文学都在"妒忌"和"嫉妒"的不同概念下积累了如此多的精确知识，我们当然应该保留现有的术语。总的来说，齐美尔也坚持了传统：

> 被描述为妒忌的人，其特点在于，主体认为自己有合法的占有权，而嫉妒则不关心拥有的权利，只关心被拒绝的事

物的吸引力；同时，是否因为第三方拥有这一财产而使其被拒绝，还是即使第三方放弃或者丧失该财产，也无法使其归属于他，这都无关紧要。[6]

## 妒忌，还是嫉妒？

齐美尔的定义需要更加精确："妒忌"一词应仅用于具有合法权益的事物，即使妒忌之人在主观上对可能失去的权益存在误解。一个家庭中的孩子无疑对其父母的关心、帮助和爱具有先验的权利，然而，如果孩子只是相信（meint）自己得到的关爱不够，他们可能会因妒忌兄弟姐妹而受折磨。相反，一个与妻子疏远的丈夫，有权要求她的感情，尽管从客观角度看，她的疏远是真实的。齐美尔的最后一点观察是完全正确的，即在某些情况下，嫉妒之人甚至都没想过要拥有那令人垂涎的事物，他也不能享受它，但却难以忍受别人拥有它。他会因为别人拥有私人游艇而心烦意乱，尽管他在一生中从未想过登上一艘船。

齐美尔进一步阐明了这一点：

妒忌……其内在的方向和基调是由于我们无法拥有某种财产，因为它正被他人占有，一旦这种情况消失，它将立即成为我们的。嫉妒者的情感更倾向于关注财产本身，而妒忌者的情感则关注财产的占有者。有可能嫉妒一个人的名声，而自己却没有成名的抱负；但如果一个人认为自己同样（或更加）配得上名声，他就会妒忌那个人。使妒忌者感到痛苦和侵蚀的，是一种情感上的虚构——无论多么无理和荒谬，即另一个人，仿佛是从他那里夺走了名声。[7]

继续以名声为例，还有一个需要进一步区分的地方：如果只有一个最高的文学奖项，而一位诗人错失了获得它的机会，他可能会妒忌获奖者；但是，一位化学家发现自己的期望落空，他未能因为自己的发现获得诺贝尔奖，如果他的同事，一位物理学家，得到了该奖项，他就会嫉妒这位同事。换句话说，在妒忌的情况下，必须存在真正的竞争，但只要并行获得梦寐以求的事物实际上是可能的，或者本身是可以实现的，就只会涉及嫉妒。

最后，齐美尔对妒忌的评论是：

> 它是一种如此特殊且强烈的感觉，以至它从某种特殊的心理组合中产生，然后在内心为自己找到了符合它的典型情境。

这一观察非常重要，但同样适用于嫉妒。嫉妒的人往往会通过内心——也就是通过他们的想象力——对现实情况进行补充，这样他们就永远找得到嫉妒的理由。

## 恶意

在描述"恶意"（Mißgunst）、"心生怨念"（Nichtgönnen）*这

---

\* 如前所述，"Mißgunst"描述的是一种对他人成功或幸福的不满或嫉妒情感，表达的是不愿看到他人过得比自己好的心态。这种心态可能源于对自己的不满或自卑。"Nichtgönnen"，字面意思是"不给予"，这个词描述的是一种不愿看到他人得到好处或成功的态度，也就是我们通常所说的"吝啬"。在中文里，可以译为"心生怨念"或者"吝啬"。——译者注

两个概念时，与其他大多数讨论这个问题的学者有所不同，齐美尔进行了一次非常有趣的概念澄清。"恶意"和"心生怨念"通常被认为是嫉妒的核心内容。

> 　　在嫉妒与妒忌这两种明确的现象之间，大约有一个位于同一范畴的第三种情感，可以称之为"恶意"——对一个物品的嫉妒式渴望，这种情感并非因为该物品本身对主体特别有吸引力，而仅仅是因为其他人拥有它。这种情感反应可以发展到两个极端，转化为否定自身的拥有：一种是强烈的"恶意"形式，宁愿自己放弃它，甚至宁愿看到它被毁掉，也不愿看到其他人拥有；另一种是主体对物品本身的冷漠或厌恶，但无法忍受别人拥有它的想法。这种"心生怨念"的形式，以无数的变化和程度渗透到人们的相互行为中。在那个广大的问题领域，人与物的关系作为人际关系的原因或结果展现出来，而这一大片的问题领域中的相当大一部分，是被这种嫉妒的情感类型覆盖的。[8]

齐美尔的这几句话蕴含着对我们整体研究极其重要的观察。齐美尔在这里没有给出他所说的例子。但他指出的是心理社会动力学（psychosoziale Dynamik），这是许多社会或文化中制度的起源，在德语中被误导性地称为"Luxusgesetzgebung"（《奢侈法》），但在英语中被更好地称为"sumptuary laws"（《限制奢侈法》）。

## 性妒忌的社会学

美国社会学家金斯利·戴维斯（Kingsley Davis）将妒忌与性所有权（Sexualeigentum）作为他的社会功能论（funktionale Theorie der Gesellschaft）的例证进行分析。他认为，一种个体的情感，即纯粹的心理现象，可能对文化和社会组织的理解有所贡献，这似乎令人惊讶。然而，他认为，妒忌不仅在维持个体的精神平衡中起作用，而且直接将个体融入社会中。

> 妒忌的表现是由每个特定社会的规范和制度结构决定的。这种结构定义了哪些情境中妒忌可以出现，并规定了妒忌的表现形式。只有通过跨文化的方法，通过观察不同文化中的妒忌，我们才能理解妒忌作为人类的基本现象。[9]

同样的道理也适用于嫉妒。有趣的是，戴维斯只是顺便关注了嫉妒，他认为，与妒忌相反，嫉妒不是占有者的态度，而是一个观察者或潜在竞争者的态度，他们希望拥有别人所拥有的，但没有想过从对方那里抢走它。他说，嫉妒与妒忌不能在同一个人身上同时表现出来，因为后一种情感预设了一定的权利。正如我们已经看到的，其他作者认为嫉妒与妒忌之间有可能存在融合，互相加强。戴维斯认为，嫉妒是所有社会生活中不可避免的现象。任何没有得到他认为自己值得拥有的一切的人，都会嫉妒别人。"但是，由于嫉妒通常与这个世上有价值之物的既定分配相矛盾，所以整个群体都对其表示反感。"[10]

戴维斯详细说明了那些将性妒忌（geschlechtliche Eifersucht）

视为完全生理现象的作者是多么错误。因为在许多原始民族中有这样的例子：在表面上没有任何妒忌的情绪下，一个男人可以将他的妻子供他人使用。然而，我们不应该认为这些文化或人格类型完全不存在妒忌。更深入的调查几乎总能揭示，妻子的恩惠只能与特定的人分享，而这些人的分享权利是由文化规定的。与此同时，在同一社会中，未经授权的"通奸"可能会立即引发妒忌反应。

即使与性无涉的妒忌，也会遵循相关文化规定的亲密关系模式。例如，在我们自己的文化中，通常情况下，一个叔叔不会妒忌他的侄子与自己的父亲有着非常温柔、亲密的关系。在母系社会中，通常叔侄关系非常紧密，有时候一个非常有妒忌心的叔叔会反对侄子爱他的亲生父亲多于爱他的叔叔。

戴维斯认为，妒忌的社会功能，主要是当一种被文化认可并被视为财产关系的人际关系，受到一种文化不承认其为合法竞争对手的侵入者的威胁或破坏时，得以刺激出防御行为。当几个男人都在寻求一位不属于任何一方的女孩的青睐时，这被称为真正的竞争，而根据大多数文化的规范，一旦女孩选择了其中一个，除了极端或过分的情况之外，竞争就会变成冷漠或友谊。

在其他形式的占有中，除了与个人纽带中的价值对象相关的占有外，人类社会通常区分了如下两个方面：一方面是社会期望和认可的竞争和竞赛活动，所有参与者必须以良好的风度进行游戏；另一方面则是"越界"（frevlerische Invasion，英语中的"trespass"是不可译的，这也许是盎格鲁-撒克逊文化中更明显和更早受到法律保护的个人领域的标志）。越界引发妒忌，从而唤起保护措施，如法律。

## 现代人类行为学中的嫉妒盲点

事实上，现代实验社会学、心理学，以及大多数行为科学，在规避嫉妒现象方面的成就——在前科学的文学和哲学文献中如此精确地描述——从代表这些学科的最新百科全书式作品中显而易见。社会学家伯纳德·贝雷尔森（Bernard Berelson）和加里·A.斯泰纳（Gary A. Steiner）于 1964 年出版了《人类行为：一份科学发现的清单》（*Human Behaviour: An Inventory of Scientific Findings*）。在 700 页的篇幅里，我们看到迄今为止关于人类行为的所有可验证的知识，这些知识按照诸如儿童心理学、感知、学习和思考、动机和小组行为等类别进行排列。这本书被视为一份清单。作者写道："在这本书中，我们的雄心壮志是尽可能充分和准确地呈现行为科学当前对人类行为的了解——我们真正知道什么，我们几乎知道什么，我们认为我们知道什么，我们声称知道什么。"

主题索引没有提到嫉妒（envy）或怨恨（resentment）。妒忌（jealousy）被提及一次；然后，在第 54 页，我们发现了一个图表，显示了不同情感首次被感受到的大致年龄。据此，妒忌作为"痛苦"（distress）的衍生物，在出生后的第 18—24 个月被首次感受到。这是整本书中唯一提到这一现象的地方，引用了一篇 1932 年发表的文章（！）。

此时，我们要回顾一下海量的文化人类学文献，其中研究了人类群体中无数的迷信现象，这些文献在全面、准确探讨嫉妒的功能问题上从来没有失败过。但是，贝雷尔森和斯泰纳只提到了一次迷信，在有关"学习和思考"的条目中——一项由心理学家 B.

F. 斯金纳（B. F. Skinner）在 1953 年报告的、关于加强性条件反射的鸽子实验，据说解释了为什么即使有最明显的证据也无法使人们相信他们的迷信仪式是无效的。根据鸽子实验，这是因为我们的迷信行为屡次未能达到预期结果，反而让我们对失败越来越不在意。事物的本质就是如此，例如，祈雨舞（Regentanz）很少会真的带来雨水。所以，这个原则成立：迷信之所以如此顽固地存在，正是因为它很少有效果，而并非因为它偶尔取得成功。[11]

在索引中，我们徒劳地寻找了"非理性"（Irrationalität），或者"非理性行为"（irrationales Handeln），也找不到任何关于竞争（Konkurrenz）、对抗（Rivalität）和模仿（Nachahmung）的内容。事实上，没有任何东西可以将我们引向嫉妒现象的边缘。关于兄弟姐妹间的妒忌的唯一参考引用了一篇 1951 年的精神病学论文，其中引用了六行内容，告诉我们母亲在自己孩子身上观察到的兄弟姐妹间的妒忌可能会重新激活她自己的童年经历。[12]

索引中最有帮助的条目是"攻击性"（Aggression）与"社会冲突"（sociale Konflikt）。此处也许我们能发现一些关于嫉妒的内容，尤其是因为当被问及"嫉妒"时，美国研究人员的标准回答几乎总是认为这代表了"攻击性"现象的一个次要变体。

根据这一摘要，现代行为科学关于"攻击性"的研究告诉我们，受到严厉惩罚的儿童往往会成为具有攻击性的成年人。紧接着的是一个假设（作者对该假设表示质疑）：在像德国这样的社会中，儿童接受纪律严明的教育，因此可能导致威权主义政治制度的产生。[13]

在第 258 页，我们仅用寥寥几行就获知，似乎存在一种所谓的"攻击性需求"（need aggression）的东西，即对攻击行为的需求，它可能表现为谋杀或虐待狂。书中没有一次提到过嫉妒。在第267—270页，作者详细描述了挫折理论，根据该理论，攻击的原因不是攻击者，而是阻碍其欲望的人。实验证据表明，在一个男孩参加的夏令营中，一半的男孩被故意剥夺了某些东西，或是给予的太少。失望的男孩们把不满发泄在一个少数族裔身上，这意味着，在剥夺实验之后，他们在回答关于日本人和墨西哥人的问卷调查时的评价比实验前更为负面。

1939年，心理学家约翰·多拉德（John Dollard）等人提出了经典的攻击-挫折假说，认为攻击行为的发生总是以挫折的存在为前提，即愿望的受阻。贝雷尔森和斯泰纳对此表示质疑。无论怎么看待这个假说，可到了这个时候都还没有考虑到嫉妒，这确实有些奇怪。

剩下的一些关于攻击性的典故，主要是关于对少数民族的歧视行为。在各种文献中，有观点认为，经济上处于劣势地位的人具有歧视的倾向。这一观察当然也可以扩展到包括嫉妒，但是却并没有。[14]

即使《人类行为：一份科学发现的清单》一书中有相对较多的段落讨论"冲突""社会冲突"及"社会阶层"，但是，它完全没有提到"嫉妒性动机"（Neidmotiv）。其他的一些（词语）表述，诸如"革命""公正"与"平等"，可以想象在其中会讨论我们预期的问题，但这些词汇却根本没有被列出。

尽管贝雷尔森和斯泰纳在社会科学领域的研究受到了很大的限制，因为它主要依赖于从老鼠、猫和鸽子身上获得的证据，但这两位作者仍然不时地借鉴动物实验来寻求类比和比较，以阐明人类生活中的日常情境。有一个例子再次显示了人们在讨论嫉妒规避动机时如何止步不前：

> 首先是关于"接近-回避-冲突"（Annäherungs-Vermeidung-Konflikt）的动物实验，问题是：当一个目标既具有愉悦又具有恐惧的方面，既具有吸引力又可能带来痛苦时，在通往目标的道路上就会有一个点，在这个点上，生物会变得犹豫不决，开始摇摆不定；如果它继续朝目标前进，就会在离目标很近的地方到达一个点，在那里表现出更强烈的回避行为。这就是所谓的"接近-回避"。

根据贝雷尔森和斯泰纳的说法，在人类生活中，这可能意味着，例如，一个人会接近一个既有吸引力又危险的运动，但在最后一刻却不会参与其中。又或者，有人想买一件奢侈品，反复接近它，越来越频繁地去看橱窗，甚至拉动了门把手，走进商店，但在最后一刻却避免了购买它。为什么呢？"也许是因为随着承诺节点的临近，与支出相关的痛苦或内疚感上升得比物品的吸引力更快。"[15]

根据贝雷尔森和斯泰纳的解释方法，如果我们能准确认识到在这类购买行为中嫉妒和避免嫉妒的作用，则将嫉妒相关的明显行为纳入书中讨论是完全合理的，即使这些行为可能是基于假设且难以证实的。但是，在这本 1964 年出版的 700 页的书中，这样的内容从未出现过。这本书宣称展示了我们对人类——特别是在社会环境中的人类——的现有认识。如果一个来自其他星球的假想居民要从这本书中寻找关于智人的信息，他可能永远都不会想到地球上存在嫉妒这种情感。

## 敌意理论

现代社会科学（如社会学、社会心理学、文化人类学）的专家们，尽管对敌意现象进行了详尽的研究，即使在最近的论著中，他们也能在整个章节中探讨这个主题，但是，他们从未问过究竟是什么导致了敌意。

社会学家尼尔·J.斯梅尔瑟（Neil J. Smelser）在 1963 年提出了一种关于集体行为的综合理论（umfassende Theorie des kollektiven Verhaltens）。他认为，集体行为（gruppenmäßiges Verhalten）包括恐慌（Panik）、暴民行动（Mobaktionen）、骚乱（Aufstände）、狂热教派（fanatische Sekten）等。他详细讨论了敌意现象，并引用了相关文献，但没有一次提到"嫉妒""怨恨"和"恶意"等现象，只使用了"敌意"（hostility）这个词。即使在研究"敌意的信念"和"敌意感的爆发"时，虽然很容易证明嫉妒是其背后原因，但这一原因从未被提到过。在斯梅尔瑟的索引中，要寻找嫉妒、怨恨、妒忌、平等主义或公正感是徒劳的。也许无意识地，他小心翼翼地回避了与人性这些方面有关的任何现象和概念。正如我们在其他地方看到的，关于攻击性的讨论在这里也很少，因为攻击性是那些拒绝面对嫉妒事实的人最喜欢用的一种逃避形式。

事实上，在斯梅尔瑟对"敌意"的分析中，我们确实发现了现代社会科学如此容易忽视嫉妒的原因。他在书中反复讨论了敌意行为理论，这种理论认为，这种行为是因为人们感知到对其真实的经济、性别、职业或社会地位的威胁。当然，作者承认，这些敌意情感的拥有者往往错误地评估、夸大甚至捏造表面的威胁（在美国文献中，主要关注对少数族裔如黑人和犹太人的敌意，主体在自己的领域感受到少数族裔的要求、权力等带来的威胁）。但是，出发点始终是当主体想象到对自己真实地位的实际威胁时，敌意就会被激发。[16]

## 被攻击者之罪

根据这种关于敌意的人（feindselige Menschen）的观念，只有当主体感觉不到来自其敌意对象的实质性威胁时，才不会产生恶意情绪。在这样的视角下，存在几千年的人类非常熟悉并精确掌握的嫉妒和嫉妒性仇恨（neidische Haß）现象就消失了，然而即使被嫉妒者对嫉妒者并无任何威胁或可能的威胁，嫉妒和嫉妒性仇恨也会存在。更重要的是，在所有的文化中，人们首先会感到自己被嫉妒者威胁。所以，现代社会科学完全扭转了这种情况：最初的威胁来自可能引发他人嫉妒的人（这点被社会科学忽略了），敌意只是一个次要的现象，只要社会中的所有群体都被置于相等安全、无威胁的位置，它就会消失。

诚然，我们可以推测，在同一国家里，担忧失业的白人下层阶级，对其黑人同等阶层存在偏见；或者财富和声望逐步减少的中产阶级，很容易对自己群体中显赫富有的犹太少数族群产生敌意。但是，无论是明示还是暗示，这种观点认为，只要一个群体或个人在社会中不再担忧生计或地位，所有实质性的敌意就会消失，这与那种认为在一个真正平等的社会里将不再存在嫉妒或怨恨的更极端理论一样，都是不现实且缺乏依据的。

我们可以立即看到，这两种关于和平社会的假设有不同的模型。可以想象一个非常稳定的社会，每个人都有绝对稳固且充分的地位，但同时存在明显的等级制度、社会分层和相当大的不平等。那些认为只有受到威胁的人才具有敌意的社会学家，会认为这样一个社会拥有全面的社会保障，不会存在敌意情绪。但是，对于那些承认嫉妒和怨恨现象存在的社会学家来说，这个社会仍然容易受到挑衅性不平等的干扰。只有一个永久平等的社会才能摆脱嫉妒，从而消除敌对情绪——实现成员之间的相互友谊。

正如我们在本书中从多个不同角度和文化观点展示的那样，即使这两种乌托邦式的社会接近其理想状态，它们也无法将人类变成满足的、和平的羊群，正如"进步"社会科学所承诺的那样。

一旦嫉妒的过程开始，嫉妒者会扭曲他所经历的现实，如果不是在感知中，也至少是在想象中，他永远不会缺少嫉妒的理由。这种情况也适用于没有安全感的人。

在我们的一生中，每个人都可能有过这样的经历：尽管有人在旁边给出建议或警告，我们仍然决定按照自己的意愿去做某件事或完成某个困难的任务。但是，突然出现了出乎意料的困难。出错了！我们很容易会叫道："你就是想看到出错！"尽管我们非常清楚，那位被忽略的建议者的恼怒，实际上不可能影响事物的正常发展。对于原始人而言，在这种情况下，他们从不怀疑别人的罪过，总是坚信别人有罪。

然而，对于这种古老、神秘的解释方式，即好像看到了邻居投来的邪恶之眼，现代人并没有完全抛弃它，对于我们中的大多数人来说，它仍有可能出现。这种观念在乡村地区仍然存在，并在人的潜意识中延续。这实际上意味着，如果有一个社会能确保每个个体或群体都获得绝对的经济安全，进而没有人能真正地威

胁或客观地伤害别人，那么仍然会存在许多不愉快的个人和群体
经历，这些经历将无可避免地被归咎于他人的恶意。

## 为何要追求无嫉妒的平等社会？

在 20 世纪的社会科学中，特别是在美国的"人类行为科学"
（Wissenschaft vom Verhalten des Menschen）里，有关嫉妒问题
的盲点不可能是偶然的。可以明显地看到，学者们是如何回避嫉
妒这一概念或现象，如何用委婉的话语来掩饰它，如何勇敢地把
它作为一种奇特的假设只是简略地提出，然后立即用怜悯和轻蔑
的表情抛弃它。

许多观察者，包括一些最进步的社会学家，都注意到并且往
往还表示赞同：许多现代社会科学家的人格中都存在着怨恨和叛
逆感［比如鲁思·本尼迪克特（Ruth Benedict）、M. 图明（M.
Tumin）、C. 赖特·米尔斯和乔治·辛普森（George Simpson）］。
在美国的社会学界和人类学界，这几乎是家喻户晓的事实，即大
多数专业人士都是对自己所在社会和文化地位不满的人，他们曾
经是某种弱势群体或阶级的成员——简而言之，他们是反抗自己
社会的人。证据很容易找到，而且来源如此之多，以至几乎无法
质疑。[17]

这种不满和不安的共同原因是平等主义的冲动。在一个绝对
平等的社会中，这些心态所经历或想象的大部分问题，在理论上
都可以解决。因此，对于绝对平等社会的模型和方案，盎格鲁-
撒克逊的社会科学一直保持着持久且奇特的关注。然而，对一个
平等社会的乌托邦式渴望，其动机不外乎是无法面对自己的嫉妒，

或者无法面对那些境况不如己者的想象中的嫉妒。显然，即使只是在潜意识的驱使下，这样一个人也会小心翼翼地回避嫉妒这一现象，或者至少试图贬低它。

诚然，某些美国社会学家在研究过程中反复遇到嫉妒问题，并实际上对其进行了命名，例如在金斯利·戴维斯的社会学教材中，或阿诺德·W. 格林（Arnold W. Green）的著作中。但值得注意的是，其他假说（如挫折理论）越是流行，当代专业文献对嫉妒认识的忽略就越明显。实际上，很少有人提出嫉妒这一假说以便进行反驳或批判；相反，人们因为觉得太尴尬而选择忽视它。嫉妒过于痛苦地触及个人的某些方面，最好将其深埋。然而，在行为科学家和心理学家这个更广泛的专业群体中，对人类社会生活的一个核心问题保持沉默，可能会使得他们的年轻同事对这一现象的存在认识不足。[18]

人们不愿意关注嫉妒，也可能与以下原因有关：在面对嫉妒时，几乎所有关于人的研究都将嫉妒视为一种严重的疾病。这种病症的潜在普遍性众所周知，但人们同时也知道，如果将嫉妒提升到一种规范性美德的地位，那么任何社会都不可能存在。人们总是强调，嫉妒一旦生根，就无法治愈，尽管它并不属于我们正常的禀性。即使在简单社会的原始"人类学"——迷信中，也将嫉妒视为一种疾病，将嫉妒之人视为危险的病人——一种必须保护个体和群体免受其侵害的癌症，从未将其视为正常的人类行为和努力。除了极少数例外，我们几乎找不到认为社会必须适应存在嫉妒者的观点，而总是认为社会必须设法保护自己免受他们的侵害。[19]

第 8 章

# 嫉妒引发的犯罪

## 嫉妒引发的谋杀

正如我们已经观察到的，私有财产的一个作用，是保护人们免受生理条件较差者的嫉妒和侵犯。如果在一个社会中，每个人都拥有相等的财产，或者财产由国家分配，那并不是一个没有嫉妒的田园，而是一个没有人能感到身体安全的地狱。即使在现今的社会，也经常出现犯罪的动机明显是因为嫉妒某种生理性优势的案件。

1964 年，纽约市的一场篮球比赛后，一个相貌平庸的临时工开车撞向赢得比赛的英俊的英雄，后者正与父母和朋友站在人行道上。凶手对输掉比赛的球队毫无兴趣，他声称自己无法忍受那位英俊运动员的魅力。[1]

1953 年，慕尼黑一位中年未婚女子推着朋友的婴儿去散步。突然，她把婴儿和婴儿车推进了伊萨尔河（Isar River）。在调查过程中，精神病学家恩斯特·克雷奇默（Ernst Kretschmer）担任专家证人参与了调查，调查显示，犯罪人是突然嫉妒起朋友的幸福，而孩子就象征着幸福。[2]

1959 年 5 月，《美国日报》（*American Daily*）刊登了一则来自北卡罗来纳州斯旺纳诺阿（Swannanoa）的消息，标题为《嫉炉中的同窗遭斧击，或将毁容》（"Co-ed Chopped in Envy may be Disfigured"）。根据美联社 5 月 21 日的报道，案情是这样的：在沃伦威尔逊学院（Warren Wilson College）的宿舍里，一名 20 岁的美丽学生罗斯·瓦特森（Rose Watterson）在熟睡时遭到袭击，生命垂危；斧头在她的左眼和喉咙之间连续砍了四下。凶犯是她的前室友帕特里夏·丹尼斯（Patricia Dennis）。报纸刊登了两个女孩的照片。袭击前，罗斯无疑是漂亮的女生，尽管并非特别出众，而帕特里夏则相貌较差，有点偏胖，即使在事发前的照片中，她的表情也几乎是带着敌意的。在第一次听证会上，她声称犯罪动机是嫉妒和妒忌更漂亮的室友。

1959 年 8 月，36 岁的斯蒂芬·纳什（Stephen Nash）在加利福尼亚州圣昆廷（San Quentin）监狱被处决。他一生中的最后两年都在独居牢房里度过，因为他的同监犯人无法忍受他不断吹嘘自己谋杀了 11 人，其中包括几个男孩。临刑前，纳什拒绝了精神慰藉，甚至在审判期间，他都沉浸在详细描述如何刺死受害者的过程中。当法官宣布判决结果"你是本法庭审判过的最邪恶之人"时，纳什还笑了。他自述道，他之所以犯下如此罪行，原因在于："我从未在生活中获得过更多的好处，当我甚至连那些都无法得到时，我开始从他人的生活中夺走一些东西。"[3] 法庭精神病医生宣称纳什无法对自己的行为负责。由于之前的多次定罪，纳什在 1948 年和 1955 年已经接受了法庭精神病医生的检查，但他总是被认定对公众无危险。

尽管沃伦委员会（Warren Committee）的报告中对此几乎没有提及，但从美国前总统约翰·F. 肯尼迪（John F. Kennedy）的刺客李·哈维·奥斯瓦尔德（Lee Harvey Oswald）的信件和传说中的言论，我们几乎可以肯定，他的主要动机是嫉妒那些幸福和成功的人，这些人的象征代表，便是他杀害的年轻总统，这位总统确实是幸运之子。如果试图从现有的传记材料中了解奥斯瓦尔德的心态，就会得出结论，他不会对一位年纪较大、长相不那么英俊的总统举枪行凶，尤其是如果总统的妻子也不那么引人注目，他的生活方式——这种生活方式经常在报纸和电视上报道——也不像现代皇室一样。各种新闻评论，虽然没有使用"嫉妒"这个词，但都接近这种解释。例如："肯尼迪成为奥斯瓦尔德的受害者，因为白宫里的年轻王子拥有奥斯瓦尔德这个永远的失败者所不可能成为或拥有的一切。"[4]

1960 年 3 月 15 日，美国报纸刊登了一则来自加利福尼亚州维克多维尔（Victorville）的美联社报道——《妒忌女人财富，少年承认铁棒杀人》（"Jealousy of Woman's Wealth, Boy Says in Iron-Rod Killing"）。17 岁的戴维·马尔兹（David Marz），一名干洗店工人的儿子，杀害了一位同学的母亲。他向当局交代的作案动机是，明确嫉妒这个家庭的富有。戴维经常受邀使用这个家庭的私人游泳池，他越来越嫉妒，因为他向法官解释，霍奇（Hodge）家庭拥有很多他自己的家庭负担不起的东西。戴维以前没有犯罪记录。[5]

1963 年，美国佐治亚州一名 17 岁的黑人青年枪杀了一名校友。据称动机是妒忌受害者当选为班级的负责人。在此之前，据说罪犯"出于嫉妒撕毁了几张受害者的竞选海报"。[6]

1957 年春，在德国西部的代特莫尔德（Detmold）附近，一名土耳其音乐系学生被一名希腊音乐系学生谋杀。关于这个案件，一位记者写道："动机是什么？侦探们摸不着头脑，直到他们得到以下信息：两个年轻人都在代特莫尔德音乐学院学习歌唱……被害者更有天赋，也更成功。在社交方面，这个土耳其人也显示出他的优越性。"[7]

对于嫉妒的杀手的动机，不应与武装抢劫犯的动机混淆，这在研究原始民族的民族学文献中广泛出现。例如，如果在进行一次长途交换贸易的航行时，南海岛屿独木舟船员中的其中一个人比其他人表现更好，可能会在船员之间引发强烈的嫉妒。毒药和黑魔法常常是他的报应。正如我们必须再三强调的，没有任何迹象表明，在紧密的社区、在原始民族的最简单社会中，存在这种美好的、无嫉妒的、无私有制的集体精神，后者正是西方社会的乌托邦理论家们一再幻想的。[8]

此外，嫉妒一直是那些指控他人犯罪的人的动机之一，作为证人，他们实际上会歪曲自己的观察和信息，直到最后说服自己相信被告的罪行。现代犯罪学记录了所谓的"美女受迫害"现象，即涉嫌谋杀的美丽女性所受到的待遇，这种待遇据说与巫师审判时期相差无几。例如，在第一次世界大战前，卡尔·克劳斯（Karl Kraus）曾撰文论述过这个话题；后来，海因里希·费舍尔（Heinrich Fischer）以《道德与犯罪》（"Sittlichkeit und Kriminalität"）为题重新出版了他的论文。[9]

生存嫉妒的最纯粹形式，表现在灾难期间，当人们嫉妒他人可能拥有更好的生存机会时，会在几种不同的逃生方式中选择其中一种，并试图摧毁其他逃生或救援的可能性。沃尔特·吉布森（Walter Gibson）在他的《救生艇》（*The Boat*）一书中，讲述了第二次世界大战期间荷兰船只"鲁斯鲍姆号"（*Rooseboom*）在印度洋中部遭到鱼雷袭击后发生的事情。这艘船载着从马来半岛

（Malaya）撤离的 500 名难民。吉布森是 135 名幸存者之一，他说，在这艘救生艇上，有一晚，5 名士兵联手谋杀并将 20 名幸存者扔到海里。而且，那些因饥饿和口渴而被迫跳下船的人，似乎也对那些希望留在船上的人仍然有生存机会感到嫉妒，因为他们自己已经放弃了这个生存机会。因此，他们会试图抢走口粮并扔到船外，或拔掉塞子，让水涌入。吉布森将这称为一种"罕见的现象"。[10]

## 破坏行为

在英语国家中，特别是在美国，破坏行为（Vandalismus，vandalism）是一个众所周知的刑事罪名，是指对私人或公共财产进行无意义的、恶意的损毁或破坏，而不会给行为人带来任何实质性收益，尽管为了破坏东西往往需要他付出相当大的努力。[11]在德国的法律体系中，这种罪行并没有被单独归类。因此，1966年 3 月的一个早晨，在威斯巴登（Wiesbaden）的一条街道上，人们发现 20 辆私家车的轮胎被精心割破，警方对媒体发表了如下声明："我们对作案动机感到困惑。当然，这并非我们之前遇到过的案件。在以前的案件中，比如，某人在 X 国受到侮辱或欺骗，甚至被驱逐出境，在 Y 国对所有悬挂 X 国车牌的汽车进行报复，扎破了这些车辆的轮胎。"警察可以理解单纯的报复行为，无论它们多么荒谬，但是，当明显不存在报复的原因时，破坏行为对他们来说就显得难以理解。设身处地地站在一个粗暴的年轻人或一个较为贫困的人，甚至是一个多次未能通过驾驶考试的人的立场上，仅仅看到一辆等待幸运车主的汽车，就会让他们陷入嫉妒的愤怒。从人类学的角度来说，嫉妒是一种容易理解、显而易见的动机。在我们大多数人中，对嫉妒情感的压抑是如此根深蒂固，以至即使是经验丰富的侦探也不愿意深入探讨这个问题——无论是与被告交流还是私下里在他自己的心中。

"破坏行为"一词，指的是蓄意破坏，通常针对那些在文化、审美价值上超越了肇事者理解或欣赏水平的财产。1794 年，布卢瓦（Blois）主教亨利·格雷戈里尔（Henri Grégoire）首次创造了这个术语，用以描述公元 455 年汪达尔人（Vandalen）*在占领罗马期间对艺术品的所谓破坏行为。在 20 世纪德国文献中，有少量著作是关于破坏行为的，主要是为了证明汪达尔人在罗马的行为并非如同"破坏者"（Vandalen）般。不过对我们来说，这个争议点并不重要。

单纯的破坏行为，尤其是纵火（尽管受害者通常是嫉妒者认识的人），是一种最能用怨恨或嫉妒来解释的行为。破坏行为是美国生活中的日常现象，反复出现，尤其是在为最贫穷阶层的儿童特别是少数族裔的儿童建立的新学校中，破坏行为要更为严重。1959 年 11 月 20 日，《纽约时报》的一篇头版文章，对新学校的建筑师因可能发生破坏行为而不得不采取措施表示愤慨。纽约市的新学校建筑将配备更少、更小的窗户，这些窗户将用铁丝网、钢条和栅栏保护起来，学校看起来像监狱。据《泰晤士报》报道，破坏者对学校建筑的这种影响，是纽约发生的大量破坏行为的结

---

* 指的是古代日耳曼部落的一支，他们在公元 5 世纪对罗马帝国进行了一系列的掠夺和破坏活动。尤其是在公元 455 年，汪达尔部落占领并洗劫了罗马城，导致许多艺术品和文化遗产的损失。"Vandalismus"一词源于"Vandalen"，通常被译为"故意破坏"或"破坏行为"。——译者注

果。1959 年 2 月在东哈莱姆（East Harlem）的一所新学校开学后，截至 11 月，已有 589 扇窗户被砸。1958 年，纽约教育部门不得不更换 16 万扇窗户，修复 75 起纵火案造成的损失。一些观察家认为，美国破坏行为案件增多的原因之一，是当局不愿直接向肇事者的父母索要赔偿。

我们认为，频繁发生的破坏行为，尤其是发生在为弱势群体建造的新型、现代化和设备齐全的美国学校中的破坏行为，是犯罪行为背后存在的嫉妒动机的证据。对于贫民窟的孩子来说，他的"家"与学校空调、镀铬和玻璃的豪华之间的日常对比是一种刺激。如果还有学习上的困难，他会认为学校是一个永远不属于他的世界。他知道，当他的学生时代结束时，将不再有一个与之相当的工作场所等着他。那么，还有什么比在破坏行为中更能释放愤怒和怨恨呢？

诚然，在美国，涉及中产阶级和上层阶级子女的破坏行为案件也越来越多。然而，即使在这些案件中，肇事者也可能反感一个他们自己没有去帮助创造的、过于完美的环境。他们试图看看成年人能容忍多少。我认为，青少年法庭法官对于接近成年的年轻人表现出越来越宽容的"理解一切，原谅一切"的态度，可能对来自良好家庭的儿童破坏行为案件的增加有一定影响。

1952 年 11 月，在康涅狄格州布里奇波特（Bridgeport），一名肇事者放火烧了八辆汽车，并对警察说："我买不起汽车……我也不想让别人拥有汽车。"这就是一起典型的破坏行为。对他来说，这似乎比偷车更令人满意。[12]

有一名出于嫉妒动机的犯罪者，几乎是悲喜剧般的典型。他是英国工会的一个成员，在自己的工厂经常发起未经授权的罢工——非正式的罢工。当工会追究他的责任时，他解释说："我在天气好的时候让工厂关闭了好几次，因为我想去钓鱼——我不希望其他人的工资比我多。"[13]

## 嫉妒之筑

早期的德国法律术语实际上承认了嫉妒者的情况：在某些情况下，嫉妒的人愿意承担损害他人的费用。《格林词典》引用了奥格斯堡建筑法规（Augsburger Bauordnung）的以下定义："所谓嫉妒之筑（Neidbau），是指一个潜在的建筑计划明显损害邻居的利益，而且没有迫切的需要，或者这样的建筑几乎没有目的，而对邻居造成很大的损害、光线和空气的丧失。"

嫉妒中的自我毁灭因素显而易见。就像嫉妒的人通常不希望拥有他所觊觎的财产，而只是希望看到它被摧毁一样，他可能会着手伤害自己，或者至少是引起不必要的开支，只是为了折磨他所嫉妒的人。"嫉妒之筑"的概念一定非常普遍。因此，G. H. 辛克（G. H. Zinck）在《经济学词典》（Ökonomisches Lexikon）（第2版，1744年）中将其定义为"在许多地方被法律禁止的建筑物，不是为了建筑者的利益，而是出于恶意，对邻居造成不利和困扰"。

## 埃里希·弗洛姆的犯罪理论

除了对嫉妒的"挫折理论"的过度阐释，心理学家埃里希·弗洛姆（Erich Fromm）几乎没有什么新的东西可以提供。他认为，基于嫉妒和妒忌的敌意，类似于动物、儿童和神经质成年人的攻击性行为；嫉妒与妒忌，是挫折的特殊形式，即某种愿望受到挫折，或是被拒绝。根据弗洛姆的观点，嫉妒的产生，是因为如下的事实：A 不仅没有得到他想要的东西，而且 B 还已经得到了它。他引用了《圣经》中该隐和约瑟夫（Joseph）的故事，作为妒忌和嫉妒的"经典版本"。

在对这两种情感状态进行了非常简短的讨论之后，弗洛姆引入了"报复性暴力"（rechsüchtige Gewalttätigkeit）的概念［他写的是"revengeful violence"（报复性暴力）——奇怪的是，在我们看来，"violence"（暴力）这个词不能用德语表达其所有的附属含义；无论如何，作为盎格鲁-撒克逊文化中的一个术语，"violence"（暴力）已经流行开来，也是作为一种因果关系的类别，而"Gewalttätigkeit"（暴力）这个词却缺乏这种流行性］。这主要发生在力不从心者（自然，不仅仅是性无能的情况）和残疾人身上。据说这种人的自信心被摧毁后，只会产生一种反应，即"以牙还牙"或"以眼还眼"。

弗洛姆正确地解释了当下尤其是发生在美国某些人群中的报复性暴力，并认为这是软弱经历的结果。他还正确地强调，过着充实、有成就感的生活的人，即使受到冒犯或失望，也很少会思考或诉诸报复。更加值得质疑的是，他认为，通过问卷调查，可以在工业国家的底层阶层之间建立经济需求、压抑环境与这种报复性情感之间的直接联系。在这里，弗洛姆回顾了中下阶级的民族主义。他提到了原始人中存在的强烈的、往往已完全制度化的报复机制，一方面可以用弗洛伊德的"自恋"（Narzißmus）概念（弗洛姆对此进行了扩展）来解释，另一方面可以用原始群体中的"心理匮乏"（seelische Kärglichkeit，psychic scarcity）来解释。[14]

在此，弗洛姆进一步讨论了"补偿性暴力"（kompensatorische Gewalttätigkeit），这是一种替代生产性活动的行为，因此本身是力不从心的结果。施虐者和肆意破坏者的行为，可以用这些术语来解释。弗洛姆认为，将破坏作为正面活动（被剥夺或主体无法实现）的替代品，由此产生的施虐快感，是"未曾生活和残缺生活"的必然结果。然而，这并不能解释为什么历史上有那么多明显残疾或在某种意义上残缺的人最终取得了成就和名声，他们并没有选择补偿性暴力的道路，而是选择了可以实现积极成就的手段，他们最初的障碍往往成为一种激励。

在战后的西德，犯罪率非常低，尤其是在难民及其子女中。他们无疑是弱势群体，不可能没注意到很多可以让他们产生嫉妒的差异。这似乎使以下假设更具可能性：嫉妒犯罪——一个涵盖了美国大部分青少年犯罪和破坏行为的概念——主要发生在那些以普遍平等为官方信条，且不断在学校、政治平台和讲坛上宣扬的社会。个体越是无法现实地解释自己与邻居之间的明显差异，某些类型的人由此失去自制力并诉诸嫉妒驱动的犯罪的可能性就越大。与此相反，每一个难民都知道自己目前的贫困与他们的新环境无关，因为他和数百万其他人一样被赶出了自己的国家。可能存在的攻击性情绪大多是针对与新环境的相对繁荣关系不大的力量和人物。

1952 年，美国两位专注于青少年犯罪的犯罪学家谢尔登·格吕克（Sheldon Glueck）和埃莉诺·格吕克（Eleanor Glueck）夫妇在一项研究中指出：

我们接下来关注的是怨恨、挫败、嫉妒或不满的情感态度，

在青少年犯罪中，这种情感态度比对照组的青少年更为普遍
（74% 对 51%）。具有这种强烈态度的人，并不太关心积极尝
试或希望改善自己的处境，而是希望别人也无法获得他们觉
得自己被剥夺了的满足和快乐。换句话说，怨恨不同于单纯
的嫉妒，或拥有他人拥有之物的希望。[15]

在这里应该回顾一下，在英语中谈论嫉妒时，有一种将其视
为无害的倾向，好像涉及的只是"也想要某样东西"，即在没有
怨恨的情况下满足进一步的欲望。当嫉妒被这样掩饰时，正如我
通过询问所发现的，许多美国人能够掩饰嫉妒现象的真实本质。
然而，除了对使用习惯的让步外，格吕克夫妇确实认识到了嫉妒
所涉及的内容：渴望没有人拥有任何东西，破坏别人的快乐，虽
然自己并不能从中获得任何好处。许多观察似乎表明，这种倾向
在犯罪人格中起着重要作用。

# 第 9 章

# 神之嫉妒与命运观

无论是在极其不同的文化中，还是在人类发展的各个阶段，我们都会遇到这样的观念：人类受到超自然存在的嫉妒威胁。希腊人非常重视的神之嫉妒，在其他宗教中也有所反映。人们常常认为死者会嫉妒，尤其是生前与我们关系密切的死者。[1]这一观念透过对许多原始民族的观察得到了印证。他们发现，原始民族对鬼魂的恐惧，常常达到恐慌的程度，且只与死去亲人的灵魂有关。"为什么是我，逃脱了死亡？"也许这是人类最普遍的内疚感之一。

　　那些生活得好、自认为或明知自己健康状况更佳的人，吃得比别人好、收成或牧群状况比别人更好的人，总会对那些生活比自己差或已经离世的人，感到一种逃脱不了的、轻微的内疚感。为了对自己施加限制，防止过度行动、过度享乐，或者无意识的炫耀——避免引发他人的嫉妒——人们便构建了关于"上帝"（Gott）、"诸神"（Götter）或某种神秘力量（gewisse Mächte）的概念，相信他们会嫉妒人类，并在人们超越界限时进行惩罚。

　　显然，无论在哪种文化中，包括我们自己的文化，人类很难对妒忌、嫉妒的人进行界定和定义。正如古典学家马丁·P.尼尔森（Martin P. Nilsson）所强调的，古希腊人几乎从不将嫉妒归因于某个特定的神或超自然存在，而是归因于一个神圣的原则，一种普遍的、模糊的力量。这样做可能有很好的理由。正如弗朗西斯·培根所观察到的，或者在一些原始民族的巫术信仰中，嫉妒之人只有在发现自己被嫉妒的对象察觉时，才会变得真正充满嫉妒和恶意；这种事实是由于他因自己嫉妒之心被发现而产生的自卑感。因此，希腊人谨慎地不把嫉妒归咎于任何特定的神，只有在宙斯的情况下，他们才敢这样做，可能因为宙斯过于庄严，不会被指责为小心眼；他的动机被认为是一种崇高的正义感；他惩罚那些过于强大的人，是出于补偿性正义，而不是因为他自己嫉妒。

二元论宗教的情况有所不同，这些宗教很容易将嫉妒作为邪恶原则，即撒旦的动机，正如我们从摩尼教（Manichäismus）中看到的那样，撒旦因为嫉妒而与光明为敌。在波斯人中，据信恶魔对人类的嫉妒负有责任。我们大胆地推测，在基督教的庇护下，一个由不平等的公民形成的文明得以产生，是因为早期基督教就谴责了嫉妒，嫉妒是魔鬼的化身，而上帝和所有圣徒被视为根本不可能对人类产生嫉妒之心。[2]

## 阿伽门农的归来

埃斯库罗斯（Aeschylus）在描绘阿伽门农（Agamemnon）的归来时，生动地展示了希腊人对神之嫉妒的恐惧。在他的第一次演讲中，就出现了这位成功人士遇到的人类嫉妒的动机：

> 只有少数人天生拥有此馈赠，
> 得以在无嫉妒之心中颂扬友人的福祉。
> 通常，嫉妒的毒素总在心底安家立室，

为此苦毒的人，痛苦如潮不绝。

他一面背负着自我编织的痛苦，

一面又在见证他人的幸福时愈感沉痛。

我清楚这一点，

因为友情在我这儿找到了忠诚的镜子，

而那些曾对我无比友善的人，

他们的爱不过是虚幻的影子。[3]

克吕泰涅斯特拉（Clytemnestra），阿伽门农之妻，企图谋杀丈夫。她铺设了紫色地毯，试图说服阿伽门农走过它进入宫殿。这并非随意之举，正如丹麦社会学家斯文·拉努尔夫（Svend Ranulf）指出的，这是蓄意的背叛。阿伽门农越是卷入那些声名狼藉的、能激起神之嫉妒的行动，谋杀就越有可能成功。故意或天真、轻浮地煽动毫无戒心的人（或明知故犯的人）做出引发嫉妒的事情，以便让激怒他们的人去替自己做黑手，比如设置障碍或复仇，这在许多文化中都有所体现。

克吕泰涅斯特拉用华美的颂词迎接丈夫：

让嫉妒沉默吧，因我们承载了太多罪过，

如今这些罪过已成过去。如今，伟大的君王，

从战车上下来吧，勿让尘埃玷污你的双足

方才从踏破骄傲的特洛伊的光荣事业中歇息。主啊！

女仆们，你们在思索何事？难道我未命你们

铺设通向宫殿的路，用华丽的装饰覆盖？

此刻，让这里展现一条紫色的荣耀之路。

阿伽门农瞬即拒绝了她的奉承。他不想看到自己的道路被"令人厌恶的布料"铺满：

> 这样的敬意，只有神明才应接受；
> 我只是死亡的子嗣，决不可能
> 毫无畏惧地踏过这片斑斓的瑰丽。

在接下来的对话中，他的妻子试图消解他对诸神嫉妒的恐惧。最终，阿伽门农让步，但他脱下了鞋子，满怀惶恐地踏上紫色之路，进入宫殿：

> 只求我不会引起远方诸神的嫉妒！
> 我在这华丽的织物上留下脚印，
> 我羞愧于如此玷污珍贵的长袍，
> 如此昂贵的物件。[4]

克吕泰涅斯特拉还不满意。她再次表达了一个希腊人，一个害怕神之嫉妒的希腊人，永远不会选择说出的话："我们永远不会缺少紫色地毯，我们从未了解过贫穷。"

合唱队接着以一个寓言展现了"嫉妒"这一主题：一艘航行顺利的船只，如果自愿抛弃一部分货物，更容易避开暗礁。

拉努尔夫两卷本关于希腊神之嫉妒观念的著作，是为数不多的嫉妒研究之一。他注意到古典学者对这一观念的明显厌恶，他们普遍不愿相信古希腊人真的把嫉妒这样如此可憎、卑劣的东西归于他们的神。

因此，丹麦语言学家 A. B. 德拉赫曼（A. B. Drachmann）（拉努尔夫将自己著作的灵感归功于他）引述了希腊关于宇宙和谐的辅助概念。德拉赫曼认为，这是希腊思想中的一个审美元素：神之嫉妒无非是人类福祸之间的对称平衡。[5] 在这一点上，拉努尔夫质疑的是，我们是否是因为今天不再认为将嫉妒机制归因于神明有什么神圣之处，所以在理解古希腊人的观念时才可能存在偏差。作为这种想法在 19 世纪学者中引发恐惧的一个例子，拉努尔夫引用了古典学家乌尔里希·冯·维拉莫维茨-默伦多夫（Ulrich von Wilamowitz-Moellendorff）在《阿伽门农》引言中关于神之嫉妒的文字：

> 每个孩子都知道"波利克拉特之戒"（Ring des Polykrates），这是希罗多德（Herodotus）讲述的一个故事。……它阐述了这样一个观点：纯粹的幸福，不可避免地会变成巨大的痛苦。这只是一种深远情感的表达。所有完美、美丽、富有或辉煌的事物，都会受到特殊的威胁，因为它们激起了人类和众神的嫉妒之情。特别是当这些事物被炫耀地展示，或通过自我赞美、他人的赞美公开宣传时，遭受嫉妒破坏的危险就更大了。因为嫉妒并不需要通过物理接触来造成伤害：邪恶的眼神可以远程施加魔法和压力。因此，人和神都可能对他人怀有恶意。所以，谨慎的人通过保密或表面上的自卑来保护自己。人们意识到并牢记自己的脆弱，无疑是一种美好且应当的感觉。在所有事物中都要谦逊和节制的劝诫，也是真正的希腊精神。但在这里，它只起到了最次要的作用。相反，人性中最卑劣的方面可以自由地表现出来——因为害怕自己受

到同类的伤害而嫉妒他们的人，以及因为恐惧而将众神拖入自己可鄙的心态的人。……因此，要避免使用某个神的名字，在那样做被认为是有害的时候……[6]

德国古典学家埃尔温·罗德（Erwin Rohde）同样排斥希腊人关于神之嫉妒的观念。

19世纪下半叶，作为一种主导原则，嫉妒几乎被普遍排斥。像德国经济学家威廉·罗雪尔（Wilhelm Roscher）、瑞士历史学家雅各布·布克哈特（Jacob Burckhardt）、德国哲学家弗里德里希·尼采和美国法学家奥利弗·温德尔·霍姆斯（Oliver Wendell Holmes）这样真正的独立思考者，都认识到了某些明显呼应嫉妒动机的新兴社会哲学。但是，在基督教的影响下，对于古希腊的研究者来说，神之嫉妒（Neid der Götter）的观念是荒谬的，因为基督教的上帝是无法对人类产生嫉妒的。

## 希腊人的命运观

每种文化都必须为其成员被分配的各种命运提供解释。有些文化在这方面取得了成功，而另一些则相对不那么成功。我认为，根据荷马（Homer）对命运观念的看法，可以说明命运观念与人类嫉妒之间的联系。

尼尔森描述了在迈锡尼时代（mykenische Zeit）许多人面临的社会情况："很多参加大规模战役的人失去了生命，有些人带着战利品和财富回来，而另一些人却只带着伤痕，两手空空。"[7]

令人启发的是，"命运"（Schicksal）或"摩伊拉"（Moira）*的观念，是用一些表示"部分"（Teil）、"份额"（Anteil）或"比例"（Portion）的词语来表达的。尼尔森说："用这些词语描述的不可能是具体的、个人化的神。"我们需要遵守"比例"的含义。"每个人在战利品、食物中获得他的'份额'，份额的大小由一个约定俗成的传统所决定，而'比例'的大小和好坏则由我们多次听说的礼仪所决定。"[8]

然而，尼尔森继续说道，生活充满了意想不到的事情，"人们简单地将这些事情称为生活中的'份额'、他们在事件中的'比例'，就像他们谈论战利品或食物中的份额一样"。即使人们遭受困境，他们也会谈论自己在事件中的份额。"死亡是最后、最终的人生命运。因此，人们更常谈论'死亡的摩伊拉'，而不是其他任何形式的命运。"[9]

分配每个人份额的是传统和习俗。如果一个人获得了超出他应得的部分，他就必须承担后果。"顺应秩序的特性（Ordnungsgemäße），是'摩伊拉'（命运）这个观念的本质。"[10]尼尔森详细探讨了由于将个人化的神与必然的命运相对立而引发的矛盾和困难。尼尔森认为，最终，这些神都服从于"命运"（摩伊拉）。战利品的份额、各人的比例，是由权威者（der Groß）分配的。人们自然而然地会想到，肯定有某个人在分配每个人一生的命运份额。但是除了宙斯可能是这个分配者之外，这些分配者并不是个人化的神，而是像尼尔森认为的，一种顺应秩序的普遍性力量。[11]

对于我们理解嫉妒以及其在文化中必要的处理方式，前述关

---

* "摩伊拉"（Moira）在希腊语中意为"命运"。希腊神话中决定生死的命运女神被称为摩伊拉。——译者注

于古希腊人命运观的描绘提供了一些重要的启示。

我们知道，没有什么比分配不均匀的食物份额更能激发嫉妒的原始冲动了。当分配者被接受者视为主宰秩序的人，且没有人可以反抗他的话语和智慧，人们也许最容易接受这种经历。这个分配者有权力以"不公正"的方式分配（就像葡萄园里劳作者的寓言故事中的葡萄园园主那样）。正因如此，由君主制统治的社会制度，在处理嫉妒问题上，通常比民主制度少很多麻烦，因为后者也需要对稀缺物资进行分配，但可能不会被视为无可挑剔的合法化的。

对于那个时代的希腊人来说，生活中所有的不平等份额，可能确实是由一个无法具象化的调节力量造成的。实际上，他们觉得，最好不要过于清晰地想象或具象化命运的分配者，以免"他"或"她"因为我们的思想被引向神或观念化的恶魔而注意到我们，并开始思考我们的命运应该是什么。当一个人的命运分配者保持匿名时，他会感到最安全，可以说，他的命运就像是他在抽奖时抽到的奖品。如果命运的分配者呈现出过于人性化的形象，我们必然会将嫉妒或与之密切相关的"记账式"正义归因于他。因此，迄今为止在生活中抽到了真正好运的人，不太可能相信有一个个人化的分配者，他可能过了几年就会说："这个人已经过得够好了，现在我要让他抽几张空白。"作为生死的最高裁决者，宙斯有时会出现在《伊利亚特》中，比如，他与命运一起指挥战斗。由于一个人在生命中只能抽到一次死亡，而与此相反，他在一生中会收到成千上万份的好与坏，所以更容易接受一个特定的神来掌控命运的天平，并决定一个人的时间何时到来，甚至可能会觉得这样的想法令人宽慰。[12]

尼尔森引用了罗马帝国时期新柏拉图主义者波菲利（Porphyry）

的一些故事，这些故事典型地反映了在希腊阿波罗式的虔诚信仰中试图避免他人嫉妒的努力。故事中总是涉及两类祭品，一类是豪华的（如一群牛），另一类则是微薄的（如从一个麻袋里取出的几把谷物）。当被问及哪种祭品更能讨得神的欢心时，神总是选择较少的那一种。然而，当故事中的贫穷者将整袋谷物倾倒在祭坛上时，我们对故事背后的心理动机有了更深刻的理解，因为就在此时，神通过神谕告诉他，他现在比之前更令神憎恶。尼尔森得出结论："这不是良心好坏的问题，也不是富裕与贫穷、纯洁与不纯洁之间的对比，而是炫耀和虚荣……强调的是人们不应该以虔诚为荣，也不应该炫耀。"[13]（他这样做的后果，只需回顾一下：在新英格兰等地的巫术猎杀行动中，受害者往往是非常虔诚的人，他们的虔诚表现引来了他人的嫉妒。）

　　基督教只能部分解决这样的社会问题，即保护追求完美的信徒如何免受那些在自己眼中不够完美者的嫉妒和攻击。因为即使在修道院这样的地方，几乎所有可能导致相互嫉妒的原因都已消除，但嫉妒的猜忌却集中在他人对宗教义务的过分关注或宗教信仰的提升上。

## 涅墨西斯

　　古典神话中代表嫉妒原则的神力，通常与"涅墨西斯"（Nemesis）*一词联系在一起。在荷马史诗中，它只是表示对不公

---

*　涅墨西斯（Nemesis），希腊神话中人格化为冷酷无情的复仇女神。亦称为拉姆诺斯的女神（Rhamnousia/Rhamnusia），又名阿德剌斯忒亚（Adrasteia/Adrastea），意为"不可避免之人"。其神殿位于马拉松以北的拉姆诺斯。——译者注

正的一般厌恶。涅墨西斯是一位较晚出现的女神，她是公正尺度的守护者（确保没有人拥有过多或过少），但她也是过度幸福的明确敌人。

在希罗多德的作品中，尼尔森发现了被称为"神之嫉妒"的倾向。他使用在品达（Pindar）作品中也出现的词"*phthönos*"作为"*nemesis*"的替代词。然而，尼尔森对于将其翻译为"嫉妒"表示怀疑，他认为这个词的内涵过于恶意。[14]

在荷马的作品中，人类的傲慢（Hybris）与神的报应（Nemesis der Götter）之间的对抗早已出现。荷马在作品中使用了"Hybris"与"Nemesis"这两个词，其中，"Hybris"意味着自大和侵犯。从命运女神摩伊拉的角度来看，其背后的概念是一个人索取了超出其应得的东西。从这个观念中逐渐衍生出了正义的概念。后来，这个词不仅表示法律面前的平等，还意味着："国家物质和精神财富的公平分配。这一平等的观念根深蒂固；它是宪政斗争背后的驱动力，民主制度就是基于这一观念而建立的。"[15]

有趣的是，正如尼尔森所示，"Hybris"和"Nemesis"的观念逐渐被应用于个人生活中的分配正义："一个人爬得越高，摔得越重，从而达到平衡。拥有适度财富的人最幸运，因为他的不幸也会相应适中。"[16] 在这个观念中，避免嫉妒已经很明显地呈现出来，几乎在每一种文化中都有这种形式。

尼尔森毫不怀疑地认为，在希腊人中，嫉妒及其引发的恐惧扮演了重要角色。他引用了斯文·拉努尔夫的详细论述，尽管他对其中一个方面表示了不同意见："嫉妒确实是一个突出的特点，特别是在雅典民主中；然而，由于拉努尔夫的例子主要是关于神的嫉妒的，他犯了一个错误，即像荷马一样，将神个体化，而实际上，嫉妒仅归因于普遍意义的神，并将这一观念与命运相互关联。"[17]

尼尔森从希腊思想中给出了众多例子，每个人都必须用不幸来换取幸福。索福克勒斯（Sophokles）、品达、希罗多德等人反复提到这个观点；最明显的表达可能是希罗多德关于波利克拉特和阿马西斯（Amasis）的故事，这个故事通过席勒（Schiller）的《波利克拉特之戒》一诗为我们所熟知。尼尔森选择这个特定的故事来说明，过度的赞美会带来不幸。这种不幸，必须通过某种形式的自我贬低来抵消，比如向自己的胸膛吐唾沫或做出猥亵的手势。在这方面，希腊人的行为与原始民族一样。我们在这里看到的是"邪恶之眼"情结。根据希罗多德的说法，吕底亚国王克罗伊斯（Croesus）之所以遭受命运的打击，是因为他认为自己是世界上最幸福的人。一次又一次地，我们发现这样的警句和警告：上帝的闪电会击中最庞大的动物、最雄伟的建筑、最高挺的树。凡是卓越之物，神都会削弱。

尼尔森正确地认为，这种人生观导致了寂静主义（Quietismus）*。"因为最伟大的人最容易受到命运的打击，所以最好是居于较低的地位。"[18]

## 面对神之嫉妒的行为选择

尼尔森的这一观点，与我认为的所有社会中嫉妒都会产生抑制作用的基本论点相吻合。然而，尼尔森再次提出了一个重要问

---

\* 一种宗教或精神哲学观念，主张通过完全放弃自己的意志、过上平静的生活并完全信任神意来实现灵魂的和谐与救赎。寂静主义者相信，人们应该避免过于强调个人行动和成就，而专注于内心的平静和对神的信任。在这种观念下，人们通常不追求名誉、地位和财富，而是追求内心的平和与谦卑。——译者注

题，即为什么对"傲慢"和"涅墨西斯"的恐惧并没有削弱希腊人对行动和成就的热爱。他至少在某种程度上找到了答案：嫉妒已经变得钝化，因为没有任何一个具体的神与之相关，只有一种非常普遍的神性力量——归根结底是一种命运。"该来的，就会来。"如果我注定要完成某件事，使涅墨西斯降临到我的头上，那就是我命中注定的一部分。简单的宿命论，使人们重新拥有了勇气和蔑视，让他们愿意冒险激起众神的嫉妒，而不仅仅是在众神的面前颤抖。[19]

爱尔兰古典学者 E. R. 多兹（E.R. Dodds）的深刻研究《希腊人与非理性》（*The Greeks and the Irrational*，1951），在讨论到拉努尔夫和尼尔森时，试图对神之嫉妒进行更深入的解释。他不仅利用了其他文化的民族学数据，还更多地利用了心理学理论。他对这一现象的看法，可以纳入我关于嫉妒的一般理论。

埃斯库罗斯将神之嫉妒描述为一种古老而传统的教义。多兹指出，如果对过多的成功进行炫耀，将会导致超自然的危险，这一观念在各种不同的文化中都有独立的表现。因此，它必定是深深植根于人类本性，正如我们在发表乐观或自夸的言论后立即摸摸木头，以免随后的事件可能会使我们后悔。[20]

法国人类学家列维-布留尔（Lévy-Bruhl）等人在许多原始民族中发现了一种非道德化的信仰，即意识到自己的有利地位会招致来自某种力量的危险。这一观念在古代中国曾以一种道德化的形式出现："金玉满堂，莫之能守。富贵而骄，自遗其咎。功遂身退，天之道。"（《道德经》，公元前 4 世纪）\*

---

\* 《道德经》这句话的意思是：如果你富有并且地位高，你会变得骄傲，从而使自己不可避免地走向毁灭。如果一切都对你有利，那么最好保持低调。——译者注

在这里，我们不禁想起美国的音乐剧《俄克拉何马！》
(*Oklahoma*) 中的一首歌（"我有一种美好的感觉，一切都在朝着
我期望的方向发展"），它毫无疑问是美国相对无忧无虑的民族性
格与美国人相对摆脱对神之嫉妒的恐惧的一种表现。这一事实具
有决定性的意义，使得这样一首歌曲得以流行，甚至还被认为是
一首民谣。大多数文化都会认为这种自满的对仗诗是对命运最危
险的挑战。

多兹还引用了《旧约》，其中多次提到上帝的嫉妒，如《以
赛亚书》(*Isaias*, 10:12 ff.)，并认为荷马时代的人物毫无顾忌的
自夸表明，那时神的嫉妒并没有真正被当回事。直到远古时代晚
期和古典时代早期，对"嫉妒"的恐惧才逐渐达到宗教性威胁的
程度。这一观念逐渐变得道德化：不仅仅是过度成功的罪孽会招
来神力 (göttliche Macht) 的惩罚，仅仅因为后者嫉妒；相反，
人们认为成功会导致自满(*koros*)；自满又会导致确信成功的傲慢。
而这种傲慢将受到惩罚。[21]

与尼尔森一样，多兹倾向于从社会学角度解释对神之嫉妒的
恐惧：希腊的个人生活环境艰苦且充满危险；阶级冲突、社会分
层的变化以及迄今为止被压迫人群的普遍进步，可能是导致这种
观念流行的原因，即富人、名人和伟人的不幸是上帝的旨意。这
与荷马不同，荷马认为富人通常也特别有德行，而像赫西俄德
(Hesiod) 这样的诗人，一位国王曾称他为"贱民 (Helot) *的吟
咏者"，表达了神圣分配正义的观念。[22]

在已提到的研究中，斯文·拉努尔夫从阶级斗争的角度做了

---

* 即赫洛特人，是希腊的奴隶阶层。——译者注

最坚决的解释尝试。多兹认为，"嫉妒"可以被简单地看作失败者对成功者的愤恨的投射，并正确地指出："毫无疑问，人类和神的嫉妒有很多共同之处；例如，两者都通过邪恶之眼发挥作用。"但随后，多兹试图通过回顾心理学家皮亚杰（Piaget）的观点来限制拉努尔夫的理论，皮亚杰曾表示，孩子们有时会去想与他们真正想要的事物完全相反的事物，好像现实在密谋以阻挠他们的愿望。多兹同意 A.R. 伯恩（A. R. Burn）的观点，认为赫西俄德的作品中也有这种想法的迹象。他将这些观点归因于年轻人的情感状况，就像这个时期的希腊人或西方文化中的孩子一样，他们在严格的家庭教育中受苦，而对于这种教育，他们却在暗地里质疑。因此，由此产生的压抑的内疚感，使人对现实产生如此不信任的态度，以至即使是真正的愿望也会尽可能地保持隐秘。[23]

我们要提供一个更简单的解释：孩子们有时会表现出一种倾向，他们会想象与自己真正渴望的事物完全相反的事物，好像这些相反的事物有潜在的实现可能性。这种倾向在许多原始民族的禁忌中都可以找到。他们总是用禁忌来规避他们所害怕或渴望的事物，以防止一方的攻击和另一方的损失。然而，在这之下，隐藏的只是一种普遍的恐惧，即伙伴的嫉妒（以模糊可怕的精神或力量的形式升华）可能会阻碍愿望的实现，如果愿望被揭示出来的话。

## "快乐是被禁止的！"

与其他精神分析学家一样，瑞士心理治疗师保罗·图尔尼埃（Paul Tournier）也认为，在很大程度上，严厉的父母应为他们的孩子认为一切令人愉悦的事物都是罪恶的观念负责。许多父母告诉孩子，他们记得从小受到的教育原则是："快乐是被禁止的！"从此，成年人在享受任何事物时，都会因内疚感而使得快乐感被破坏。

图尔尼埃指出："那些从小被灌输这种观念的人，常常给自己设置过于沉重的任务或进行不必要的牺牲，他们的唯一目的是，稍后能够毫无负罪感地享受他们渴望的乐趣。他们在心中维持着一本复杂的心理账本（Buchführung），而背后总是伴随着或多或少的恐惧……" 24

他还指出，这种强迫行为与基督教的关系不大，因为基督教原则上并不认为上帝是一个对孩子的快乐心存嫉妒的存在，即使这种快乐是不应得的。实际上，内疚感被视为一种明确的罪恶，即忧郁之罪（Melancholie）。

在这里，我们尝试给出一个更广泛的解释。那些了解各个原始民族的焦虑和恐惧（他们在好运降临时往往难以抵抗这种情感）以及这些民族通常极度宽松的教养方式的人，不太可能会认为，过于严格的家长控制，是快乐和幸福引发内疚感的主要原因。实际上，这更多涉及人类对嫉妒经验产生的根本性恐惧。这与特定文化、社会形式或教养方式关系不大，尽管它们可能加剧或减轻这种恐惧。尽管严格的、清教徒的父母可能通过他们的言论和他们代表的价值观诱导孩子产生内疚感，但他们自己也是嫉妒焦虑的受害者。如果这种焦虑还要追溯到父母的父母，我们将陷入无穷回溯。

焦虑、内疚感、对报应性灾难的恐惧（如波利克拉特之戒）——这一切都是迷信与现实中对他人（通常是邻居）嫉妒所产生的焦虑相结合的表现。更准确地说，几乎所有的迷信都可以追溯到这种特定的嫉妒焦虑，并且可以解释为一种针对嫉妒的仪式环境控制系统。这种迷信在我们每个人身上都根深蒂固，或多或少地独立于实际文化及其文明技术水平。这是可以证明的。向某人描述一种幸福、健康、即将成功的情境，然后要求他设想自己处于这种情境。做完这些后，再问："你首先会做什么？"答案几乎总是："我会摸摸木头，或者做这个或那个手势。"再进一步追问，要求他回想为什么会这么做时，他可能会首次在生活中发现，他一直在努力安抚对某个匿名的他人的嫉妒的恐惧。

只要基督徒（或至少是那些仍然部分受基督教文化影响的人）在对待他人的态度上，本能地以超自然的榜样作为行为准则，那么在理想情况下（尽管现实常常有所偏差），潜在创新者的邻居、村民或同事会感受到相对较少的压抑或威胁，这种情况相较于基督教以前的世界或非基督教世界要更为宽松。

顺便说一下，不可知论和无神论的社会、国家和政权也从基督教为个体成就所创造的机会中获益。因为它们通常会发展出一种激励制度，大力奖励个人的成就。然而，对个人来说，只有在某种程度上感到免受同伴嫉妒困扰时，才能接受这种奖励，这要归功于基督教价值观的坚持，尽管它们可能已经被稀释。

## 北方的命运时刻

北方的异教神话中也包含一些会让人想起希腊神话中神之嫉妒观念的思想。这些观念有助于社群成员在情感上接受明显的命运不平等。

正如德国作家卡尔·西姆罗克所描述的，命运以个人化的形象呈现出来：

　　在雷金（Regin）的身上，这代表着世界秩序和世界顾问的力量，也是神本身，因此当然不是高于神的力量。他们给予人类谦逊的命运，并在审判中揭示。正如我们在《高特列克》（Gautreks）第 7 章看到的，霍斯哈斯格拉尼（Hrossharsgrani）（马毛胡子）在午夜唤醒他的被监护人斯塔卡德（Starkadr），告诉他，和他一起走。他们乘船前往一个岛屿，下船后发现一群人在森林空地上聚集。他们正在参加一个法庭。有十一个人坐在椅子上，第十二把椅子是空的。接着，霍斯哈斯格拉尼坐在第十二把椅子上，所有人都称他为奥丁（Odin）。现在他要求法官们决定斯塔卡德的命运。索尔（Thor）开始说："阿尔费尔德（Alfhild），斯塔卡德的母亲，选择了朱特克斯（Jutex）的一条狗而不是阿萨特尔（Asathor）来做她儿子的父亲。因此，我将让斯塔卡德既没有儿子也没有女儿，成为他的家族的最后一个。"然后奥丁说："我会让他活三个世代。"索尔说："在每一个世代，他都将犯下出于嫉妒和耻辱的行为。"奥丁说："我会让他拥有最好的武器和衣物。"索尔回应："我会让他没有土地和房产。"奥丁说："我给他的礼物是他将拥有大量的钱财。"索尔回应："我要求他永远都觉得自己拥有的不足够。"奥丁说："我赋予他战斗的胜利和技巧。"索尔反驳："我让他在每场战斗中受伤至骨。"奥丁说："我给他斯卡尔德*的艺术（Skaldenkunst），使诗歌对他来说如同言语。"索尔反驳："他

---

\* 斯卡尔德，9—13 世纪挪威和冰岛行吟诗人的通称。——译者注

不会记住他的诗歌。"奥丁说："我会让最高贵和最好的人尊敬他。"索尔说："他将为全民所恨。"然后法官告诉斯塔卡德一切所说的话，于是审判结束。接着，霍斯哈斯格拉尼带着斯塔卡德回到了船上。

索尔对奥丁的每个礼物都设置了限制，这就类似于我们在童话故事中看到的年轻仙女、命运女神或智慧女人的角色。奥丁试图通过给斯塔卡德丰富的可移动财产来抵消索尔带来的负面影响，弥补他被剥夺的土地。[25]

这位传奇通过将一个人在地球上的实际命运解释为嫉妒和慷慨力量之间的斗争，试图处理命运的问题，以及命运给人类带来的（容易引起嫉妒的）礼物。在这里，我们看到，人类的嫉妒被投射到神的世界，就像希腊神话中的情景一样。有趣的是，在这个故事中，"嫉妒之举"（Neidingswerk）和"耻辱之行"（Schandtat）这样的表达，奥丁试图通过分配能让斯塔卡德免受嫉妒的东西来消除斯塔卡德命运中的这些因素。

如我们一再看到的，对于任何人类社群来说，为其成员各自的命运、幸运或不幸找到某种解释方式是极其重要的。这是为了让命运眷顾的人不会因为担忧被他人嫉妒而过分受到社会良知的困扰。有些文化没有通过心理、神话或宗教手段来实现这一点。北欧神话试图通过命运时刻（Sternstunde）*的概念来解决这个问题。由于每个人都有自己独特的出生时刻，社群面临的因不同命

---

\* 指的是一个人出生的那个特定时刻。在不同文化中，出生时刻被认为与命运紧密相连，因为人们认为命运女神或类似的神秘力量在这个特定时刻为新生儿分配了他们一生的命运。——译者注

运而产生的痛苦问题，可以通过将命运与出生时刻联系起来解决。西姆罗克给出了这些事实的例子：

> 命运是非个体化的，如下述情况所示……瓦尔基里（Walküren）开始执行奥尔洛格（Urlog）任务，分配命运并决定战争的结局。命运早已确定，无人能够逃脱，甚至神也受其制约。
>
> 好运是预先设定的，取决于出生的时刻：幸福在摇篮边为我们歌唱，这是指命运女神或仙女在新生儿出生时前来赐予幸福，她们"塑造了"孩子的命运。但是，"时刻"（Stunde）在古代高地德语中叫作"hwîla"，与之关联的幸福被称为"hwîlsâlida"，或者叫作"Wilsaelde"，有时我们会将其具象化，因为它就像赋予幸福的命运女神。星辰的影响是后来形成的信仰，参考了"智者之星"（Stern der Magier）。那些在幸运时刻出生的孩子，被称为"幸运儿"。当人们说他们是戴着"幸运帽"，也被称为头盔，来到这个世界的，这种说法其实与自然有关，因为真的有些孩子在出生时，头部周围环绕着一层轻薄的皮肤。这层皮肤被小心地收存起来或埋藏在门槛下。人们认为，孩子的守护神或他的灵魂的一部分存在其中。[26]

## 羞耻与内疚

心理分析学家格哈特·皮尔斯提供了关于人格变化的深入见解，这些变化解释了为何在新时代的西方，人们经历了一个创造性的时期，这期间相对没有对被嫉妒的恐惧。皮尔斯区分了两种人格类型，这两种类型也可以对应于两种文化类型："充满内疚感的人"和"充满羞愧感的人"。那些感到内疚的人会更加保守，性格受到限制。他们早期的身份认同以及基于这些认同的后续身份认同主要与非建设性的心理形象有关。充满内疚感的人不太可能采取行动。这类人是被动的，并且会自我抵制。皮尔斯指出："由内疚感引发的行为，最好的结果是赔偿（牺牲、赎罪、通过忏悔做出弥补），这些心理过程很少能带来解脱，反而可能激发怨恨，以及那些感到受挫的人的愤怒，这又会导致新的内疚感，进而流入这个自我滋养的系统。"[27]

相较之下，皮尔斯认为，羞耻感驱动的个体在成熟和进步方面具有更高潜力。羞耻感源于未能实现自我设定的目标；内疚感则通常来自实现了那些被认为对他人有益的目标，而这些目标本不应被实现。因此，充满内疚感的人往往首先试图安抚真正的或假定的嫉妒者，以避免所谓的邪恶之眼。然而，对于孩子要成为具有社会性的成年人来说，羞耻感和内疚感这两种机制都是必要的，但它们在个人或文化中可能会被过度补偿。

通过内疚感实现的社会一致性，本质上是"顺从"（Unterwerfung），而通过羞耻感实现的社会一致性，则是"认同"（Identifizierung）。根据皮尔斯的观点，西方文化似乎经历了一种逐渐的变化：

> 在宗教改革前的高度父权制、封建制和等级制社会中，内疚感被高度强调。在上帝面前的内疚感被视为是一个公认的、几乎不可改变的事实；在这方面，每个人在本质上都是

平等的，因此除了顺从程度外，没有任何区别，也没有实现任何区分的可能性；在上帝——天父面前的屈辱，被认为是人类生存的本质，无须感到羞耻。

皮尔斯认为，宗教改革时期是一个关键时期，当时的变革和影响达到了顶峰。同时，新的趋势强调个人责任 [例如，路德的《基督徒自由论》(Luther, "Freiheit eines Christenmenschen")]。据皮尔斯观察，对内在良知的重视，超越了对超验神的忠诚，反映了内疚感的内化，被自我所吸收。

皮尔斯认为，这个过程实际上也包含了人们开始摆脱对这种内疚观念的非理性理解的初步迹象。尽管新教依然坚持原罪的教义，但在加尔文主义（Calvinismus）中，它通过将人们划分为"神选之人"（Erwählte）和"神弃之人"（Verdammte），开启了自我区别和积极比较的可能性。随着人们逐渐将重心放在理性、努力工作和追求成功上，这就要求他们必须以无内疚感的方式去进取。资本主义和科技的发展则进一步强化了这一趋势。

过去，工作被视为并被体验为上帝强加的惩罚，是一种艰苦的劳作，用于赎回沉重的内疚感。如今，劳动和工作变得理想化了，成为通往成就和荣誉的道路。皮尔斯写道："在早期基督教中，乞丐可能被视为上帝的孩子，一个成功的悔过者，甚至被美化为圣人；在新教获取了地位的社会中，他'应感到羞耻'。"[28]

## 无嫉妒的宗教

马克斯·韦伯（Max Weber）区分了宗教中超自然力量对信

徒的幸福与福祉所持有的两种基本不同态度：（1）愉快而无嫉妒地认可，或（2）对神或恶魔的嫉妒。

> 尽管有诸神在，英雄保持他非凡地位的力量并不是来自诸神，而且往往需要与他们抗争。在这方面，荷马史诗和部分古印度史诗与官僚体制下的中国、犹太祭司的编年历史（priesterlich-jüdische Chronistik）有所不同，后者更强烈地证明了好运是上帝对美德的奖励，从而具有"正当性"（Legitimität）。另一方面，不幸与恶魔或神之怒和嫉妒之间的联系非常普遍。

在这方面，韦伯回忆道，在几乎所有的流行宗教（包括古代犹太教，特别是现代中国宗教）中，任何患有病痛或受到命运严厉考验的人，都被视为受到神的愤怒打击，除非与虔诚和幸运的人交往，否则无法得到神的眷顾。实际上，在"几乎所有的道德宗教中，特权阶层及为其服务的祭司，都将个人的社会特权地位（无论是正面还是负面）视为宗教上的某种应得，只是幸运地位的合法化形式在变化"。[29]

从这些观点中简单地得出结论——宗教被上层阶级利用，为下层阶级提供鸦片。这样的结论将会忽视我们一再证明的、任何社会都需要做的事：地位的差异需要能让人在情感上接受，并且能够被合理化。如果消除了与财产、阶级等经济条件有关的因素，就可以消除相互之间的嫉妒，则旨在控制嫉妒的信仰体系，就可能被作为一种社会鸦片而受到轻视。但是，这是做不到的。

我们更有可能想象，为了控制社群生活中最严重的嫉妒问题，社会需要对现有的宗教系统进行重新解读，以合理化观察到的、个体之间生存状况的差异，以此服务于社会和平。因此，就像我们多次看到的那样，19 世纪美国的文化精神和普遍心态，在与宗教观念结合的同时，相对独立地创造了一个成功人士的神话。尽管这让社会评论家感到苦恼，但这种神话使得不平等在情感上变得可以容忍。然而，如果认为是某个作者或利益相关者，为了合理化和保护经济不平等而在公共舆论中散布这种神话，则这种假设就是错误的。相反，在很多情况下，这种意识形态的存在本身，就支持了一种导致商业成就不平等的行为方式。至少可以推测，对北美大陆的开发和征服所需的人类品质和行为方式，可能有助于产生一种能够为逐步加剧的不平等状态提供合法性的意识形态。

## 《新约》伦理与现代世界

《圣经·新约》所教授的伦理观，试图在充满嫉妒的人群中确保人类的差异化生存，这个世界不太可能发展成为一个平等的社会。一个消除了所有令人嫉妒因素的社会，将不再需要基督教的道德。我们反复看到，有许多寓言故事的主旨都非常明确地表达了嫉妒的不道德和罪恶。人应该像爱自己一样爱他人——正因为如此，我们才能保护他们免受我们的嫉妒和敌意。当然，避免某些傲慢和炫耀性的举动，如奢侈——但不是有意义的活动、盛宴、卓越成就——是至关重要的，哪怕只是为了安抚嫉妒之心。在这样的篇章中，《圣经·新约》几乎总是提到嫉妒的人，劝告他，只要他成熟并且是基督徒，就应该接受他的同胞之间的不平等。

在西方，基督教伦理的历史成就是鼓励和保护人类创造力的发挥，通过控制嫉妒来实现这一目标，即使它并未直接导致人类创造力如此程度的发挥。

然而，嫉妒者却成功地通过将《圣经·新约》内容用于他们自己的目的而颠覆了这种伦理观——忧郁、禁欲的道德，对快乐、幸运或成功的人低声劝说："感到内疚，感到羞愧，因为你被那些低于你的人嫉妒。他们的嫉妒是你的错。你的存在让他们陷入罪恶。我们需要的是一个平等的社会，这样就不会有人嫉妒。"因此，不再是嫉妒者必须约束和控制自己，行使邻里之爱，而是他们的受害者必须改变——并且是朝着更糟糕的方向，按照嫉妒者的标准。

然而，克服嫉妒的教导，并非《圣经·新约》的全部意义。在末世论层面上，受压迫者、不幸者和命运的受害者进一步得知，也许是为了帮助他们克服对更幸运的同伴和同时代人的嫉妒："在死后，可能会有一个天堂国度等待着你们（只要你们设法进入那里），在那里，所有人都将平等。无论在这个世界上是国王还是乞丐，所有人在上帝面前都是平等的；实际上，穷人进入天堂的机会甚至更大。"

嫉妒者成功地曲解了《圣经·新约》的内容，将逐渐世俗化的教义转变为建立一个平等社会的使命，目的是在这个世界上实现一种平均化和统一性状态。在《圣经·新约》的背景下，平等主义乌托邦得到了体面的包装。因为所有人在上帝面前都是平等的（并且从一开始就是为了最终的超验的平等而被创造的平等），所以在地球上的社会中，所有人都应该尽可能地平等。这种教义无法在《圣经·新约》中找到任何依据，除非是在歪曲事实的情况下。同时，我们也不能忽视这样一个事实，那就是，平等社会的实现将使基督教伦理的大部分背景变得多余。

第 10 章

# 文学中的嫉妒者

在以"嫉妒"为主题的文学作品中，似乎有一部法国小说、一部俄罗斯小说和一部德国短篇故事。然而，赫尔曼·麦尔维尔（Herman Melville）的最后一部作品《水手比利·巴德》（*Billy Budd*）当之无愧地应获此荣誉。这部作品，称得上是对人类生活中嫉妒议题最为深刻的探讨。

## 赫尔曼·麦尔维尔

比利·巴德是一名商船上高大、英俊且纯朴的水手，被征召加入了皇家海军。他先前的船长向海军军官抱怨，这对他来说是一个巨大的损失。他失去了一位最优秀的水手，而且比利凭借单纯的善良和可靠性，使船上的暴徒成了和平的船员。船长说，比利刚来时，只有一个人立刻对他产生了厌恶，那是一个坏蛋，他的动机，正是因为嫉妒这个新来者受到了其他人的如此喜欢。[1]然而，在与比利·巴德发生争执后，这个嫉妒的角色也迅速彻底地被折服，从那时起，他也成了比利的朋友之一。船长担心，如果没有和平使者比利，船员会不安分。但与此相反，比利自愿要加入海军战舰。

麦尔维尔不仅描绘了一个异常英俊、技艺高超的年轻水手比利·巴德；我们还被告知，他可能是一个贵族出身的弃儿。但是，比利有点轻微的口吃，激动时就会失去说话的能力。比利·巴德的失败源于军舰上的军械长约翰·克拉加特（John Claggart）。麦尔维尔通过暗示克拉加特的出身和平民生涯，表明这是一个因为多种原因而对社会和生活充满怨恨的人。

比利·巴德与他的船友相处得很好。他很受欢迎，而且尽自己最大努力以极高的效率完成任务。在服役之初，比利亲眼目睹了一个水手因为一个小错误而受到鞭打，所以他试图避免引起上级的注意。但他很快注意到，他身边总会发生一些小意外。他精心收拾的行李总是被弄得一团糟。不断诡异出现的小事故，似乎让他愈发难以成为一个完美的水手。他与一位老水手讨论这个问题，老水手解释说，这是军械长克拉加特对他有意见。比利不敢相信，因为他的船友告诉他，军械长总是称呼他为"可爱的、令人愉快的小家伙"。对比利来说，克拉加特总是面带微笑，说着友好的话。

麦尔维尔多次描述了这位小军官在知道自己既未被受害者也未被其他水手注意到时，会流露出的嫉妒的仇恨目光。麦尔维尔还思考了这样一个事实：嫉妒者选择的受害者，很少能从迫害者的表情或行为中识别出他们的意图和感受。怨恨和嫉妒是容易隐藏的敌对情绪，而且为了阴谋成功，往往必须伪装。

比利·巴德是麦尔维尔笔下一切天真、善良和无害的化身，他无法理解为什么克拉加特仅仅因为比利是他本来的样子，就会如此嫉妒地紧盯他。因此，在叙述悲剧事件之前，麦尔维尔插入了一段关于嫉妒的分析。

在麦尔维尔向读者展示了比利和他的一些船友拒绝相信的事

实之后，即"克拉加特对他很有意见"，并通过一名船员证实了这一点，作者在寻找可能的动机。在慎重地、逐步提出嫉妒之前，他讨论并否定了其他几种可能性。起初，他只是说：

> ……然而，我们必须假定唯一的原因，实际上是充满了拉德克利夫式浪漫主义<sup>*</sup>的关键元素——神秘，正如《乌多尔福的神秘》一书所构想的那般。因为，还有什么能比某些特定的凡人仅仅通过另一个凡人的外貌就能唤起的反感更加神秘呢？这种反感甚至不是由他的无害本身引起的？[2]

这位小说家由此发现了现代社会学家很少能看到的东西，因为后者总是在行为者之外寻找邪恶的主要原因。嫉妒、仇恨和敌意可能在攻击者身上被激发，而与此同时，作为刺激来源的人无法阻止这种情况的发生。只有自我丑化或自我贬低才可能阻止他人的嫉妒。麦尔维尔通过对战舰上人际关系问题的探讨，描述了这部小说中的社会氛围——现代小型社会群体研究声称，通过昂贵而费力的实验，他们重新解决了这些问题：

> 在一艘满员且在海上航行的大型战舰上，不同个性之间的刺激性接触是无法避免的。在那里，每一天，每一个人，几乎都会或多或少地与其他人接触。要完全避免令人恼火的

---

\* "拉德克利夫式浪漫主义"（Radcliffische Romanze），是指英国作家安·拉德克利夫（Ann Radcliffe，1764—1823）的一种文学风格。她的小说以神秘、恐怖和浪漫气氛而著称，其中最为人所知的作品是《乌多尔福的神秘》（The Mysteries of Udolpho）。——译者注

物体，一个人必须将它抛弃，或者自己跳海。想象一下，对一个与圣人完全相反的特殊人类来说，这种情况最终可能产生什么影响？ [3]

许多小说家，以及我们时代的大多数社会学家，在分析克拉加特时，可能会在这个阶段停下。然而，麦尔维尔继续说："要想充分理解克拉加特这个人物，这些暗示是不够的。从正常人的本性过渡到要理解克拉加特，需要跨越两者之间的'致命鸿沟'。这个过程最好通过一种间接的方法来实现。" [4]

到目前为止，麦尔维尔还没有引入嫉妒或怨恨的概念。他首先回顾了他曾与一位学者关于世俗智慧和人性理解的谈话。这位学者试图说服麦尔维尔，世俗的经验并不能自动导致对人性更深层迷宫的了解。他总结说："科克（Coke）和布莱克斯通（Blackstone）（著有法学经典的法学家）很难像希伯来先知那样，为神秘的精神领域提供如此多的光照。他们是谁？大部分都是隐居者（Einsiedler）。"

起初，麦尔维尔说，他没有看到这一点。现在，在解释克拉加特对比利·巴德的反感时，他认为自己理解了老朋友的建议，并说：

> 实际上，如果那本以《圣经》（Heilige Schrift）为基础的词典仍然流行，我们或许可以更容易地定义和描述某些特殊人物。然而现在，我们必须求助于那些不容易受到带有《圣经》色彩指责的权威。 [5]

麦尔维尔无疑在暗示，嫉妒问题在《旧约》和《新约》中经常被讨论。尽管如此，在正式提到关键词之前，他仍然继续写了近三页。他试图证明，克拉加特身上的邪恶是后来流行的环境论（Milieutheorie）所无法解释的。克拉加特的邪恶深植于他的内心，与他周围的世界无关。

麦尔维尔引用了柏拉图对"堕落的天性"（Natrual Depravity）的定义："堕落的天性：与生俱来的堕落。"麦尔维尔急忙地警告我们不要犯一个错误，即认为这里指的是整个人类的堕落，就像加尔文主义所认为的那样。这种堕落仅存在于某些个体中。而且，"绞刑台和监狱提供的这种堕落的例子并不多"。麦尔维尔正在寻找一个合适的词语来描述克拉加特的堕落，这种堕落始终受到其智力水平的影响。在一段很可能出自舍勒或尼采之笔的简短、精辟的段落中，《水手比利·巴德》的作者带领我们进入了嫉妒个性的现象学领域——尽管他还没有提到"嫉妒"这个词：

> 文明（麦尔维尔显然是指受过良好教育、见识广泛、举止文雅的那类人），尤其是严谨的那种，对克拉加特的堕落天性有益。这种堕落隐藏在尊重的外表之下，具有一定的消极品质，起到无声的辅助作用。它从不沉溺于酒精，也没有恶习或小罪过。这种堕落带有一种超凡的自豪感，使其免受市侩和贪婪之害。总之，这种堕落既非卑鄙肉欲，也无尖酸刻薄。虽不奉承人类，但也不说人类的坏话。[6]

麦尔维尔认为，这种天生具有特殊品质的人，理应受到理性法则的支配。然而，在现实中，这类人"在追求目标时可能表现出极端的非理性，他们的恶意行为近乎疯狂。……尽管如此，他们依然能够运用冷静的判断，表现出精明和健全的一面"。[7]麦尔维尔认为，这类人被他们的疯狂所蒙蔽，尽管对于普通观察者来说，他们的行为看起来与正常人无异。他们从不公开宣扬自己的真实目的，但他们的方法和行为方式却总是合乎逻辑。克拉加特就是这样一个人，他内心深处的恶意无法完全从他所处的环境解释，但正如麦尔维尔所写，这是与生俱来的——换句话说，这是"与生俱来的堕落"。[8]

## 对嫉妒动机的回避

直到此刻，作者还没有使用过"嫉妒"这个词。然而，在对克拉加特的刻画中，确实有一些文学中常见的嫉妒特征的证据：他隐藏在负面美德（如斯巴达式禁欲主义）的面具后面，他的恶意不能被收买，他不可收买，他从不说人类的坏话，他表现得极为理智。然而，如果能够接近或实现他嫉妒的目标，即使这样做可能导致他自己受伤，他仍愿意承担这种愚蠢行为的风险。

在这里，麦尔维尔暂时离开主题，谈论了对律师、专家和神职人员的看法。他问道，克拉加特身上的这种现象（尚未被称为嫉妒），总是被否认或至少被掩饰，难道它不是许多刑事案件中陪审团徒劳地寻找的犯罪动机的背后原因吗？那么，为何不寻求那些了解"心中的愤怒"（Tollwut des Herzens）的人的帮助，而是去求助于普通的医生？[9]

这展示了麦尔维尔卓越的洞察力。在犯罪学文献和实践中，直至今日仍然存在对明确提及嫉妒动机的抵触，尽管其他来源中有关于其在犯罪中的重要性的、令人信服的证据。

直到现在，距离故事开始已经 40 页了，麦尔维尔才引入嫉妒的概念，出现在一个标题为《苍白的愤怒、嫉妒和绝望》（"Pale ire, envy, and despair"）的章节中。这些词是约翰·米尔顿（John Milton）用来描述撒旦的词语。从这个时候开始，嫉妒一次又一次地作为军械长克拉加特迫害比利·巴德的背后动机出现。克拉加特本人长相英俊，但他关于水手之美的讽刺言论却被作者解释为嫉妒：

> 现在，嫉妒和反感（Antipathie），这些在理性上无法调和的激情，实际上却可能像畸形的连体婴一样共同出生。那么嫉妒就是这样一个怪物吗？尽管许多被指控的凡人为了减轻刑罚而承认可怕的行为，但有谁真的承认过嫉妒呢？这其中有一些东西，普遍被认为比犯下重罪更可耻。实际上，每个人都会否认自己有嫉妒的情感，而且当一个有品质的人真诚地怀疑一个聪明人嫉妒时，他们也倾向于持怀疑态度。然而，由于嫉妒潜伏在人的心中而非大脑，因此无论一个人的智慧有多高，都不能确保他不受嫉妒的侵害。[10]

所有的人，无论他们的文化和语言如何，都将嫉妒的激情深深隐藏起来，比对任何形式的色欲激情或变态行为都更为恐惧、更为羞愧。对于后者来说，需要有一位西格蒙德·弗洛伊德和他的学派，才能成为文学和高雅谈话中的话题。而麦尔维尔，在其漫长的人生中，充满了贫困和失望，也正是在他生命的最后阶段创作了这部描绘嫉妒之危险、丑陋的小说，这并非巧合；

因为他已经完全接受了自己的命运，接受了在自己时代的失败。

　　麦尔维尔描绘的克拉加特，并非庸常型嫉妒（vulgäre Neid），也不仅仅是"扰乱扫罗脸色，苦思年轻英俊的大卫"*的病态嫉妒。克拉加特的嫉妒更为深刻。他意识到比利的外在美与一种不知邪恶、嫉妒的纯真本性息息相关。正是这种奇特的道德现象，驱使克拉加特走向极端的嫉妒。

　　麦尔维尔甚至认识到了这种嫉妒的偏执方面；因为克拉加特既无法理解，也无法容忍比利完全不回应他的仇恨，他从偶然发生的事情中解读出了蓄意侮辱，比如洒了汤的事，这样一来，他对比利的嫉妒，便可以在自以为是的鄙视和愤慨中得到滋养。[11]

## 麦尔维尔研究文献中的嫉妒动机盲点

　　不仅是 20 世纪的社会科学在嫉妒问题上表现出盲点，在文学评论上亦是如此。当一位像赫尔曼·麦尔维尔这样地位的作家，在他人生的最后一部作品中，用了很多页的篇幅，以示范性的方式，让读者了解戏剧中神秘的中心人物的主导动机时；当他从精神分析理论的角度，提供了相当于嫉妒现象学的内容时，当他从约翰·米尔顿的《失乐园》（*Paradise Lost*）中挑选出一系列特殊的词汇作为章节标题时，人们可能会认为，研究麦尔维尔的学者们至少在讨论这部小说时，会提到麦尔维尔是在试图解决嫉妒之

---

*　这里的"扰乱扫罗脸色，苦思年轻英俊的大卫"来自《圣经》的故事，描述了以色列国王扫罗（Saul）因嫉妒年轻英俊的大卫（后来的国王大卫）而心情不安。这里用来形容克拉加特对比利的嫉妒不仅仅是一种普通的、病态的嫉妒，而是更深层次的嫉妒。——译者注

谜，以及由此引发的犯罪问题。然而，我们徒劳地寻找这样的提及。对《水手比利·巴德》的系统审视表明，大多数的研究文献完全忽略了嫉妒问题。尽管麦尔维尔在其他作品中多次提到这一动机，并在讨论米尔顿时关注其形而上学，但这一点仍令人惊讶。[12]

在一本约 280 页、现在显然是美国大学生经常使用的手册中，梅林·鲍恩（Merlin Bowen）对麦尔维尔进行了分析。在书中的第 216—233 页以及书中的其他部分的十个段落中，作者详细讨论了《水手比利·巴德》。尽管克拉加特作为邪恶的象征经常被提及，但关于麦尔维尔如此明显地强调并精心发展的嫉妒动机这一点，却只字未提。鲍恩避免使用这个词，只是陈述克拉加特充满了恶意和邪恶。在最长的一节中，他关注的是维尔（Vere）船长在动机上的两难选择。即使有时提到告密者克拉加特的动机，他也没有深入探讨（堕落之谜），或者仅提到表面动机，麦尔维尔已经非常清楚地将其归因于嫉妒："……克拉加特，他的隐秘仇恨，滋养着他所认为的伤害……"[13] 如果麦尔维尔只是打算用克拉加特认为比利很无礼来解释克拉加特对比利·巴德的仇恨，那么他就没有必要将小说的一半内容建立在嫉妒动机上。事实上，没有一个读者可能从鲍恩的书中推断出，在《水手比利·巴德》中，麦尔维尔对嫉妒进行了最详细的分析，而且这种分析对情节至关重要。

A. R. 汉弗莱（A. R. Humphrey）的《麦尔维尔》（Melville）共有 114 页，其中用超过 3 页来专门讨论了《水手比利·巴德》。作者毫不含糊地表明，麦尔维尔非常重视对克拉加特角色的分析："在麦尔维尔的作品中，对克拉加特复杂的渴望、恶意的分析，堪称最精彩之处，其真实性令人惊异。……这种分析深刻，充满了暗示性，十分令人困扰，比任何耸人听闻的东西都更有趣。可以说，它呈现了根据不可知论所理解的原罪。"[14] 然而，汉弗莱的作品中并未提及嫉妒。

在一篇关于麦尔维尔短篇作品的研究中，理查德·哈特·福格尔（Richard Harter Fogle）只提到了克拉加特一次。他只是说："克拉加特，这位军械长……根据本性而言，他是纯粹的邪恶（pure evil）。"[15] 这种邪恶的本质，麦尔维尔说得很清楚，他却没有提到。

在为这位小说家的作品撰写的 176 页研究报告中，泰勒斯·希尔韦（Tyrus Hillway）毫无保留地认为《水手比利·巴德》是麦尔维尔最好、最成熟的作品。这部作品不仅是他的最后一部作品，是他 70 岁到 80 岁这十年时间的产物，而且是他哲学观念的表达，一部不考虑经济收益或当代读者的小说，仅仅因为提前离世的前景而加速了创作。人们本以为希尔韦会用至少一句话或一个词语向读者暗示麦尔维尔讨论了嫉妒问题。但是，"嫉妒"这个词甚至一次都没有出现。克拉加特只是邪恶的化身，仅此而已。[16]

杰弗里·斯通（Geoffrey Stone）对麦尔维尔的描绘长达 300 多页，旨在面向普通读者。他对比利·巴德和克拉加特进行了详尽的讨论。后者是麦尔维尔全部作品中仅有的两个被邪恶主导的角色之一。[17]

然而，即使在这里，我们也是在徒劳地寻找一个迹象，表明在这部小说以及克拉加特的角色中，麦尔维尔正在研究嫉妒问题。斯通引用了小说中关于军械长动机的长篇段落，但避开了麦尔维尔所有使用"嫉妒"一词的段落。斯通甚至探讨了他宣称的关于克拉加特的现代解释，即他是一个同性恋者，对俊美水手无法回报的爱情转变为矛盾的爱恨交织，最终变成致命的仇恨。斯通拒绝了这种解释："麦尔维尔不断地关注克拉加特堕落的形而上学意涵，如果这些不是他关注的主要问题，我们就会看到一位十分睿智的老人，在生命的最后三年里，专注于思考一个简单的受挫的恋童癖案例。"[18] 斯通在这里是对的，但没有一个词暗示麦尔维尔是在用三年时间来剖析嫉妒。然而，少数几位深入研究过这个问题的作者表明，麦尔维尔所关注的主题是多么明显。

例如，米尔顿·R. 斯特恩（Milton R. Stern）用了七页的篇幅详细解读克拉加特，并多次提到嫉妒因素。[19] F.O. 马蒂森（F. O. Matthiessen）在他关于美国文学的著作中可能表达得最清楚："……克拉加特……他的邪恶，似乎最容易被对他人美德的嫉妒之情激起，正如伊阿古的邪恶一样。"还有其他地方：

> 为了描述克拉加特的感受，麦尔维尔引用了"苍白的愤怒、嫉妒和绝望"这句话，这些力量正是米尔顿笔下的撒旦在第一次接近伊甸园时所产生的。麦尔维尔还在手稿背面记下了关于赫伯特·斯宾塞（Herbert Spencer）论"嫉妒"的一些细节。在描绘克拉加特那无法分离的混合状态——渴望和恶意——时，他似乎也在回顾他在莎士比亚对这种致命罪恶的构思中所观察到的特点。[20]

## 欧仁·苏

与其他文学作品中关于嫉妒问题的处理方式不同，欧仁·苏关于嫉妒的小说，采用了心理治疗方法。早在心理分析研究和精神分析理论出现之前，苏就向我们展示了一个对灵魂生活有丰富经验的成熟男人是如何帮助家庭医生的：通过艰苦的细致工作，从患者的个别评论、零碎笔记（他曾试图销毁），以及他在关键时期的可能经历中，努力了解患者心灵痛苦的原因。在小说中，主人公成功地从摧毁个性的、持续侵蚀的嫉妒中解脱出来，并将这种负面的情感转化为更高尚的态度，那就是与被嫉妒的人为了一个共同的、客观的目标——在洪水中拯救处于危险中的家庭——进行正直的竞争。这位受嫉妒困扰的青年逐渐洞察到了自己的动机世界。尽管许多读者可能觉得消除嫉妒的方法过于简单，但考虑到小说的相对天真、情节的可信度，以及作者本身的地位，我们认为他对嫉妒心理治疗成功的描述是令人信服的，甚至可以成为当今心理治疗师的一个榜样。

值得注意的是，苏认为有可能将一个人从嫉妒中解脱出来。大多数以嫉妒为中心主题的故事都描绘了嫉妒者的堕落，他们变成了罪犯，或者在他们不幸的、未能成功的生活结束时，为了嫉妒而犯下了某种重大罪行。然而，在苏的作品中，心理治疗的成功从一开始就被认为是可能的，因为他的主人公在没有兄弟姐妹妒忌的情况下长大，与慈爱且经验丰富的母亲相处密切。

苏为我们呈现了小说中最为精确的关于嫉妒综合征的临床描述。也许只有麦尔维尔在细节上超越了他。与其他一些随意使用"嫉妒"和"妒忌"或将它们视为可替代词汇的作者不同，苏发现了它们之间的根本区别。他从一个在心理上堪称理想的环境中成长的年轻人开始，这个年轻人并不知道嫉妒的感觉，但却因为才华横溢的母亲而对生活的物质和审美价值很敏感。苏毫无过渡地将他的主人公置于一个能够比较生活标准和风格的情境中，我们逐步看到嫉妒的萌芽。诊断没有对读者隐瞒，但围绕着心存嫉妒的男孩的人们，在识别他逐渐显现的、对他人仇恨的真正动机方面遇到了极大的困难。这花了他们好几个月的时间。

这种双重掩饰嫉妒动机的现象是一贯的：嫉妒者会承认几乎所有其他的罪恶或情感冲动（在苏的小说中是打算谋杀），但不会承认自己的嫉妒。对于受嫉妒驱使的人周围的人来说，这是他们最后才会想到的动机，而且非常不情愿。苏不仅以令人信服且高度准确的方式描绘了这种情况，而且还利用它构建了一个戏剧性的情节。

苏对嫉妒的关注程度，从小说在我们眼前逐渐展现的这种情感现象中可以看出。

在几个月的时间里，由于越来越强烈的嫉妒，16 岁的男孩从一个快乐的学生变成了一个狂暴的仇恨者，走向了成为谋杀者的道路。他在一个小农场与年轻漂亮的母亲度过了相对孤独的童年。这个女人是被迫结婚的，后来又拒绝了丈夫，与丈夫分居，仅有微薄的收入。不幸开始于家庭医生允许母子二人在邻近的城堡和庄园里参观，而城堡的主人——年轻的侯爵和他的祖母却不在。儿子不仅因城堡仆人对他母亲和医生的傲慢态度而愤怒，而且第一次痛苦地意识到自己家的卑微和贫穷。

然后，苏这样描述他的状况："他感到一种奇怪的、日益加重的道德不安……这种感觉虽然仍然模糊不清，但使他如此羞愧，以至他第一次没有向母亲倾诉，害怕她察觉……"

稍后，当看到他漂亮的母亲坐在家里那破旧的梳妆台前时，他突然想起了城堡里的房间。嫉妒紧紧地抓住了他，他对自己说："那座城堡里优雅、奢华的闺房难道不是更适合像我母亲这样迷人的人，而不是那位八十多岁的侯爵夫人吗？"[21]

弗雷德里克（Frederick）日益增长的嫉妒对周围的人来说是隐藏的。只有通过他身上的某些变化才能猜到。面对一位乞丐，他过去总是会给予一些东西，现在，这位乞丐只得到了一句："你会嘲笑我的微薄救济。去问问侯爵先生——他应该在这里发挥施舍者的作用——他够富有的。"

在见到侯爵之前，他就因为侯爵能够生活在这样的奢华中而嫉妒他。苏通过逐步加剧这种真实的嫉妒令人信服地描绘了这一点。但是，为了让这个年轻人策划谋杀，他又引入了一些其他动机。当母子在一起散步时，侯爵骑马追赶过来，捡起了母亲无意中掉落的披风。母亲天真地评论了这位年轻贵族的礼貌，从而让儿子感到嫉妒。不久之后，当这个男孩看着他母亲旧马车的马在村子的街道上被解下挽具时，一场狩猎正在进行；老马试图加入狩猎，但被侯爵用鞭子赶走了。这个年轻人的憎恨和嫉妒已经无以复加。

苏用弗雷德里克的审美敏感性来解释这种嫉妒的突然和强烈。这种审美感觉来自他的母亲，她以微薄的财力成功地创造了有品位的环境。作者暗示，一个在粗鄙或乏味的环境中长大的年轻人可能不会如此痛苦地意识到与城堡之间的对比。

## 针对嫉妒的心理治疗

随后的章节描绘了弗雷德里克和他的母亲、家庭医生及后者的朋友之间日益加深的误解。所有人都注意到了一个严重的心理变化，但其性质仍然隐秘，因为弗雷德里克对自己的嫉妒感到羞愧，变得越来越顽固和孤僻。

　　弗雷德里克遭受的第一阶段嫉妒可以说是被动的。第二阶段则是主动的。他的痛苦无法表达；隐藏在灵魂深处，集中在他的内心，他的痛苦找不到出口，并且总是被远方地平线上占据主导地位的庞特-布里扬特城堡（Château of Pont-Brillant）的景象刺激。弗雷德里克越是意识到自己的苦恼，就越觉得需要向母亲隐瞒，他在沮丧中坚信，像他这样的弱点只配受到鄙视和厌恶，即使是母亲也不能对它们表示怜悯。[22]

　　或许是想为读者提供另一种刺激（但这种刺激未能实现），苏在小说中描述了一个发生在洞穴里的场景。弗雷德里克无意中听到侯爵的祖母说，他的母亲会成为侯爵的好情妇。嫉妒与妒忌相互结合，作者描述了弗雷德里克身体状况的进一步恶化——黄疸般的脸色，凹陷的脸颊，苦涩的微笑，生硬的动作，急躁的言辞。

　　年轻人下定决心谋杀："如果我杀了伯爵，他就不再享受那些引起我嫉妒的快乐和奢侈。他的奢华不再与我的贫穷形成对比，他的奢侈也不会再激怒那些比我还贫穷的人（弗雷德里克以此来'社会化'地辩护他的意图！）。"[23]

　　尽管谋杀未能成功，但医生的朋友戴维（David）知道了这一切。为了帮助弗雷德里克，戴维担任了他的家庭教师，他知道有什么事情在发生。他像侦探一样寻找动机，并在一篇部分被擦掉的文章草稿中找到了决定性线索。戴维在草稿中读到：

　　"对于那些注定要在屈辱的黑暗中度过一生的人们，他们无法……振作起来……"以及其他地方："为什么，凭什么权利……？"还有一句几乎完全被擦掉的话："……为了……伟大而神圣的革命……弱者……终于成为强者；复仇终于到来……那么……可怕……但美丽……"[24] 在这一点上，老师明白了他的门生的动机。

接下来，苏展示了一种基于嫉妒的心理治疗方法。戴维让弗雷德里克面对他的困扰："你的病根就是嫉妒！"羞愧难当的男孩试图回避问题，但是，他从戴维那里了解到，具有破坏性的嫉妒可以转化为建设性的、光荣的竞争。

戴维劝说他的学生将嫉妒转化为动力，并努力在他能力范围内的领域效仿侯爵。这一场对话中阐述的生活哲学，对任何社会革命者来说都是诅咒。基本上，这就是备受诟病的、美国的霍雷肖·阿尔杰式神话（Horatio-Alger-Mythus）*，即相信现状一切都好，因为特权阶层和成功者的魅力有积极作用，他们为年轻人树立了榜样，激发了社会流动性。它告诉我们，每个人只要真心希望，都能成就自己，创造美好人生。仅仅是消灭或剥夺上层阶级的财富，对任何人都没有帮助。因此，想起格奥尔格·卢卡奇（György Lukács）回忆卡尔·马克思对欧仁·苏的尖锐批评并不奇怪，他声称苏"懦弱地适应了资本主义社会的表面现象……出于机会主义，歪曲和篡改现实"。[25]

一部展示社会嫉妒如何被治愈的小说，尽管有些天真和肤浅，但的确令19世纪中期的社会主义者感到烦恼。然而，这一事实本身就非常引人注目：尽管在19世纪中叶，对于法国最受欢迎的小说家之一来说，描绘出因嫉妒而受折磨的特权阶层以及可能的治愈方法是一项有意义且有价值的任务，但在20世纪下半叶，

---

* 霍雷肖·阿尔杰（Horatio Alger, 1832—1899），美国儿童小说家，作品有130多部，主题多是穷人家的孩子如何通过勤奋和诚实获得财富和社会成功。霍雷肖·阿尔杰式神话指的是，只要勤奋，就能获得财富和成功。——译者注

很少有人会对阅读一部关于一个因为嫉妒百万富翁的奢华而痛苦不堪，最终通过精神分析治愈的现代小说感兴趣。对于寻找动机的现代侦探来说，出于嫉妒而谋杀百万富翁的可能性，就如弗雷德里克的动机对他周围的人来说一样，似乎是不太可能的。

## 恩斯特·冯·维尔登布鲁赫论儿童的嫉妒

恩斯特·冯·维尔登布鲁赫（1845—1909）在 1900 年出版了一部名为《嫉妒》（Neid）的中篇小说，其中详细描述并谴责了从儿童到公务员职业生涯的各个阶段出现的嫉妒现象，但基本问题仍然是兄弟姐妹间的妒忌、兄弟间的嫉妒（Bruderneid）。维尔登布鲁赫没能明白许多作家所看到的区别，那就是嫉妒与妒忌的区别。妒忌是对失去自认为理所当然的价值（例如，父母的爱以及其表现形式如圣诞礼物）的愤怒，嫉妒则是对陌生人的感觉。

这种洞察力的缺乏自然也发生在他的主人公身上。老格劳曼（Graumann）是一位退休的政府顾问，一生都活在痛苦中，因为他导致了自己年轻、病弱的弟弟的死亡。作为一家慈善协会圣诞节礼物发放活动的慈善家，他试图通过让两个贫穷的孩子（并非兄弟姐妹）站在他面前，并向他们分发礼包，来消除儿童的嫉妒。

现在是两个小女孩被他叫过来。再次，像刚才一样，两个包裹被拆开；再次，一个包裹里出现了华丽的礼物——一个有着漂亮穿着的娃娃或类似的东西，另一个包裹出现的东西却和第一个几乎无法相比。然后又是和之前一样的过程，小小的失望者被拉过来，就像之前对那个男孩一样，他在轻轻抚摸着小女孩的头，低声对她耳语，说出了没有别人能听懂的话。

这样的情况就这样继续着。兴奋和惊愕不断交替，一部分人欢喜雀跃，另一部分人沉默失落。在这种感情的变化中，既有欢乐又有痛苦，老格劳曼就像是化身为命运，拆开他的包裹，分发他的礼物，直到最后一个被送出。最后一个总是最好的，而且奇怪的是，每年的这个礼物都是一样的：一个闪亮的铠甲兵的头盔、一件铠甲和一把带鞘的刀。

那种收到这种礼物所引起的欣喜若狂是可以想象的，但是……却很难描述每次对比礼物所引起的失望：一个微不足道的小铁喇叭，真的在铠甲装备前显得无比狼狈……

接下来由机构的女士们来安抚孩子们激动的情绪，当然这并不是一项轻松的任务。

"政府顾问先生对你说了什么？"从一开始，这样的问题就被提出。"他告诉我，嫉妒的人会下地狱；不要嫉妒，你好，小男孩。""那你呢？他对你说了什么？""他说，嫉妒的人会下地狱；不要嫉妒，你好，小女孩。"

所以，对两个人说的都是同样的话。当其他的孩子以同样的方式被问到时，他们开口，就像在法庭上做证一样，庄重地表述那位老人神秘地对他们说过的话，结果证明，他们每个人都接受了同样的神秘的话——同样的警告。[26]

生活，盲目的命运，可能经常在扮演格劳曼先生的角色，不平等地分配令人向往的事物。而只有那些至少部分学会了格劳曼赋予不平等礼物期望的孩子，才能在社会中勉强生存。但是，驱使格劳曼进行他的奇特实验的兄弟姐妹间的妒忌、经验及悲剧，通过这种方法是无法克服的。那个孩子——年轻的格劳曼，因为之前的行为，在圣诞节被父母严厉惩罚，他们故意留下原本应给他的礼物，转而赠送给另一个孩子。这种痛苦的经历，必然引发他对兄弟姐妹深深的妒忌和对遭受不公平待遇的愤怒。这种愤怒，在社会环境中被完全认可为公正，却绝不是嫉妒。德国的圣诞节，原本应是一个充满基督爱与宽恕的节日，不应有孩子需要忍受他的父亲将节日礼物作为惩罚的手段。

## 该隐与亚伯

驱使格劳曼走向象征性的兄弟谋杀（Brudermord），以及使他在余生中遭受痛苦的情感，与他试图在其他人身上消除的情感无关——例如，在那些恶作剧的男孩们身上，他们恶意地破坏了别的孩子堆砌的雪人。维尔登布鲁赫过于强调了动机。一个人可以在没有经历过格劳曼极端经历的情况下，成为反对社会性嫉妒的战士。

然而，维尔登布鲁赫［就像后来与之非常相似的斯特凡·安德烈斯（Stefan Andres）在《嫉妒的坟墓》（*Das Grab des Neides*）中的描述一样］过度强调了激发格劳曼兄弟姐妹间的妒忌的情感。他的父亲是普鲁士家庭的一个暴君，完全没有对他心理层面的理解，明显地偏爱年纪最小的儿子，冷酷无情地对待长子，以至"该隐-亚伯情形"（Kain-Abel-Situation）自然而然地出现了。然而，正如我们所看到的，兄弟姐妹间的妒忌是人类经验的形式之一，它在很大程度上不依赖于父母的理解和行为。不公正的父母可以加剧这种情况，但是即使是从孩子出生开始就努力去除客观诱因的父母，通常也会失败。

无疑，维尔登布鲁赫想写一篇反嫉妒的小说。当讲述者进入一座偏僻的教堂，发现一幅令人恐惧的画像时，他想起了格劳曼和他的人生历程。这幅画显示了一个人在地狱之苦中被蛇咬，上面写着："嫉妒把我推入了这种痛苦。"门卫告诉他，教堂的创始人是一个匿名人，他请人画了这幅画并挂了起来。讲述者现在在问自己，是什么样的嫉妒驱使他这样做。必然是针对自己家庭的嫉妒罪行，更准确地说，是对兄弟的嫉妒。他对此的确信来自他对格劳曼的记忆，他在东德的一些地区，最后也从格劳曼本人那里听说了他的故事。

格劳曼是哥哥，学习也不好，最初深爱着他那身体虚弱的弟弟，弟弟也很依赖他。但是，他们那严格的父亲非常笨拙地试图保护小儿子免受大儿子的攻击，再加上由于小儿子的疾病而对他的过度照顾，所有这些都导致了兄弟嫉妒（也就是兄弟姐妹间的妒忌）的开始出现。父亲要求哥哥和弟弟一起玩耍，结果哥哥让弟弟从小车上摔了下来。伤势虽然不重，但父亲的惩罚却很严厉。悲剧的高潮来临了，在圣诞节的时候，一件原本是哥哥期待的士兵制服，作为对他疏忽的惩罚，被送给了弟弟，而这件制服对弟弟来说又过于宽大。哥哥和他的玩伴们上演了一场上山赛跑的比赛，弟弟需要通过这场比赛来"赢得"他的制服。这场残酷游戏的结果是，弟弟过早地去世了。

## 斯特凡·安德烈斯与《嫉妒的坟墓》

斯特凡·安德烈斯的小说《嫉妒的坟墓》(1940) 是文学作品中罕见的以嫉妒为核心问题，并在标题中明确提及嫉妒的作品之一。安德烈斯多次探讨嫉妒者，例如在他的小说《前往博俊古辣小堂*之旅》(*Die Reise nach Portiuncula*, 1954) 中。然而，根据我们本项研究所选择的定义，1940 年的这篇小说中主要的问题并不是嫉妒，而是一个典型的兄弟姐妹间的妒忌。安德烈斯甚至认为有必要将"亚伯"称为受害者。

在故事的关键部分，作者让那位充满仇恨和嫉妒的哥哥这样描述他对亚伯的感受——这位哥哥在第一次世界大战期间，因嫉妒而命令自己在空军中的弟弟（他的下属）执行"自杀飞行"：

也许我之前并没有清楚地向你们表达，我对弟弟的嫉妒并不完全针对他的成就，甚至不是针对他的吸引力，他无疑具有极强的吸引力。就成就而言，平心而论，我至少与他旗鼓相当，甚至超过他；我也感受到他的吸引力，当时我甚至对我那英俊而有才华的弟弟感到自豪。

你是否曾经思考过嫉妒？但这并不能帮助你们理解它！我只想告诉你们，嫉妒与那种使人显得卑微、可笑的眼红没有丝毫关系，那种眼红会使人对餐桌上的邻桌产生怨恨，因为他选择了一款比自己更高级——或者更深入了解的酒。眼

---

\* 博俊古辣小堂，或译宝尊堂（意大利语为 *Porziuncola*，拉丁语为 *Portiuncula*），是位于意大利中部翁布里亚大区阿西西城 4 公里外，天使之后圣殿大堂内的一个小教堂，是方济各会运动开始的地方。——译者注

红和恶意是堕落的或世俗化的恶习，它们让人显得卑微，这种小人行为实际上可能出现在任何阶层中。

　　我必须要明确一点，以便让你们理解我心灵的疾病，我认为这是个大问题。不，我从来不是嫉妒的人，即使我那无懈可击的父亲曾经如此称呼我。当我第一次听到该隐和亚伯的故事时，我只有七岁。我爱我的弟弟，就像一个女孩爱她的玩偶，所以我当时是公正的，这就是我想要强调的。[27]

　　尽管安德烈斯正确地看出，有这样一种东西叫作眼红，这是一种轻度的日常嫉妒，很少有严重罪行会从这里找到动机，这就是在各个阶层中真正的小人的一种不满的常态。然而，他这样做却模糊了我们需要区分的常规概念。嫉妒、眼红和恶意都属于同一情感圈。它们可以针对完全陌生的人。（至于在其形成过程中是否需要经历兄弟姐妹间的妒忌，这是另一个问题。）

　　然而，这条感情链使小说中的哥哥变成了弟弟的杀手，他自己也认识到并承受着这个罪过，这是一个生动描绘的、纯粹的兄弟姐妹间妒忌的案例。为了让这个情节更具有说服力，甚至并不需要那个对两个儿子持有偏见的父亲。这个父亲在安德烈斯的描述中，就像在维尔登布鲁赫的作品中一样，做了一切事情来挑起和加深哥哥对弟弟的自然仇恨。根据我们从临床文献中所了解的，即使父母完全遵守现代儿童心理学的规则，安德烈斯的"杀手"仍有足够的动机。

　　此外，安德烈斯对亚伯的描绘，几乎与赫尔曼·麦尔维尔对他的《水手比利·巴德》的描绘一样。比利·巴德因为他的纯真、绝对善良、无法理解邪恶，被嫉妒的上级操纵而进入死亡。在这里，麦尔维尔并不需要兄弟姐妹间的妒忌。

在小说《嫉妒的坟墓》中，叙述者"该隐"相信，自己最开始变得嫉妒弟弟，自己变成了"该隐"，是有一次他在餐桌上提到，如果弟弟是亚伯，那么他就应该是该隐，从而无意识地激起了父母的愤怒和惩罚。这发生在他 12 岁那一年。在他 7 岁的时候，他还深深爱着他的弟弟。然而，根据我们从儿童心理学、精神分析学和人类学中所了解到的，兄弟姐妹间的妒忌的根源和大部分表现形式通常发生得更早。这部小说并没有因为安德烈斯忽略了动态的深度维度而受到影响。当我们阅读时，只需记住哥哥的精神疾病是在很多年前就已经存在了，直到他能够用语言表达并且记住它。

然而，对于我们对嫉妒和妒忌的现象学研究来说——以及安德烈斯对这两个概念的颠倒——一个显著的事实是，这起由嫉妒引发的谋杀案发生的方式，明确地包含了妒忌的动机——而不是真正的嫉妒。在第一次世界大战的法国，由哥哥指挥的飞行中队驻扎在一个庄园中，作为一个团体，他们柏拉图式地仰慕那个庄园的女儿。这个美丽的女孩被选为飞行员的幸运女神。没有人接近她。然后亚伯来了，被派到他哥哥的部队。他和女孩都不知道飞行中队已经达成了什么默契的约定。亚伯很快就与女孩进行了无害的谈话，并在厨房里帮助她，在使用磨肉机时，他伤到了自己的左手。

哥哥多年来压抑的妒忌，在满怀恨意中突然爆发出来。亚伯竟然大胆无知地跨越了那条看不见的线，那条他和其他所有同伴围绕着所有人都渴望但因此无法触碰的女人所划定的线。在全体成员面前，哥哥实际上通过一个被嘲讽和挑衅掩盖的军事命令，强迫亚伯在手严重受伤的情况下飞入敌方所在地。结果，亚伯被击落。那个女孩直截了当地告诉他，这是一起由嫉妒引发的谋杀。从那时起，这部小说就围绕他如何承受这份罪恶的痛苦展开。

尽管把像这样的案例——现实生活中也存在这样的案例——归类为"嫉妒引发的谋杀"是有道理的，但我们必须强调嫉妒和妒忌之间的区别：因为亚伯接近了一个在他之前飞行中队成员合法选择并且已经柏拉图式地拥有的价值形象，亚伯变成了他哥哥和整个集体的竞争对手。默默接受哥哥不当命令的飞行中队成员和犯罪的哥哥本人，在这一刻都在真正的妒忌——甚至是最本质的那种妒忌，即性妒忌——中煎熬。再次强调，即使亚伯的名字叫海因里希，与其他飞行员没有任何亲属关系，作者也能把他的行为描述得同样可信。

## 尤里·奥列沙与《嫉妒》

俄国作家尤里·奥列沙（Jurij Olescha，1899—1960）的短篇小说《嫉妒》（Neid），是我们看到的为数不多的以"主人公"的嫉妒为主题的文学作品。对于这个角色，作者并无太多同情，还将其描绘成一个可悲的失败者。[28]

嫉妒的对象是一个成功、强大、忙碌的技术专家——食品专家政委安德烈·彼得罗维奇·巴比切夫（Andrei Petrovich Babichev）。考虑到嫉妒之情最初源于对食物的嫉妒，以及在十月革命后，奥列沙像其他人一样可能因饥饿而痛苦，这似乎并非巧合，在整部小说中，嫉妒的严厉目光一次又一次轻蔑地关注着食物以及进食和消化的过程。故事从政委的结肠开始。

故事的主人公卡瓦列罗夫（Kavalerov）在书的第一部分担任叙述者。他是一个"愤怒的年轻人"，已陷入酗酒困境，扮演着嫉妒的化身，就像政委的兄弟伊万（Ivan）一样，后者是一个浪漫的失败者，憎恨着代表成功的兄弟，以及新的机器时代和大规模组织，伊万试图破坏它们。小说以两个嫉妒者的彻底失败而告终。通过嫉妒之眼无情地揭示和讽刺了政委及其世界，奥列沙因他的处女作小说一夜成名，但是，他的名声却只维持了很短的时间。不久，他成了人们口中的攻击对象，毫无疑问，部分原因是他被视为对政权有危险的社会评论家。

奥列沙曾多次承认，卡瓦列罗夫这个角色具有自传性质。他认同这个角色，对他的男主人公琐碎、庸俗的性格的攻击，给他带来了深刻的个人伤害。[29] 在小说中可以明显看出作者和主人公之间的相似之处。在革命前的俄国，在一个中产阶级官员家庭的安全环境中，奥列沙度过了他的少年时光。他告诉我们，他珍视私有财产的世界，这也体现在他回忆录中的一些深情描绘中。[30] 共产主义俄国的头十年是他的青年时期，从 19 岁到 28 岁。在那段时间里，他靠当记者谋生。想象一下，对于奥列沙而言，1925 年俄国新兴政党领导人的世界是怎样的呢？他的仇恨和嫉妒被写在纸上，他勇敢地选择了"嫉妒"这个词作为他的标题。这部小说可能是出乎他意料地引起了人们的关注。

### 嫉妒者与政委

情节很简单。在被赶出酒吧后，卡瓦列罗夫被政委接纳，并被安置在后者显眼的豪华公寓里。他观察着恩人的一举一动，不断加剧他的仇恨和嫉妒。渐渐地，他意识到自己只是暂时填补了政委的宠爱和公寓中的空缺，而那是由另一个年轻人，马卡罗夫（Makarow）去乡下造成的。政委收养了马卡罗夫，就像收养了一个儿子。在与政委的短暂相处期间，卡瓦列罗夫还结识了政委的兄弟伊万以及伊万的女儿瓦利亚（Walja），她与马卡罗夫订了婚。

在《水手比利·巴德》中，赫尔曼·麦尔维尔充分意识到涉及嫉妒这一情感问题，并且明白人们普遍不愿承认这种情感，因此他犹豫不决地引导着读者去探讨嫉妒的形而上学和深层心理学意涵。这种普遍的反感，可能与盎格鲁－撒克逊文化传统有关。相反，奥列沙将嫉妒视为一种公认的现象。除了标题外，直到故事后期，这个词才被嫉妒的人自己使用，当时他意识到，他给恩人的那封充满恶意的告别信会被后者理解为嫉妒。但是，奥列沙从未暗示过嫉妒在人类生活中深不可测、神秘莫测的作用，后者正是麦尔维尔特别着迷的地方。

在十月革命后不到十年的时间里，对于嫉妒的赤裸描绘，苏维埃文学评论家没有提出异议，这并不奇怪。奥列沙将嫉妒的情感引入了代际之间的分界线。是旧的、颓废的、过时的、革命前的俄罗斯代表人物嫉妒新的苏联人——有活力、高效的政委。那么，为什么会引起轰动呢？随着那一代人的灭亡，嫉妒的问题也将从共产主义现实中消失。尽管奥列沙可能知道嫉妒，他在小说中如此有效地描绘了它的观点和情感状态，那是人类基本的本能，在极度依赖最终乌托邦式平等主义状态的社会中，将产生破坏性影响，但他的小说没有暗示这一点。

奥列沙描述了一个嫉妒者和被嫉妒者之间的冲突，它没有任何悲剧性，因为在遇到政委之前，"男主人公"已经充满了嫉妒，并意识到自己在面对新社会时的无力感。他对后者生活方式的嫉妒，在小说中被分析后，并没有改变他的整个人物形象。故事结束时，他仍然回到了最初的地方——身陷困境。

然而，值得注意的是，即使是充满仇恨、不切实际、雄心勃勃的落魄人物卡瓦列罗夫，也不能忍受政委可能将他的信视为嫉妒的表现并对其表示鄙视的想法。他害怕被认出是一个嫉妒的人，因为他知道，如果如此，他愤怒的信将毫无作用。[31]（因此，当他认为自己已经拿回了信时，他感到很高兴，尽管事实证明，他拿错了信。）

在革命后十年的俄罗斯，一位作家无可否认地充满了对成功者的怨恨，认为嫉妒是理所当然的，如果被识别到，这是令人羞愧的，而嫉妒者自己也知道他在新社会面前是无力的。这与人类在任何地方和任何时代的感受在本质上并没有什么不同。

然而，自从第二次世界大战结束以来，令人惊讶的是，一种新的"道德观"产生了，根据这种道德观，嫉妒者是完全可以接受的。越来越少的个人和团体为自己的嫉妒感到羞愧，反而认为在他们的性格中，他们的嫉妒自然而然地证明了"社会不公"的存在，为了他们的利益，这种不公必须被消除。突然之间，人们可以在不失去公众信任和信誉的情况下说："我嫉妒你。把你有的给我。"这种公开为嫉妒辩护是全新的事物。在这种意义上，我们可以说这是一个充满嫉妒的时代。

## "这个世界不喜欢我"

在奥列沙的小说中，有一些片段对于嫉妒现象的研究非常具有启发性。卡瓦列罗夫觉得世界上的事物都不喜欢他。他总是将物品的恶意与自己联系起来，并嫉妒那些与事物相处融洽的人。"这个世界不喜欢我。家具总是设法绊倒我……端给我的汤永远都烫嘴……"相反，"世界却喜欢"政委。[32]

从小说中的其他角色以及临床文献可以看出，一个被嫉妒折磨的人会觉得被物质环境所迫害。在原始部落中，比如多布人或纳瓦霍印第安人中，当另一个人似乎受到物质环境的青睐，而嫉妒者只看到自己被欺骗时，嫉妒最容易被激发。

渐渐地，卡瓦列罗夫意识到了他对政委的感情，他经常称政委为香肠制造商或杂货商："那是什么？我尊重他吗？害怕他？不。我和他一样好。我不是旁观者。我会证明的。"[33]直到书的后半部分，奥列沙自己成为叙述者，他让伊万站在审查法官面前，并说："你对他的主导情感感兴趣，还是对他的名字感兴趣？……尼古拉·卡瓦列罗夫，嫉妒的人。"[34]

稍后，伊万和卡瓦列罗夫之间发生了一场对话，他们俩都认识到彼此之间的相似之处。伊万对卡瓦列罗夫说："……我的朋友，嫉妒正在侵蚀我们。我们嫉妒未来。如果你愿意的话，这是衰老的嫉妒……让我们谈谈嫉妒吧……"[35]

然后伊万讲述了一段童年经历：作为一个13岁的学生，他参加了一个聚会，一个女孩在跳舞和室内游戏方面比他做得更好。"我受不了。我在走廊里抓住了那个女孩，痛斥了她……抓伤了她迷人的脸……"伊万对他的愤怒的解释非常有意义，如果我们记住嫉妒最剧烈的形式是由几乎与我们相等的人激发的："我总是习惯于赞美，热衷于追随。在课堂上，我也是头号人物，一个领跑者。"

他被从派对送回了家："这就是我认识嫉妒的方式。嫉妒是可怕的心痛。嫉妒是可怕的！嫉妒抓住你的喉咙，从眼窝里挤出你的眼睛……"[36]

在卡瓦列罗夫写给政委的信中，奥列沙描绘了嫉妒的早期和较为知名的表现之一："你给了我一张床。从你的幸福高度降下了一片云床……你是我的恩人……想想看，一个著名的人让我成为他的密友……我想把我的感受告诉你。严格地说，这是一种感觉——仇恨。"[37]

但为什么呢？卡瓦列罗夫在接下来的几行中回答了这个问题："为什么我必须承认他的优越性？"

当奥列沙的《嫉妒》于 1927 年出版时，苏联评论家起初对此赞誉有加。《真理报》（Pravda）称，奥列沙是那些与"俄罗斯无产阶级作家协会"关系最密切的作家中的佼佼者。这部小说还受到了一些海外俄罗斯侨民的热烈赞誉。[38] 尽管对现代读者来说可能难以置信，但苏联评论家当时并未看到政委形象中固有的讽刺和讥讽。而后奥列沙对个人主义的认同程度逐渐被认识到，然后开始受到批评。

## L.P. 哈特利与乌托邦小说《面部正义》

在战后直至 20 世纪 50 年代末，或许没有其他地方像英国那样广泛讨论"嫉妒与平等"。《旁观者》（The Spectator）、《时间与潮汐》（Time and Tide）等期刊多次发表评论、文章和读者来信，探讨在各种经济和教育措施、税收等方面寻求合法化的嫉妒，这些通常是以平等的要求为幌子。[39] 此次辩论最初是由 1945—1951 年工党政府的平均主义、平等主义措施激起的，随后又因在野的工党的要求以及保守党的借口而持续进行，后者不敢触碰以平等名义建立起来的机构。几乎不可避免地，有人会沿着乔治·奥威尔《一九八四》那样的路线写一部讽刺小说，以平等和嫉妒的政治剥削为中心主题。这样的一部小说，出现在了 1960 年，来自著名的英国作家 L. P. 哈特利(L. P. Hartley, 1895—1972)，名为《面部正义》(*Facial Justice*)。

这部小说对"社会正义"或"经济正义"等概念的影射是明确无误的。"面部正义"可以翻译为"外貌正义"：没有人（在小说中这只适用于女孩和妇女）应该特别漂亮或好看到让其他人可能会嫉妒。

在我讨论过的文学作品中，没有一部像哈特利的这本小书那样坦率地谈论这个主题。标题后面实际上跟着这样一个题词："住在我们里面的灵，喜欢嫉妒。圣詹姆斯（St. James）……"

这部简短的乌托邦小说，其故事发生在第三次世界大战后不久。它是一部遵循斯威夫特 * 传统（Swifitian tradition）的讽刺作品，揭示了作者在 20 世纪 50 年代的英国经常观察到的、走向一致性的动力。在那个十年里，工党的左翼或许比其他任何党派都更明确地要求一个绝对平等的社会。但首先让我们看看弗兰齐斯卡·贝克尔（Franziska Becker）在《新苏黎世报》(*Neue Zürcher Zeitung*) 上对这小说的评论：

> 一个无处不在、无形的独裁者，像一个严格但公正的

---

\* 乔纳森·斯威夫特（Jonathan Swift, 1667—1745），爱尔兰作家，讽刺文学大师，以《格列佛游记》等作品闻名于世。——译者注

老师对待不规矩的流氓那样，对待他称之为"病人和罪犯"的臣民。他主要关注的是一致性和消除嫉妒。漂亮的女人被视为破坏性的因素。因此，任何生来就拥有"阿尔法"（Alpha）级容貌的人有道德义务去接受手术，以获得"贝塔"（Beta）级的容貌。雅埃尔（Jael）的虚荣心使她逃避了这个责任，尽管她感到良心不安；这是她进行的第一次个人主义行动——最终，她还是失去了容貌。在此之后，她因为憎恨独裁者而反叛，正是这位独裁者通过将人们的平等倾向推向极端，激发了他们的破坏欲望。故事以"国王已死，国王万岁"（*le roi est mort, vivele roi*）作为结局。这部小说是一部讽刺作品。但需要仔细阅读才能发现作者在谈论什么以及他在攻击什么。

从一开始，《面部正义》就毫无疑问地讲述了这个故事。这个未来的国家建立在自我贬低和平等的基础上。所有公民都是罪犯：没有人可以说比他的邻居更糟糕。每个人都穿着麻衣，"嫉妒是个人痛苦和社会摩擦的唯一原因"。

小说以这样的话开篇："在不太遥远的未来，在第三次世界大战之后，正义取得了巨大进步。法律正义、经济正义、社会正义以及许多我们甚至不知道名字的其他正义形式都已实现；但在人际关系和活动领域中仍有一些领域，正义并未占据主导地位。"［至少从 19 世纪末开始，代表"Gerechtigkeit"的英语单词"justice"具有平等主义的、令人嫉妒的内涵，而德语单词"Gerechtigkeit"并不容易表达。］

## 面部均等中心

在小说的第一页，我们遇到了两位正前往"面部均等中心"的女孩。直到进入大楼前，她们都没有注意到彼此。小说的女主角雅埃尔痛苦地哭泣着。她认出了她的朋友朱迪思（Judith），一个长相还算可爱的女孩，但并非特别迷人。朱迪思发现自己正看着一个漂亮的女孩。她是第一个回过神来的："我没想到会在这里见到你……"然后又看了一眼那个漂亮女孩："我本该猜到。"雅埃尔说："但你，朱迪思？"雅埃尔未能说出那句伤人的话："在这个国家，你并不够丑，没有资格接受美容手术。"尽管如此，朱迪思还是回答道："你是说我不那么丑？你知道的，在上一次评级中，我是伽马负级（Gamma-minus）……所以我有资格提升。当然，任何伽马级（Gamma）都低于伽马正级（Gamma- plus）。"

事实证明，尽管朱迪思不能选择她想要的模型，但她的男朋友还是更喜欢她的新脸。雅埃尔的问题恰恰相反。她知道自己的美貌，拥有阿尔法级别的脸。多年前，为了避免因政治原因被剥夺美貌，她曾经刻意伤害过自己的脸。但这都没有用。

## 乌托邦的嫉妒与平等

生活在这个由无所不在的独裁者（类似于奥威尔《一九八四》中的"老大哥"）统治的社会中，所有成员之间的行为都受到两种价值观的制约：一种是积极的价值观——平等（equality），即"好的 E"；另一种是消极的价值观——嫉妒（envy），即"坏的 E"。无论何时提到这两个词，说话者和听话者都必须在当时或之后立即执行一个仪式：说"平等"要优雅地鞠躬，说"嫉妒"要鄙视地吐口水。可以理解的是，人们会尽量避免使用这些词，因此，要么说话含蓄，要么就用缩写。

嫉妒，即坏的 E，在这种语言中是最禁忌和最令人憎恶的词。但是，正如哈特利所洞察到的，鄙视并不是针对嫉妒或嫉妒的人；相反，在这个社会中，整个官方的反感都集中在那些不知何故能够让自己受人嫉妒的人身上；最高价值观是避免嫉妒。在他的讽刺作品中，哈特利从 20 世纪的那些趋势中得出了逻辑上的结论，尤其是自第二次世界大战以来变得普遍的那些趋势，并在这部作品中强调了它们——使嫉妒的人及其嫉妒变得合法化的奇怪努力，将它们提升到绝对的程度，以致任何有能力激起嫉妒的人都会被视为反社会或犯罪分子，应受到相应的对待。

与自然演变的早期社会不同，甚至与可能持续下去的人类社会相反，小说中呈现给我们的，不是被社会控制使其无害的嫉妒者——他们必须感到羞愧，而是被嫉妒的人。官方对嫉妒者的体贴，使得所有价值观都被颠倒，以至只有在平等名义下对每个人进行完全的去个人化，才能赢得检查员们的青睐。（当然，检查员本身所受到的法律规定与普通公民有所不同。）

管理这样一个社会并非易事。因此，在第三次世界大战前，一些机动车辆依然存在，有些公民成了官方反感的对象，因为他们的内心仍渴望拥有这些反动、个人主义和令人嫉妒的东西，如开车出游的乐趣。不用说，没有人被允许独自驾车，但附近有定期的、国家组织的公共汽车之旅，以让"怪人"们适度满足。尽管参加这样的旅行会引起怀疑，不仅要支付车费还要支付罚款，但出游越来越受欢迎，参加的人越来越多。这让独裁者非常不满。

他不敢立即停止国家出游，但他告诫人们，驾驶的快乐是非一致性的，会引发嫉妒，并暴露出错误的态度；然后他宣布，每六辆公共汽车中就有一辆将发生由国家安排的事故：没有人知道哪辆车会遇到这种情况，但总会有死伤。出乎所有人的意料，这种新型的禁奢法令并没有达到预期的效果。

过了一段时间，独裁者增加了强制事故率。令他惊恐的是，这只增加了想参加郊游的人数。

雅埃尔是小说中的女主人公。从一开始，她的特立独行就表现在拒绝理解那些长相更好或更聪明的人为什么应该因为其他人的嫉妒而失去自己的个性。在一次公共汽车之旅中，她打破了社会禁忌（不允许抬起眼睛），在一座废弃的塔前，她让同行的人一起参加一场圆圈舞，在这个过程中，他们都欢快地抬起了眼睛。归程时，他们的车遭遇了事先安排好的事故。在她住院期间，在恢复知觉之前，她接受了手术，被赋予了普通的贝塔脸。直到出院，她才意识到受到了惩罚。其他贝塔脸人的祝贺和恭维只是激怒了她。通过独裁者的私人医生（她对他进行了敲诈），她发表了一篇文章。在文章中，她将对平等的要求推向了荒谬的极端。她向公民们提议的嫉妒目标之一，是一个人的心脏下方的心形胎记（雅埃尔知道独裁者有这样的标记，尽管她误认为独裁者是一个男人）。在她的煽动下，男人们开始要求彼此展示胸膛。社区逐渐陷入无政府状态。独裁者（最后被揭示为一个老妇人，这正是对女性脸部的法定嫉妒的关键）疲惫地退位，临死时将权力交给了雅埃尔。

仔细阅读《面部正义》会发现，这部作品列举了所有那些必须由社会工程师来处理的人类品质。在这一政策里，一切都已经平等化，唯一令人不安的，就是公民个人之间的生理或智力差异。雅埃尔，带着她的阿尔法脸，被官方告知，她在面部平等部收到的所有投诉都来自同性别的成员。"一个女人抱怨说，她因为想到我的睫毛就好几个晚上失眠。她觉得它们在刺她。"雅埃尔说。[40]

不幸的是，顶着贝塔脸的人中也有势利眼；那些天生拥有贝塔脸的人，认为自己比那些通过整容手术获得普通面孔的人要好。雅埃尔的兄弟，是这个政权的一位典型官僚（哈特利暗示，他在某种程度上也受到了兄弟姐妹间妒忌的驱使，尽管他们都是孤儿），他谴责拒绝去除阿尔法脸的雅埃尔。当她宣称这毕竟是"她自己的脸"时，他冷嘲热讽地说：

"对于可能在同谋者心中引起嫉妒的东西，你没有权利。"[41]雅埃尔反驳说，漂亮的脸蛋也可以被看作给别人带来快乐的源泉。她的兄弟回应说，相反，她应该考虑到那些因为欣赏者喜欢的是她的脸而不是她们的脸而感到愤怒的人的嫉妒，等等。

即使在独裁者宣布要对乐趣巴士实行强制事故后，人们还是争相购票，那些没有购票的人抱怨说，如果不能让每个人都享受到这种新风险，那就不公平，不符合平等原则。

这个乌托邦只有两种人：一种是天生由父母孕育的人，另一种是国家抚养的婴儿。但是生育孩子的夫妇并不受人尊敬，因为这给了他们可疑的身份感。[42]使用"我的"这个词也是被禁止的，它实际上应该是"在我照料之下"。[43]然而，逐渐消除阿尔法脸还不够。在和谐的贝塔脸下面，还有一些相对不太讨人喜欢的伽马脸。于是，新的抗议运动诞生了——"面部裁军联盟"，目的是废除贝塔脸，因为它是国家允许保留的脸蛋，但太过漂亮了！在一场富有意义且尖刻的讽刺现实改革者的活动中，哈特利让不满的贝塔脸的人反对贝塔脸，理由是仍然有伽马脸人的存在是一种不公平，这让贝塔脸的人感到内疚。每个人的外貌应该完全相同。不能再有面部上的弱势群体。[44]

雅埃尔在她的文章中，试图推翻这种体制，要求健康也应平等：没有人应该感觉过于舒适。[45]当然，她很快就要求控制语言，因为没有人应该比其他人写得更好，或者使用更高雅的散文。未来，只允许使用最简单的词汇。[46]可以认为，第三帝国反对在德语中使用外来词的运动（这在中学教育中是强制性的），可以被视为是在预示这一乌托邦面相。

在我们讨论赫尔曼·麦尔维尔的一些作品，特别是他的小说《水手比利·巴德》时，我们已经遇到了美国文学评论在面对以嫉妒为核心问题的作品时的盲点。同样的盲点，也可以在彼得·比恩（Peter Bien）关于 L.P. 哈特利的研究专著中发现。比恩，一个年轻的美国人，为了这项研究曾在英国待了一年，他在此期间与作者进行了讨论，并有书信往来。比恩的著作于 1963 年出版。这本不到 300 页的书中有近 15 页是关于小说《面部正义》的。然而，在评论和解释这部小说时，比恩竟然从未使用过"嫉妒"或"嫉妒的"等词汇，也没有让读者了解到这或许是整个文学中唯一一部逐页、没有拐弯抹角地调查和批判了嫉妒的作用以及一个试图消除它的社会的小说。比恩仅提到了一两次"公平"，以此名义，国家剥夺了个人的个性。但是，读者无处了解到哈特利是以何种心理进行思考的，以及如何详细地、反复说明嫉妒在绝对价值"公平"中的作用。在我看来，L.P. 哈特利同意我的观点，比恩这种特殊的平衡技巧的最好解释是，对于今天典型的美国进步自由主义者来说，这个故事的寓意是让人非常不舒服的，因为他们的社会哲学在很多方面都与小说中的平等主义独裁者一致。因此，比恩在选择了 L.P. 哈特利作为研究对象之后，无法后退，当面对《面部正义》这部小说的主题时，他能做的，最好就是忽略小说家真实而明显的意图，并选择故事的边缘方面进行解释。

现在，在哈特利的小说中，为了避免在较不漂亮的女性之间产生嫉妒，对女性面部进行的整容手术，只是去个性化的最明显手段（讽刺家的整个攻击目标，是反对乌托邦式的平等主义者，后者认为，只要让所有公民在经济和教育方面处于平等地位，就实现了一个无嫉妒的社会）。然而，彼得·比恩却将这视为对医学界的批判攻击：他声称，哈特利希望"警告我们，医学界已经在充当剥夺我们自由的工具，这一点并不荒谬"！[47] 众所周知，医生和医学技术可能被独裁者和权力掌控者误用，就像其他科学和技术可能被误用一样。而小说中对雅埃尔的脸部进行"贝塔化"的医生，也是独裁者的医疗顾问，在哈特利的笔下，并不是一个非常有吸引力的形象。小说中医院的工作人员可能与世界上其他普通的、工作繁重的医院中的人员差不多。但很难理解的是，一个文学学者如何设法压制作品中的实际社会批判，即面对潜在嫉妒的、对平等的狂热，并将其替换为对医学界的攻击。

比恩不止一次地谈论哈特利的政治哲学，在他的小说和散文中，这一哲学始终涉及保卫个人免受集体主张的侵犯。比如，比恩引用了哈特利的一段自传式笔记，这使我们能够理解为什么正是这位作者，在其后期作品中，感到有必要展示一下，一个独裁政权，一个全能政权，如何将避免在他人中引起嫉妒的责任，变成社会控制的核心手段。哈特利谈到了他从青年时期就对任何国家权力充满敌意的情况。当他在 1915 年至 1919 年在牛津学习时，哲学家赫伯特·斯宾塞和约翰·密尔（John Mill）等所有个人主义的代表人物已经受到警告和禁令。现在的说法是要去欣赏霍布斯、洛克、卢梭等作家，因为他们都以某种方式赞美社会化（通常是以牺牲个人为代价建立国家）。用哈特利自己的话说："当我认为所有的麻烦都来自国家时，这让我愤怒不已——而国家拥有一种我们必须为之牺牲自己的独立实体的观念，这几乎让我疯狂……"[48]

## 早期诗作中嫉妒的形象与问题

许多诗人都看到了嫉妒的无处不在。下面的诗句是从《格林词典》中选择出的关于"Neid（嫉妒，名词）"和"neiden（嫉妒，动词）"的引语：

美的女儿，要防范嫉妒！嫉妒已经把天使从天堂里推了下来。

——赫尔德（Herder）

有多少人，被……幸运冠以头衔，
最终被嫉妒践踏。

——卡尼茨（Canitz）

然而寂静的嫉妒，冷冷的手

将最高贵的人性分隔开来。

——歌德，《塔索》（*Tasso*）

在 17 世纪上半叶，弗里德里希·洛高（Friedrich Logaus）的警句诗中反复出现了关于嫉妒的思考，比如：

"嫉妒和被嫉妒，是人在世上最主要的行为。"

"活着吧！这会让很多人嫉妒你。"

"公民为何如此憎恨贵族呢！他嫉妒的是他所不是，而又渴望成为所不是。"

诗人们反复强调了与嫉妒有关的三个基本事实，这些事实在关于嫉妒的社会学研究中具有决定性意义。

第一，嫉妒是社会接近现象。嫉妒的最严重形式，并不是针对那些高高在上的王子，而是针对自己的同事。如同诗人阿尔布雷希特·冯·哈勒（Albrecht von Haller）在《阿尔卑斯山》（*Die Alpen*）一诗中所说："毒气般弥漫的嫉妒侵蚀着邻人的财物。"赫尔德解释说："农人只知道一个邻人，手工匠只知道一个同行，是他……嫉妒的人。"

第二，嫉妒之人无处不在。没有任何形式的人类存在可以排除嫉妒。比如，诗人弗里德里希·吕克特（Friedrich Rückert）写道：

想要完全避开所有的嫉妒，

那就不要有任何的美德。

坏人甚至会嫉妒比他更坏的人；

只有完全的恶人，才可能不被嫉妒。

第三，嫉妒是一种持久的情感，由想象力滋养，通常伴随着生理和心理的变化。

吉勒特（Gellert）描述了"面部表情的塑造，其中嵌入了嫉妒的恶意特征"。嫉妒总是被比作一种毒药，它慢慢地摧毁嫉妒的人。[比如："他的胸中涌出了嫉妒的黑色毒液。"——吉斯勒（Geszner）]嫉妒会消耗自己，使携带者的皮肤变黄，就像黄疸和嫉妒的联系，被大众和诗人们普遍认为是自然之事。

嫉妒和邪恶之眼之间的联系，在许多诗歌的暗示中都能看到。《格林词典》引用了以下的例子，其中也提到了"嫉妒之眼"。

> 一个懒散的西班牙人，以沉默的嫉妒，望向朋友的幸福，
> 投出了妒忌的目光（eifersüchtige blick）。
>
> ——克洛狄乌斯（Clodius）

或者：

> 已经集结……
> 所有的嫉妒都望向你，
> 带着全部犹如猞猁般的目光。
>
> ——青年歌德

在古茨科夫（Gutzkow）的作品中有这样的描述：

嫉妒的可怖之火，从他的眼中闪烁。

## 乔叟与米尔顿

在小说家乔叟（Chaucer）的作品中，提到嫉妒超过 80 次，主要出现在《坎特伯雷故事集》（*The Canterbury Tales*）中。《牧师的故事》（"The Parson's Tale"）是关于七宗罪的。在讨论了骄傲之后，乔叟接着讨论了"可怕的嫉妒之罪"（foul sin of envy），他像圣奥古斯丁（Augustine）一样，将之定义为对他人繁荣的悲伤和对他人不幸的喜悦。如果一个人抱怨上帝对邻居的恩赐，他就犯了嫉妒之罪；因为圣灵是仁慈的，嫉妒起源于邪恶，所以，嫉妒是最严重的罪恶。

乔叟认为，嫉妒是最严重的罪恶，因为几乎所有其他罪恶都只反对一种美德，而嫉妒则反对所有美德和一切美好事物。正如我们现在所说的，对于价值观或价值观表格中的每一种价值，它都否认。因为嫉妒之人反感邻居的每一种美德和优势，所以，嫉妒之罪与其他所有罪恶不同。其他所有罪恶都在某种程度上令人愉悦，产生满足感，但嫉妒只会产生痛苦和悲伤。乔叟认为，嫉妒是一种违背自然的罪恶，因为它首先是对他人善良和繁荣的痛苦，而繁荣本质上应该是令人欢喜的。其次，嫉妒包括对他人遭遇不幸和痛苦的欣喜。这种嫉妒就像恶魔，总是在人们受苦时欢欣鼓舞。

根据乔叟的说法，嫉妒滋生恶意。如果损害邻居的尝试失败，还有很多方法可以对他造成伤害，例如烧掉他的房子或毒害、刺伤他的牲畜。

在约翰·米尔顿的《失乐园》中，嫉妒在人类创造故事中的
作用显而易见：

> 谁首先诱使他们进行那邪恶的叛乱？
> 那地狱之蛇！正是他，他的狡猾，
> 激起了嫉妒和复仇之心，欺骗了
> 人类之母。

> 撒旦——现在就称他为撒旦，他的前名
> 在天堂已不再被提及，他曾是最早的
> 如果不是第一位大天使，权力巨大，
> 得宠且卓越，然而充满
> 对神之子的嫉妒，那一天
> 被他伟大的父亲尊崇，宣告
> 为弥赛亚，受膏为王
> 而他因骄傲不能忍受，
> 认为自己受辱。

**现在撒旦说话了：**

> "复仇"，一开始是甜蜜的，
> 但不久就变得苦涩，最终反噬自己：
> 让它发生；我不在乎，只要目标精准，
> 既然我无法超越更高的地位，那么就找下一个
> 引起我嫉妒的人，这位天堂的新宠，

这个泥土制成的人，藐视之子，

为了更加激怒我们，他的造物主将他从尘土中创造出来：

那么，以恶意回应恶意是最好的回报。

亚当对夏娃说：

因为你知道，

我们已被警告过，什么样的恶毒敌人，

嫉妒我们的幸福，因为他自己

绝望，试图用狡猾的攻击给我们带来灾难和羞耻

靠近我们，毫无疑问，他贪婪地想着去寻找

他的最佳机会，要把我们分开，

因为他知道，两人团结，难以对付，如果必要，我们可以迅速帮助彼此：

无论他的目的是诱使

我们背叛上帝，还是扰乱

我们的婚姻之爱，也许没有什么幸福

我们所享受的更多地激起了他的嫉妒……

## 文人的嫉妒阴谋

偶尔，我们会发现一些观察家对于文学作品中的嫉妒角色的观点。例如，卡尔·沃斯勒（Karl Vossler）在他的《西班牙的孤独诗歌》（*Poesie der Einsamkeit in Spanien*）一书中，谈到了那些由于他人的嫉妒而受到迫害的作家们在文学中的方向。在 17

世纪,西班牙和葡萄牙(1580—1640 年曾是西班牙的一个省)的"失望的、受迫害的和失败的存在的数量增加……恶言,使得在社会上层中最有才华的人们的生活充满了痛苦"。这必定就是嫉妒的作用。沃斯勒讲述了诗人弗朗西斯科·罗德里格斯·洛博(Francisco Rodrigues Lobo)的故事,他在 42 岁(1622 年)时在塔霍河(Tejo)中溺亡:"直到他的田园对话诗中的深处,都充满了他对嫉妒和诽谤的恐惧。"并且在提到诗人米拉·德·阿梅斯夸(Mira de Amescua)的时候,沃斯勒写道:"一些大型的舞台剧非常深刻地描绘了嫉妒、诽谤和在王室的忘恩负义的痛苦,这些剧作都产生于 17 世纪的前几十年。"[49]

大多数所谓的知识分子,尤其是文人,对自己所处的社会采取了一种带有恶意的挑衅态度,这决不是由于我们这个时代的某些特殊性造成的。这一现象甚至可以追溯到 18 世纪以前。许多作家倾向于成为社会不满的代言人,也就是说,他们煽动针对那些通过传统方式取得成功的人的嫉妒情绪,这更多地应该理解为天才的心理状况,尤其是未被认可的天才的心理状况。

在埃德加·齐尔塞尔(Edgar Zilsel)关于天才概念起源的著作中,我们可以找到一个例子,在这部著作中,其中有一节是关于L. B. 阿尔贝蒂(L. B. Alberti)的。阿尔贝蒂在他的《论科学的利弊》(*Über die Vorteile und Nachteile der Wissenschaften*)一书中,将自己作为文人的处境与经济上更有回报的职业进行了嫉妒的比较,采取了一种直到 18 世纪才常见的态度。阿尔贝蒂首先列举了追求科学的人所要面临的种种困难,如通宵学习、没有时间享乐等,然后继续问为什么那么多的学者被迫生活在悲惨的环境中。他甚至提供了一些数据,据此,三百名文人中只有三名能取得成功，而那些恶棍却毫不费力就登上了顶峰。他认为，只有三类脑力劳动者会致富——律师、法官和医生。[50]

齐尔塞尔指出，16 世纪中叶的其他作家也倾向于描绘脑力劳动者生活的阴暗面。据瓦萨里[*]所说，有才华的艺术家不得不在贫困中产出宝贵的成果，而且没有获得奖励的希望。对此的责任，就在那些原本可以提供帮助但却对文人不感兴趣的人身上。[51]

在人文主义和早期的文艺复兴时代，文人们很可能会因为周围人的嫉妒而特别痛苦。齐尔塞尔在他关于天才概念的典范性历史研究中，提到了一个非常具体的社会学原因，这个原因与"嫉妒阴谋"（neidische Intrigenspiel）有关。与后来的时代（包括现在）不同，"文艺复兴时期作家的生存斗争，并非是个人在大量书籍中的抗争……他们不必与一大群他们并不直接熟悉的竞争对手抗争。文艺复兴时期作家的生存斗争，局限于在相对较少的竞争对手之间进行真正的权谋争斗，这些竞争对手彼此非常熟悉，并表现为嫉妒、小心眼、争吵、诽谤和论战，以及不断变化的小团体的发展……其时，每个人都在与其他人争斗。文艺复兴时期的作家们，坦率地承认了这种嫉妒阴谋的游戏，通常也没有对它的形而上学的解释"。[52]

在关于彼特拉克（Petrarca）的部分中，齐尔塞尔详细展示了这种毫不掩饰、直接讨论嫉妒的方式——这与 20 世纪的惯例大不相同。彼特拉克在他的安慰性论文《论疗法》（De remediis）中专门为嫉妒撰写了一章，称它是一种瘟疫，任何有才华的人都

---

[*]　乔尔乔·瓦萨里（Giorgio Vasari，1511—1574），意大利文艺复兴时期著名画家、建筑师和艺术评论家，他的名著《艺苑名人传》是一部关于文艺复兴艺术家生平和作品的重要文献。——译者注

无法抵御。但齐尔塞尔还在薄伽丘（Boccaccio）、L.B.阿尔贝蒂、维里尼（Verini）和乔维奥（Giovio）的著作中找到了一些评论，表明这些人认为自己会受到嫉妒者的迫害。阴谋、恶意行为和不满，一次又一次地被描绘成嫉妒者显而易见的手段。

因此，维里尼长时间不确定，是否要将仍在世的名人纳入他赞美佛罗伦萨的诗中。他说："如果包括他们，他担心自己会被看作奉承者；如果不包括他们，他担心自己会被认为充满了嫉妒，这是'学者互相之间产生的复仇女神（厄里倪厄斯）'。"[53] 嫉妒也被视为伴随着非文学性名声的必然产物。例如，齐尔塞尔告诉我们，大约在 15 世纪中叶，埃涅阿斯·西尔维乌斯·皮科洛米尼（Aeneas Sylvius Piccolomini）认为，军事领袖皮奇尼诺（Picinino）对他的著名同行斯福尔扎（Sforza）立即开始嫉妒是再自然不过的事情。齐尔塞尔还回忆起在切利尼（Cellini）的自传或者布拉曼特（Bramante）对米开朗基罗（Michelangelo）的阴谋中所遇到的嫉妒阴谋的作用。齐尔塞尔认为，这在一定程度上是赞助制度（Mäzenatenwesen）的后果。竞争者依赖反复无常的分配和有限的赞助，这使得他们容易产生特别强烈的嫉妒情感。因为他们确实经历了一种封闭经济的原型，正如 19 世纪和 20 世纪的平等主义者所理解的那样，嫉妒是由分配原则引发的。他们无法相信国民收入稳步上升，从而消除贫困的可能性，因此强调再分配：加大对富裕阶层的征税，将钱财填充到穷人的口袋里——这种方法，如果被逻辑地应用，则过去一百年来生活水平的提高就是不可能的。然而，在依赖少数赞助者的团体中，最有才华的人吸引了赞助者的关注，从而获得了委托，实际上剥夺了所有其他才华稍逊的艺术家和作家的实际财产。他们的嫉妒是客观的，也是理性的。随着 20 世纪赞助制度的兴起，特别是美国和欧洲国家的基金会，嫉妒似乎再次在具有类似地位的潜在受益者群体中被引发。

第 11 章

# 哲学中的嫉妒主题

直到 20 世纪 30 年代，哲学家还经常将嫉妒作为生活中不可避免的问题进行探讨。他们试图界定其内涵，并建立其现象学。本章并非要对西方哲学史上的嫉妒问题进行完整论述，只是关注这一主题被讨论的规律性。

## 亚里士多德

在《修辞学》（*Rhetorik*）中，亚里士多德明确地指出，嫉妒只针对我们的同等地位者和同龄人。关键在于我们并非真正希望拥有所嫉妒之物，也不期望在嫉妒过程中获得它，而是希望在另一个人身上看到它被摧毁。这个人与我们越是平等，我们的嫉妒就越强烈。平等可以是出身、亲属关系、年龄、处境、社会地位或物质财富。实际上，当我们与和我们相差无几的人进行比较时，就会产生嫉妒。亚里士多德引用了赫西俄德的话：陶匠嫉妒陶匠。我们嫉妒那些财产或成就映射出我们自己的人。他们是我们的邻居和与我们平等的人。他们揭示了我们失败的本质。亚里士多德接着讨论了竞争，这是一种常被误认为是嫉妒的情感。[1]

## 弗朗西斯·培根

培根的第九篇随笔，也是五十八篇中最长的一篇，题为《谈嫉妒》(*Of Envy*)。在其他一些随笔中，他也强调了嫉妒在人类活动中的作用，并警告我们如何最好地防范它，比如在《谈野心》《谈残疾》以及《谈事变》的随笔中。

正如培根的许多传记作者和随笔评论家所指出的，毫无疑问，他自己也遭受了其他人嫉妒的影响，并在他的同僚中观察到了这种现象。他认为，嫉妒是社会生活中最无法避免和基本的因素之一，其中包含了关于嫉妒及避免嫉妒的重要规则，同时他也以准确的社会学视角揭示了其实质。

培根首先讨论了"邪恶之眼"，它可能源于嫉妒，与之同义，并提到了嫉妒与巫术之间的关系。培根很可能并不认为嫉妒是源于巫术，虽然几乎所有原始民族都这么认为；他只是提到了这种黑魔法的原始动机。[2] 这是否具有讽刺意味或严肃意味都无关紧要。既然嫉妒行为包含了巫术的元素，那么唯一能避免嫉妒的方法，就是在巫术或邪恶魔法的情况下采用的那些方法。因此，他说：

> 明智的大人物总是在生活的舞台上引入一些人，让他们承担原本会落在自己身上的嫉妒；有时是对部长和仆人；有时是对同事和伙伴，等等；为了实现这个目的，总不乏一些具有暴力和进取精神的人，只要能够获得权力和事务，他们就会不惜任何代价。[3]

## 应对嫉妒的策略

虽然培根为应对嫉妒所推荐的策略总是适用的，但很少能像这里这样清晰地被觉察到。他确信，缓解嫉妒的唯一方法，是安抚或提供替代品，这一观点具有启发性。此外，培根还提出了另一种避免嫉妒的方式，即故意的自我伤害或自我贬低："然而，明智的人宁愿为嫉妒献祭，有时故意让自己在不太关心的事情上受挫和被压制。"[4]

培根接着指出，尽管如此，那些以坦率和公开的方式展现自己伟大的人，会比那些狡猾和虚伪地这么做的人吸引更少的嫉妒。试图笨拙地掩饰自己的伟大（如运气、声誉等）或贬低它的人，似乎在说他并不真心相信命运对待他比他应得的要好。这样的人，给人一种自觉不值得和缺乏应得之物的印象，从而真正激起了他人的嫉妒。[5]在其他地方，培根认为，特别引发嫉妒者敌意的，是他观察到他的嫉妒使嫉妒的对象对自己缺乏信心，因此试图通过半途而废的姿态来安抚破坏性的感情。何以会如此？

培根关于笨拙地避免嫉妒的说法，即"否认命运"，给人一种对好运本身产生怀疑的印象。可以进一步补充说，如果那些应该从中受益的人——也就是说，那些得到命运眷顾的人——为了讨好嫉妒者，责怪命运对他们的偏爱没有道理，他们就会打破社会地位高低双方都承认的运气或运气这一概念所隐含的约定，从而使嫉妒得以肆意妄为。

从一开始，培根就区分了两种嫉妒，即公共嫉妒（public envy）和私人嫉妒。公共嫉妒不仅仅是公开承认的嫉妒，更确切地说，它是为了公共福祉而产生的嫉妒。这个概念类似于雷加的

"愤慨型嫉妒"（Entrüstungsneid）。培根不可能预料到两个世纪后，一些社会哲学家会成功地伪装或压抑私人嫉妒，以至几乎总是将其呈现为提倡共同福祉。自 19 世纪以来被称为"民主的嫉妒"（Neid der Demokratie）的东西，通常是选民私人嫉妒的假定总和，尽管绝非总是如此。

以公共利益为表现形式的公共嫉妒，是一种无须羞愧的嫉妒形式，正如培根正确地认识到的那样，与私人的、秘密的嫉妒相比，它有一定的优点：

> 因为公共嫉妒就像是一种放逐法（Ostrazismus）（培根洞察力的来源），当有人变得过于伟大时，会使他们黯然失色。因此，它（对嫉妒的恐惧）也是一种对伟大之人的约束，使他们保持在界限之内。这种嫉妒，在拉丁文中被称为"invidia"，在现代语言中被称为"不满"（Unzufriedenheit）；我们将在讨论民众叛乱时谈到这一点。

培根认为，"invidia"的字面意思是"敌对的目光"（feindliche Blick），只与公共舆论中表达的嫉妒有关，而与私人怀恨的嫉妒无关，这种看法可能是错误的。至少在西班牙语中，源自"invidia"的词汇都具有私人嫉妒的含义。通过将公共嫉妒与不满等同起来，培根对其进行了限定。正如在现代民主国家所观察到的，这种形式的嫉妒，即使在繁荣时期和远离任何抱怨理由的人群中，也会对权力过大的政治家产生制约。

然而，培根更多地关注私人或个人嫉妒，这是"公共"形式嫉妒的一个组成部分，在所有社会中可能发挥更大的作用。首先，他向我们展示了一个被嫉妒者和嫉妒者的类型。那些没有美德的人,对获得美德绝望的人,嫉妒地导致比他更有价值的同伴的失败。[6]

他的下一个观察在社会学上更有趣:"贵族出身的人,当新人崛起时,往往会表现出嫉妒。因为距离已经改变了,这就像是眼睛的欺骗,当其他人上来时,他们认为自己要退下去。"[7]

这里,培根描述了所谓的"皇家嫉妒",它是从顶层向下发挥作用的,可以称之为高傲的嫉妒,是一种将反复出现的形式。也许,这是绝对的嫉妒,因为当其他人通过自己的成就开始模仿他的奢华和财富时,位于顶层的人真的没有什么可以失去的。

## 一笔在世界命运银行的抵押贷款?

培根注意到,那些特别容易嫉妒的人,通常是畸形者、跛足者和太监——用他自己的话说,这些人无法改善自己的处境,因此试图损害别人的处境。然而,他提到了英勇的例外,他们通过无私的行为使自己的缺陷变得高尚。但是,培根认为,特别容易嫉妒的人是那些曾经遭受暂时挫折、灾难或剥夺的人:"因为他们是这样的人……他们认为别人的伤害是自己痛苦的救赎。"[8]民族学学者卡斯滕关于南美印第安人的例子(见第 4 章)正好符合这种情况。

这是非常有启发性的。一个被困在悲惨深谷的人妒忌那些更幸运的人是容易理解的。但为什么培根如此强调从灾难中恢复过来的人呢?例如,在第一次世界大战后,有些人毫发无伤地回来了,他们以自己(尤其是其他人)所受的剥夺为依据,在剥夺几乎成为过去时的时候，将自己树立为最严格的道德仲裁者。人们可能会认为，从厄运中走出来的人，会感激并欣然向那些受命运眷顾的人表示善意。事实上，或许培根发现了一个决定性的动机。因为那些逃过灾难的人，不确定为什么命运会饶恕他们，对那些没有被饶恕的同伴充满内疚，他们会向"命运法庭"（Schicksalsgericht）或世界命运银行（Weltschicksalsbank）进行回溯式抵押，不仅自己要赎罪，还要坚持让其他人也这样做。从这个假设的角度，可以解释自第二次世界大战以来，欧洲中部、英国和美国的许多作家那暴躁、苛刻、伪禁欲的性格。

在分类那些特别容易感到嫉妒的人群时，培根特别提到了与我们关系密切的人："……无论是亲戚、同事，还是一同成长的伙伴，当他们的地位提升时，我们更容易对他们产生嫉妒之情。因为他们的进步似乎在侮辱我们自己的命运，他们的成功总是引发我们的记忆，更容易引起他人的关注。"[9] 培根还探讨了那些通常不那么易引发他人嫉妒的人群。

这些人群特别包括了那些取得了显赫成就或升职的人。他们的成功好像是运气的恩赐，而培根观察到，没有人会嫉妒那些成功清偿债务的人。他进一步强调，对于嫉妒的社会学意义，嫉妒的产生总是源于人与人之间的比较，"没有比较，就没有嫉妒。因此，国王只会被其他国王嫉妒"。[10]

培根也意识到嫉妒的一个主观时间因素，即我们在观察他人的好运时对时间的感知："……那些不太配得高位的人在刚获得高位时最容易引起他人的嫉妒，但随着时间推移，这种嫉妒感也会逐渐减弱；相反，那些真正有才能和价值的人，他们的成功越持久，嫉妒之情就越强烈。因为随着时间的推移，尽管他们的美德仍然存在，但已经没有同样的光彩，因为新的成功者出现，使得他们的光芒逐渐暗淡。"[11]

他的这些见解主要基于对宫廷生活的观察，因为在宫廷中，人们因为各种原因可能会获得或失去君主的恩宠。因此，他认为，地位较低的人因其声誉已经很低，所以不会引起他人的嫉妒："嫉妒就像阳光，它在斜坡或陡峭的上坡地带比在平坦地带更强烈。"同样，那些逐步提升的人，比那些突然跃升的人受到的嫉妒要少。[12]

培根唯一提到的抵挡嫉妒的良药是同情。因此，那些通过巨大的努力、面对危险和忧虑才赢得荣誉的人，他们不太会受到嫉妒，反而会得到人们的同情。"同情总能治愈嫉妒。"所以，政治家在取得巨大成就之后，不断地哀叹自己的艰难生活，是一种明智和审慎的策略。不是因为他们真的觉得生活艰难，而是为了消除人们的嫉妒之心。但这需要慎重，他们的辛劳必须是真实的，是由于他们的责任而产生的。自我施加的过度关怀，反而可能加剧嫉妒情感。[13]

## 亚当·斯密

在其著作《国富论》（*The Wealth of Nations*）中，亚当·斯密对嫉妒、恶意和怨恨进行了探讨，他坚信，只有在一个建立在法治基础上的社会，这些情感才能被有效地控制，从而允许财富的不平等存在，进一步推动经济增长。事实上，即使没有权威机构来抵御这些情感所可能引发的不公，人们在公共安全方面仍能保持一定程度的和谐共处。然而，在财富差距巨大的社会中，这种共存状态却难以维持：

> 每当存在大量财富时，就不可避免地会出现极度的不平
> 等。因为对每一个极富有的人而言，都有至少五百名贫穷的
> 人在贫困的压力下，受到嫉妒心的驱使，可能对这个富人的
> 财产发起攻击。只有在公共权力的保护下，财产所有者才能
> 在每个夜晚安心入睡。他们的财产可能是多年辛勤努力的积
> 累，或者是数代人的劳动成果。他们时刻被未曾激怒过的、
> 身份不明的敌人包围，无法安抚这些敌人。唯有公共权力强
> 大的力量，始终准备对不公行为进行惩罚，他们的财产才会
> 安全。因此，拥有有价值和广泛的财产需要设立公民政府。
> 在没有财产或者财产价值不超过两三天工作收入的地方，政
> 府的存在并不必要。[14]

然而，亚当·斯密在这里犯了一个错误，他似乎认为可能
存在一种程度的财富，其规模微小到所有者不会受到嫉妒的
攻击。

## 伊曼努尔·康德

在晚期著作《道德形而上学》（*Die Metaphysik der Sitten*，
1797）中，伊曼努尔·康德（Immanuel Kant）讨论了嫉妒，他认为，
嫉妒属于"忘恩负义和幸灾乐祸的可憎家族"，他称之为"人类
仇恨的恶习，是爱的完全对立面"。这种恶习并非"公开和暴力的，
反而是隐秘和掩饰的，以至在忽视对邻人的义务的同时，又增加

了卑鄙，从而使人对自身的义务也产生了损害"。

康德在讨论嫉妒时阐述了其哲学观点和价值伦理，根据这一伦理，嫉妒是美德的完全对立面，是对人性的否定。他对嫉妒的定义，是最完整的定义之一：

> 嫉妒（*livor*）是一种对他人善行感到不满的倾向，尽管这些善行丝毫不影响自己的利益。当嫉妒导致行动（以减少那种善行）时，被视为有条件的嫉妒，否则仅仅是恶意（*invidentia*）；然而，这只是一种间接的、恶毒的心态，即不愿意看到自己的善行被他人的善行掩盖，因为我们的评价标准并非基于善行的内在价值，而是与他人的善行相比，并将这种比较符号化。[15]

在一些较为原始的社会中，如太平洋的多布人或北美纳瓦霍印第安人中，人们普遍认为他人的幸运或成功实际上导致了自己的不幸。

为了真正理解自己嫉妒之人所拥有的东西，并非因为他人的拥有而使自己无法拥有，一个人需要具备一定程度的理性和成熟度，或至少完全摒弃神秘的观点。

康德接着讨论了一种中和嫉妒的表达方式。这种方式如今非常普遍，特别是在美国和英国，可以认为，对于人们认识嫉妒的真正本质及其在人际关系中的功能来说，它起到了抑制作用。康德写道："毫无疑问，正是因为这个原因，婚姻、家庭的和谐与幸福，有时被描述为令人嫉妒的，好像在某些情况下嫉妒一个人是被接受的。"

就像在康德时代一样，这种说法如今经常被用来表达真正的嫉妒，但以社会可以接受的方式，有时甚至是警告被嫉妒者要提防自己或他人的嫉妒。这可能确实代表了一种社会控制，通过这种控制，对他人的生活方式或在生活中享受的快乐产生影响。康德的下一句话引入了关于嫉妒的另外三个基本见解，这些见解适用于任何社会：

> 嫉妒的冲动因此是人类天性的一部分，只有它的表现才使它成为一种可憎的恶行，这是一种不仅使人痛苦和折磨自己，还企图破坏他人幸福的激情，它既违背了人对自己的责任，也违背了人对他人的责任。[16]

因此，人有嫉妒的冲动是很自然的。他总是将自己与他人进行比较，一般是与社会地位相近的人比较，然而，嫉妒这种危及个人关系因此危及整个社会的恶习，只有当嫉妒者采取或不采取适当的行动（例如，故意不提醒或不提供帮助），从而损害他人，或者至少让嫉妒情感危害自己时，其破坏性才会显现。

因为嫉妒是一种纯粹破坏性的激情，对个人和社会都没有任何积极价值，康德认为它是对义务的侵犯，既包括嫉妒者对自己的义务，也包括嫉妒者对被嫉妒者的义务。康德当时恐怕无法预料到，自法国大革命（他亲眼见证过这一历史事件）以来，在不到一百年的时间里，全人类都将接受一个他的绝对命令（kategorischer Imperativ）的新版本，其措辞将是："如此强烈地嫉妒他人，以至平息你的嫉妒（尽管这是不可能的）将成为所有法律规定的基础。"或者更准确地说："以这样的方式嫉妒他人，以至你的嫉妒要求成为所有法律制定的准绳。"[在康德的措辞中，只有一个词被改变了，即"嫉妒"（neide）一词被替换为"行动"（handeln）]。

## 忘恩负义心理学

康德以现今的我们几乎没有的对心理的洞察力，提出了他的忘恩负义心理学（Psychologie der Undankbarkeit）。虽然这一部分中没有出现"嫉妒"这个词，但康德将忘恩负义列为"恶劣的嫉妒家族"的一个成员。大约一百年后，尼采对忘恩负义的解释与之非常相似，然而我们这个渴望对最遥远的国家和民族"行善"的时代，却不愿承认显而易见的事实，即救济对象深深地嫉妒和憎恨施舍者，在极端情况下，他们唯一的希望是看到施舍者的毁灭。康德继续说："对施恩者的忘恩负义，如果发展到憎恨施恩者的程度，就是严重的忘恩负义，否则就被称为没心没肺（Unerkenntlichkeit）。尽管它通常被认为是一种可怕的恶习，但人类的这种恶习如此臭名昭著，以至施恩之后制造敌人的可能性并不被视为不可能。"

那么，这个发现为何完全被忽视，以至自 1950 年以来，西方认为外交政策可以被对第三世界的发展援助取代？提到这一点，只是为了说明我们不能忽视嫉妒问题。

在康德的描述中，有一句话非常有意义："确实，在公众看来，这是一种令人憎恨的恶行。"没有人公开承认，因此公众舆论也不承认，忘恩负义是一种常态。令人惊讶的是，无数的施恩者一次又一次地让自己相信，忘恩负义和由此产生的仇恨是罕见的特例。也许，通过忽略忘恩负义，许多施恩者能够压抑他们自己对其他人的嫉妒意识。然而，当施恩者意识到受惠者实际上对他心生嫉妒时，他可能会回顾自己在过去作为受惠者时对待施恩者的态度，并发现自己内心的矛盾情感可能同样充满嫉妒和仇恨等卑劣情绪。由于大多数人既是受惠者又是施恩者，他们会记得以前的恩惠，这可能导致施恩者一生都抱有矛盾情感。

康德这样解释忘恩负义的不时出现：

> 这种恶习之所以可能存在，原因在于人对自己的责任的误解，他以为，因为别人的恩惠会使他承担义务，所以他不需要别人的恩惠；他不会向别人寻求恩惠，而是独自承受生活的重担，也不愿将自己的负担加在别人身上从而变得亏欠他人，因为他担心这样做会使他在赞助人面前降低身份，而这与真正的自尊心是相悖的。

因此，根据康德的观点，只有对那些在我们之前施恩的人（祖先、父母）才可能毫无保留地表示感激。但我们对"同时代人的感激之情却很少——事实上，为了掩盖我们与他们之间的不平等，这种感激可能变成恰恰相反的东西"——仇恨和敌意。

对康德来说，忘恩负义是一种应受谴责的恶习，不仅因为其榜样可能导致人们不再施恩，从而减少相互之间的人道主义援助（这是任何社会制度都无法完全摆脱的），而且因为"这就好像将爱颠倒了过来，仅仅缺乏爱，就进一步贬低为对爱我们的人的仇恨冲动"。[17]

然而，康德认为，经验也一再证明他是对的，表现出忘恩负义的行为不一定会导致施恩的减少，因为施恩者"可能会确信，对任何如感激之类的回报的轻视，只会增加他的施恩行为的内在道德价值"。

我想补充的是，面对充满敌意的忘恩负义，施恩行为只会加剧忘恩负义的激情和原则，使施恩者显得比以前更加伟大、更加优秀、更加无懈可击。1955—1965 年，在接受主要工业国援助的地区进行的大部分观察，都相当于对康德格言的实验证明。这种大规模的国际施恩行为尤其清楚地显示出，在冷战时代，只有主权政府而不是私人接受者才能表现出即时的、炫耀性的忘恩负义，这种忘恩负义几乎与所得到的利益成正比。

在康德讨论嫉妒家族并因此讨论忘恩负义之前，他还研究了感恩的责任（Pflicht der Dankbarkeit），这间接涉及了嫉妒问题的一些方面。

康德从我们存在于时间的连续性之中这一不可避免的事实推断出，感恩是和平社会的一种道德义务（moralische Auflage）："因为无论如何，接受恩惠的人无法通过回报来'摆脱'（quittieren）债务。"[18] 受惠者永远赶不上施恩者，因为从价值观的角度来看，后者在施恩领域具有先行者的优势。（值得注意的是，一些原始民族已经发展出一种施惠的实践和伦理，消除了施惠中的优先权问题。）康德认为，感恩不仅是为了获得进一步利益的机会主义行为，对施恩者应得的尊重是道德法则的直接要求，换句话说，是一种责任（Pflicht）。但他走得更远：

> 但是，必须把感恩看作一种神圣的（heilige）责任，作为一种责任，即违反了这种责任，可能会破坏行善的道德愿

望的根基……因为这种道德目标是神圣的，对它而言，一项
责任永远无法通过等价的行为来完全赎回。

如果说，康德对感恩设定了如此高的价值是因为人类不可能
完全报答恩人，同时也必定是因为他意识到，在一个社会中，如
果嫉妒以及由此产生的忘恩负义被认为是一种可以接受的反应，
就一定会出现不和谐、长久嫉妒和怨恨。因此，感恩的道德义务间
接地抑制了嫉妒的攻击性情绪。如果没有这种抑制——通过文化
精神、体面的公理和宗教对个人施加的抑制——就会有一种危险，
即社会中未经考虑的恩惠可能会产生完全意外的后果。

康德还展示了应该以怎样的心态履行感恩的责任以及如何实
践这一责任：

最低程度是向恩人提供等同的（gleiche）服务，如果他
有能力接受（如果仍在世），若不能，则将服务扩展至他人；
不要将所受之恩惠视为沉重的负担，渴望摆脱（因为受惠者
在恩人面前地位较低，使其自尊心受损）；而是要将其视为道
德祝福的时刻，即将这一场合视为一个承诺人类的爱（感恩）
的美德的机会，这代表了善良思想的真诚，还有仁爱的温柔
（在责任观念中关注这一细微差别），从而培养人类之爱。[19]

我们大多数人都知道，有些人几乎无法接受帮助、善意、礼
物或恩惠。精神病学已经描述了这种极端形式的病态谦逊。这实
际上涉及的并非谦逊的美德，而是即使最小的责任（即感恩的责
任）对某些人来说都是如此难以忍受，以至他们宁愿让自己显得

荒唐可笑，或者伤害他人的感情，也不愿意从任何人那里接受任何东西。这些人害怕自己的嫉妒，还是害怕忘恩负义的恶行？他们是否意识到，自己根本无法做到这一点：既要优雅地接受自然的恩惠，又不会对恩人产生侵蚀性的自卑感，而那种自卑感最终会演变为仇恨和张扬的忘恩负义？

## 叔本华论嫉妒

在叔本华的著作中，我们可以找到对人类邪恶本质的分析，最后引出对嫉妒的探讨。这位哲学家认为，在每个人的内心中，都有一种道义上彻底邪恶的东西，即使是最高尚的品格，有时也会表现出令人惊讶的邪恶倾向。

叔本华回忆说，在所有动物中，只有人类会为了娱乐而折磨自己的同类。"因为确实，在我们每个人的内心深处，都有一头狂野的野兽，只等待着一个机会咆哮、伤害他人，如果他们试图阻挡它，就毁灭他们：这就是所有战争和战斗欲望的来源。"叔本华由此分析了嫉妒："然而，人性中最糟糕的特质是幸灾乐祸，因为它与残忍密切相关……通常……在应该产生同情的地方出现。在另一种意义上，嫉妒与同情相对立，因为它源于相反的原因。"[20]

在《论判断、批评、赞美和名誉》（"Über Urteil, Kritik, Beifall und Ruhm"）一章中，叔本华详细描述了嫉妒的表现。尽管他尖刻的语言表露出对当代哲学批评的失望和痛苦，但他的一些观察仍然对社会学研究具有重要意义。

他将嫉妒描述为"平庸联盟的灵魂，它无处不在，本能地聚集在一起，悄然繁荣，针对任何形式的个体的优秀。因为后者在每个人的行动领域都不受欢迎……"[21] 叔本华认为，例如，正是由于德国音乐家的嫉妒，导致了他们整整一代人顽固地拒绝承认罗西尼*的音乐才能。[22]

然而，叔本华关于如何避免引起嫉妒的行为方式的观点更为引人注目。"……谦逊的美德只是为了防止嫉妒而被发现的，"他引用歌德的话说，"只有恶棍才谦逊。"[23]

叔本华认为，嫉妒有两种最喜欢的方法——赞美坏事，或者对好事保持沉默："……因为每个赞美他人的人，无论是在自己的领域还是在相关领域，原则上都是削弱自己的声誉——他只能以牺牲自己的声誉为代价来赞美。"[24]

在他的评论中，叔本华引用了《泰晤士报》（The Times）1858年10月9日的一篇文章，这篇文章以"最朴素、最强烈的表达方式"，描述了嫉妒"在个人利益方面是无法和解的"这一事实。[25]

## 索伦·克尔凯郭尔

索伦·克尔凯郭尔（Sören Kierkegaard）对嫉妒的深刻关注是非常特殊的。他的传记作家在寻找这种关注的原因时，不仅从他个人的命运出发，还从丹麦特别容易产生嫉妒的环境入手。在某处，克尔凯郭尔写道："任何希望了解惹人讨厌（Ärgernis）性质的人都应该研究人类的嫉妒，我相信我已经对其进行了深入的研究。这是我提供的一项奢侈品。"[26]

---

\* 吉奥阿基诺·安东尼奥·罗西尼（Gioachino Antonio Rossinis，1792—1868），意大利浪漫主义时期一位重要作曲家，以其歌剧闻名于世。其中最著名的作品包括《塞维利亚的理发师》《威廉·退尔》等。——译者注

克尔凯郭尔对嫉妒的讨论贯穿于他的全部作品。与 20 世纪中叶的许多作者相比，他在许多段落中将嫉妒作为一种不言自明的解释，用来解释某些人类行为方式，特别是解释突然的情感逆转。克尔凯郭尔经常谈论神的嫉妒、放逐的嫉妒，以及凌驾于所有更好的论点的"陶片的论点"。*他认为，嫉妒和愚蠢是社会中的两大力量，尤其是在小城镇中，在那里，"令人反感的嫉妒欲望"是最受欢迎的消遣之一。

与几十年后的尼采一样，克尔凯郭尔不断指出那些看似无害的、普遍存在的言论中隐藏的嫉妒动机：

> ……伟大的人往往被普通人能轻易应对的琐事击败……多么奇怪。这难道不奇怪吗？真的是让心理学家深思的东西，可以公正地说，生活会嫉妒杰出的人，嘲弄地暗示他，他只是一个普通人，就像人群中最不起眼的那个，人性在要求权利。[27]

在其他地方，我们可以读到：

> 嫉妒是隐藏的钦佩。一个钦佩者感觉到，如果奉献不能使他幸福，就会选择嫉妒他所钦佩的东西。他将会说一种不

---

\* "陶片的论点"（Argument der Tonscherben），源自古希腊，当时在政治辩论和民主决策过程中，公民会在陶片上写下他们的意见或投票。因此，陶片在这里代表了普通人的意见或观点。此处是克尔凯郭尔使用的一种隐喻表达，来自《圣经·旧约》中的一句话，意思是指"陶片的论点"可能不是最好的，但却因为其声音大而能够占据主导地位。克尔凯郭尔使用这个隐喻来说明，尽管人们可以通过理智和道德的方式去理解世界，但是由于嫉妒等负面情感的干扰，人们常常会采用不太合理或有缺陷的方式来解释世界，而这种方式却能占据主导地位。——译者注

同的语言，在这种语言中，他现在宣称，他真正钦佩的东西
是无关紧要的、愚蠢的、幻觉的、不正常的和高傲的。钦佩
是快乐的自我放弃，嫉妒是不快乐的自我坚持。[28]

根据克尔凯郭尔的观点，不信任（Misstrauen）与嫉妒都属
于相同的情感家族，幸灾乐祸和卑鄙（Niederträchtigkeit）也是。
他写道：

> 嫉妒在此：它很快就会抛弃一个人，然而它并不是让他走，
> 不，它是为了加速他的倒下。一旦这种情况得到保证，嫉妒
> 就会跑到它的黑暗角落里，召唤它更丑陋的堂兄弟——幸灾
> 乐祸，让它们一起欢笑——以自己为代价。[29]

克尔凯郭尔还看到了嫉妒在将无嫉妒之人卷入阶级斗争中的
作用。谁不和我们一起嫉妒，谁就是我们的敌人！他反对将嫉妒
作为社会改革的合法武器，这自然会导致他被指责为保守主义者。
然而，他正确地认识到，在任何社会中，那些不能或不愿嫉妒的
人都处于困境：

> 如果有一个心地善良的人，他的内心完全没有对权力、
> 荣誉和显赫地位的秘密嫉妒之心，且拒绝屈服于外部的腐
> 化——假如他毫无谄媚之心，不惧怕任何人，以谦逊但真诚
> 的喜悦之心，向那些高于他的人致以敬意。有时，他甚至比那
> 些受宠的人更加快乐、更加喜悦，那么他就会发现自己面临着
> 双重危险。他可能会被自己的同类视为叛徒，视为奴颜婢膝的

人；被那些受宠的人误解，甚至被诋毁为狂妄之徒。[30]

克尔凯郭尔的著作不仅为人类生活中的嫉妒提供了贯穿始终的评论，而且在某些地方还朝着嫉妒哲学的方向迈进，它是关于这一主题最深刻的论述之一。克尔凯郭尔描绘了他的时代：这是一个革命性的，但却没有激情和反思的时代，在这个时代，"让一切保持原状，但狡猾地剥夺它们的意义。不是在反叛中达到顶峰，而是在一种反思的紧张中削弱事物的内在现实，让一切保持原状，但又使整个生活变得模棱两可"。[31]

因此，人们没有任何意图消除皇权，摧毁优秀的东西，废除基督教术语，而是：

> 暗地里，他们渴望知道这一切并没有什么决定性的意义。他们想要不悔改，因为他们确实没有摧毁任何东西。他们既不想要一个伟大的国王，也不想要一个自由英雄，或者一个具有宗教权威的人——不，他们想要的是让现存的一切，继续以无知的形式存在，同时在或多或少的反思中知道它并不存在。[32]

## 平等化时代

在此，克尔凯郭尔深入探讨了嫉妒原则。就如同在一个充满激情的时代，激情是统一的原则，同样：

> 在一个缺乏激情而反思盛行的时代，嫉妒便充当了负面

的统一原则。然而，这不是立刻在道德层面上被理解为一种
责难。不是的，相反，如果可以这样表述，反思（Reflektion）
的概念就是嫉妒的代名词。因此，嫉妒具有双重性质，既表
现为个体的自私，又体现为周围环境对个体自私的反应。[33]

因此，在克尔凯郭尔的观念中，嫉妒首先被视为一种社会心
理因素，它使个体陷入虚假的自我形象中：

> 对自我的嫉妒（selbstische Neid），以期望的形式，对个
> 体提出过高的要求，从而构成了个体发展的障碍。它像溺爱
> 孩子的母亲那样宠爱他，因为对自己的嫉妒阻止了个体全身
> 心地投入。个体参与到针对他人的嫉妒中，这种嫉妒表现为
> 对他人的消极批判。[34]

反思性的嫉妒随后转变为道德嫉妒。*这种嫉妒是可憎的，它
就像密闭的空气一样，总是会产生自己的毒素。

在这里，克尔凯郭尔对平等化时代的初期进行了详细分
析。据一位研究克尔凯郭尔的专家称，这是由于《海盗报》（Der
Korsar）†这份幽默报纸对他的恶意攻击引发的，这对他产生了极
不愉快的后果。[35]首先，克尔凯郭尔认为，在所谓的激情时代
（begeisterte Zeit），嫉妒可以找到一种富有个性的发泄方式；换

---

\* 反思性的嫉妒（Neid der Reflektion）是指非常理性和冷静的嫉妒，道德嫉妒
　（ethische Neid）是指道德上不允许的、令人讨厌的嫉妒。——译者注
† 19 世纪早期的丹麦报纸，因其攻击性和嘲笑性而广受争议。——译者注

句话说，可以存在带有个性的嫉妒，比如希腊的陶片放逐制度 *，被放逐的人也可能因此获得荣誉。当一个投票者告诉亚里士多德，他投票支持将他放逐，因为亚里士多德作为唯一正义者的声誉让他无法忍受时，这并不是对亚里士多德的荣誉的诋毁。"建立起来的嫉妒就是平等化 † 的过程，一个充满激情的时代会激发、提升、摧毁、升华和降低此过程，反之，一个反思性的无激情时代会扼杀、抑制和拉平此过程。平等化是一种无声的数学抽象活动，它避开了所有感觉。"36

克尔凯郭尔立即强调了社会学上的特征，他说，反叛可以由一个人来引导，而平等化则从未如此："因为那样他就会成为统治者，从而避开了平等化。在自己的小圈子里，单个个体可能会有助于平等化，但这是一种抽象的力量，而平等化是抽象战胜个体的胜利。在现代社会，平等化在反思时代中的作用，等同于古代的命运。"37

在往后的几页中，有一个非常相关的观察："为了真正实现平等化，首先需要产生一个幽灵，一个巨大的、抽象的精神，一个包罗万象的、无中生有的东西，一个幻影——那个幽灵就是公众（Publikum）。"38 克尔凯郭尔把公众这个庞大的非实体看作平等化过程的真正推动者，从而预见到了海德格尔的"常人"（Man）

---

\* 　陶片放逐制度（Scherbengericht）是古希腊的一种政治惯例，旨在削弱可能会对城邦造成威胁的人的权力。每年，公民可以投票决定是否放逐某人，被投票选中的人需离开城邦，并且在一段时间内禁止回到城邦，以此来排除可能的政治敌人，以维护城邦的稳定和平衡。——译者注

† 　克尔凯郭尔使用"平等化"（Nivellierung）一词来描述现代社会中的一种趋势，即为了避免任何人因为地位、财富或能力而受到歧视或排斥，社会通过抹平人们的差异来实现平等。——译者注

的概念。因此，谴责性的口头禅"人们就是不该这么做"通常意味着一个警告，即如果这么做，实际上就是展示个性，可能会引起不那么独立的人的嫉妒。

1848 年的《基督教讲演》(*Christlichen Reden*)，距离他发现平等化时代即将到来的迹象（他比尼采早了一个世代）只有几年时间，他对于嫉妒概念的奇怪应用，使得责任似乎转移到了令人嫉妒的人或令人嫉妒的事物身上。他写道："严格来说，所有世俗财产都是自私、嫉妒的；拥有这些财产，无论嫉妒地拥有还是被人嫉妒地拥有，都注定会使他人贫困。我所拥有的，别人不能拥有；我拥有的越多，别人能拥有的就越少。"[39] 即使是完全合法地占有或获取，甚至一个人愿意与他人分享自己的世俗财富，也不能改变占有本身具有嫉妒性质的事实。这并不适用于精神财富。因为它们的概念本身就包含了交流，所以拥有它们是无嫉妒的，而且是有益的。然而，还有其他一些不完善的智力财富，如洞察力、知识、能力、天赋等，它们本身并非交流。通过拥有这些，一个人可能会激起他人的嫉妒，从而成为一个自私的人。"因此，聪明人变得越来越聪明，但在嫉妒的意义上，他试图从他人相对于他的聪明才智的增长而变得越来越简单的事实中获得优势……"[40]

克尔凯郭尔把拥有某项财产或技能的人（这使得其他人能够衡量自己的相对劣势）称为嫉妒者，乍听之下，可能会让人感到奇怪。但是，如果我们思考一下（这也是本书的观点），嫉妒在这个世界中不可避免地存在，原因是有人拥有某种性质的东西，无论其性质如何，都会让其他人感到缺乏，那么这种词语的使用就变得可以理解了。

## 弗里德里希·尼采

与叔本华和克尔凯郭尔一样，尼采也认识到嫉妒在人类社会中的作用。他对嫉妒的观察之所以强有力，是因为他经历了无数次被人嫉妒的经历。他的全部著作，从头到尾，都提到了嫉妒的问题，但在他的中期著作中最为丰富，核心的作品是《人性的，太人性的》（*Menschliches, Allzumenschliches*）。作为一名古典语言学家，他熟悉希腊神话中神的嫉妒的观念。然而，他有一种理想化这种观念的倾向，并且像克尔凯郭尔一样，低估了雅典民主制度中嫉妒表现的全部影响。这种认识是在很久以后才有的，是在丹麦学者斯文·拉努尔夫出现后才逐渐到来的。

在尼采的作品中，嫉妒和怨恨的概念经常出现；没有迂回表述，它们总是可以按照我们已经讨论过的那些作者使用的意义来理解。尼采没有像他的许多前辈和后继者那样不幸地一再混淆"嫉妒"和"妒忌"概念。尼采从一个人最深层的倾向之一——潜在嫉妒心，即只要一个人处于社会中，他的嫉妒心就会被激发出来——出发。然而，尼采几乎没有察觉到嫉妒的不可避免性，即使在相互比较的个体之间的差异微乎其微的情况下。毫无疑问，尼采过于关注伟大与渺小、位居高位与地位低下之间的显著而惊人的差异，而没有注意到嫉妒的强度和嫉妒者与其对象之间的客观差距的关系多么小。

作为哲学家，尼采假定了一个人最终成功地克服了自己内心的嫉妒。对于尼采来说，法国大革命和所有随后的革命，平等观念和某些社会正义观念都同样令人厌恶，在这一点上，他与歌德的看法是一致的。然而，在尼采的思想中，我们时而发现这样的观点：这些动机和观念在社会中产生的推动力是不可或缺的，社会控制的根源在于对平等和正义的渴望，换句话说，就是嫉妒的冲动，没有它们，我们所认识的人类社会几乎难以想象。同样值得注意的是，他以何等清晰的洞察力看到每个群体（Herde）* 都需要为其成员的嫉妒提供一个安全阀，以将其从破坏群体的行为中引导出来。在他的一则警句中，他宣称，这个职能已经被祭司接管。他以不可思议的洞察力预见到，在 20 世纪，嫉妒和怨恨将以何种方式成功地让人们感到幸福是一种耻辱。他真正预见到了保罗·图尔尼埃必须努力应对的问题。

## 希腊人之间的嫉妒

1872 年 12 月，尼采在《五篇未写成文之书的前言》（"Fünf Vorreden zu fünf ungeschriebenen Büchern"）的笔记中，讨论了他所描述的荷马式竞争。† 他认为，与我们自己的世界相比，最能区分古希腊世界的特点就是其对斗争元素的认可，对胜利的欢愉。这有助于解释个别道德观念之间的差异，例如"厄里斯"（Eris）和"嫉妒"（Neid）的概念。整个古希腊时代对怨恨和嫉妒的看法与我们现在的看法完全不同，因此，怨恨和嫉妒的属性，不仅

---

\* "Gruppe"指的是一个由一群人组成的社会团体，它可以是一个社会阶层、一个职业群体或一个具有共同兴趣和目标的群体。而"Herde"在这里是用来强调人们之间的从众心理和彼此依赖的关系。——译者注

† "荷马式竞争"（Homers Wettkampf），指的是古希腊时代的一种文化竞赛，源自荷马史诗中的描述。在这种竞赛中，参赛者通常是唱诗或讲述他们的成就，以争取社会的认可和赞誉。在这个竞赛中，荣誉、胜利和胜过他人的喜悦是至关重要的，而这种竞赛精神在古希腊时代的文化中占据了重要地位。——译者注

适用于邪恶的厄里斯（schlimme Eris），还适用于另一位女神——善良的厄里斯（gute Eris）。<sup>*</sup>尼采写道：

> 希腊人的嫉妒心重，他们认为这种品质不是一个瑕疵，而是一种有益的神性效果。我们与他们之间的道德判断鸿沟是多么的大啊！正因为他嫉妒，当他的荣誉、财富、辉煌和运气过剩时，他也会感受到神的嫉妒之眼盯着自己，并且害怕这种嫉妒。在这种情况下，后者会提醒他人类命运的短暂——他害怕自己的幸福，甚至牺牲掉最好的部分，向神的嫉妒低头。[41]

接下来，尼采认为，这种观念并没有导致希腊人与他们的神之间的疏远，而仅仅导致他们放弃与众神的一切竞争，从而使他们被推向与其他生物甚至与死者进行嫉妒竞争，因为只有死者的名声才能在生者中引起炽热的嫉妒。尼采对陶片放逐制度的解释，几乎与 20 世纪美国用来证明反垄断法的论据相同；也就是说，通过禁止或压制最优秀的人，安全地恢复了一些不是最优秀的人之间的竞争："然而，这个独特制度的原始意义并非是安全阀，而是刺激剂。超凡脱俗的个体应该被排除在外，以便力量之间的

---

\* 在希腊神话中，厄里斯（Eris）是斗争、纷争和争吵女神，而不仅仅是一种贬义的情绪。这种斗争和争吵的元素在古希腊文化中占据了重要的地位，所以有时候它也可以象征积极的斗争和竞争精神。因此，古希腊人对待"厄里斯"这个概念的态度与我们对待"嫉妒"或"恶意"等概念的态度不同，他们将其视为一种必要的神力。在这里，尼采强调了古希腊文化中一种截然不同的看待嫉妒的方式，即使是与嫉妒相关的词汇（如"妒忌"和"恶意"）也可以用于另一个女神，那就是"善良的厄里斯"。这表明古希腊人对待这种情感的态度与我们现代人不同，他们认为嫉妒是一种不可避免的情感，有时还是一种神圣的贡献。——译者注

竞争能够重新唤醒……"[42]

在《人性的，太人性的》一书中，这些专门研究嫉妒的警句，其基本假设可以归纳如下：嫉妒和妒忌，"人类心灵的私密部分"，[43]采取了最奇怪的伪装。在被嫉妒的母鸡下蛋后，普通的嫉妒立刻发出咯咯声，从而得到缓解，但还有另一种更深层次的嫉妒："……在这种情况下，嫉妒变得死一般的沉默，渴望每个嘴巴都能封闭，因为这个愿望得不到满足，它变得越来越愤怒。沉默的嫉妒在沉默中生长。"[44]

## 幸灾乐祸

尼采对"幸灾乐祸"（Schadenfreude）进行了精辟的分析。据他所说，幸灾乐祸只在人们学会将其他人视为自己的同类，换句话说，自从社会建立以来，才开始出现：

> 当一个人明确地发现自己处于恶劣的境地，并感到内疚或痛苦时，恶意的快乐就会产生。笼罩在 B 身上的不幸使他与 A 达到了同等地位，而 A 得到了宽慰，不再嫉妒。即使 A 处境好，他仍然会将 B 的不幸留存在记忆中，作为一种资本，以便在自己遭遇困境时将其作为反作用力。在这种情况下，他也会感受到"幸灾乐祸"。由此，平等观念将其标准应用于幸运和偶然的领域。幸灾乐祸是胜利和恢复平等的最常见表现，即使在更高层次的文明中也是如此。[45]

尼采认为，"在平等被真正认可并永久确立的地方，我们看到了那种普遍被认为是不道德的、在自然状态下几乎无法想象的倾向——嫉妒——的兴起"。[46] 这句话既对又错。尼采是对的，他和五十年前的阿历克西·德·托克维尔（Alexis de Tocqueville）一样认为，一个充分贯彻平等观念的社会，在平等原则得到制度化的过程中，将变得越来越嫉妒。与自法国大革命以来其拥护者所主张的观点相反，平等实际上是嫉妒的表现，而且距离治愈嫉妒还差得很远。但是，尼采错误地认为，曾经有过一个原始的自然状态，那时人们并不嫉妒彼此。然而，他清楚地阐述了嫉妒、平等观念和社会公正观念之间的联系：

> 嫉妒之人对于个体优越于普通群体的任何迹象都很敏感，并希望将每个人重新压到同一水平，或将自己提升到更高地位。由此产生了两种不同的行为方式，赫西俄德称之为"善良的厄里斯"与"邪恶的厄里斯"。同样地，在平等的条件下，如果一个人的成功超过了其应得的程度，而另一个人的不幸却低于其应享有的平等和地位，就会引起愤慨。然而，这些愤慨实际上反映了更高尚的情感。他们对那些不受人类任意选择影响的事物中的不公正和不公平感到不满——换句话说，他们希望自然和机会也能体现出人类所承认的平等。他们愤怒于具有同等才能的人却无法获得同等的命运。[47]

在《黎明》（*Morgenröte*）一书一段相对较短的警句中，尼采指出了嫉妒与虚无主义（Nihilismus）之间的联系。在《世界毁灭者》（"Die Weltvernichter"）的标题下，他写道：

当有些人无法实现他们渴望达成的事情时，他们愤怒地喊道："愿整个世界都毁灭！"这种令人厌恶的情感是嫉妒的顶峰，其含义是："如果我不能拥有某样东西（etwas），那么任何人都不应该拥有任何东西（nichts），任何人都不应该成为（sein）什么！"[48]

尼采认为，因为宽宏大量的行为比不加掩饰的嫉妒更令敌人愤怒，这是一种"哀怨的谦逊品种"，所以嫉妒有时被那些本身一点也不嫉妒的人当作一种掩饰。[49]

## 怨恨

在《论道德的谱系》（*Zur Genealogie der Moral*）一书中，尼采描述了怨恨：

这些满怀怨恨的人，如他所说，"都是生理上扭曲和蠕虫病患者，一个充满复仇渴望的颤抖王国"，对幸福者的攻击永不疲倦，对复仇的伪装和借口也同样如此。他们何时才能真正达到复仇的最终、最渴望、最崇高的胜利呢？毫无疑问，那是当他们成功地将自己的痛苦甚至所有的痛苦都推向幸福者的意识时；这样一来，幸福者有一天开始为他们的幸福感到羞愧，也许在相遇时会对自己说："幸福是可耻的！痛苦太多了！"[50]

毫无疑问，尼采在这里预测了 20 世纪最重要的发展之一，这使得像保罗·图尔尼埃关于"真实和虚假的内疚感"观念的阐述成为可能。或者，我们只需回忆那些西方人因为他们与所谓发展中国家之间的不平等而沉浸在羞愧和自我指责中的无数自虐式作品。尼采将这种发展视为最大且最具命运性的误解。在幸福和成功的人开始怀疑他们对幸福的权利的世界里，他认为那是一个颠倒的世界。尼采接着描述他称之为禁欲主义的神职人员在社会中的巨大历史使命。神职人员扮演着转移怨恨的角色，他告诉正在受难者——这位受难者正在寻找苦难的理由、寻找苦难的煽动者（或确切地说，寻找对苦难负有罪责的煽动者）——说，确实有一个有罪的人，但那个人就是受难者自己。[51] 尼采认为，即使这在客观上是错误的，它仍可以将怨恨从对社会有危险的行动中转移开。马克思主义者在这里会指责尼采接受宗教作为人民的鸦片以避免阶级斗争；但是从这本书的背景来看，尼采的观点，虽然没有宗教情感，但可能在根本上是现实的，因为没有一个社会能够真正有效地运作，甚至无法达到一个可以容忍的社会氛围，除非它拥有那种信仰，即让地位较低的人认为，即使不是他自己，也是盲目的偶然（blinde Zufall）造成了他现在的状况。我们已经看到了原始民族陷入的死胡同，因为他们认为个体所经历的每一次不幸或财产损失都是由部落里的同胞故意设计的。

尼采在许多变体中研究了怨恨作为一种反应性行为方式在长时间跨度中的表现，这也包括生理现象。怨恨困扰着那些被剥夺真正反应-行动的人，他们只能通过想象的复仇来抵消损失。这种怨恨就是奴隶道德（Sklavenmoral），当怨恨本身变得有创造性并产生价值时，道德上的奴隶反叛就开始了。[52]

尼采写道："我唯一关注的是，正是这种复仇精神催生了这种新的、科学的公平观念（为了仇恨、嫉妒、不信任、妒忌、怀疑、怨恨和复仇的利益）。"与此相反，尼采认为，一个人只有在遭受个人伤害、侮辱和诽谤的冲击下，依然保持深刻宽容的客观性和清晰崇高的视野，才能受到真正正义的启示。即使是发起攻击的人，也比心怀怨恨的人更接近正义。[53]

查拉图斯特拉（Zarathustra）嘲笑那些诽谤者和抱怨者，因为他的幸福让他们嫉妒得无法忍受："如果我不将意外、寒冬、熊皮帽和飘雪裹在幸福之中，他们怎么可能忍受我的幸福！"[54]在这里，我们看到了与弗朗西斯·培根相同的想法，那就是由于嫉妒之人，我们常常需要伪装不幸。

## 马克斯·舍勒

在 1912—1914 年发表的一项研究《道德建构中的怨恨》（"Das Ressentiment im Aufbau der Moralen"）中，马克斯·舍勒对嫉妒问题进行了详细分析。他用了大约 100 页来描述嫉妒者的现象学，认为嫉妒者就是尼采所说的怨恨者。与尼采一样，他强调了无力感发展所需的主观时间因素——当然，有"无力的愤怒"（ohnmächtige Zorn）这个说法。当一个人被其他人或环境迫使留在一个他不喜欢的、觉得与自己的自我评价不相称的情境中时，就会产生怨恨。在这里，舍勒提前几十年预测了攻击性的挫折理论，这是特别受到美国社会心理学家喜爱的理论。

由于舍勒的研究完全基于所谓的"怨恨类型"假设，他的方法具有一定的局限性。在这种假设下，女性就属于"怨恨类型"，因为她们总是处于男性的从属地位。舍勒没有认识到嫉妒在人类生活中的普遍作用，更重要的是，他对原始民族中关于嫉妒的关键数据一无所知，而这些数据对于研究嫉妒具有决定性的意义。他谈到了嫉妒犯罪，举例来说，就是在汽车出现的初期，那些满怀仇恨的杀手，通过在柏林郊区的一条主要道路两边的树上系上一根钢丝，轻易地将一名驾车经过的驾驶员斩首。舍勒详细研究了嫉妒和怨恨在政党中的作用，以及对平等的要求。由于他的研究发表在第一次世界大战之前，所以他对民主中固有的嫉妒做出了一些尖锐的评论，这并不奇怪。

## 怨恨与报复

舍勒首先解释，法语词汇"*ressentiment*"在德语中是无法翻译的，而且已经被尼采塑造成一个专有术语。我们必须保留它。他认为这个词在法语中的通常意义是很重要的："'*ressentiment*'意味着不断地经历并重复对他人的某种情感反应，这种情感逐渐加深，并内化到人格的核心，同时远离个体的表达和行动领域。"[55]这个术语进一步包含了这样的含义，即这种情感倾向于敌意。德语词汇"Groll"最能接近地表达"*ressentiment*"的含义。然后，舍勒引用了尼采《论道德的谱系》，他像尼采一样强调，在"*ressentiment*"中，它是一种精神的自我中毒，其起点是复仇的冲动。它涵盖了一系列的情绪和情感反应，其中包括"仇恨""恶意""嫉妒""眼红"和"讥讽"（Hämischkeit）等。舍勒区分了"反击"（Gegenschlag）（一种防御性姿态，如对侮辱的即时回应）和"报复"（Rache）（假设在一段时间内，反应冲动受到抑制或控制；也就是说，推迟反应，意味着"等着瞧，下次我会让你好看！"）。但是，当一个人在面对这种抑制的情况下预见到自己下次仍然也会是失败者，那么"怨恨"（Ressentiment）就开始了。[56]

舍勒强调时间因素很重要。他写道：

> 从报复情感（Rachegefühl），到怨恨（Groll）、嫉妒和眼红，可以说，这是一种感情和冲动进程，直至逼近实际的怨恨（Ressentiment）。报复和嫉妒代表了敌对性的否定模式，通常针对某个特定的对象。它们需要特定的情境才能显现，并且其进展由特定的对象决定，因此，一旦这些情境消失，它们也会消失。[57]

舍勒在这里暗示，当我所嫉妒的财产成为我自己的时候，我的嫉妒会消失。但这可能是一种过于乐观的看法。他认为，眼红比单纯的嫉妒更危险，因为它在事物和人身上寻找那些价值因素，从中可以得到痛苦愤怒的满足感。对于仇视的人来说，系统性的破坏在社会生活中的具体体验就像是一种结构。他既看不到，也无法体验到与他的情感状况不符的事物。在讥讽的情况下，这种贬低的冲动更加深入和内化，同时又随时准备扑向目标，表现为一些无法控制的姿态，比如微笑等。现在，舍勒继续说："然而，这些都不等于怨恨，而是怨恨起点发展的各个阶段。报复情感、嫉妒、眼红、讥讽、幸灾乐祸和恶意只有在道德制约缺失（例如报复中的真正宽恕）或行动缺失（例如挥舞的拳头）时才会成为怨恨的组成部分；而这种缺失是由于这种行为受到无力感的明显抑制。"[58]

## 怨恨的类型

舍勒区分了各种怨恨类型——例如，那些可以从历史情境中
理解的类型，以及那些可以从社会生物学差异（如代沟）中理解
的类型。他说，代沟通常充满了怨恨的危险。此外，他提到了婆
婆和岳母，尤其是丈夫的母亲，即婆婆。在每个民族的民间文学
中，婆婆都被描绘成邪恶、恶毒的形象。舍勒认为，主动犯罪的
人（aktive Verbrecher）不属于真正的怨恨类型，只有那些犯下某
种恶意的犯罪（Bosheitsverbrechen）的人才属于这一类。前面提
到的汽车驾驶员谋杀者就是这样的一个例子。舍勒认为，在他
那个时代的工业无产阶级中，只要没有受到某些领导者类型的
怨恨影响，怨恨的原因就相对较少，而在逐渐衰落的手工业者、
中下层阶级和下层公务员中则更为普遍。然而，在这项研究的
框架内，舍勒并没有从阶级社会学的角度更深入地探讨这些怨
恨的原因。

舍勒认为，怨恨只在导致一种源远流长的价值体系崩溃的情
况下才会影响道德的结构。的确，他并不认为真正的或正确的道
德价值判断是基于怨恨的，怨恨只是基于错误价值观念产生的错
误判断。尼采这位伦理相对主义者和怀疑主义者没有恰当地区分
这一点，尽管他曾谈到怨恨对价值体系的扭曲作用。舍勒认为，
怨恨者的整个感知机制都集中在从现实中抽象出并感知那些能滋
生恶意和嫉妒的事物："因此，怨恨者仿佛被魔法吸引到生活的
欢愉、魅力、权力、幸福、财富和力量等现象中去。"[59] 舍勒反复
强调怨恨对感知行为的结构、过程的扭曲影响，它是一个我们已
经证明普遍适用于嫉妒的因素。

在其中一处，舍勒评论道：

充满无力感的嫉妒（ohnmächtigste Neid）也是最可怕的嫉妒类型。因此，能产生最大怨恨的嫉妒形式，是针对一个陌生人的本质与存在（Wesen und Sein）的嫉妒——存在性嫉妒（Existenzialneid）。这种嫉妒似乎总是在默默抱怨："我可以原谅你的一切，除了你的存在和你是什么样的人（你的本质）；除了我不是你那样的人；事实上，"我"就不是"你"。

这种"嫉妒"从一开始就否定了对方的存在，而这种存在被强烈地感受为对主体的"压迫"和"指责"。[60]这里出现了一个术语，路德维希·克拉格斯（Ludwig Klages）随后在他的心理学作品中再次使用。

## 路德维希·克拉格斯

在《性格学基础》（Die Grundlagen der Charakterkunde, 1926）一书中，路德维希·克拉格斯接着尼采的思想，讨论了嫉妒和怨恨的问题。在长篇大论了恶意现象之后，克拉格斯转向他所称之为例外的一类情况："如果我们观察嫉妒的阶段和类型，根据嫉妒所涉及对象的种类，我们可以找出以下主要类型的嫉妒。A 嫉妒 B 所拥有的，他嫉妒他的身体优点（比如他的英俊），最后他嫉妒他的才华（无论在哪个领域）。"

然而，克拉格斯认为，"还有一种嫉妒，比所有类型的嫉妒都更有效、更糟糕、更具破坏性，它预设了嫉妒者完全被排除在嫉妒对象之外，因此本不应存在"。他称之为生命嫉妒（Lebensneid），并认为尼采将一个类似的现象称为对生活的报复（Rache am Leben），即怨恨（Ressentiment）。按照克拉格斯的说法，不同的人在深度、广度、温度、热情、亲密度或体验的伟大程度上并非总是相同的，我们可以想象，有些人，因为相信自己在体验维度上配备较少，他们认为，如果能够消除对被嫉妒者本人以及对他优点的记忆，就可以摆脱这种自卑感。克拉格斯举了一个例子，一个如他所说的内心空洞的证券投机者在南边的海滩上无聊地徘徊，他看到一个明显被海景迷倒的人。即使他不能确切知道这个人在经历什么，甚至可能因为类比错误地推断出她的快乐，但他仍然面临一个事实，那就是她拥有他无法获得的体验。克拉格斯认为，这足以引发生命嫉妒。[61]

## 尼古拉·哈特曼

在舍勒的启发下，尼古拉·哈特曼（Nicolai Hartmann）在他综合性的《伦理学》（*Ethik*）一书中多次讨论了嫉妒。他认识到嫉妒在 18 世纪末以来的社会革命与社会幸福主义理论与运动中的作用。与古代的个体幸福主义相反，现代社会在重新审视社会生活问题的过程中，产生了一种名为"社会幸福主义"*的形式，这种形式是在"利他主义"的基础上建立起来的一种真正实用的

---

\* "社会幸福主义"（soziale Eudämonismus），是社会伦理学中的一种理论，主张社会的幸福和利益应该是社会行动和政策的最终目标，以实现个人和社会共同的幸福为中心。它与传统的个人追求幸福的理论不同，强调个人利益与整个社会的利益相结合。——译者注

生活理念：“不再是个人的幸福，构成了他们的舒适，而是所有人的福祉。”边沁更简洁地称之为“最大多数人的最大幸福”。[62]

但是，哈特曼指出，如果最大多数人的幸福［实际上是舒适(Komfort)］成为标准，一个奇怪的扭曲就会出现：有如此之多、如此多样的东西可以被视为对舒适的广泛传播有用，以至在分配问题上看不到最终目标，最后变成了功利主义。不幸的是，这种概念的转换不仅在理论上令人困惑，而且还导致了社会领域本身的扭曲，根据哈特曼的说法，这导致了向消极主义或内容缺失的方向发展：“社会幸福主义……实际上是价值观的压抑和贫瘠化；在其极端形式中，就价值而言，它是纯粹的虚无主义。”[63]

在接下来的几页中，哈特曼强调了嫉妒在这一引人瞩目的现代伦理（即社会幸福主义）中的作用。他谈到了错误价值观的危险性，尤其是在社会生活中：

> 被压迫的人，劳动者，被剥削者——或者那些自认为是这样的人——不可避免地生活在这样一种信念之下，即有钱人更幸福。他想象着富人拥有他自己徒劳渴望的一切。在其他生活条件中，他只看到了享乐主义价值。他没有看到实际上还有其他隐藏的价值观——教育、品味、知识——以及为之付出的努力。他不了解精神工作的困难和重大责任的负担。[64]

## 社会幸福主义

在对社会幸福主义的批评中，哈特曼指出了“短视的社会领导者"滥用价值观的误导，即嫉妒那些被认为更幸福的人，以此来"在人群面前展示一个即将到来的普遍幸福，并以此激发他们采取行动。当这种愿景成功时，它能激发滞后的大众行动"。[65] 谈到嫉妒时，他说，这种误导"诉诸人类较低的本能，最粗糙的价值观，释放出难以抑制的激情。但悲剧在于，即使这种激情的唤起也建立在幻觉之上"。

显然，哈特曼最后的批判是针对他写作《伦理学》的时代的。他指出，由于幸福社会主义运动的动力完全来源于嫉妒，它们会不可避免地腐化：

> 如果一个普通人陷入这样的幻觉，这是很自然的。如果一个煽动者利用这种幻觉作为实现自己目的的手段，这种手段在他手中变成了一把双刃剑；但从他的角度来看，它是有价值的。如果哲学家误导自己去证明和认可这种幻觉，这要么是他的不择手段，要么是最深刻的道德无知。然而，自从现代社会理论首次出现以来，它们就一直沿着这条命运般的道路前进——直至今日的社会运动，我们必须将其视为一种不幸，这种认可被赋予它，并传递给我们。在我们道德生活的许多其他方面，主要工作仍有待完成。[66]

哈特曼在这里打住。他心中无疑想到的是一种社会哲学，它能够展示如何在不利用嫉妒的情况下完成某些利他主义任务。这或许是一个不可能完成的任务，因为嫉妒之情在我们的人际评价中占据了比他意识到的更重要的地位。

## 欧仁·雷加

迄今为止，唯一一位写过关于嫉妒专著的作家是欧仁·雷加。他的《嫉妒》（*L'Envie*）一书共有 24 章，约 250 页，专门讨论构成狭义嫉妒的现象群。该书于 1932 年出版。早在 1900 年，雷加就已经开始定期出版主要涉及公法领域的书籍，以及战争经济学、外交和公共行政方面的著作。

雷加引用了斯宾诺莎（Spinoza）的观点，即人类的激情及其属性属于可被检验的自然过程。他用戏剧《伪君子》（*Tartuffe*）中的一段引言作为开篇，意指嫉妒者会死去，但嫉妒不会消失。雷加认为，妒忌是嫉妒之母，并指出人们经常将二者混淆。但他认为嫉妒比妒忌更具普遍性。二者在社会生活中都非常重要，是我们行为中最活跃、最有力的动机。如果我们能够像记录大脑的脉冲电流一样记录个体的妒忌和嫉妒，那么解释他的其他情感和行为就会相对简单。

接下来，雷加在一系列常规章节中探讨了嫉妒。首先，他寻找嫉妒的起源，展示了它与妒忌的联系，讨论了"嫉妒型愤慨"（neidische Entrüstung）现象，并考虑了嫉妒与钦佩（Bewunderung）之间的关系。有两章专门讨论了各种形式的普通型妒忌（allgemeine Eifersucht）和性妒忌。接下来是嫉妒的地理分布：在家庭、朋友之间，在小城镇以及大城市的圈子里，如律师、医生、官员、军人、诗人和作家、画家和雕塑家等圈子，然后是嫉妒在艺术评论中的作用（已经被叔本华深刻地描述过）、学术界的嫉妒以及获胜将军之间的嫉妒。

有三章关注民主制度中的嫉妒，特别是群众的嫉妒及其在社会主义愿景中的作用。最后，他调查了宗教生活中的嫉妒和国际层面上的嫉妒。最后一章讨论了嫉妒的社会功能。

与其他人一样，雷加认为，妒忌与嫉妒之间的区别在于，妒忌产生于一个人觉得自己曾经拥有的东西被别人夺走的情况。他用比赛双方和无关的旁观者观看比赛这个例子来说明"嫉妒"与"钦佩"之间的区别：后者可以在不嫉妒的情况下钦佩对手。同许多其他作家一样，雷加认为嫉妒是一种恶习，一种消极、具破坏性的特质。它只引发一种美德，即谦逊（Bescheidenheit）。尽管雷加在嫉妒或其主题中看不到任何（情有可原的）减轻因素，尽管典型的嫉妒者通过嫉妒所得到的，是他永远无法变成他所嫉妒的那种人，也永远无法得到所嫉妒之物，然而，由对嫉妒的恐惧所引起的谦逊在社会生活中是如此必要，具有社会重要性：即使这种谦逊往往是伪装和不真诚的，它仍然使共存成为可能。它让那些社会地位较低的人产生一种幻觉，认为他们并没有被迫处于那个位置。从本质上讲，雷加对嫉妒的处理与我们自己的处理相似。他展示了嫉妒的无处不在和不可避免，以及它在 20 世纪政治中所扮演的角色，并指出了那些有助于实现社会共存的、对无处不在的嫉妒的反应。雷加似乎没有意识到马克斯·舍勒关于怨恨的伟大研究，也没有提到尼采。他所引用的文献主要是一些 19 世纪晚期的法国心理学家和历史学家。泰奥迪勒·里博特（Théodule Ribot）被引用得很多，还有一些法国伦理学家，包括狄德罗（Diderot）、拉布吕耶尔（La Bruyère）和拉罗什福科（La Rochefoucauld），雷加讨论了他们的观点。叔本华被引用了一次，亨利·柏格森（Henri Bergson）[《笑的研究》（*Studie über das Lachen*）]、斯宾诺莎和亚里士多德被引用了几次；J. 布尔多（J.

Bourdeau）、皮埃尔·让内（Pierre Janet）、G. 塔尔德（G. Tarde）
和 E. 勒南（E. Renan）被多次提及。

在雷加的著作中，我最想看到的是民族志和文化人类学关于
原始民族嫉妒现象的研究发现。然而，正是在这个领域，在他的
书问世时，已经出现了许多研究和著作。有一次，他提到了动物
（比如狗）的嫉妒；但行为学（Ethologie），即对行为的研究，虽
然在此期间取得了很大的进展，却没有在他的调查中发挥任何作
用。精神分析学（Psychoanalyse）同样对他的著作影响甚微。

一个显著的巧合是，雷加在巴黎出版他的书仅一年后，丹麦
社会学家斯文·拉努尔夫独立出版了他的大部头两卷本著作《众神
的嫉妒与雅典刑事司法》（*Neid der Götter und die Kriminaljustiz
in Athen*），这是一本比雷加的研究更具科学性的著作。

雷加还评论了我们在英语和德语文献以及日常言语中已经反
复遇到的区分嫉妒和妒忌的失败。正如雷加强调的，这些术语经
常被视为可以互换使用的，即使是一些具有无可争议的感知力的
重要作家也是如此认为。[67] 他举了几个法国文学中的例子，尽管
拉罗什富科对这一点很重视，并做了非常清晰的区分：他认为妒
忌通常是正当、合理的，因为它守护着我们拥有但害怕失去的东
西；而嫉妒是一种无法容忍他人繁荣的疯狂。[68]

## 愤慨型嫉妒

另一位法国伦理学家里瓦罗尔（Rivarol）早已指出，"比较"
是一种心智能力，在智力层面上是正义的源泉，但在内心则是嫉
妒的根源。雷加对这个观点进行了阐述。[69] 嫉妒总是源于两种情

况的比较。从定义上讲，比较的可能性必然涉及判断其中一方的
劣势。正如我们将反复看到的，这种判断并不取决于被比较者的
绝对水平或者他们之间的绝对距离。只要没有有效的补偿性观点
和情感介入，比较就可能引发嫉妒。雷加认为，嫉妒与愤慨是相
同的心理过程，但嫉妒分为两种：一种是普通且庸常的嫉妒，这
种嫉妒应受谴责，因此通常会被隐藏起来；另一种是可以被原谅
甚至被认为合理的愤慨型嫉妒 [70]（弗朗西斯·培根所说的"公共
嫉妒"）。雷加表示，这两种嫉妒都有相同的起源，它们之间的区
别取决于人们的公正态度以及对公平正义的认知。

雷加指出，他所提出的"愤慨型嫉妒"概念类似于亚里士多
德在《尼各马可伦理学》(*Nikomachische Ethik*) 中描述的"涅
墨西斯"（复仇女神）概念——一种介于嫉妒和恶意之间的、普
遍的愤慨情感。希腊女神涅墨西斯负责维持适度 (rechte Maß)，
被认为是过度幸福的敌人，这代表了希腊人所认为的神的嫉妒。
雷加写道："道德要求我们为他人的幸福而感到高兴，这的确是
一种美好品质，具有高尚品性的人会付诸实践。然而，嫉妒无处
不在，遍布世界各地。任何有助于他人自豪和快乐的事物都会让
嫉妒的人感到痛苦。" [71]

雷加认识到，在破坏性的、无能为力的嫉妒背后，有一种自
然的冲动或驱动力，没有它，我们所称之为文明的许多内容将无
法诞生。受嫉妒困扰的人所面临的问题，实际上是要判断他的愤
慨是否合理。在本书中，我们将不止一次面临嫉妒之真假正当性
问题。[72]

嫉妒是一种内敛的心态，通常被掩饰起来。它最喜欢使用的
武器之一是讽刺。雷加回忆起了亨利·伯格森关于笑的研究，笑

的原始功能是贬低和恐吓。嫉妒的策略一直包括歌颂谦逊和谴责骄傲，骄傲被称为一种罪恶。可以推测，那些感到骄傲的人比那些将骄傲归咎于他人并嫉妒他们的人要少。

在核心家庭中，也就是丈夫和妻子、父母与孩子之间，雷加认为不应该存在嫉妒。他们之间是平等的，每个人的幸福都有助于整个小团体的幸福。然而，经验表明，在许多情况下，家庭的社会结构无法消除其成员之间令人痛苦、具有破坏性的嫉妒情感。（在这里，雷加并没有谈论家庭特别容易出现的妒忌问题。）因此，他提出了一种可能的原因，即丈夫和妻子之间的嫉妒，这种原因后来得到了证实，例如在美国的经验中。由于许多职业和事业向两性开放，夫妻双方中的一方可能成为另一方的竞争对手，赚得更多，获得更好的评价，或者，如果他们从事不同职业，则一方可能享受更愉快的工作条件。[73]

在关于朋友之间的嫉妒的章节中，雷加通过各种例子，主要是来自小说的例子，证明了即使在亲密的朋友之间，彼此过分谦逊，不断为自己的优越性道歉也是更好的选择。[74] 然而，培根早就认识到了这种策略的无效性。

雷加将小城镇居民的嫉妒倾向与巴黎居民进行了比较，发现村庄社区或小城镇特有的相互嫉妒现象在大城市中同样普遍存在，但表现在诸如职业、邻里以及同一住所的居民等个体圈子中。在首都，嫉妒存在于许多"飞地"*，雷加在单独的章节中进行了描述。[75]

---

\* "飞地"（Inseln），在某国或某市境内而隶属其他国家或城市，具有不同的宗教、文化或民族的地区。——译者注

## 发生在法国的嫉妒

在书的末尾，雷加谈到了民主制度中的嫉妒。对于 19 世纪独立作家（如雅各布·布克哈特和尼采）所做出的各种发现，雷加并未做出贡献。不过，雷加的一些观察，为我们理解 1945 年后法国发生的许多事件提供了启示。法国人天生就是热情的平等主义者、无政府主义者。雷加提到了雅典的放逐制度，并对孟德斯鸠将其视为极小的罪恶表示了反对。在法国中下阶层和新富阶层中，对真正伟大事物的普遍恐惧似乎导致了这样一种观念：原则是唯一重要的，而个人并无价值。雷加对 20 世纪的竞选活动持强烈批判的态度，但认为不时会有真诚关心公共福利的候选人。首相或总理在其追随者中分配各个部门的等级制度，导致了无法调和的嫉妒，尤其是在政治家们的妻子中间。

雷加担忧群众中被系统性煽动起来的嫉妒和贪婪，但他对那些明目张胆地挥霍继承得来的财富、完全不顾底层阶级嫉妒的人的天真、愚蠢也表示了不满。他认为，嫉妒是社会邻近现象——杂货店老板几乎不会拿自己与百万富翁相比。但是，在雷加的时代——社会平等主义时代——越来越广泛的圈子至少抱有一种幻觉：每个人都可以与其他人相提并论。

雷加回到了庸常型嫉妒与愤慨型嫉妒或合理型嫉妒（legitimierbare Neid）之间的区别。他承认，在涉及真正的不公正时，受压迫、处于劣势的阶层可能会因嫉妒而采取行动。但是，他问道，谁能且有权决定何时嫉妒才是合理的？当政治家煽动群众产生嫉妒时，他是否问过自己，他的目的是权力及其伴随的特权，还是消除他人所受到的不公正？

雷加对乌托邦式的承诺和想法评价很低，认为它们把嫉妒作为工具，用它来建立一个摆脱嫉妒的人的社会。他对基于嫉妒的社会方法表示谴责，这些方法利用嫉妒者的仇恨和报复心来摧毁社会制度，却没有任何能够替代的东西。然而，正是嫉妒的持久性——这是一个总能依赖的因素——解释了社会运动的巨大成功。[76]雷加认为，社会革命并不能改变人类的基本境况。它创造了一个新的特权阶层，为俱乐部的扶手椅提供了不同的占据者，但通常会产生更多嫉妒的人，而非安抚这些人。社会革命不会改变人性。雄心、骄傲、虚荣、嫉妒和妒忌都是人类行为中不可改变的积极因素。[77]自雷加的小册子问世以来，这期间的经验越来越多地告诉我们他的诊断是多么正确。

雷加简要讨论了国家之间的嫉妒。这些国家，如同个人一样，有相互嫉妒和仇恨的能力。自雷加的书出版以来，历史为此类现象提供了无数的新案例。他预言社会主义政府和国家的建立不会阻止国家之间的嫉妒，至少从 1945 年以来，这一预测已经得到了充分证实。东方阵营的卫星国家，嫉妒着或相互嫉妒它们从苏联或美国得到的东西，发展中国家则是以敌对和嫉妒的目光看待彼此，看谁能比其他国家获得更多的发展援助。

雷加最后引用斯宾诺莎的观点来定义他对嫉妒及其伴随现象的看法，即没有所谓的恶行，只有源于人性的自然现象。雷加不认为妒忌和嫉妒是与生俱来的，而是认为它们来源于社会互动，或者，正如我们现在所说，在"社会化过程"（Sozialisationsprozess）中产生。它们是人类共存的属性，既然必须始终考虑到嫉妒的存在，那么就会产生截然不同的行为方式。雷加显然认为，有些旨在避免嫉妒的行动或行为在社会上是非常可取的。

总的来说，他似乎对这种嫉妒避免强迫症可能产生的负面影响以及对文化和个人发展的抑制程度思考得很少。在这里，他明显缺乏对比较民族学数据的了解。

雷加对嫉妒者的一般定义与舍勒的定义一致："在这些章节中讨论的各种嫉妒表现可以用几句话概括：它们只不过是被征服者对征服者、弱者对强者、天赋较差者对天赋较优者、贫穷者对富有者、受辱者对傲慢者的反应。涉及的是不同程度的暴力反应，根据情况爆发或平息，取决于气质和性格。"[78] 正因为我们不断地对嫉妒者进行防御，整个社会生活也受到相应影响。根据雷加的观点，这就是嫉妒的社会功能。

## 嫉妒的政治党派

最后，雷加回到了社会革命运动的问题上。这些运动否认自己迎合嫉妒，并宣称自己的事业是正义的。雷加重申，这种政党的成员必然会感受到嫉妒，因为他们认为自己被剥夺了财富，被排除在幸运之外。看到他人享有的丰富物质所产生的悲伤和愤怒之情，在"为什么是他们而不是我们？"这样的呼声中得到表达，这种情绪只有一个名字，那就是嫉妒。[79]

然而，雷加承认，这样的呼声之高需要我们进行反思和仔细比较。我们需要考虑功绩（Verdienst）问题。雷加认为，正如谦逊的美德源于对庸常型嫉妒的反应一样，对于愤慨型嫉妒的反应也可能导致对特权地位的必要审查。因此，他得出结论称，实际上，也可以看到普遍存在的嫉妒会有助于社会的相对和谐。[80]

雷加的贡献在于，他描述了各种社会群体中的嫉妒表现。他向我们展示了自古代以来这个问题几乎没有变化；他警告说，我们不要对通过这样或那样的改革消除嫉妒抱有过高的期望。因为这是我们生活的基本事实，我们必须逐渐接受与其共存，并在某种程度上通过谨慎的谦逊来保护自己。然而，雷加过分高估了通过刻意避免嫉妒、保护自己免受嫉妒者伤害的可能性。弗朗西斯·培根早已注意到，任何企图剥夺嫉妒者的刺激的尝试都会使他感到愤怒。

雷加是20世纪30年代生活在巴黎的一位受过高等教育的作家，精通现代文学和古典文学，并熟悉他所处时代的法国政治阴谋。他身处文化的教养和礼节，可能使他无法看到某些极端形式的嫉妒表现。例如，他只是偶尔提到嫉妒犯罪。如果说他像同时代的何塞·奥尔特加·伊·加塞特（José Ortega y Gasset）一样，警告人们要警惕嫉妒群众的反叛，并认为一个由嫉妒主导的社会正朝着灭亡迈进，那么他的作品基调是充满信心的——人们总会想出办法来应对嫉妒。在赫尔曼·麦尔维尔创作《水手比利·巴德》时，嫉妒引发的形而上的恐怖并未影响到雷加。

他与马克斯·舍勒对怨恨现象以及随之而来的嫉妒现象所做的深入、灵活且富有洞察力的分析相去甚远。同样，雷加的论述也不能与斯文·拉努尔夫的庞大研究相提并论，后者在考虑舍勒研究的同时，以罕见的、严谨的精确度，系统地利用了一整套全面、统一的数据资料。然而，我们仍然详细考察了雷加的书，因为它是我们所知道的唯一以嫉妒为主题，将嫉妒作为边缘现象来讨论的著作。令人惊讶的是，作为一种特殊现象，怨恨几乎没有进入雷加的视野。因此，《嫉妒》是20世纪30年代一位聪明的法国作家致力于嫉妒问题而做出的观察和发现的典型例子。

# 第 12 章

# 作为安抚嫉妒手段的政治

民主制度的运作依赖于不同群体及其领导人或代表人物的轮值制度。这就意味着，在特定的时刻，各方需要更有效地对竞争对手进行打击、批评和质疑。虽然选举、竞选理论上可以完全在理性、科学和逻辑的框架下进行，然而实际上，这种情况极少发生。学术界和科学界激烈的争辩和妒忌情绪常常变得尖锐，甚至带有一些非理性，使我们对民主能通过这种方式提升其语境和水平抱有极低的期望。竞争总是涉及对竞争对手立场的攻击和颠覆。即使对手的观点可以从理性的角度进行批驳，我们也应考虑从情绪的角度进行反击，因为这样的策略通常会带来回报。

如果民主政治过程能抛弃利用嫉妒情绪的策略，那无疑是个奇迹。[1] 其实用性在于，原则上，只需向嫉妒者许诺将毁掉或没收他人所享有的财产，而无须承诺任何具有建设性的东西。[2] 嫉妒的消极性质使得即使最弱小的候选人也可能听起来具有合理性，因为任何人一旦上任，就可以进行毁坏和没收。[3] 而若要扩大国家资本、创造就业机会等，就需要更精确的计划。候选人往往会尝试提出积极的建议，但显然嫉妒在他们的思考中占据了重要地位。[4]

## 政治中的嫉妒形态

在许多情况下，嫉妒的角色很明显。例如，一些本质上合理且从长远来看显然符合公共利益的经济政策措施，未能在私人和公共部门——在立法者那里——得到实施，其原因在于，人们害怕那些由于这些措施而可能首先遭受损失或得不到利益，而其他人看起来却可能有所获益的人的潜在嫉妒和愤怒。各国的住房政策便为此提供了众多实例。[5]

值得注意的是，人们往往不愿讨论嫉妒在被盎格鲁-撒克逊人称为"惩罚性税收"（punitive taxes）措施和税收中的作用，包括惩罚性、报复性、没收性的税收和法令，比如累进所得税、遗产税及其他相关类型的税收。

在这些措施中，立法者名义上追求无法实现的平等，通过极端严厉的财政手段对经济上极为成功或比大多数人富裕的少数人征税，而忽视了他们富裕的原因。社会学研究表明，这种平等主义的呼声主要来自某些知识分子群体，普通选民对那些真正高收入者几乎没有明确的嫉妒之情。[6]因为我们嫉妒的对象通常是那些与我们地位相近的人。

通常，我们并没有充分意识到政治家利用经济水平高于平均水平的人或群体的潜在内疚感。也就是说，某些经济或财政政策的实施，并非因为来自贫困阶层真正的、具有社会危险性的嫉妒情绪的证据，而是利用了非理性的内疚感。人们觉得自己必须采取行动，因为他们生活得太好了；但很少会有人问，这些行动是否会对所谓的受益者产生实际效果。在这种情况下，值得研究的是，在议会选举期间，制造荒谬承诺的狂热现象，我认为这往往不仅基于精心策划的拉票，而且是缓解许多政治家内心愧疚的一种仪式手段。

对于那些过去可能会引起一定同情的群体的立法情况则更为复杂，尽管他们现在的生活条件已不再需要同情。这些群体可能曾经刻意强调他们的嫉妒情绪，以便利用在他人心中引起的自我意识中的内疚感来攫取政治资本。在许多国家，这种情况在农民和工会中尤其明显。最初，农民和工人所表现出的义愤和嫉妒的复合情绪可能是合理的。然而，现在这种情绪已经演变成一种政治禁忌，我们认为，只有通过分析其背后的心理动机，才能正确理解这种政治局面。这就像我们在想要扔掉一块不新鲜的面包时会感到内疚，这与我们不愿投票反对对农民有利的但在经济上并不合理的措施的感觉是一样的。

## 嫉妒利用的价值无涉

如果一场社会运动、一个政党或教派将嫉妒动机作为理念的基础，或将其作为吸引追随者和获取新信徒的工具，对此我们并没有从本质上、科学上进行反驳。就社会合法性而言，潜伏在人心的嫉妒，与爱、追求自由、民族自豪、乡愁、怀旧等其他可以激发集体政治行动的情感一样，并无二致。[7] 尽管在所有不同的文化规范系统中，嫉妒都受到普遍谴责，但我们仍然不能用科学论证来否定一种政治倾向，只是因为它在其旗帜上写下了嫉妒。可能在有些情况下，预期的嫉妒被用来激发大多数人的政治活跃度，因为没有其他动机能为运动提供有前途的共享基础。L.P. 哈特利在其乌托邦小说《面部正义》中，就发展了基于嫉妒反对暴君的地下运动的观点。

进一步说，仅仅证实对嫉妒情绪的煽动在激励反对派群体方面的作用，并不一定证明被反对的权力并非公正的秩序。但是，同样重要的是，仅仅组织一个充满嫉妒情绪的反对派，也不能断言它代表更高的正义。嫉妒往往可以由微不足道的刺激或想象中的不平等引发并加剧，因此，它将人们团结在一起进行社会行动的力量，并不直接关系到被推广的观点的质量。

然而，当引入乌托邦式的无嫉妒社会观念进行论证时，就需要对嫉妒的操作进行科学性的批判。当嫉妒者被敦促采取直接行动，承诺在现有秩序被推翻后会建立一个公正的平等社会时，这样的情况几乎总是会出现：权力将落入那些由于其出身和观点而最不可能实现经济改革或再分配承诺的人手中。以嫉妒之名推行的新措施，将不可避免地延伸到生活的更广领域，触及相对优越的人群，从而导致政治和经济陷入持续恶化的混乱和瘫痪。在一些已经独立的前殖民地区，最近的历史为这一过程提供了近乎纯粹的例子。

## 发展中国家的误区

许多所谓的发展中国家，都受到以下过程的困扰：正如我们已经在关于原始社群和简单乡村社区中嫉妒影响的章节中看到的那样，不发达或欠发达的关键因素之一是"嫉妒障碍"（Neidschranke）或群体中的嫉妒习惯。这一因素的重要性最近已被一些文化人类学家确认。所谓的发达国家之所以能够持续增长、繁荣，在环境掌控技术方面取得突破，是因为它们能够通过特定的宗教、社会和人口因素，有效地抑制内在的嫉妒情绪。

在许多发展中国家，政治领导者利用他们的修辞和说服力来加剧民众对富有工业国家的嫉妒情绪，并进一步把这些国家视为自己国家贫困的原因。这些行为增强了民众的嫉妒意识，加上如果他们的文化已经使他们过分倾向于这种意识，那么这种阻碍发展的情绪和心态不仅并未得到缓解，反而得到了政治层面的认可。

我甚至支持这样一种观点：一些西方记者和学者的经济理论，实际上滋养和鼓励了发展中国家的嫉妒，无意间给他们的被保护者添加了另一个阻碍发展的心理因素，而这个因素恰恰是最难以摆脱的。

当一个反对派领导人使用一个逐渐被大众所知的独裁者、半合法的国家领导人或者几十年来一再当选的总理的个人奢侈生活，来引发公众的不满，以此创建并维持一个抵抗组织或议会反对派，却又不同时向他们的支持者承诺推翻独裁者将为他们带来经济改善，这是无可厚非的。毕竟，即使一个人手中积累的财富再多，一旦重新分配，也永远不可能在整个社会中实现经济改善。

也有一些情况，嫉妒只承担了临时的功能，不一定会被宣布为一种制度。偶尔，一个关心公司利益的下级员工，可能会策略性地利用一位不称职的经理对奢侈或在道德上有问题的放荡行为的嗜好，以将其从位子上赶下来。这样的情况在现代美国的商业报道中时有出现。当经理上方有一个监事会，其中的一些成员仍保持清教徒式的态度和斯巴达式的童年回忆时，这种策略尤为有效。这位被解职的人的命运，归根结底要归咎于他在其他人中激起的对他轻浮生活的嫉妒，这种嫉妒被塑造成了愤慨。

## 嫉妒：独裁者的陷阱

但是，嫉妒的动机也可以在独裁体制的框架内起作用，因为当权力斗争在高层展开时，局势就像在一个小型议会或选民中进行政治人气竞赛。例如，政敌利用嫉妒的杠杆，推翻一个国家领导人，比如通过强调他的裙带关系、虚荣和频繁的出国旅行。正如列奥·施特劳斯（Leo Strauss）的研究所表明的，即使是绝对的君主或暴君，希腊思想家也认为他是一个长期受到嫉妒威胁的统治者，这种嫉妒不仅仅是来自神的嫉妒。[8]

或许，在寻找国家元首旅行背后的原因时，我们应该允许自己不时地从人性的、太过人性的（menschlich-allzumenschlich）角度出发，而不是总假设有一个国家的理由。几乎所有获得卓越成就的人都喜欢旅行，尤其是现在旅行变得如此舒适。不能自由旅行，尤其是在金钱不是问题的情况下，可能会令人十分恼火。只需回想一下君主、王子及其配偶甚至自由世界的总统或首相的相对不自由，他们很少会因为愉悦而越过自己的国界，因为每次旅行都会被解释为高级政治行为。极权主义国家元首的自由受到的限制就更大了。当他每次出国时，国内的破坏危险就会增加。在一个极权主义体系中，领导人在日内瓦、维也纳、巴黎或纽约购物的愿望会更大，如果其中一个领导人成功实现了这个愿望，他肯定会激起同事的嫉妒。他们不太可能像西方外交官或记者那样相信他出国旅行的官方理由。很可能，导致领导人下台的不满因素之一是，他组织自己和家人进行娱乐性的海外旅行的能力。

## 某些政党政治的基本错误

可以理解的是，激进的左翼作家常常会避开嫉妒这个问题。这是一个必须被禁忌的领域，他必须竭尽所能地压制同时代人对嫉妒的认识。否则，他可能会失去那些出于感情原因支持他的观点甚至追随他推出基于普遍嫉妒的政策和政治伦理的严肃人士的支持。这些人知道，在大多数西方社会，嫉妒是多么地不受尊重，它在公开场合自我合法化的能力是多么地有限。

简而言之，只要是为了利用潜在的嫉妒情绪反对局外人（无论是在选民、支持者甚至整个人群中间；希特勒就利用了德国人对"殖民国家"的嫉妒），以赢得嫉妒者的支持来获取政治权力，那么就有充足的理由和政治便利性将嫉妒看作一种普遍的人类特性。在这一方面，某些社会运动已经采纳了一种在工业化发展的某个阶段能够奏效的方法。嫉妒本身在政治上是中立的。它同样可以用来对抗一个自人们有记忆以来就执政的左翼政党派政府，也可以被用来对抗一个保守派或自由派政府。然而，决定性的区别在于，保守派或自由派政府的政治家总是将选民的嫉妒或愤怒引向某些过度行为，例如个别政治家的奢侈消费、生活方式、裙带关系等，但他不会假装说（无论是对自己还是对他的追随者），只要他掌权，他的目标就是建立一个每个人最终都或多或少平等的社会，而且不再有嫉妒。

在左翼思想的政治纲领中，唯一不诚实的是其乌托邦理想。左翼意识形态中真正令人遗憾的是，它试图在消除嫉妒的表面责任（vermeintliche Pflicht）下，创造出一套完整的经济体系和制裁计划。在这里，它给自己设定了一个本质上无法解决的问题。

只要从一个前提出发，即每个人相对于命运不同的其他人都有不可避免的劣势，就会重新激活那些抑制发展的、原始民族的观念，在此意义上，它就远不如那些它公开宣称要消除的社会更接近一个相对免于嫉妒的社会。

　　20 世纪 10 年代，舍勒就已经认识到，怨恨和嫉妒对某些政党的重要性之大，若是解决了他们所批评的问题，这些作为权力集团的政党将会被从政治舞台上一扫而空。

　　　　当一个持久的社会压力被认为是预先注定的时候，它就越不可能或不容易释放出能够实际改变这些条件的力量；而且它在缺乏积极目标的批评中表现得越来越明显。这种特殊形式的"批评"，可以称为"怨恨型批评"（Ressentimentkritik），其特点是：对那些被认为不受欢迎的情况的纠正，并不会带来任何满足感——正如所有建设性批评的情况一样——相反，它会引发不满，因为它终结了从破坏性批评和谴责中获得的愈发强烈的愉悦。有一个公理（这是在 1912 年写的），它适用于我们现在的不止一个政党，那就是：对于他们或他们的代表来说，没有什么比实现他们政治诉求的一部分更令人烦恼的了。或者说，当他们那种"根本性反对"的强烈意识因被邀请参与国家事务而变得更加痛苦时，也会让他们感到非常不安。怨恨型批评的特点是，它并不真正"想要"它声称自己想要的东西；它对纠正错误的任何批评都不满意，而只是想将其作为一般指责的借口。[9]

## "黄金制成的荆棘王冠"：从嫉妒角度看 1896 年美国总统选举

如果一位政治人物，尤其是一个寻求高级公职的候选人，想要引导并利用选民的嫉妒情绪，就会发现，在他的政策理念中，制定一个旨在通过简易立法来表面解决大量问题的政策，将特别有效。如果这还涉及一个即使专家也无法达成一致意见的复杂问题，则攻击者就几乎将占据所有的优势。他的对手将被迫面对一片愤怒、怨恨与绝望的面孔，不得不说明为什么他认为这项法律不合适、不切实际或提出过早，这将让他处于十分尴尬的境地。然而，他仍有可能在某些特定的历史条件下取得胜利。

1896 年美国总统选举就很好地说明了这一点。这是少数几次选举几乎完全围绕一个明确问题展开的实例，至少根据其中一个党派的说法，这个问题可以通过一项能让每个人在字面上变得平等的立法来解释，这就是双金属货币制（Bimetallismus）或双重货币标准（Doppelwährung）。这是一种替代性的货币制度，根据这一制度，黄金和白银货币的比例由法律规定，具有任何金额的法定支付能力。人们可以理解为什么这两种最主要的贵重金属会成为基于嫉妒的政策的目标。但是，白银的拥护者呼吁嫉妒心强的大众支持他们，并攻击黄金的拥护者［"金虫子"（gold-bugs）］，由此呈现出的景象非常有启示性。除了它的平等主义含义——白银和黄金一样有价值；拥有银币的人和持有金币的人是平等的——19 世纪末美国政治利用双金属制的例子证明，煽动嫉妒并不需要显著或绝对的对比或差异。即使是一个技术性的、专业的经济问题，和一种贵重金属的评级，也可以被政治煽动者转化为基于阶级差异和贫富对比的激烈竞选活动的燃料。我们现在来看看 1896 年夏秋季美国总统选举中的一些竞选演讲。

当时的民主党总统候选人威廉·詹宁斯·布赖恩（William Jennings Bryan），年仅 36 岁。他的竞选承诺是恢复双金属货币制，这一制度自美元货币（1792 年）开始一直实行到 1873 年。他的共和党对手威廉·麦金利（William McKinley）既不认为自己是金融专家，也不认为货币问题有多重要。以下是一些支持布赖恩提名的典型观点："布赖恩代表人民，特别是穷人。当前的斗争其实是富人与穷人之间的对立……除了华尔街、公司和财团的代表之外，所有人都会投票支持他。"这是美国劳工联合会的一位领导人的言论。一位装饰工会的演讲者宣称，布赖恩的提名意味着 25 年来第一个真正的民主大会，因为它在两党之间插入了一个巨大的楔子："一方面是大众，另一方面是特权阶层。"[10]

在共和党的全国大会上，的确存在部分代表在货币银币问题上倒戈，转而支持布赖恩。这些所谓的"白银共和党人"采用了债务人阶级的演说方式：

布赖恩"代表了双金属制的伟大原则，我们认为它是人类和文明的原因"。[11]"我们深信，回归 1792 年至 1873 年的货币制度，是改善所有阶层（除了那些依赖债务增值生活的人）痛苦状况的唯一希望……"[12]

顺便说一下，布赖恩是他那个时代最杰出的演说家之一，他成功说服了主办方为他的竞选演讲支付酬劳和差旅费，让听众几乎完全把希望寄托在双金属货币制的恢复上："你必须承认，解

决货币问题是首要任务。如果解决了这个问题，就没有别的事情
要做了。"布赖恩设法以一种完全迎合其同胞的伪社会主义（民
粹主义）观点的方式来解读货币问题。[13] 他用来反驳对手的最知
名的言论之一是："你不应该把这个荆棘之冠压在劳动者的头上。
你不能将人类钉在黄金十字架上。"[14]

## 被妖魔化的黄金

在很短的时间内，布赖恩成功地给"黄金"这个词赋予了如
此不民主、邪恶、不得体的含义，以至他的反对者都竭力避免使
用它。美国东部一家共和党报纸评论道："自从麦金利少校提到'黄
金'这个词后，他就觉得自己像那个经过深思熟虑最终把头伸入
水中的男孩……他会一次又一次地这样做，只是为了证明自己并
不害怕。"[15]

要理解 1896 年美国的白银争议为何如此激烈，我们需要简
要回顾一下货币问题的历史。直到大约 19 世纪中叶，白银一直是
主要的货币。然而，英国早在 1816 年就已经引入了黄金本位制度，
而美国的双金属制度的拥护者则非常愿意激发民族主义和反英情
绪。自从发现美洲以来，白银产量通常是黄金产量的 30 倍或 40 倍。
美国已成为主要的白银生产国。建立联邦后，美国需要建立自己
的造币厂和货币，他们决定采用双本位制货币，即联邦法律将黄
金和白银规定为合法且不受限制的货币，比率固定为 15 或 16 比 1。
任何拥有黄金、白银的人都可以将其带到造币厂，将其铸造为法
定货币。这一制度从 1792 到 1873 年一直沿用。在此期间，唯
一的争议点是两种金属之间的固定比率。

但在 1873 年，发生了一件被迅速称为"1873 年的罪行"\*的事件。美国转向黄金本位制，限制了银币的使用。这一决定是由 1867 年的巴黎国际货币会议促成的，在参加会议的 20 个国家中，大多数国家都支持黄金本位制度。到 1874 年，不仅美国，德国、挪威、瑞典、日本和荷兰也都转向了黄金本位制度。19 世纪中叶，黄金产量的增加和大量黄金储备的发现，使这一举措显得更加合理。

美国在南北战争后已经处于货币转型状态。不同类型的银行票据和货币在流通，其价值因地区而异且不确定。南北战争结束仅 8 年后，美国这个世界上最大的白银生产国突然转向金本位制度。白银因此失去了地位。对于普通人来说，这是一个非常令人不安的事件，很容易被认为是农民经济地位岌岌可危的原因。白银生产商自然会竭尽所能地强化这种印象。对于负债累累的农民和小商人来说，他们感到取消双金属货币制度会迫使他们用不断升值的货币来履行现有的债务。然而，如果白银仍然与黄金挂钩，那么在他们的产品价格下跌时，他们可以用相对"更便宜"的货币来偿还债务。因此，在 1878 年和 1890 年，出台了一些妥协的货币法律，然而，这些法律只是创造了一个高度复杂和混乱的局面，没有缓解受影响群体的经济困境。但是，1893 年，格罗弗·克

---

\* "1873 年的罪行"（Crime of 1873），指的是美国在 1873 年通过的一项法律《1873 年硬币法案》，该法律终止了银元的生产并使美国货币制度转向金本位制。这一举措在当时和之后引起了极大的争议，因为许多人认为它导致了金融恐慌和经济衰退。这些批评者将这一事件称为"1873 年的罪行"，以强调他们对此举措的强烈反对。

当时，金本位制对许多农民和银矿开采者造成了不利影响，因为金的稀缺使货币供应紧张，从而导致通货紧缩、价格下跌和债务负担加重。反对者认为，恢复双金属制（金银两种货币同时作为法定货币）将有助于缓解这些问题。在 19 世纪末 20 世纪初，货币政策和"1873 年的罪行"成为美国政治斗争的焦点，特别是在 1896 年和 1900 年的总统选举中。——译者注

利夫兰（Grover Cleveland）总统要求废除 1890 年才通过的一项法案的白银购买条款时，布赖恩在国会上发表了一篇激昂的演讲。他并未能阻止该法案的废止，因为该法案无论如何都未能达到预期的经济效果，但白银生产商分发了 100 万份演讲稿。布赖恩看到了三年后成为总统候选人的机会。

1892 年，布赖恩再次当选为国会议员，这次是作为银矿业主的代言人，幸运的是，这位天赋异禀的政治家的利益至少在表面上与穷人的利益相一致。然而，到了 1894 年，布赖恩没有再次竞选众议员，而是竞选参议员。他没有能够当选。白银贸易中的朋友让他担任了《奥马哈世界先驱报》(Omaha World-Herald) 的编辑，这个职位使他得以开始为 1896 年民主党总统候选人的提名做准备。即使在 1896 年年初，也很少有观察家会猜到布赖恩会被提名，而且双金属制度将成为围绕选举展开的唯一议题。

尽管布赖恩在民主党党内会议中展现出了强烈的争斗精神，已经被提名为共和党候选人的麦金利却相信，有关白银的争议在几周内将会消弭无影。他更倾向于就保护性关税问题进行辩论。然而，共和党成员意识到他们面临的是布赖恩这个具有高度政治影响力的对手，他成功将白银争议与民粹主义者的愿望和不满情绪结合起来。

在 19 世纪的最后 30 年，人民党（The Populist Party）代表了美国的社会变革抗议运动，它在农村人口中起到了积极作用，这些人从未从 1873 年的经济萧条中真正恢复过来，也因此满怀不满。这些农民看到，特别是听说了其他人口群体正在享受大规模的繁荣。在这种情况下，"黄金"这个符号成了他们将平等主义怨恨转向政治渠道的工具，足以凝聚这种深感不公的情绪。

第 13 章

贫穷的颂歌：
从抵制奢侈到对富裕社会的反感

20世纪50年代，西方工业社会所遭受的社会批判主要集中于其物质成就方面。因为时代如此繁荣，所以必定是有什么地方出了问题。我们有理由怀疑，这种批判并非源于深刻的见解或确凿的依据，而仅仅是因为缺少合法的其他批判目标。当我们回顾现代社会批判史，会发现，批判者从未赞美过一种让其成员过着贫困痛苦生活的社会，这一点就能得到证实。对于不完善经济制度的赞美，从来不是出自特定社会制度的批判者，而是出自那些掌握权力、应当对人民生活困境负责的人。他们往往会宣称，他们所面临的经济困难只是暂时的。

　　1950—1955年，美国出现了这种"新"批判思潮的早期而明显的迹象。最初，这种批判只限于《国家》(The Nation)、《新共和》(The New Republic) 和《周六文学评论》(Saturday Review of Literature) 等期刊上偶尔出现的隐晦但尖锐的言论，后来逐步扩散到《大西洋月刊》(The Atlantic) 和《哈珀斯杂志》(Harper's Magazine) 等刊物。这种趋势如此明显，以至早在1956年，我就能准确预测约翰·肯尼斯·加尔布雷思 (John Kenneth Galbraith) 在1958年将用何种论点震惊全世界。[1]当他的书的德文版出版时，恰逢美国知识分子再次为日常政治提供贫困解剖学时，于是这本书被认真地讨论着。然而，首先我们需要有一个基础的思考。

## 富裕与真理

我们不禁要在理性的层面，而不仅仅是情感的层面，提出这个疑问：为何贫苦的生活能让人更接近真理？在很大程度上，《圣经》中的寓言可能要对这种奇怪的假设负责——然而，我们所称的真理，早已超越宗教或神学的范畴（在这两个领域，上述观点确实适用），而是科学的、可以证实的、实用的真理。为何这种真理更可能在一个食不果腹、麻衣布履的人身上显现，而非一个衣冠楚楚、生活富足的人身上？对此的原因并不是显而易见的。

如果这一观点是真实的，那么自石器时代以来，随着生活条件的持续改善，人类对自身和社会关系的真理性认识也将逐渐减少。或许，为了深入理解自我的社会存在，一个人的生活状况既不应过于糟糕，也不应过于优越？这个论点引发了一个无法克服的困境：谁有资格决定什么是过度，什么是不足？这个问题比确定什么是极端更具挑战性，因为我们更容易就人类生活可以降到的最低点达成共识，而要找到一个正确的平均值则要困难得多。

自20世纪50年代以来，社会真理（或真实性）与大多数人的福祉之间的这种出人意料的反向关联，一直是西方社会批判的主要议题。从1848年到1948年，资产阶级和自由企业的思维方式被视为原则上无法领悟真理，只有工人，或者至少是他们的代言人——那些避开中产阶级或上层阶级的知识分子（尽管他们通常出自这些阶级），才被认为拥有真正的社会真理。然而，自1950年以来，在西方工业国家，这种理论已经不再引人注目。工厂技术工人、白领工人和农民的行为方式和生活水平几乎没有差距。实际上，在许多情况下，实际收入的相对水平往往出现矛盾：工厂技术工人可能比白领工人的收入更高。那么，在 1950 年以后，欧洲或美国的知识分子还能做些什么呢？他们只能扩大自己的意识形态怀疑。不再只有资产阶级被认为在本质上无法理解工人的困境，反而是所有富裕社会的所有居民都被视为生活过于优越而无法接触到真理，陷入虚假意识。

## 歌德的"罪行"

对于过上美好生活的人的不信任和愤怒，其情感根源可以追溯到久远的历史。歌德去世两年后，他的英国崇拜者托马斯·卡莱尔（Thomas Carlyle）试图引起美国著名作家爱默生对歌德作品的注意。1834 年 11 月 20 日，爱默生在给卡莱尔的信中写道：

> 我对他的了解正在加深，但我的钦佩必须有所保留。把他尊为神是你的一种奇特的善意。我不禁将他那天鹅绒般的生活看作他的不幸，对他的天才产生了明显的负面影响。对于一个天才来说，穷困和仇恨才是合适的装饰和缓和，而他却安逸地在国家要职上度过了五十年，这种不协调令人无法忍受。我那清教徒般的本性无法为他那种不道德的生活找到借口……过上奢侈的生活与创作奢侈并不是一回事，而是一种更新的、更恶劣的罪行。

在他的回答中，卡莱尔询问爱默生，为什么精神创造者的力量必须来源于斯巴达式的生活。

鲜少有人会反驳这样一个观点：许多人，甚至可能是大多数人，由于他们的繁荣使他们能够享受所有美好的事物，而导致他们无法深入思考。但我们也知道，那些只有一件破旧衣裳、饥饿或只能吃单调食物的人，他们的思绪越来越多地集中在与生活最基本需求相关的白日梦或计划上。

20世纪60年代，英国也出现了一种伪清教徒社会批判现象，这种现象表现为对贫穷的赞美。阿诺德·汤因比和他的儿子菲利普·汤因比（尽管菲利普自身倾向于左翼）都注意到了这种社会批判的新趋势，并都表示反对。菲利普·汤因比指出："但我认为，像我这样的人过去经常抱怨失业和贫困等问题，而当保守党政府大幅提高生活水平（不管动机如何）的时候，我们却变得酸溜溜和道貌岸然。我认为我们必须承认，人们拥有更多的钱是一件好事……"阿诺德·汤因比对此表示同意："倘若忽视其物质基础而只推崇精神进步，那就是相当虚伪且令人反感的。"[2]

我们对所谓的工作抑制（Arbeitshemmung）有了深入的了解。这是一种非常普遍的态度，表现为对开展某项活动的犹豫不决，导致我们忙于应对无数的琐事，而不是真正应该做的工作。为什么非本质的事情比本质的事情更重要，对此我们总能找到一个理由。无论他们的工作或职位如何，人们总会找到娱乐消遣，来逃避严肃的智力工作。斯巴达式的禁止奢侈立法持续贬低富裕社会（或者因为这种方法行不通，而进行持续的、有时是高度有利可图的贬低），但无法改变这一事实。

确实，我们所拥有的每一样资源都有可能被轻浮地滥用。无论是在工作还是在娱乐中，都存在着明智的和愚蠢的活动，甚至有时候是荒谬可笑的行为。奇怪的是，现在越来越多的人建议政府机构应该将个人福祉，或更准确地说，追求生活方式的手段，降低到一个程度，以至他不能用它来做任何傻事——不去堵塞马路，保持身体健康和空气清新，不进行过长的假期旅行，吃苹果而不是橙子，以及任何可能激怒当前观察者的事情。这并不是新鲜事物。我记得在我的童年时代，报纸上有一则故事，这个故事应该是魏玛共和国时期的。在那个故事中，他们以异国疾病为由诋毁进口的南方水果。也许这只是一个果农协会的灵感，但其精神与今天的思潮是一样的。

## 社会不可知论

对于 20 世纪 60 年代社会批判现象的概述，不可避免地引发了一个问题：在这些怀疑者和批判者眼中，是否曾经有过一个时期，人们能够揭示他们自己社会的真相？答案显然是否定的。原始人之所以能生存，是因为他们在自己与社会以及物质环境之间设立了一个迷信的缓冲区。随着社会向更高的阶段发展，这种缓冲区逐渐由宗教和形而上学取代。当宗教和形而上学逐渐消退，政治意识形态开始兴起，而这些政治意识形态也有可能被富裕社会中被操纵的炫耀性消费带来的愉悦感取代。那么，在以前的哪一个阶段，人类曾经建立过一个与社会的"正确"关系呢？除了社会批判家碰巧认为合适的那些，还有哪些是"正确"的呢？

虽然我们暂时可以容忍这种社会不可知论（Sozialagnostizismus），但如果站在纯粹认识论的立场，可能永远无法找到社会成员与社会制度之间真正或正确的关系（忽视文化与社会的影响，以及维护和推动制度的超个体力量）。但是，这种无法确定的状态，是不是一种不幸呢？能否因此对某种社会形式本身进行指责？如果一个社会制度误导其成员，使他们永远无法理解自己所在社会的本质，那么这种制度是否应受到指责？

对于大多数人来说，真正重要的是这样一个简单的事实：在几乎所有的社会或简单的部落文化中，尽管人们的普遍信仰和社会自我解释可能是非科学、非理性的，并且可能与现实严重脱节，但它们总是与现实存在某种程度的关联。这种关联性保证了人们的信仰或习惯行为与特定社会、政治、经济和地理环境中实际可能发生的事情之间保持一定的联系。正因如此，尽管存在浪费和低效，社会生活仍然可以进行。今天，我们比1930年、1900年或1800年更清楚地知道，一个社会经济体系能够在不崩溃的前提下容忍多少似是而非的胡言乱语。

这真的令人惊讶吗？毕竟，自然科学已经告诉我们，就我们对世界的认识和掌控而言，人类的理解只需要大致与物质世界相对应就可以实现控制和预测。在许多情况下，科学家们长期以来都不清楚，甚至现在仍然不知道某些事物是如何"起作用"的：为什么某种药物可以治愈疾病，或者为什么某种化学化合物是稳定的，等等。

社会存在的情况难道不是类似的吗？通常情况下，一个社会的成员至少能够理解什么是可行的，以便制定出可承受的社会生活方式。在这方面，人们的要求可能会有很大的差异，但我对此存有疑虑：那些获得最大繁荣的集体，是否就是那些订阅了他们社会生活最新"科学"理论的人？

## 收入与"社会公正"

20 世纪 60 年代，无论在美国还是欧洲，我都观察到一些年轻人表现出一种奇特的反抗态度。通过简短的交流，我就能察觉到他们内心持久而深藏的不满：他们对自己的社会或者说整体上的西方社会，感到不适。他们对社会的舒适感到不安，对人们的境况不一，甚至对他人的过度富裕感到困扰。实际上，有些人的生活的确非常艰难，但巧合的是，与我交谈的往往并非这类人。他们的父亲甚至可能极其富有，这反而让他们的问题更严重。这是平等主义者内在的痛苦，他们身处一个尽管关注他们面临的问题，但却未能给予足够关注的社会。通常情况下，他们的生活条件过于优越，以至他们不能用自己作为例子，而是要求我将某些不幸的人与某些高薪者的奢侈生活进行对比。但是，他们很少提及像肯尼迪家族、工会领导、成功的作家、电影明星或者演艺界的名人等。他们更倾向于对知名医生、企业高管和实业家的收入表示不满。当我要求他们说出这个世界上有哪个社会能让他们感到满意并缓解他们的良心负担时，他们总是回答："没有，但是在苏联或古巴，情况可能会比美国或西德更好。"

我援引了苏联的经济统计数据，这些数据通常都会被无异议地认为是接近真实的；例如，1960 年苏联最高收入与最低收入之间的差距大约是 40:1，而在西方国家如西德、瑞士、美国和英国，这个比例更接近 10:1；此外，无论薪资多高，苏联的最高所得税率也仅为 13%。[3]

接下来，我可能会提问："在苏联，高级经理、将军、剧场导演或教授，与其最低薪资的下属相比，其收入差距相对资本主义国家的同行来说更大，这难道不会引发你的反感吗？"我的对话者毫不掩饰地回答说，这是无法比较的，因为我所提及的这些人都是在为人民服务。他们正在为那一天努力，到那时不太富裕的苏联人会过上更好的生活。因此，他们的收入是可以原谅的。这些愤怒的年轻人认为，如果今天的计划委员会委员的收入是工人的 50 倍，这也是完全合理的，因为他正在制订一个计划（尽管这个计划可能并没有实质性的效果，甚至可能带来一些问题，但如果一切进展顺利，这个计划仍然会实现预期的目标），最终会使普通的苏联人能够购买私人住宅和汽车。但是，对于美国的那些高级管理人员和商人，他们的努力使普通工薪阶层在过去几年内就能够拥有这些，我们的年轻社会评论家却认为，即使收入比例是 5:1，也是"社会上无法容忍的"。或者，他之所以感到不安，是因为他们在让未来成为现实，而他自己只是期待着遥远的未来，因为这样就可以为他今天在现实社会中找不到立足之地找到借口？

## 奢侈

今天的萨尔茨堡市政厅，曾经是冬季马术学校，也是最初的节日宴会大厅，它天花板上的壁画，可以追溯至 1690 年。其上的铭文为：

> 汝今所踏之域，昔为巍巍群峰，直至山脊延展……唯余双壁磐石，山之余韵……万物皆向力量致敬。庸人勿以厦之宏大论其奢华，须知教堂之筑于主 1662 年，巨石凿而成之。

吉尔伯德，枢机主教。*

　　枢机主教不想被指责奢侈。值得注意的是，这里用了"刻薄的挑剔者"（niedriger Nörgler）而不是"嫉妒的人"；大主教可能不想指责他的批评者犯了严格意义上的罪，或者说，一个人不能嫉妒枢机主教，而只能对他的奢侈感到愤怒。所以，我们再次发现了正当的愤慨型嫉妒（legitime Entrüstungsneid）与破坏性的庸常型嫉妒（destruktivem Vulgärneid）之间的区别，后者总是针对与自己社会地位相近的人。

　　对奢侈品的战斗由嫉妒者发起，可以追溯到很久以前。[4]《禁奢法》在不同的社会中都有出现，包括原始时代、古代、远东高度文明时期、欧洲中世纪，一直延续到今天。有时候，一个负担得起不平等的人，可以为这种特权支付赎金，可以通过支付特殊税来抵消社会的嫉妒，例如，如果他房子上的窗户、客厅里的炉子，或者他背心上的纽扣超过了必要的最低数量；今天的某些国家，汽车会根据马力征税。但很多时候，被指控奢侈的人是无法得到宽恕的。在西非的达荷美（Dahomey）土著王国，如果一个普通人用太多的树叶给他的茅屋盖顶，或者食用了丛林里找到的蜂蜜，就要为这种"奢侈"付出代价：失去一肢，甚至生命。

　　任何深度探索历史长河中不同时期、不同民族的禁奢法规的学者，很快就能发现，在各个社会体系中，几乎普遍存在一种由

---

*　这段铭文的现代版本："你所踏足的这片地方，曾经是一座山，山脊直至视线尽头。如今，两面墙上的巨大岩石是这座山的唯一记忆……所有的事物都会向强大的力量屈服。为了不让任何卑鄙的挑剔者将建筑的宏大误认为是奢华，我们在1662年将这些磨下的巨石用于神的庙宇建设。这是枢机主教吉尔伯德（Guidobald）的作为。"——译者注

嫉妒驱动的压力，此种压力会随机地将社会成员或部落成员之间一个又一个的不平等现象作为攻击目标。奢侈品本身并不存在，也永远不会存在，真实存在的只是那些被冠以奢侈品标签的消费行为所激发的嫉妒。例如，无论经济发展如何，奢侈品税收的实际效益通常都微乎其微，与那些无视"奢侈"标签、由所有人或大部分人支付的税收相比，其收益可以忽略不计。[5]

## 禁止奢侈

罗马的蒂迪亚法（*Lex Didia*，公元前 143 年）规定了对于整个意大利提供奢侈饮食的人的惩罚，无论是供应者，还是他们的客人。《禁奢法》往往适用于那些刚刚在市场上出现的特殊美食，比如鮈鳙或贻贝。如果路易九世（St. Louis）在十字军东征期间一直避免穿华丽的长袍，这可能是因为他（无意识的）对神的嫉妒的恐惧（我穿得越朴素，回来的可能性就越大）。1190 年，腓力·奥古斯都（Philipp August）和"狮心王"理查德（Richard Löwenherz）试图限制十字军过度穿着皮草。在荷兰，查理五世（Karl V）禁止穿着绣有金银的衣服以及长尖鞋，因为教会对此曾大加谴责。

然而，不仅仅是国王和皇帝颁布《禁奢法》，意大利和欧洲中部的市政当局也热衷于此类立法。像巴塞尔、伯尔尼和苏黎世这样的独立城市都制定了关于葬礼、洗礼、婚礼、宴会和着装的规定。有时，一个城市还会规定衣物的布料质量或者丝带的宽度。

同样，在欧洲的禁奢法和对神之嫉妒的恐惧之间存在着明显的联系，尽管基督徒实际上不应受到后者的困扰：例如，在 16

世纪早期的 50 年间，地震曾作为一个警示，成为限制奢侈的法律依据。从这一点可以看出，禁奢立法在很大程度上取代了魔法在原始民族中对自然和灵魂的安抚作用。我怀疑，那些对富裕社会表示轻蔑的人，很大程度上是受到了同样的古老情感综合征的支配。

某些神秘的煽动者引发了禁奢立法与一种早期的狂热宗教平等主义之间联系的怀疑。因此，来自陶伯河的汉斯·伯姆（Hans Böhm）在 1476 年要求任何人都不应该比他的邻居更富有；而在 1521 年，埃贝林·冯·金茨堡（Eberlin von Günzburg）呼吁对消费实行严格的立法限制，医生也应该无偿行医，税收必须按比例征收。

总的来说，直到 18 世纪末，立法限制奢侈消费的狂热在欧洲和美洲才开始消退，为一个不断扩大的、经济上更健康的自由市场经济的诞生铺平了道路。

伏尔泰（Voltaire）对进步的信念与他对奢侈的理解之间存在明显的联系，反映了一种社会趋势的变迁。伏尔泰援引法国路易十四时代财政大臣科尔伯特（Colbert）的观点，进一步强调，通过精心的调控，奢侈可以推动一个国家走向繁荣。伏尔泰的这种观点，无疑受到了英国思想家威廉·佩蒂（William Petty）、腓特烈·诺斯（Frederick North）、伯纳德·曼德维尔（Bernard Mandeville）以及法国思想家皮埃尔·贝尔（Pierre Bayle）等人的影响。一个世纪之后，少数人的奢侈生活为大多数人提供了就业机会。这种观念成为巴伐利亚国王为其挥霍行为寻找的政治抚慰。在伏尔泰的理论中，奢侈可以被简化为"富人的消费行为"。另一方面，伏尔泰也非常正确地指出，"奢侈品"这一概念具有相对性。他在 1738 年写道：“什么是奢侈品？这是一个我们在使用时往往缺乏深思熟虑的词汇，就像我们在谈论东西方气候的不同时一样。在现实中，太阳既不升起，也不落下。对于奢侈品的认识也是如此——有的人可能认为根本不存在奢侈品，而另一些人则可能在任何地方都能看到奢侈品的身影。”[6]

自第二次世界大战结束以来，以“奢侈品”为抨击目标的新重商主义出版物以其自相矛盾的公众成功及其相应的政治影响，无疑在很大程度上可以解读为在现代复苏的一种古老情感（如果我支持“富裕社会”的紧缩政策，那么我将为遏制全球核战争做出贡献，这样我乘坐的飞机就不会坠毁，我也不会破产等）。他们成功的另一个原因可能是社会集体内疚感的存在，这种内疚感往往带有存在主义色彩（许多人会质问自己为什么应该活着）。

## 沉溺于奢侈会引发嫉妒

必须承认，总有一些人乐于引发他人的嫉妒。用以实现这一目的的物品被标签化为“奢侈品”。有一位人类学家向我讲述了他的土著翻译的故事。这位翻译由于其工作而得到了丰厚的报酬，当被问及他将如何使用这笔钱时，他回答：“我要买最大的鼓，在村子里击打它。然后每个人都会嫉妒我。”

这是一种源远流长的观念，在古代就有很多例子，那就是享受美好生活的唯一理由，是为了引起他人的嫉妒，让他们看到一个比他们更强大、更优秀的人——实际上是一种优越感。因此，物品本身的成本和实用性与拥有者的购买动机相比，是无足轻重的，正如 20 世纪 20 年代末，意大利社会评论家阿德里安娜·蒂尔格尔（Adriana Tilgher，1887—1941）在对资本主义时代的奢侈品发表的激烈批评中所说：

> 奢侈品只有在它包含一种展示自我优越的心理状态时才是有害的……仅仅是那些试图通过奢侈品来与特定社群建立联系，以此证明自己的优越性的人。例如，在中世纪以及我们这个时代的相当一部分时间里，干净的衬衫确实被视为真正的奢侈品。但是，在今天，早上把干净衬衫套在头上的人并不会因此而觉得自己比别人更优越。如今，那些从衬衫中提取出有毒的优越感的人，是那些穿着丝绸衬衫的人，他们购买这些衬衫是希望让别人嫉妒他们……[7]

这种对"奢侈品"的定义以及其暗含的疑虑至今仍然存在。但是，批评家如何知道谁想让别人嫉妒，以及别人是否真的对此感到嫉妒？批评家不是从他们的反思中否定了这两个前提吗？

那些对奢侈品持有负面观念的人，通常是出于嫉妒，对吧？我们怎样才能确切判断一个人购买昂贵汽车的原因，是基于他认为这是未来八年最稳妥的投资，还是他想激起他人的嫉妒呢？即便在美国，我也经常遇到这种情况，对于有些人来说，尽管购买某款汽车是明智之举，却因担心别人会误认为他们只是为了炫耀，而避免购买。同样，当美国父母不愿意将孩子送到明显更优质且能提供奖学金的私立学校时，我们也能发现类似的压抑情绪。

在大部分情况下，我对不必要、愚蠢的炫耀性消费以及轻率的消费态度，持有与任何专业奢侈品批评家同样的反感。但我同时也认识到，制定绝对标准的困难性。对于某人来说可能是奢侈品的物品，对于另一个人来说可能就是唯一合理的选择，这是因为物品的质量和耐用性。有人可能更偏向于购买最优质的钢琴，而另一些人可能选择一生只环游世界一次。一旦公民开始允许权威制定禁奢法，就将为各种各样的欺诈和出于嫉妒的限制打开大门。

## "炫耀性消费"

然而，对奢侈品的真实态度通常更为复杂。即使是当代最激进的民主主义者和平等主义者，也往往对某些奢侈品的关注程度并不高。例如，在肯尼迪总统及其夫人于 1961 年至 1963 年在白宫引入更加奢华的生活方式后，美国学术界和新闻评论家对富裕社会的批评逐渐减弱。这种生活方式在很大程度上超出了美国历史的常规。突然间，之前被认为在本地制造商或汽车经销商那里引发社会反感的奢侈品，在为期四年的总统任期中被认为是可以容忍的。

嫉妒心一般出现在平等或近乎平等的人群中。只有一位国王，一位美国总统，换言之，在特定地位的人中只有一个成员，可以相对不会受指责地过上那种即使在较小规模上也会在同一社会引起愤怒的生活。只要英国或美国的记者知道自己永远无法成为国王或总统，他们就不大可能对这些人物的炫耀（Geltungskonsum）或奢侈生活感到不满，反而更可能因为本地最优秀的外科医生的任何炫耀而感到不悦。因为如果运气好的话，他们自己也有可能成为外科医生。令人反感的不是奢侈本身，而是现代社会无法阻止像我们自己这样的人实现相对奢侈生活的事实。

我们可能会私下支持许多奢侈品的批评者，但这并不意味着这种批评应该成为新的经济政策的基础。因为这将产生一个本质上完全不同的体系，其中很可能不仅是奢侈品会受到限制。

1965 年，我们发现，某些"成年礼"活动，如名媛舞会，就像半个世纪前索尔斯坦·维布伦（Thorstein Veblen）所批评的那样荒唐。尽管它们仍以同样奢华的形式存在，这反映出那些主张平等的人的无力；然而，更值得注意的是，例如，1963 年，一位父亲在一晚上花费一百万马克为女儿举办社交舞会，并可以毫不犹豫地将其作为特别节目向美国电视观众展示。

正如一些发展中国家实际上试图做的那样，我们可以在法律上为特定的家庭庆典设定最高支出限额，以规定每个家庭在婚礼等活动上的最大支出。然而，只要私人财产不受侵犯，这样的法规就只能短暂地满足人们的嫉妒情绪，而无法产生实质效果。于是，又有一种思路建议实行税收政策，使得极度奢侈的支出变得难以负担。但是，如果资产并未被简单地消除，而只是从私人领域转移到公共领域，就会出现新的问题：政府是否比个人更能抵挡那些可能损害国民经济的轻浮支出？答案可能并非总是肯定的。

我们甚至不需要考虑发展中国家为了追求声誉而进行的项目，只需要回顾一下我们大多数人都熟悉的地方性官僚的荒唐花费行为。

实际上，民主的嫉妒可以起到一种建设性的政治作用，例如限制公共支出。然而，当政府或公务员的挥霍达到一定程度时，民主嫉妒的力量就变得越来越难以及时抑制或控制这种挥霍行为。

## 奢侈为何在政治上仍然可接受

在政治领域，在追求权力的过程中，总会不可避免地有一些无意识的机制来抑制嫉妒和嫉妒者，这与任何特定的文化或价值观念无关。无论是嫉妒的激进分子为了实现心目中"公正"的世界而发起的政治运动，还是更常见的情况，即一个寻求权力的团体赢得了嫉妒者的喝彩和选民的支持，在最后的结果中，嫉妒者总是输家。嫉妒意味着要对私人生活、司法和经济领域进行武断干预，以平息其愤怒。然而，在最初的掠夺和暴乱阶段之后，这种干预只会导致权力被少数官僚掌控。为了执行嫉妒者的意愿，这些官僚必须组成一个行政等级结构。通常情况下，一个已经存在的政党将作为嫉妒者行动的执行者。

纳粹在德国上台时，他们向嫉妒者做出了承诺；这方面只需回想一下纳粹党的政策，如限制每人收入为 1000 马克、消除"非劳动性收入"等政策。南美洲诸共和国的革命运动、美国愤怒的民粹主义，也受到了那些明显希望看到社会平等的人的支持。但是，无一例外，有时在几十年的时间里，新的统治阶层变成了资产阶级或富豪阶层。他们的生活方式或者基于他们所取代的前统治阶级，或者基于新的同行——与之建立关系的其他国家的领导人——的奢华舒适。渐渐地，一种更加奢侈的生活方式变得在"社会上可接受"，也就是说，在政治上可以被容忍。每个上台的党派或团体都必然会创造一个新的特权阶层，并制定一种意识形态，使经济不平等再次变得"可以接受"。然而，这种新的不平等不可能仅限于高层政党和官僚的核心圈。为了抵御外部的嫉妒，执政当局不得不向那些与政府无直接关系的人授予"奢侈品"和个体不平等。技术进步也对此起到了推动作用。例如，1920 年，伍德罗·威尔逊（Woodrow Wilson）总统预测，美国将因为多数人嫉妒少数人的汽车而爆发阶级斗争。如今，这一情况不仅对美国的年轻一代来说难以理解，即便是在发展中国家，私家车也逐渐被视为相对可以实现的东西（尽管在实践中，在某些国家，即使对那些有钱的人来说也远远不能实现）。

那么，有没有任何奢华物品、快乐源泉、无论大小的财富，或者任何生活方式，原则上是社会变革、技术进步或政治转变都无法使之合法化并免受嫉妒侵扰的呢？我们很难说出一个来。

我们在狭义上所说的"文化"，即"高雅文化"（hohe Kultur），只有在嫉妒成功地从少数精英的"异质"特征上转移出去的地方才会诞生。奥斯瓦尔德·斯宾格勒（Oswald Spengler）直言不讳地说道：

> 成熟的文化必须包含一项内容，那就是财产。这个概念使得那些头脑简单的人产生狂热的嫉妒和仇恨。财产，在其原始意义上，是由祖先传承下来的古老和永久的所有物，或者通过主人漫长岁月里的辛勤工作和投入获得的……[8]

斯宾格勒虽然对挥霍、炫耀、暴发户的浮夸和奢侈表现出了蔑视，但他也做了一个经常被忽视的区分：

> 这个观点必须一再强调，特别是在当今这样的时期（接近魏玛共和国末期），德国的"民族"革命者像行乞修士般一样狂热地谈论着普遍的贫困和肮脏。他们宣称，拥有任何形

式的财富都是犯罪，是不道德的，反对一切拥有高雅文化和个人财产的人，以及那些比别人更能获得、维持和有价值地使用财产的人。这种反对源自对这种能力的嫉妒，而他们自己则完全缺乏这种能力。高雅文化与奢侈和财富密不可分。奢侈，是指在精神层面与一个人的个性息息相关的文化事物，是所有创新和文化发展的基础……[9]

## 贫穷崇拜

如果我们深入考察古代至中世纪的贫穷崇拜，德国的青年运动、社会动员运动以及其来自工人阶级和中产阶级的信众，再观察那些实际上生活贫困、被社会边缘化甚至被蔑视的群体如何越来越具有侵略性和怨恨的态度，以及他们如何从被嫉妒的阶层中获得同情，我们会发现一种非常引人瞩目的一致性。

在特定的社会历史时期，我们会看到一位救世主（弥赛亚）及其门徒如何通过挑衅性的言论，重塑已经存在的社会嫉妒。这种现象的产生有多种原因，如社会的普遍变革、新的生产和贸易方式，以及流动工人的攀比心理。他们在不同的地点和文化之间不断流动，比常住工人更早、更敏锐地意识到经济差异，从而，如许多研究所显示的，他们成为平等主义救世主运动的热情先锋。救世主和他的团队可能直接威胁发动革命，或者采取拖延策略，将对富人的掠夺推迟到最后审判，同时通过强调贫穷和禁欲生活的美德来树立自己反精英的形象。他们通常展现出的是嫉妒、怨恨，以及对比自己更优越地位的直接敌意。然而，情况还不止于此。对于贫穷崇拜来说，真正贫困的信徒，以及来自上层阶级的信仰者的数量，近乎相等：在中世纪，这些人包括贵族和神职人员，他们被称为"基督的乞丐"（pauperes Christi），实践着自愿的贫穷。

在 19 世纪和 20 世纪，这些信仰者的对应者是来自中产阶级和上层阶级的年轻人，他们尤其多见于英国和美国，但在欧洲大陆和亚洲也有同样的情况。这些人似乎违背了所有的阶级逻辑，不仅加入了无产阶级革命运动，还采取了所选择环节中的节俭生活方式，对所有舒适和上层阶级的装饰品表现出明显的蔑视，甚至忽视个人卫生和健康。西蒙娜·薇依（Simone Weil, 1909—1943），正如她的传记作家雅克·卡博（Jacques Cabaud）所表明的，她以一种极为纯粹和一致的方式呈现出这种人格类型。（当然也有例外，如贵族或英国贵族，他们成为沙龙式的共产主义者，却丝毫没有要放弃舒适生活的意愿。然而，通常情况下，他们的良心会感到不安，试图通过对共同事业的特殊忠诚和奉献来妥协。）

许多这样的"叛教者"（Regegaten）可能是因为个人的失望，或对父母、亲戚或兄弟姐妹的怨恨而采取这种步入炫耀性贫困的做法。避免成为嫉妒的对象和折磨人的社会良心，避免那种令人痛苦的内疚感，也是他们采取此种行为的原因之一。

也许其中一些人相信，他们自己的贫穷将"赦免"他们的种姓或阶级的责任，从而将其从惩罚或毁灭中拯救出来。但这种愿望或希望往往仅适用于个人。在许多情况下，这只不过是对贫民、被剥夺者、受歧视者的嫉妒或者是对可能存在的"邪恶之眼"的一种原始、感性、未尽思考的反应。

有时候，我们似乎又回到了中世纪或更古老的时代，那时的问题可能在于社会上层阶级觉得他们所承受的阶级压力过重，厌倦了必须始终如一地扮演贵族子弟、神职人员、富商之女的风度和身份形象。然而，对于个人来说，逃避到"简单生活"的方式并未能带来戏剧性的改变，实际上，人们甚至可能因为一些便利设施而在背后嫉妒那些仍然过着奢华生活的同阶级或家庭成员。在这种困境中，一种明显的解决方案逐渐浮现出来，那就是颂扬自愿贫穷，与真正的（或被视为真正的）穷人和被压迫者一起借助他们的乌托邦式或实际的社会革命计划，承诺最终会有一个没有人能过上奢侈生活的社会。在诺曼·科恩（Norman Cohn）的杰出著作《追寻千禧年》（*The Pursuit of the Millennium*）中，他对中世纪的革命性弥赛亚主义及其在现代极权主义运动中的延续进行了深入研究，我们的这种解释在很多方面得到了证实，同时也被大量的历史和传记数据证实。

关键因素是嫉妒情感，就如我们最初所揭示的那样，嫉妒并不是对他人拥有的东西的渴望，而是对一个没有人能享有梦寐以求的物品或生活方式的境地的向往。然而，嫉妒是一种相对的情感，与现存的不平等程度无关。因此，那些生活富足的人，当他们意欲攻击、伤害或至少羞辱那些地位超过自己的人时，可能会加入那些出身贫穷且充满嫉妒的革命者群体。

无论是小贵族对中等贵族，还是中等贵族对大贵族，甚至富有的神职人员对主教，他们都可以在对方身上找到嫉妒的源头。由微小的不平等产生的嫉妒动力，解释了为什么在贱民运动[*]——

---

[*]　贱民运动（Pariabewegungen），或称"社会边缘群体运动"，指的是一种社会政治运动，主要由被社会边缘化或排斥的群体组成。这些群体通常被视为低劣或不受欢迎的，他们通过这些运动寻求社会地位的改善和权利的平等。这个词汇中的"Paria"源于印度的种姓制度，指代在社会底层的贱民阶层。——译者注

无产阶级革命者的运动中，会不断有生活水平超过被剥夺者的人参与进来。另外，即使在一个几乎没有社会上层阶级沉溺于奢侈品的社会，也可能出现这种现象。总的来说，在一个人人都受到幸运眷顾的社群中，通常还是存在着足够的不平等，让有此倾向的人放弃他们的环境，而转向支持一个无产阶级政党。

当然，那些来自更高社会阶层并加入贱民运动的人，往往是真诚的理想主义者，他们出于公义，不能再忍受看到他人的痛苦。我们假设这些人完全不嫉妒他们优越处境的同类。然而，即使如此，我们的假设仍然成立，即这样的人在纯精神层面上无法帮助他们的受保护者，只要旁边还有富裕的家庭存在，即使工人从困苦中挣脱出来，富有家庭的存在仍会触发他们的嫉妒之情。

换言之，即使来自良好家庭的社会革命者或渐进改革者，他们所追求的不过是一个高额的累进税，他们自己并无嫉妒之心，但因必须顾及他的受保护者或来自贱民阶层的同志实际存在的或往往是假定存在的嫉妒，他们被迫实行并支持以嫉妒为导向的政策。

认识到这种关系，并不意味着认为由同情引发的社会行动（如因见到他人痛苦而采取的行动）本身就是有问题的。从伦理信条和实用主义的角度看，当社会问题变得尤其突出时，社会或其"支持者"积极寻求解决方案是至关重要的。但我们不能将有意义的关怀和福利措施（可能需要进行结构性的干预）与那些以满足无法满足的嫉妒感为行动指南的结构性攻击混为一谈。这样的措施往往会产生相反的效果。

## 千禧年运动 *

在探讨自愿贫穷崇拜的问题时（这种信仰在富裕阶层中尤为强烈），社会学家 W. E. 穆尔曼（W. E. Mühlmann）与历史学家赫伯特·格伦德曼(Herbert Grundmann)的观点不谋而合。他们认为，中世纪盛期<sup>†</sup>的经济繁荣、货币经济的崛起、城市人口的增长以及手工业的大规模出现，引发了社会各阶层的人对过上一种简朴且严谨的基督教生活的热烈渴望，从而催生了这场宗教运动。穆尔曼和格伦德曼都未将贫穷崇拜——即使在贵族阶级中——归因于直接的社会变革所引发的人们对生活方式的选择。穆尔曼提出：

> 同时，必须问的是，作为一个被轻视的阶层的职业，当"穷人"的生活方式，被故意采用和实践时，实际上发生了什么。被颠倒的不是社会金字塔，而是文化结构。"贱民不再为了自己的利益颠倒价值观"；颠倒已经失去了它的阶级内涵，因为它被各个阶层的人们所实践。<sup>10</sup>

穆尔曼其实并没有详细回答他的问题。如本书所观察的，这

---

\* 千禧年运动（Chiliastische Bewegungen），是指一种宗教或政治运动，这些运动通常基于宗教预言，强调社会公正和平等，期望通过改变现有的社会制度来实现一个理想世界。这种运动的信仰者相信世界末日即将到来，之后将会出现一个新的、完美的时代，这个时代将由基督或者某个强大领袖领导。这个词的词源来自希腊语"chilioi"，意为"千"，意味着这种信仰者相信这个新时代将持续一千年。——译者注

† 中世纪盛期(hohen Mittelalter)，指的是 11 世纪到 13 世纪欧洲历史上的一段时期，被认为是中世纪的黄金时期。这是欧洲历史上一个相对稳定和繁荣的时期，涉及政治、文化、经济等各方面的变革。——译者注

可能涉及一种深远而普遍的人性变迁，这种变迁并非仅限于中世纪及其相关问题。人类最深切的愿望之一，往往几乎是反射性或强迫性的态度和行为，便是避免嫉妒。人们渴望实现一种社会，在那里，无须想象任何人（包括我们自己在内）会因为嫉妒他人（包括我们，但不一定仅限于我们自己）而痛苦。贵族或富有的商人，通常是上层阶级家庭的子女，代表他们的整个阶级——或者说代表所有在上层社会中引发嫉妒的人——加入一场弥赛亚运动。在这场运动中，首先要消除嫉妒，然后要明确否定和贬损那些引发嫉妒的价值，甚至还要承诺创造一个新世界，在那里所有可能引发嫉妒的因素都将被消除。

值得注意的是，在寻找理想先驱时，19 世纪和 20 世纪的欧洲社会主义者竟然将目标定位在了卡特里教派\*和波高米尔教派[†]这类弥赛亚式社会革命运动身上。这些人实际上被仇恨攫取，他们虽然狂热，但从未成功地建立任何更大、独立、运行正常的社会。他们是异端分子，在被迫处理社会和经济的实际问题时，通常就被烧死了。

阿诺·博斯特（Arno Borst）注意到了社会主义者对卡特里

---

\*　卡特里教派（Katharer），又称"清洁派"，是 12 世纪和 13 世纪活跃于南法和北意大利的基督教异端团体。他们提倡贞洁、谦逊和贫穷，反对世俗生活和当时罗马天主教会的腐化。他们认为物质世界是邪恶的，人类的目标是通过戒欲和神性启示来摆脱物质世界的束缚。这个团体在阿尔比十字军战争期间遭到严厉迫害，最终在 13 世纪被消灭。——译者注

[†]　波高米尔教派（Bogomilen），10 世纪至 15 世纪活跃于保加利亚、马其顿和其他巴尔干地区的基督教异端团体。他们的信仰和教义与卡特里教派类似，同样反对世俗生活和教会的腐化。波高米尔教派认为，上帝创造了精神世界，而撒旦创造了物质世界，因此物质世界是邪恶的。他们同样提倡贞洁、贫穷和谦逊，反对世俗权力和教会权威。波高米尔教派的影响在巴尔干地区延续了几个世纪，直到奥斯曼帝国征服这些地区。——译者注

教派的再发现：

　　在任何时期，受压迫者往往都成为那些从经济角度解读自由的人们心中的英雄。1895 年，马克思主义者卡尔·考茨基（Karl Kautsky）在寻找现代社会主义的前身时，发现了卡特里教派，尽管他对卡特里教派的实质并没有清晰的了解。后来，在 1906 年，他的马克思主义伙伴米洛拉德·波波维奇（Milorad Popowitsch）将波高米尔教派的斗争（他对此有充分的历史知识）解释为阶级斗争。接下来的一年，意大利社会主义者和现代主义者乔阿基诺·沃尔佩（Gioacchino Volpe）将意大利的异教徒（Ketzer）描绘为最底层阶级的代言人；而在 1911 年至 1914 年之间，他的学生路易吉·扎诺尼（Luigi Zanoni）和安东尼诺·德·斯特凡诺（Antonino de Stefano）将社会主义理论推向极端，将卡特里主义称为一种具有宗教伪装的革命运动。[11]

　　嫉妒是人际关系中的一种普遍现象，即使在他人的表现并不明显的情况下，也需认识到其存在，它是社会现实的一种基本元素。由于嫉妒是一种无法平息、消极且无生产力的情绪，历史上大部分的成功文化都设立了对嫉妒的禁忌。只要嫉妒和避免嫉妒能保持一种基本的平衡，并且在其文化框架下允许正常的嫉妒得到表达和接受，那么社会的功能性、适应性以及其中创新活动的范围就不会受到削弱。个体和家庭也相对获得了对抗病态嫉妒者的保护。群体的公认道德会将其限制在一定的范围内，对那些由于私人的、庸常型嫉妒而试图伤害族群成员的人（通过告密、邪恶之眼、诅咒、黑魔法等）进行威胁，可能会受到驱逐或其他的惩罚。

但是，如果在一个社会和规范社会的文化准则中，私人的、庸常型嫉妒与正当的、愤慨型嫉妒之间的界限变得模糊，可能会引发对整个社会产生不利后果的社会运动和个人行为。一旦嫉妒者能够以公开声明的情绪成为法官、立法者或者在国家机构中的主要政党的领导人，那么一些社会过程就会发生，这些过程反映出人们对嫉妒本身的原始不安全感。作为政治策略或战略有意识选择的嫉妒，与广泛存在于潜意识中、构成无数微观社会控制和限制的基础的嫉妒，两者是完全不同的，后者是规律的、有节制的社会生活所必需的。

第 14 章

# 公正感与平等观

很多作者都注意到，那些对政治秩序至关重要的情绪和态度，如公平感、公正感以及不公正感，都源于人类的嫉妒本能。如果政治权力在一个地区给予商人特权而在另一个地区不给予；或者当一个人被武断地征税，而另一个人却享有免税的待遇，嫉妒的情绪就会被触发。法律面前的平等，在一定程度上是由制定法律的权力机构与接受法律约束的人之间的政治拉锯推动的。初期，当权者可能为了其私人利益，保留一些差异化的待遇空间，因为这种差异化待遇在经济上可能有益；同时，这种武断的控制和不平等的恩惠分配，实际上有助于权力的强化。

然而，立法者自身也开始受到法律的影响，因此他们对法律面前的平等愈加重视。尽管如此，即使在民主国家，仍有一些例外。例如，农民、工会、石油钻井工人和专业团体往往在某些法律上享有特殊地位。总的来说，现代民主国家的公民可以依赖法律面前的平等，这种对平等的要求是可以得到保证的。因为任何可能从他人不公平待遇中获益的人——即使对于强者而言，这种收益仅仅是在有权不公正行事时获得的快感——都会遭到其他所有人的嫉妒。

因此，大多数法律和公共法规面前的这种相对可预测的平等，为个人提供了一个可以安全活动的领域。从这个角度看，嫉妒在政治上扮演了一个积极而建设性的角色，起到了监督的作用。

然而，当那些密切关注法律面前平等并不断从中受益的公民，现在要求国家违反法律面前的平等原则，以满足那些在经济（或仅在教育）上不平等的少数公民的需要时，事态就发生了变化。现在看来，许多平等主义者似乎并不急于实现真正、持久的机会均等。英国狂热的平等主义者对《1944年教育法》的日益反感（该法案被认为是进步的，它承诺在教育中实现真正的机会均等）反映出平等主义者对他们最初要求的后果是多么蔑视。

瑞士宪法学者维尔纳·卡吉（Werner Kägi），借鉴德国学者弗里茨·弗莱纳（Fritz Fleiner）的《联邦国家法》（*Bundesstaatsrecht*），清楚地揭示了从法律平等到嫉妒的危险转变。他认为，"平等"一词被视为禁忌已经过久，对平等主义的批评不应仅限于税法立法。人们往往将"一致性"与"进步"等同起来。然而，"在民主立法中，不仅要求公正地对待同等的事物，往往也会把不平等的事物强行统一，这种做法远超出了公正对待同等事物的要求。被理想化为平等要求的东西，往往实际上只是平等主义追求的表现，表明了它对所有自主性（Autonomie）的不信任，对任何特殊地位的怨恨……"。接下来是源自弗莱纳《联邦国家法》中的一段引文：

> 尽管法律平等是民主的生命元素，但它也可能成为民主的危险所在。因为它助长了那种狂热和嫉妒，试图在生活的各个领域将人们视为平等，并且将那些基于较高教育、家庭教养、理解力、传统等因素产生的差异视为不民主。[1]

美国社会学家乔治·卡斯珀·霍曼斯（George Caspar Homans），在第二次世界大战期间曾指挥一艘太平洋上的小型军舰。后来，他试图将这段经历运用到社会科学中。他在处理士兵时犯的一个错误表明，为了维护整体和谐，牺牲一个群体的所谓挑衅性福利（aufreizende Wohlergehn），以迁就另一个群体的所谓嫉妒，这样的做法是无用的。在一个闲暇时间，甲板上的值班人员在阳光下汗流浃背，刮去铁锈并涂上油漆，而机舱的人员则在甲板上晒太阳和阅读。当一位军官向霍曼斯指出甲板值班人员可能产生的不满情绪时，他命令机舱人员在其他地方度过他们的空闲时间。然而，从下达命令的那一刻起，甲板上的值班人员就让他意识到，他们认为自己受到了歧视。霍曼斯写道："就像很多其他情况一样，如果我什么都不做，情况会好得多。"[2]

在某种程度上，这一发现可以推广。很少有哪些武断的行为，尤其是立法性质的行动，如此地得不到感激，而且充满了不良后果，就像试图平衡命运天平以减轻嫉妒的尝试一样。

## 不公正感

为什么说公正感，或者更确切地说，不公正感，要求无条件的平等呢？这个问题是由法学教授埃德蒙·N. 卡恩（Edmond N. Cahn）在他《不公正感》（*The Sense of Injustice*）一书中提出的。值得注意的是，他在标题中使用了"不公正感"这个词，而不是"公正感"。毫无疑问，后者要比前者更难达到和实践。卡恩指出，人们普遍的、强烈的不公正感，并不仅仅是因为在建立法律秩序时需要对不同类别的人群（例如针对儿童是一种方式，针对成年人是另一种方式）给予平等对待。虽然公正确实需要这种一致性，但这并不能完全解释为什么人们对不公正如此敏感。实际上，正是由于人类天生对不公正的敏感，才使得他们能够建立法律体系。卡恩认为，人们不太可能仅仅因为一个决定违反了平等待遇的理论要求而感到愤慨和愤怒，这里涉及的必须是人性中根深蒂固的东西，否则，为什么即使是最卑微、教育程度最低的人，也会痛恨不公正呢？这种对平等的要求，其根源从何而来？卡恩将不公正感描述为一种普遍现象，他表示：

> 这种对他人受到不公正的愤怒、恐怖、震惊、愤慨的共鸣反应，这些情感使内脏受到影响，使肾上腺分泌异常，使得生物本质的人类准备好抵抗攻击。大自然如此装备每个人，使他们将对他人的不公正视为对自己的侵犯。通过一种神秘而奇妙的共鸣或想象互换，每个人都将自己投射到他人的处境中，不仅是出于怜悯或同情，而且是出于自卫的勇气。不公正被转化为攻击。[3]

卡恩接着说：

> 不公正感现在表现为理性与共情的不可分割的融合……不公正感是否正确？如果正确意味着符合某种绝对且不可动摇的标准，那么答案当然是否定的……不公正感的正确性，取决于它的要求在实际行动中得到认可。换句话说，不公正感的合理性，需要通过它在现实生活中产生的有效改变来证明。[4]

　　顺便说一下，大多数的原始民族，对公平和互惠都有很强烈的意识和感觉，但这不应被误认为是一种平等的观念。在非洲的阿赞德人中，任何为亲属提供过帮助的人都会在心中准确记住他所做的一切，并期望对方也这样做，而且要有相应的行动。在原始社会，绝对没有一个所谓的"大锅饭"，西方社会的浪漫主义者总是以为每个人都可以按照自己的需求随意分配。原因之一是，这些人对现实的把握远比马克思"各尽所能，各取所需"的公式要现实得多。[5]

　　在最简单的原始民族中，也发现了对绝对互惠的意识，他们对待陌生人也是如此。卡斯滕在厄瓜多尔和秘鲁的基瓦罗人身上观察到，每当一个搬运工因生病无法参加远征队时，他总是毫无迟疑地退还他作为预付款收到的布料。有趣的是，在应对不公正现象方面，与受到传教士影响的部落相比，完全未受现代文明影响的原始部落表现得更好。[6]

　　过去两百年间，许多坚持平等主义教条的社会哲学家常常忽视一个事实：对个体来说，他与其他人之间的平等并不是那么重要。他的公正感很多时候恰恰会使他因为未能得到他认为公正和适当的平等地位而感到愤怒。在这种感情的冲动下，无论是歌剧明星还是工厂工人，并无分别。

　　美国工业社会学家反复观察到，对工人来说，他关心的不仅仅是他的绝对工资水平，而更在乎他与其他工人的工资差距。大部分的抱怨出现在工资等级无法体现工人所感知到的各种工作职责在重要性、难度等方面的差异时。[7]例如 1959 年，歌剧歌手莱斯·史蒂文斯（Risë Stevens）拒绝在旧金山歌剧院进行演出，尽管她得到了她所要求的最高费用，但因为她的另一个要求——不允许其他明星同时获得同样的费用——未被满足。[8]

然而，一个充满平等主义意识的社会可能走向何处，以下的悖论可以为我们揭示：1965年，在奥地利，一座极高的桥梁建设的顶部工人因高空作业风险而获得了额外津贴。随后，桥梁下方的工人开始罢工，直到他们也得到了高空作业风险补贴。这种动机与同时期在德国联邦宪法法院发生的一起案件类似：一名应征入伍的男子以平等的名义要求，那些由于合理理由而被免除服兵役的人，应当支付一项特殊税收，其金额应当等同于应征入伍者所承受的总体不利影响。

## 怨恨与平等诉求

舍勒曾经直截了当地阐述了这种联系：

然而，无论是作为一种事实陈述、道德"要求"还是两者兼而有之，现代平等主义都明显是怨恨的产物。因为谁都看得出，伪装成无害的平等要求背后总是隐藏着什么。无论哪种形式的平等，道德平等，财富平等，社会、政治以及教会的平等，都只是一种将那些（根据不同的价值标准）站得更高、拥有更多价值的人，降至最底层的欲望。没有人在拥有力量或优势、在各种价值竞争中有赢的可能时会要求平等！只有那些害怕输掉的人，才会把平等作为一种普遍原则。对平等的要求总是预示着价值的下跌！这是一种定律，即人们越相同，那么他们所能相同的只能是最低的价值特征。作为一种纯理性的观念，"平等"的理念永远无法激发意愿、欲望和情感。但是那种无法看到更高价值的怨恨，却将其本质隐藏在"平等"的要求中！实际上，它只想夺去那些拥有更高价值的人的头颅，这些人令它不悦。[9]

舍勒强调，公正本身并不要求平等，而只要求"在相同情况下采取相同行为"。在这里，他引用了瓦尔特·拉特瑙（Walther Rathenau）曾经说过的一句话："公正的理念建立在嫉妒的基础之上"，并指出这句话只适用于因怨恨而产生的、对公正理念的歪曲，而不是它真实的内涵。[10]

如今，将"公正"与"平等"混淆的现象非常普遍。1954 年，社会学家理查德·T. 拉皮尔（Richard T. LaPiere）在论述"平等""公平"和"公正"之间的有意义的区别时，阐明了这一现象的至少一个方面：

> "公平"（Billigkeit, Unparteilichkeit, equity）不应与"平等"（Gleichheit, equality）混淆，后者是一个法律概念。在法律面前，人们在相对罕见的情况下可能是"平等"的，小孩子在分配馅饼、蛋糕和其他有形物品时也经常坚持严格的平等。但总的来说，在人类的社会关系中，平等很少被渴望，很少被要求，几乎从未出现过。另一方面，公平无处不在，始终被坚持。而且，公平往往可以实现，即使不总是能实现。在这里，"公正"（Gerechtigkeit, justness）一词是指相对而非绝对的公平关系的实现或维持，而不仅仅是指遵循法律的规定。

拉皮尔认为，从长远来看，大多数立法行为、法律决策等都倾向于实现公平状态，尽管在某个特定时刻，公平感与法律之间可能没有关系。[11]

现在，虽然并不是经常，教会的声明也显示出了这样的理解：对平等和社会公正的诉求，很容易变成嫉妒的要求。因此，1954年，美国的一些新教教会宣称："我们社会中贫富差距明显，它破坏了团结，破坏了机会平等，威胁到一个有责任意识的社会的政治制度。"

对这些模糊的表达无法进行确切的解释。然而，下面这句话意义重大："那些利用这种不平等的人在试图为自己的特权辩护时很容易自欺，就像其他人可能欺骗自己，拒绝承认他们对那些赚得更多或运气更好的人的感情是嫉妒一样。"

为了解决这一困境，这一决议呼吁采取灵活的措施来反对任何被认为有害于"关于公正和社会福祉的宽泛观念"的不平等现象，但并没有提出如何将这些观念转化为"公正"的财政和社会政策建议。[12]

## 自由与平等

格奥尔格·齐美尔曾评论过自由与平等之间关系必然的不稳定性。

> 当普遍的自由存在时，某种程度的平等也随之存在；因为自由的存在仅仅表示着一种否定——没有任何形式的统治存在……然而，这种随自由而来的平等，实际上只是一个过

渡点……典型的情况是，没有人会满足于他在同伴中的地位，而每个人都想要得到某种意义上更有利的地位。因此，当占大多数的人群对提高生活水平有所期望时，他们最直接的表达就是，他们想要拥有和成为那些位于社会顶层的人所拥有和成为的。[13]

在齐美尔看来，嫉妒和怨恨总是相对社会接近性的产物："无产者的怨恨几乎从不针对最高的阶层，而是针对他所看到的、紧挨着他的中产阶级……他们代表着他必须攀升的命运阶梯的第一阶，因此他的意识和进取心暂时集中在这些人身上。"[14]

然而，人们几乎从不满足于达到社会阶梯的某一个台阶。对社会上升的渴望本质上是无法满足的："无论在哪里，人们试图实现平等，都会发现，从这个新的基础出发，个人超越他人的努力都会以各种可能的方式显现出来。"

齐美尔指出，相当普遍但模糊的观点认为，平等本身就能永久带来从统治中解放出来的自由。然而，自由总是超越平等，总是渴望获得新的优越地位。齐美尔以一个"典型的真实"的轶事来说明这一点：在 1848 年革命期间，一个煤炭搬运女工对一个穿着华丽的女士说："是的，夫人，现在所有的东西都将变得平等：我将穿上丝绸，而您将搬运煤炭。"正如齐美尔强调的，人们不仅想拥有新的自由，还想利用它。[15]

## 好运与厄运，偶然与机会

确实，诸如"运气"、"偶然"、"机会"（Chance）、"走运"（Schwein

haben）等概念，我们通常将其理解为个人在自身或他人无法控制的情况下意外获得的恩赐，在所有的文化中并非都有等同的表述。实际上，许多语言都无法准确地表达这类概念。

然而，在某个社会里，如果存在类似的概念，那么这将在抑制嫉妒问题上发挥至关重要的作用。只有当人们能够将不公的责任归咎于非个人的力量——那些无法由个体或受惠者所独有的、盲目的机遇或命运，他们才能在不屈服于对自己和他人都具有破坏性的嫉妒的情况下，接纳个人命运的明显不公。"今天是别人的幸运日，明天或许就是我的。"同样的安慰也可以从"厄运"（Pech haben）这个表述中得到，这个表示"不该有的不幸"的词汇源自 18 世纪的学生俚语。"Pechvogel"，意为"不幸的人"，字面上则意味着"总是陷入困境的人"（der Am-Vogelpech-Hängenbleibende）。[16] 这里所涉及的并非是那些可以通过特别的崇敬热情或纯洁的生活方式而给予恩赐的神，否则，这将可能引发历史上反复证实的那些充满恨意、耗尽精力的"比你更虔诚"的狂热者的嫉妒——比如在女巫审判中。

有趣的是，存在一种"半途而废"的情况：某些文化中虽然存在分配不公、机会不平等的观念，但它的成员可能仍然不敢全然依赖运气。他们仍然会对那些可能存在的、他们的同胞所投射的其他力量或神保持忧虑，这些力量或神可能会将怒火发泄在那些被幸运女神偏爱的普通人身上。这正是古希腊人所达到的阶段。

在英语中，"幸福"（happiness）和"运气"（luck）都对应德语中的一个词"Glück"。然而，"幸福"这种内心的平衡和满足状态，归根结底是取决于个人自身的，而"好运"或"坏运"（Glück oder Unglück, good luck or bad luck) 却是完全独立于个人的努力、预测或人为干预的。尽管完全有可能会因为他人的平静和幸福而对其产生嫉妒，因为这在很大程度上取决于他的工作和行为方式，但从定义上来说，我们几乎不可能仅仅因为他人的运气好而嫉妒他。因此，通过这种语言表达，英语实际上消除了人际关系中的一些潜在嫉妒。

一个运动员、学生或商人在取得了非凡的成功后，可能成为他人嫉妒的对象，此时他只需耸耸肩，说："我想我只是运气好。"他尝试通过这种方式，通常是无意识的，来消解可能产生的嫉妒。实际上，英语词汇"luck"源自中古高地德语词汇"gelücke"，定义为：一种无目的、不可预测、不可控制的力量，它可以对个人、团体或事业产生有利或不利的影响。或者说，是一系列因素偶然组合，给个人带来有利或不利的后果。

另一方面，"happiness"这个英文单词最初的意思更接近运气，也就是说，由于"偶然"发生的事件或事情带来的状态。然而，随着时间的推移，幸福开始获得了完全不同的含义，即产生满足感的福祉，这种满足感在本质上是每个人都可以同时享受的。在杰里米·边沁（Jeremy Bentham）的公式"最大多数人的最大幸福"中，就只可能在这种意义上理解"幸福"。因为如果用"好运"替代"幸福"，这将是荒谬的，因为只有在"好运"在世界上分布不均而稀缺的情况下，一个人才能拥有"好运"。当然，在一个社会中，任何数量的人都有可能获得幸福，因为这在很大程度上取决于他们自身。但是，他们不可能同时"走运"，所有人都受到命运的眷顾。从时空的角度来看，这是不可能的。然而，现代社会哲学家已经将这种词汇的混淆转化成一个危险的原则，因为他们相信他们一直在谈论的机会平等会导致幸福的平等。实际上，恰恰相反。

## 满足感

一个个体在情感上可能会接纳自己或后代的命运，这是因为在每个实际而非乌托邦的社会里，他从根本上意识到，或者至少能够说服自己和他人，他未能在表面条件相同的情况下达到他人的成就，主要是因为他没有拥有相同的运气。没有哪个社会能为其公民构建一个全面覆盖生活各个方面和各个目标的抽奖系统。有趣的是，即使在那些涉及财税立法嫉妒情绪泛滥的社会里，如英国，博彩仍被视为"在政治上可以被容忍的"。在这样的环境中，任何人只要花费少许便士，就有机会赢得数千英镑的免税收入，尽管赢取的可能性非常小。

在德语中，我们无法找到"happiness"（幸福）和"luck"（运气）这两个词的精确对应，我们只有一个词语"Glück"，这无疑带来了一定的困扰（唯一的例外是"bad luck"的翻译可以用"Pech haben"来表达）。尼古拉·哈特曼在《价值伦理中的运气概念研究》（"Untersuchung des Begriffes Glück in der Wertethik"）中对这个词的研究就说明了这一点。

"运气（Glück）的本质就是在人的一生中戏弄他，嘲笑他，诱使他继续前进，误导他，最后让他空手而归。"在这个背景下，他实际上在讨论的是"有好运气（luck）"。

哈特曼继续说："幸福并不完全取决于似乎与之相关的、现实生活中可以获取的物质。它更多地，或者说更主要地取决于一个人内在的素质，对幸福的感知度、对幸福的能力。但这受制于对幸福的追求。"[17]

这里指的是"幸福"（happiness），而非"好运"（good luck）。这使我们可以进一步理解这个想法。首先，在某个平等主义者开始规划改变世界的计划之前，我们应该意识到"运气"（Glück）表示的是一些不可预测和转瞬即逝的事物，一些人可能拥有，而其他人可能没有，或者至少是不同时拥有。满足感（Zufriedenheit）与"幸福"（happiness）的概念相近，但是，满足感的前提是不过分追求或依赖运气。到了 19 世纪末，满足感变得不再时髦，宣扬满足感被视为保守主义。每个人都应该幸福，而且这种幸福应得到国家的全面保障。然而，人们未能认识到，在一个福利国家，每个人都能得到他所需的一切，并能根据自身能力做出贡献，此时好运和厄运的概念就不再适用。在这样的社会里，幸福（Glücklichsein）——或者说满足感——就不存在了，因为它的存在条件是，不是每个人都能同时享受好运。

## 机会均等

在一场游戏中，机会绝对均等，因为所有玩家从一开始就知道，只有极少数人可以赢，这与"最大多数人的最大幸福"没有关系。的确，少数嫉妒的人可能会因为别人赢得幸运抽奖而暂时感到恼火，但是，这种意外之财在欧洲是免税的（在美国则不然），这表明中奖者几乎没有受到嫉妒。这是因为机会的真正均等以及选出获胜者的绝对偶然性。一个妻子不会因为丈夫没有买对彩票而唠叨。她可能会责备他选错了足球队，但即使在这种情况下，由于有如此多的排列组合和不可控因素，没有人会因为屡次失败而产生严重的自卑感。

然而，一旦政治家和改革者开始谈论机会均等，特别是在涉及个人品质（如才能、性格、外貌、言谈举止等）的成就领域时，情况就会完全不同。这甚至适用于在人生的早期阶段国家向所有人提供平等的技术和财政机会。因为如果一个人的一生中不仅有平等的机会，而且人们之间也像平等主义者认为的那样相似，那么社会将如同一场比赛，所有选手都跑得一样快，以至他们都在同一时刻到达一个狭窄的终点，而这个终点一次只能容纳一个人通过。

在一个以成就为导向的社会中，不可能存在真正的机会均等，最多只能为不同的人提供适合他们的机会：机会和个人必须是互相补充的，但这样一种制度的结果是一个社会经济分层的社会，其中存在明显区别的阶级或地位、职业和声望。这种社会会引发嫉妒，但承认这一点比表现得好像机会均等真的是可行的要诚实得多，也对社会更有益。

平等主义者，这些致力于缓解社会嫉妒的政治专家，现在发现自己由于误解了“机会均等”（Gleichheit der Chancern）这个概念，已经在教育领域陷入了两难境地，只要我们继续生活在一个基于分工原则的社会中，他们就无法摆脱这种困境。

平等主义者主张通过以下两种方式来建构具有平等理念的社会。

第一，美国模式，该模式已经实行了多年，基本上（当然存在部分偏差）要求6—18岁的所有儿童，无论性别、阶层、血缘或能力水平（从较低教育水平到天才），都在同一所学校和班级中接受教育。这些学校和班级的构成，并非取决于父母的居住地，也不取决于学生的智力，而只取决于纯粹的偶然性。这种制度的结果，虽然出乎意料，但却无法避免——只是推迟了地位之争，因为在黑暗中，所有的猫看起来都是一样的，所以一个人在 18 岁之前的教育影响不大。但当他们高中毕业之后，他们的父母开始不遗余力、不惜一切代价尽力将他们送入最有声望的大学。然而，由于在平等名义下高中教育水平下降，约有 50% 的美国人被送入了各类大学，这些大学的教育标准如此之低，以至现在 75% 的人在 22 岁左右从这些大学毕业时，就像 30 年前的高中毕业生一样，觉得自己毫无专业能力。然后，美国又出现了对所谓"研究生院"的新一轮热潮——这些实际上是达到真正的大学或技术学院水平的教育机构，几乎所有的学生都可以获得奖学金，无须考虑父母的经济状况。但是，如今申请研究生院的免费名额比满足入学条件的申请人还要多。因此，大学开始派出人才侦察员"星探"来寻找潜在的学生。

最终，经过巨额的公共和私人投入，诞生了这样一个群体——他们在 28 岁才离开学校，引起了那些 18 岁就离开学校的人的嫉妒。然而，这两个群体都接受了过多的职业化教育，都有课堂疲劳、乏味单调的问题，因此常常存在不同程度的过度娇惯，无法胜任本应适合他们的职业。一个在十七八岁时通过各种方式仍然留在学校的孩子，无法接受技术培训，因为他觉得已经受够了老师；而一个在研究生院待到 26 岁或 28 岁才获得博士或硕士学位的年轻人（他"正确地"认为他的本科学历已经失去了价值），并不满足于成为一家银行或商业公司的实习生。

第二，20 世纪 40 年代到 60 年代，英国以平等主义的名义再次推出了一种模式体系，试图为所有人提供平等的机会，这个体系不受家庭和收入的影响，但它与美国的体系有所不同，即在 11 岁时，孩子就可能会被分配到三种不同类型的学校，这些学校的要求各不相同，因此，它们的质量也有所不同。这一过程取决于一次严格的综合考试。

然而，工党政府已经宣布反对这种体系，这种体系已经被部分废除或削弱，其中的一个原因是，人们已经意识到 1944 年的乌托邦理念显然并非通向平等主义天堂的道路。

## 以机会不平等作为借口

1954 年，英国出版了由 D. V. 格拉斯（D. V. Glass）编辑的一份关于社会流动性的研究报告，它建立在面向一万名成年人的问卷调查基础之上。在这本书中，已经出现了一些后来被年轻的英国社会学家迈克尔·杨（Michael Young）在他的深刻著作《优绩制的兴起》（*The Rise of the Meritocracy*）一书中进一步深化的趋势。[18] 这本书所引起的反响，可以从左翼周刊《新政治家与民族》（*New Statesman and Nation*）上一篇对格拉斯的研究评论中看出。评论员问道：

"……再过几代，可能会有一个新的社会……再过几代，可能会有'完美的流动性'，除了少数上收费学校的人——如果还有的话。但到那时会发生什么？平等机会到底意味着什么？"[19]

因为，正如 D.V. 格拉斯所指出的，文法学校、技术学校和现代中等学校（grammar, technical and modern secondary schools）的三重体系并未使流动性的机会变得更加均等：

相反，选拔程序越有效，这些劣势可能就越明显。在公立学校之外，正是文法学校将培养出新的精英，这个精英群体看起来更难以攻破，因为它是根据"智力衡量"来选拔的。选拔过程将加强已具有较高社会地位的职业的声望，并将人口划分为若干流派，许多人可能会被认为——事实上，已经被认为——像绵羊和山羊般截然不同。

接下来是格拉斯的关键句子：

相较于过去在教育体系中普遍存在的社会不公，未曾接受过文法学校教育或许会导致更为严重的不利影响。而更为痛苦的是，当一个人意识到他未能进入文法学校的选拔是有其合理性的，他可能会感受到更为强烈的愤怒，而非减轻其痛苦。在这种情况下，表面上的公正可能比不公正更令人难以接受。[20]

评论家对此感到忧虑。他遗憾地指出，当新的《1944 年教育法》获得所有党派的一致同意并通过时，却未有社会学者对其可能的发展进行研究和预测。他怀念那些美好的旧时光，当时的原始人，无论个人能力如何，也在社会中拥有自己明确的地位。（这是一个颇具争议的假设。）20 世纪中叶的平等主义者将原始社会中停滞不前的平等与进步混为一谈的困惑，很少像这位评论员的话那样明显地表现出来：

他们在原始社会中拥有情感上的安全感，但缺乏自由。

然而，对我们来说，情况恰恰相反。我们摆脱了原始生活紧密、限制性的模式，将我们的创造力从禁忌的束缚中解放出来。但是，在获得流动性的同时，我们也失去了安全感。生活的目的是什么，我们为何而生，我们如何适应，什么是对的，什么是错的？我们再也不知道了。[21]

评论员谈到了一个极其危险的过渡阶段，但随后又像所有平等主义者一样，寄希望于更多的教育，以引导我们进入一个相互理解和同情的时代。这种观点给人安慰不多，也没什么新意。

机会平等的失败，根源在于个人并非都有相同的能力来把握和利用这些机会，以取得相等或者类似的成功。而这是一种更为痛苦的经历，因为他们无法将其归咎于外在环境，只能归咎于自己的能力不足。

这一现象令平等主义者，尤其是工党的知识分子感到失望，因为即便在机会平等的情况下，工人阶级儿童在文法学校的比例仍然远远低于他们在总人口中的比例。这种现象部分原因可以归咎于在所谓的社会化过程中，家庭存在的教育机会差异，这有一定的道理。例如，工人阶级家庭的孩子与父母的对话通常缺乏层次性，也并没有做好升学考试的准备。

然而，这种观察仅触及了问题的一部分。英国的多项研究发现，那些根据考试成绩有资格进入更高级别学校的工人阶级家庭的孩子，他们往往并未充分利用这一机会。进一步的调查发现，孩子们不愿意进入提供更大社会晋升机会的学校，原因在于他们害怕同龄人中才能较差的人的嫉妒，以及害怕那些在他们的成长环境中未能享受到机会平等的长辈的嫉妒。[22]

在任何社区、群体中，都没有什么比防止个体从较低的群体中突出，成为"更好的人"的社会控制方式更为有效，也更为可恨。这种观察不仅在英国的学生中频繁出现，也在美国各种不同的少数族裔群体中被反复提及。在被歧视的群体中，由于社会嫉妒而阻碍其社会地位上升的现象，往往比在更高阶层中的排斥趋势更为明显，也更容易证实。

## "社会公正"允许私立医疗，但不允许私立学校

在一部分析英国中产阶级的书中，两位作者针对工党政府在"二战"后期的"社会公正"及追求"更大平等"的复杂动机进行了探讨，并直言不讳地指出这些动机背后真正的驱动力是"嫉妒"。尽管工党政府的某些政策已经带来了显著的、可感知的平等，但在战后初期，公众仍在争论这些平等措施是否真正改变了战前的收入分配状况。

> 这种更大程度的平等可以从不同的角度来看待，例如，作为防止革命的一种保险。常有观点指出，这样的平等是在没有革命的情况下实现的，但是，仍然是在迎合阶级压力而实现的。它被视为英国制度的一项伟大成就，至少在某种程度上，它是基于预期平等会在某个点上停止的假设。但问题是，如果"穷人"渴望达到富人的生活水平，那么他们在实现完全平等或在物质条件上被视为平等之前是否会感到满足呢？在许多国家，包括英国，体力劳动者的收入可能比文员高——为什么不能比脑力劳动者赚得多呢？嫉妒并不取决于任何特

定的数量，而仅仅取决于差异。一个人可能会因为他比自己
多挣 10 英镑而嫉妒他；实际上，人们可能会因为许多与收入
无关的事情而嫉妒他。[23]

例如，特别是在英国，人们可能会因为一个人的措辞、言谈
方式而嫉妒他，这在很大程度上取决于他所就读的特定学校，为
他的人生和职业发展提供了有益的社交联系。因此，在 20 世纪
50 年代，左翼知识分子对排他性更强的私立学校进行了抨击，这
是完全符合逻辑的。1953 年，约翰·斯特雷奇（John Strachey）
曾对以下事实表示反感：尽管中产阶级和上层阶级广泛利用了国
民医疗服务（这本身是可取的，因为他们的需求提升了国民医疗
服务的效率），但他们很少充分利用免费教育。因此，他提出了
一个激进的主张：

> 在卫生服务领域，我们可以忽略合法的私营企业所占的
> 一小部分……然而，在教育领域，情况就完全不同。在教育
> 领域，我们必须面对这样一个事实：在私立学校完全被禁止
> 之前，我们可能永远无法实现真正的平等。即使教育的台阶
> 被广泛地设置，但只要特权阶层仍然拥有专用的电梯，问题
> 就无法得到解决。[24]

斯特雷奇和许多持类似观点的人对学校的影响过于夸大。即
使每个人都只能去同样平庸的学校——因为一个国家的所有年轻
人永远不可能全部就读"同等优秀"的学校——总会有一些人，
尽管有学校的影响，但由于家庭因素和个人的动力，依然会获得

教育、智力和语言修养、良好的品味等，从而使他们显得与众不同。因此，有必要禁止家庭环境中的不平等现象——这是以色列的"基布兹"（Kibbutz，集体生活实验）曾经尝试过的。

## 住房嫉妒

生物学上的领地意识，即划定一片所有权范围的本能，在鱼类、鸟类和各种哺乳动物中都有表现。现在人们认为这是一种基本的生物学冲动。某种生物需要保持一定的生活区域，得以免受同种竞争者或寄生者的侵扰，以确保其周围环境有足够的食物。正如有些动物在保卫领地时反应过度一样，贪婪的人在与其他人的关系上也会走得太远。但这并不能改变一个现实：只要无法随意占领他人的领地，嫉妒和侵略就永远存在。只要 A 在宇宙中必然占有一席之地（无论是山洞、小片土地、渔场还是高薪职位），总会有 B、C 和 D 等人想要占据 A 的位置。一些学者提出的解决这个问题的理论就是这样的：一个权威机构，比如国家、官僚结构，将 A、B、C 等人分配到各自的位置（如公寓），以防止 B 嫉妒 C 和 A。然而，正如我们早已发现的，这种做法根本无济于事，反而加剧了嫉妒。不仅 A、B、C 和 D 会嫉妒负责分配的官僚或 × 委员会，因为它们处于令人嫉妒的权力地位，而且即使是一个真正公正的执行机构，真诚地寻求实践绝对的社会公正，也无法安排得那么好，以至 A、B、C 和 D 不会嫉妒彼此在时空世界中的各自位置。任何想了解这种嫉妒的人，只需翻阅奥地利的日报——例如 1964 年夏天的一篇报道——在市政新住宅中，特权租户激起了最原始的嫉妒情感。

　　在消除嫉妒方面，一个人是因为比别人富有而在自由市场上租下了一所舒适的房子，还是因为他属于正确的政治团体而被分配到这所房子，这并不重要。在后者的情况下，他显得更为糟糕，因为在政治权威面前的无能为力比在他人金钱面前的无能为力更令人痛苦。毕竟，一个人可能赢得足球彩票，但不可能一夜之间赢得执政党的青睐。此外，政治党派往往对所有人的福利平等毫不关心。他们不希望看到分配有限数量的房屋、办公室等带来的权力减弱。

　　美国一份报纸关于平等问题的幽默建议是，为了实现完全公正的社会生活，一栋建筑的所有租户应当至少每年"搬家"一次，顶层的人搬到底层，一楼的人搬到五楼，以此类推，几年后，每个人都会体验到建筑的优缺点。

## 炫耀性消费中的虚假平等

　　根据舍勒所述，"当所涉及的价值或财产由于其本质而难以获得，且同时处于我们与他人进行比较的范畴时"，[25] 嫉妒就会引发更大的怨恨。

　　1954 年，美国历史学家戴维·M. 波特（David M. Potter）基于美国社会的发展得出了同样的结论。他使用了"invidious proximity"（引发嫉妒的亲近关系）这一术语。在美国，随着各阶层个体在休闲时更容易相互观察的程度增加，例如在运动或旅行时（每个人都有汽车，几乎每个人都可以买得起摩托艇），仇恨、嫉妒和怨恨日益加剧。这种现象与家庭用品、服装和地位象征品对每个人来说越来越触手可及（至少可以分期付款）成正比。因为在一个民主的且大体上平等的比较环境中，美国剩下的阶级障碍才能充分显现。

在美国，工人的儿子可以开同样的车，穿同样的衣服，带他的朋友去同样的餐馆，而且与英国人不同，他们可以说同样的英语。但他们很难被医生或银行家的家庭接受为女婿。在一个看似平等的社会环境下，这种痛苦并没有减轻，这些障碍往往是因为一个人的肤色、父母或祖父母的出生地等原因而形成的。[26]

## 合理的嫉妒与不合理的嫉妒

迄今为止，嫉妒在人类生活中无处不在。几乎所有写过关于嫉妒的人不仅说的是对的，而且从他们自己的特定立场认识到了比他们预料的还要更普遍的真理。嫉妒不可避免、无法和解、会被微小的差异激发、与不平等的程度无关，在社会关系较为紧密的人之间，或较近的亲属关系之间表现得最糟糕，是每一次社会革命的动力，但本身不能产生任何一种连贯的革命纲领。

从古至今，那些关于嫉妒的描述都是正确的。然而，有一类作者应该失去声誉，因为他们已经被实证驳倒：这些作者试图利用嫉妒来构建他们的社会和经济哲学，或者幻想重新组织社会生活，建立一个既没有嫉妒需求，也没有嫉妒可能性的社会。[27]

在某种程度上，只要是人就意味着有嫉妒，因为如果没有嫉妒这种属性，任何类型的社会组织都不可能存在。一个依赖于消除嫉妒的社会是无法运作的。然而，一个将普通的嫉妒者提升到道德仲裁者或法律制定者的社会，也不可能长时间地维持正常运作，且不论情况如何，都是在极度浪费其资源。一个社会的文明成就力量，关键在于其如何巧妙地驯化和引导嫉妒，而非对其火上浇油。在某些情况下，社会可能以追求尽可能的完全平等为名，进一步去激发嫉妒，虽然这种做法可能是徒劳的，但从权力政治的短期视角看，它往往能起到暂时的安抚效果。然而，他们却误入了一种偏见，即认为在这样平等至极的社会里，嫉妒会消失，人们的内心将永远保持纯洁。

如今最令人不安的问题之一是，由于懒惰，许多人要么假装，要么真的相信自己无法区分合理的愤慨型嫉妒（按照雷加的说法）和普通的、庸常型嫉妒。如果考虑到 20 世纪五六十年代政府和其他机构针对嫉妒性攻击行为的反应，人们可能会认为，只要表现出愤怒和嫉妒，就足以证明任何行动或要求的合理性。嫉妒被用作合法化工具，嫉妒者、团体或运动不再需要证明他们的嫉妒是对真正不公正的合理性愤慨。

在有序的社会和国家生活中，庸常型嫉妒与合理的愤慨型嫉妒之间的界线，被日益激进的对平等主义、平等观念的误解和夸大模糊。此外，时间维度也丧失了。"公正"必须在此刻实现：将其推迟到明天或后天，被认为是不可思议的。

然而，如果在一个松散的社会环境中，每个人都认为自己与其他人处于同等地位，并且逐渐失去了通过努力工作来获得更高地位或生活水平的观念，也就是说，如果平等观念与完全即时满足的期望相互融合，那么就无法区分这两种形式的嫉妒。因此，当在街头抗议的人们充满嫉妒和仇恨时，每一种特权、地位的优越性、财产和繁荣的差异以及任何合法选举产生的权威，都可能受到攻击。今天，证明任何不平等的可行性的责任已经由嫉妒者转移到不嫉妒或较不嫉妒的人身上了。嫉妒使自己合理化了。

## 平等主义与嫉妒

如果研究嫉妒必然在某种程度上涉及了社会公正，这不应被误解为是在试图将人类生活中的一个有问题的方面与一种社会运动联系起来，以便指责后者。这种联系是不可避免的，原因在于以下几方面。

各种形式的平等主义，总是在那些深受社会嫉妒问题困扰的人中招募大量（如果不是绝大多数）的支持者和理论家。这些人大多生活在良好甚至优越的环境中，但却因认为自己可能引起他人嫉妒而感到痛苦。他们关心那些像他们一样被人嫉妒的人，以及那些嫉妒他人的人。平等主义者的著作，特别是他们的日记、信件和自传，充分说明了他们对这个问题的关注程度。

这种观点给平等主义带来的冲动，主要是朝着一个既没有被人嫉妒的人，也没有嫉妒别人的人的社会形式发展。不幸的是，很少有平等主义者真正了解嫉妒的起源和程度，他们还未能认识到他们所提议和实施的许多补救措施只会加剧嫉妒。

比阿特丽斯·韦伯（Beatrice Webb）日记中的一项记录，显示了渴望实现平等社会的知识分子对实现这一目标的手段了解得多么少。她的丈夫西德尼（Sidney）承认，他宁愿看到工党在最近的选举中失败，主要是因为该党没有任何解决失业问题的计划。他相信，削减失业救济金的提案将导致该党的崩溃。在关于实际政治局势的这些笔记后，比阿特丽斯·韦伯反思了平等主义的关键问题，以及实现平等社会的困难：

　　我开始怀疑的是，从资本主义向平等主义文明过渡的"渐进不可避免性",甚至是"渐进可行性"。无论如何,在我们国家,没有一位领导者思考过如何在不翻车的情况下完成这一过渡。西德尼说"它会自己实现"——在没有达成共识计划的前提下,一个政党承认并接受这个计划,而另一个党派则予以谴责。我们将像滑入政治民主一样滑入平等主义国家——无论名义上是社会主义还是反社会主义,都朝着削减地租和利息、增加劳动报酬的数量和安全性的方向迈进。但是,这不能在不转移国家储蓄控制的情况下完成;我不明白的是,如何可以逐步地完成,或者,如果没有在清晰思考过的路线上进行激烈的斗争,如何能完成。没有人在思考。所以我们像陷入大战一样漂泊到某种灾难中。西德尼说,"我所知道的是,我不知道如何去做!"[28]

这常常被威廉·罗雪尔和约瑟夫·熊彼特(Joseph Schumpeter)、雅各布·布克哈特和尼采、马克斯·舍勒、奥斯瓦尔德·斯宾格勒和法学家奥利弗·温德尔·霍姆斯等人指责为嫉妒之心作祟。[29]但是,通常口若悬河、善于辩论的平等主义者很少尝试为自己辩护,实际上,他们一直在避免关于这个话题的争论。哈罗德·J.拉斯基(Harold J. Laski)也许是20世纪西方民主社会主义宣传者中最活跃和最有修辞天赋的人,他尊敬的通信者奥利弗·温德尔·霍姆斯,曾多次强调其理论中的嫉妒因素,但拉斯基从未对此问题进行过回应。[30]

在首次出版于1956年的《社会主义的未来》(*The Future of Socialism*)一书中,牛津大学经济学家、工党议员 C.A.R. 克罗斯兰(C. A. R. Crosland)明确讨论了为什么他们的政党总是选择利用下层阶级的嫉妒作为杠杆的罕见案例，即使这些阶级长期以来相对繁荣。然而，1964 年重新出版的平装版已不再包含 1956 年版本的完整讨论。克罗斯兰将工党在财务上解放出来的那些支持者的嫉妒，归因为精英学校中受过高等教育的人与那些只受过一般教育的人之间残留的不平等。

在阿巴·P. 勒纳（Abba P. Lerner）这样的社会主义经济学家那里，我们发现嫉妒动机被间接地当作一种社会美德来使用。例如，他提议逐步提高所得税，理由是为了集体的心理健康，安抚普通工薪阶层的嫉妒心理——目睹高薪阶层的惩罚——国家为了嫉妒者的利益而剥夺少数富人的利益对多数人来讲更重要、更有益。[31] 这一论点忽略了一个事实，那就是除了可以被罚款的那些真正的重大收入或遗产之外，还有无数的、往往更痛苦的、引发嫉妒的场合；它还忽略了一个事实，那就是为了国家利益将嫉妒提升到美德的地位，只会加剧那些真正具有嫉妒心态的人的痛苦，因为政治家们感到有必要不断揭示社会中新的"不平等"现象。

当这些嫉妒的人环顾四周时，他们开始意识到无数其他的不平等，对这些不平等，他们会产生嫉妒，因此希望消除这些不平等。所以要说服他们，他们自己要努力解决嫉妒的问题，没有人有义务为他们提供一个没有嫉妒的社会——更不用说这样一个社会是不可能实现的。

### 如何诊断合理的嫉妒？

从经验主义社会科学的角度来看，无论是心理学、社会学、经济学还是政治学，都无法建立可靠的标准，以诊断"合理的嫉妒"

与"纯粹破坏性的嫉妒"。嫉妒是如此普遍、根深蒂固地植根于人类，以至永远无法防止它被政治家和革命家滥用。

然而，某些被广泛接受的理论以及来自各种不同的文化、地理区域和历史时期的观察，均使我们能够科学地推断出一些关于社会改革过程及革命前期关于嫉妒现象的结论。例如，一个已经确认的事实是，一旦嫉妒激发出对社会变革的渴望，这种渴望就极难以通过任何明确的手段进行安抚、平息、转移或满足。在一个群体、阶级或民族中被唤醒的过度嫉妒，构成了一种自我滋养的力量，它以自身的火焰为食，是一种不可阻挡的动力。此外，那些承认自己打算利用嫉妒作为杠杆的人，在被问及他们打算在何种程度以及在哪些生活领域将嫉妒者作为一种标准时，他们从未给出过明确的答案，这实际上是因为他们无法做到，这种现象颇具警示性。因为一旦他们以嫉妒为政策基础，就会激发出一种独立的原始情感和欲望力量，这种力量不断地被自怜的情绪滋养，且不再允许其煽动者设定和维持一个界限。

从科学证据的角度，我们还必须强调，在一个集体或一场聚会中激活的嫉妒是多么不适宜成为推动新的社会秩序的标准，这种标准应确保社会生活的持久性和有效性。无论我们如何解读"客观性""公正性"等词汇（正义常被描绘为蒙着眼睛，这一象征并非没有原因），嫉妒这种强烈的情感，甚至在感知的生理层面，都使得相对客观性变得不可能。相对于那些因为冷漠或势利而轻视他人的人，那些憎恨和嫉妒的人更难做出客观的判断。值得注意的是，当一个工人阶级的被告面临由同阶级成员组成的陪审团时，他常常会感到不舒服。

除了一些早期的基督教千禧年革命性教派，到目前为止，只有某些社会主义流派试图将新社会建立在嫉妒的美德之上。然而，他们的理论家和宣传者并未说明新社会将如何处理嫉妒问题，特别是在进行了第一轮大规模的平等化后。至今为止的所有实验，无论是在一些乌托邦式的殖民地，还是在以色列的基布兹进行的小规模集体主义实践，都证实了这样的社会只有在允许日益严重地偏离平等主义理想的情况下才能运作。

正如我们所观察到的，至今的社会已经发展出多种方法来将嫉妒控制在一定的范围内，比如积极的立法、宣扬放弃或寄希望于另一个世界补偿的宗教、天生优越的精英理论、命运无常的观念等。这些文化元素使个体能够与充满不平等的环境达成妥协，但这并不是像某些主张所认为的那样，仅仅是统治阶级用来保护自己免受被剥夺者社会革命性嫉妒的鸦片。尽管在某些情况下，这种观点可能适用，但仅凭这种观念还不足以使精英阶层对下层阶级实施社会控制。事实上，这种抑制嫉妒的观念在每个社会中都发挥着基础性的作用，因为它们使得即便存在明显的不平等，社会也能维持最低程度的基本团结和相互善意。历史上有几个例子表明，当一个弱势群体中的强势少数派决定，只要群体中的任何成员在生活的各个领域与其他人没有完全平等，他们就不再在任何领域对自己的社会承担责任，这将导致字面上的"社会不可能"现象。虽然这种乌托邦式的反抗态度已知是存在的，但其本质只能导致全面的社会冲突，或者几乎所有人的冲突，除非有其他因素阻止它的发生。因为当一个社会中存在的不平等成为公然藐视法律和拒绝一切责任的所谓道义借口，私人措施被认为是合理时，就像在血仇中一样，那么可以预见到，会有越来越多这样的阶级和个人出现，他们会发现与自己有关的不平等——即使只涉及原则，而不是真正的需求——只有当这些不平等被消除，那些阶级和个人才会再次遵守社会规范。

## 作为举报人的嫉妒者

一个可容忍的、合理的社会应该是尽可能少的人被他们的嫉妒和怨恨的情感困扰，而在这样的社会中，这些少数人必须将这种情感隐藏起来，因为公开的嫉妒将无法赢得他们同胞的同情，也不会在法律面前获得支持。原则上，这样的社会会忽略那些明显出于嫉妒情感的举报人，即使这意味着不时会有逃税者逍遥法外。

然而，在这里有必要讨论某些特殊情况，以回应异议，并避免误解。

第一，正如斯文·拉努尔夫所示，一个社会的刑事司法系统运行的基础，是源于每个人对他人潜在的嫉妒。这样的嫉妒使得某些违法行为，即使与举报人和受害者无关，或举报人本人并未遭受任何损失，也可能被揭露出来。然而，下面两种情况之间存在本质的区别。一种情况是，当我们为抓捕并定罪银行抢劫犯或谋杀犯设立悬赏，甚至可能利用来自嫉妒的同伙（例如，之前发生过的，一起犯罪未在报纸标题中被题记的那个人）的线索。另一种情况是，当国家针对所有的嫉妒者，悬赏举报任何违反法律的行为，而这些法律如此琐碎或荒谬，以至只能通过嫉妒者的揭发才能得以执行。谋杀和严重的性犯罪并不是社会生活中的常态。它们不仅罕见，而且通常并不需要依靠嫉妒者作为系统性的举报者来打击。与此相比，更令人质疑的情况是，警方系统煽动较不成功（例如年纪较大）的妓女去揭发比她们更成功的同行，以解决警方无法找到其他解决手段的问题。

同样存在疑问的情况是，美国国税局（而非地方城市或州税务局）毫不掩饰地定期向所有嫉妒的人发出举报任何逃税者的呼吁，并奖励他们这样做。毕竟，无论一个人多想摧毁某人，或使某人难堪，都不能随便指控他谋杀；毕竟没有那么多悬而未解的谋杀案。但是，如果国家在几乎所有公民定期都会做的事情——例如报税——上求助于嫉妒者来查出可疑的不法行为，那么，实际上，几乎所有的人都被当作潜在的受害者呈现给嫉妒者，这只能说明政府过于重视嫉妒。嫉妒的人知道，通过举报他的同事或邻居，可以使对方陷入耗费精力、令人紧张的困境中，而且，当局会更倾向于相信出于嫉妒的举报人，而不是坚称自己无辜的受害人。

我们很难想象，最好、最公正的社会形式是那种在最大限度地激活相互嫉妒的基础上实现公正的社会，尽管我们也必须怀疑，在完全无法产生嫉妒的人们之间是否可能存在任何有效的社会控制。

第二，对嫉妒者不予尊重的社会并不一定是不公正的。立法者和司法机构应当避免受到嫉妒者观点的影响，保持公正无私，这正是嫉妒者永远做不到的。

## "去嫉妒化"的社会？

几乎所有描绘了终极的、普遍的和平与满足的乌托邦，所有扬言为人类和谐发展设计的"实用主义"进步计划，都预设了一种可能：人们能够"消除"嫉妒。只要人人居住优越，饮食丰盛，身体健康，至少完成基础的高等教育，那些我们认为源自嫉妒动机的冲突、偏见和犯罪就会消失无踪。[32]

这种信念部分源于一种误解，即在研究嫉妒现象时，过于关注那些能引发嫉妒的事物，而忽视了嫉妒者本身——他们被认为是正常人，一旦让人产生嫉妒的对象消失，他们便会停止嫉妒。为此，人们尝试消除可能引发嫉妒的目标，或将所有嫉妒的人提升到一个无所嫉妒的层次。然而，由于嫉妒者通常能自行创造嫉妒的对象，并且嫉妒的存在并不完全取决于不平等的程度，所以这种解决方案最终是徒劳的。

更为关键的是，渴望实现一个无嫉妒的人类社会的期望忽视了一个事实：如果没有嫉妒的能力，任何形式的社会都无法存在。如果人们未能通过早期的社会经历做好准备——包括必要的痛苦、能力以及面对嫉妒某人某事的诱惑——就无法适应社会环境。无疑，一个人作为社会成员的成功将取决于他如何有效地控制和转化这种驱动力，但如果他完全不了解这种驱动力，他就无法成长。

因此，我们面临着一个悖论，一个无法调和的矛盾：嫉妒是一种极端反社会和极具破坏性的心理状态，但它同时也是最具社会导向性的情感。如果没有普遍考虑到他人潜在或想象中的嫉妒，那些依赖自发社会规范来维持秩序的社会团体和组织就无法存在。我们的社会存在需要嫉妒，但任何注重持久的社会都不能将嫉妒提升为一种价值原则或制度。

20世纪比以往任何时代都更进一步地解放了嫉妒之人，并将嫉妒提升为一种抽象的社会原则，因为它严肃地对待了一些以嫉妒为万恶之源的意识形态，后者正是以此为基础，承诺实现一个最终没有嫉妒的社会。同时，在20世纪，也是第一次，有些社会变得足够富裕，以至可以滋生出一种幻觉，认为它们有能力付出越来越高昂的代价来换取嫉妒者的善意。

## 愤慨者的共情

根据舍勒的观点，报复性的情感本质上预设了受害者和加害者之间的某种共情。因此，在法国大革命时期，人们对贵族及其生活方式产生了强烈愤怒。他写道：

> 如果不是有超过五分之四的、名义上的贵族成员已经被资产阶级渗透——他们在购买贵族领地的同时，也获得了原业主的贵族头衔，同时贵族血统也被金钱婚姻弄得不纯——这一切都是无法想象的。只有作为统治阶级平等成员的全新感觉，才能在革命者心中引发如此强烈的愤怒。[33]

舍勒深入探索了沮丧的无力感和新兴的真正的平等感之间的关系，从而发展出了革命性复仇和怨恨的理论。他认为：

> 当一个社会群体的法律地位（无论是政治上、宪法上的，还是由于"习俗"而获得的公众认同）和他们的实际权力状况之间的差距越大，这种情感炸药的威力就越大。重要的不是这两种因素中的任何一种，而是它们之间的差异。在一个不仅在政治上，而且在社会上倾向于财产平等的民主国家，社会怨恨应该较少。在像印度那样的种姓社会制度或在严格划分等级的社会制度中，社会怨恨也会——并且确实是——较少。然而，最强烈的怨恨情绪将出现在那些拥有几乎平等的政治及其他权利和公认的、正式的社会平等但实际上存在着巨大的权力、财产和教育等差异的社会中，如我们自己的

社会（1919 年的德国）。在这样的社会中，每个人都有"权利"与他人相比，但"实际上却不能进行比较"。因此，在这样的社会中，无论个人性格和经历如何，这样的社会结构本身无法避免在社会内部积累大量的怨恨。[34]

然而，我们不应该试图在舍勒的理论中找到一个真正摆脱嫉妒和怨恨的社会的秘诀。因为，正如本研究已经反复表明的那样，只要有最小、最轻微的事实差异，就会引起越来越强烈的嫉妒和仇恨情绪。当舍勒指出报复者是如何去寻找想象中的伤害时，他确实意识到了这一点。在这方面，阿历克西·德·托克维尔对美国的预言是完全正确的，他认为，在最初的政治蓝图中规定的平等，即"平等"（equality）的观念，随着美国社会在各个领域越来越接近平等，将越来越无法实现，越来越不令人满意，越来越不公平。

一个所有人都可以相互比较的社会，从根本上说，永远都不可能是一个没有嫉妒和怨恨的社会。[35]

保护现代民主国家免受无政府主义状态的怨恨，不是取决于在法律上或事实上实现了多大程度的平等，而是依赖于制度、继承的经验模式、文学和宗教伦理理想的持续存在，这些使得足够数量的公民始终能够认识到，任何人与他人的比较都有其限制，从而确保社会和平。正因为我们有足够多的同时代人仍然能够关注并试图理解自己的个人命运，而不是立即将其投射到一个由相同处境的人组成的"集体命运"的阶级或其他团体中，我们的社会中的预期革命动力，才会少于从平等观念中预期产生的动力。

第 15 章

# 成为不平等者的内疚

人类心灵中根深蒂固的内疚感，来自害怕被视为不平等的存在。这种感觉远在基督教诞生之前的原始社会就已经存在。然而，令人惊讶的是，许多基督徒，尤其是 20 世纪的基督徒，认为这种生活中的内疚感是基督徒特有的品质。在这样认为的同时，他们忽视了《新约》在宗教、心理和历史层面的非凡成就，即从这种原始的、前宗教的、非理性的内疚感中解放了信徒，使他们摆脱了邻人嫉妒以及神之嫉妒的普遍恐惧。而这一点，正是现代世界在情感和社会层面上得以存在的关键。马克斯·韦伯关于新教尤其是关于加尔文主义伦理（calvinistischen Ethik）在资本主义发展中所起作用的理论中，就体现了此思想的核心。

在解决人类历史上的嫉妒问题方面，西方社会首次取得了真正的成功，然而，这个过程中出现了一个产生深远影响的误解。19 世纪的社会主义思想家开始推广一种对不平等本质的理解，这种理解与原始社会的观念完全吻合，甚至在公众中被视为道德准则。现在，一些偏左的作家和他们的思想影响到了那些并非社会主义者、马克思主义者或者普通的进步主义者的人，包括许多真诚关注自己道德信仰的虔诚基督徒。这些人已经无法理解如何对原始的情绪复合体进行分类，理解其非理性。因此，他们在绝望中不断寻找"社会"的解决方案，尽管这些并非真正的解决方案。

## 保罗·图尔尼埃

　　我们应感谢来自瑞士法语区的医生兼精神分析师保罗·图尔尼埃，他在他的工作中尝试将精神分析和新教主义结合起来，写了一本对真实与虚假的内疚感（Schuldgefühl）有深刻见解的书（1959年）。他的诚实使得我们有可能追踪在大多数作家那里被隐藏起来的那些联系。因此，我选择了这本书而不是其他的书来进行分析。在书的前半部分，我们发现了一些关于现代内疚感的自传性材料，这些内疚感经常被认为是非理性的，它们决定了一个人做什么和不做什么。任何认为我们高估了内疚感的程度和深度，或者它们所起作用的人，都应该研究一下图尔尼埃的著作。

　　尽管这位心理治疗师毫不留情地揭示了他自己和他的家人身上不同类型的内疚感，但他却回避了嫉妒的问题。他的书几乎完全关注的是当我们害怕被嫉妒时心理上会发生什么。从本质上讲，图尔尼埃知道这一点，有时他还明确地表述了这一点。然而，"嫉妒"一词在这本书的索引中没有出现，而且在全书340页中，只在其中的一页上出现过这个词。尽管他渴望揭示社会禁忌、伪善主义和升华的内疚感，但当他的观察把他带到嫉妒的门槛时，他明显不愿意继续深入。举一个例子：

　　"每个人都有自己的节奏，人们的节奏彼此不同。在办公室里，一个打字员的速度很快，会不断地在她速度较慢的同事中引起一种内疚感，这种内疚感会更加使得他们的工作瘫痪。"

　　他为什么不说"嫉妒的感觉"（Neidgefühl），这肯定更加原始？内疚感是稍后才出现的，特别是在发现自己的速度可能永远无法达到标准的打字员时。

图尔尼埃继续说："然而，这只是一个自然现象，应该客观地看待。这位速度较快的打字员，她的速度并不是特别的优点，就像她的同事的缓慢也不是什么过错一样。"[1]

当然不是！但嫉妒从来不是这样反应的。图尔尼埃评论道：

"此外，如果她有一点点敏感，速度快的打字员会因为在别人心中引起不快而感到内疚，并会为他们做许多小事来赢得他们的原谅。"

毫无疑问，表现优秀的女孩并没有真正意识到她在采取"避免嫉妒"（Neidvermeidung）和"安抚嫉妒"（Neidbeschwichtigung）的行动，而只是感到一种模糊的内疚感。这并不是因为事实本身，而是因为我们围绕嫉妒现象设置的禁忌。另一方面，她提供小服务的和解性姿态，实际上总是导致相反的结果——甚至更大的怨恨，因为她再次展示了自己的优越性。此外，这种试图安抚他人的做法会让嫉妒的人更加愤怒。在很多办公室里，尤其是在美国的学校里，那些反应更快或更有才华的人很快就会降低自己的表现，使其达到群体的平均水平，以避免引起嫉妒。

图尔尼埃意识到了因为对能力不足、意愿不足的人的嫉妒以及由这种嫉妒引发的不安和恐惧而导致的自我限制，但是，再一次，他只谈到了优秀工作者的内疚感，而没有谈到能力较差的人的嫉妒：

正是对他人评判的恐惧使我们无法做自己，无法展示我们真正的品味、欲望和信仰，无法发展自己，无法根据我们自己的本性自由地拓展。正是对他人评判的恐惧（为什么不是"嫉妒"？）使我们变得贫瘠，妨碍我们结出我们被呼唤去结的果实。[2]

图尔尼埃正确地称这种态度为"虚假的内疚感"（falsches Schuldgefühl）。我更喜欢用"避嫉行为"（Neidvermeidung-shaltung）这个词。直到研究后期，当他再也无法对此视而不见时，他才在一页中连续三次用到"嫉妒"这个词：他人身上的嫉妒表现会在我们心中激起不必要的、具有破坏性的内疚感。他写道：

> 任何特权都会引发一定程度的内疚感，即使这种特权是应得的。一名优秀的员工，当一个赞赏他的上司委托他承担最高职责时，他会对同事产生内疚感。一个被邀请圣诞节到教堂演唱的女孩，会对那些本想被邀请却没有被邀请的朋友产生内疚感。他人的嫉妒或者妒忌会在我们心中唤起一些内疚感。[3]

我关注的正是这种嫉妒及其社会后果。当图尔尼埃在后面的文字中写到这些后果时，他意识到：

> 但是，在所有领域，包括文化和艺术领域，他人的评判都会产生一种瘫痪效果。对批评的恐惧扼杀了自发性；它阻止人们自由地表达自己，按照自己的本性表达。要画一幅画、写一本书、设计新的建筑线条建造一座建筑或者提出一个独立的观点或原创的想法，需要很大的勇气。任何新的概念、创造都会遭遇一大群批评者。批评最多的人，通常是那些一事无成的人。但他们组成了一个强大的壁垒，我们都害怕撞

上这个壁垒，比我们承认的还要害怕。[4]

然而，图尔尼埃没有提到，他的观察适用于任何类型的创新，这个"强大的壁垒"适用于任何一种社会情境，比如说，它代表了在所谓的欠发达社会中即使是基本的进步都无法实现的主要原因之一。在接下来的几行里，他说："仔细想想，我们会意识到这种害怕受到批评的情感是如何让人类变得贫瘠。这是一切墨守成规的根源，它让人们趋同，并将他们锁在非个性化的行为模式中。"[5]

正是在这里，他应该写"害怕嫉妒"，但他却没有用这个词。嫉妒的人确实很多时候会伪装他带有敌意、损害性的意图，将其呈现为看似善意的建议、批评或恶毒的评判，但这丝毫不会改变嫉妒的基本因素。[6]为什么他要用那个无色的、开脱性质的词——"评判"（Urteil）呢？

在这里，我们必须回到前面几章。在一本超过 300 页的书中，他在第 55 页使用了"嫉妒"这个词三次。前面已经引用了一次，下面是第二次和第三次：

> 所以，把人们分开的，不仅是他们地位的差异，也不仅是这些差异在不那么有特权的人中引起的嫉妒，还有这样一个事实：它们会在被嫉妒的人中唤起一种破坏快乐的内疚感。[7]

图尔尼埃没有意识到的是，一个不存在嫉妒之人的社会，无论大小、贫富，都是不可能存在的。因为他研究的核心人物是充满真实或虚假的内疚感的人，而不是嫉妒的人，而且因为他把后者视为理所当然（观察者对那些优越的、更快乐的人产生内疚感负有责任），而没有深入探讨嫉妒的伦理和心理问题，他对内疚感的解决方案仍然不明了。只有当一个人有勇气认清实际上或表面上的嫉妒者是什么样的人，并忽视他（意识到他是无法满足的，没有什么可以逃脱他的关注），才能摆脱虚假的内疚感。为什么图尔尼埃没有看到这一点呢？他自己在第 54 页提供了一个线索，就在那本书中第一次也是最后一次提到"嫉妒"这个词的前一页。

## "社会上可接受的"假期

图尔尼埃，一位在瑞士法语区享有盛名的医生和作家，讲述了他家庭中发生的一件事。在提到与花钱有关的、常常是非理性的各种内疚感后，他继续分享了以下"有趣的经历"：

"我和我的妻子谈论着带孩子们乘游轮去达尔马提亚海岸（dalmatische Küste）旅行，然后去希腊。这样的开支合理吗？尤其是，它是上帝的意愿吗？"（这是否是对古老的、异教的神之嫉妒的恐惧的回应，这种恐惧曾如此压迫着希腊人？很有可能，因为在别的地方，图尔尼埃承认，从根本上说，基督教的上帝永远不会嫉妒他在地球上的受造物快乐和丰盛的生活。）"一个人可以在内心无休止地争论这样的事情，用一堆似是而非的论据，但却不能完全消除内心的怀疑。"[8]

图尔尼埃害怕他的同事们可能产生的嫉妒，无论是真实的还是想象中的，毫无疑问，这种不安与奢侈和模糊的社会公正概念有关。值得注意的是，他补充说道：

"在我们自己的思考中，我们意识到，如果我们向来自相同社会背景的朋友提出这个问题,这种自我审视可能不会有太大价值。"

但是,为什么呢?因为,如同一次又一次的例子表明的,嫉妒主要是在同一个阶层、同一个职业群体或同等人之间产生的。图尔尼埃不能询问那些让他感到害怕的嫉妒者。从他书中的其他坦白中,我们了解到,对于向朋友们提出更令人尴尬的问题,他可一点也不反感,也不会感到羞愧。但他不能询问的是,他和他的家人在度假时应该尽情享受多少的"奢侈"(Luxus)。他的解决方案很有启发性。

"当时,我与附近一家工厂的一群工人有密切联系。一天晚上,我带着我所有的家庭账目、所有的银行对账单和税收申报单(!!)去了他们其中一个人的家。在他的鼓励下,我们去了游轮旅行。"

因此,这位受过高等教育、成功且勤奋的日内瓦医生,向一位工人寻求"社会许可",以便他可以去度过一个昂贵的假期。只有当他确信那些主张节俭和紧缩以实现"社会公正"的人们会在没有嫉妒的情况下认可他的一次特别愉快的游轮旅行时,他才会感到安全,免受那些实际上可以负担得起类似旅行的同事们的嫉妒。为了压制这种嫉妒,他试图将社会公正和为不那么富裕的人谋求利益的复杂体系纳入其中。这是他无法理解的。在这种痛苦荒谬的境况下,很少有人会坦诚相告,他只谈到了无法克服的、非理性的内疚感和禁忌。[9]

随后,在超过 4 页的篇幅中,图尔尼埃解释了该隐和亚伯的故事。他没有提到嫉妒。他提到了该隐的"邪恶"以及他的"愤怒",但从未提到"嫉妒"这个简单的词。同样,在书的末尾,当作者谈到忠诚的儿子对浪子与父亲团聚时的烦恼,以及随后的葡萄园工人的寓言时，这两种情况下的反叛动机都没有被称为嫉妒。[10]

## 现代的"解决方案"：引起嫉妒之人应承担全责

为什么要普遍避免使用"嫉妒"这个词呢？亚历山大·吕斯托曾经批评过我使用这个词。他的论点揭示了我一直试图追踪的抑制过程。在他关于嫉妒概念的主要作品中，他详细地讨论了"平等"问题，并引用了我之前的一部作品。吕斯托提出了反对意见，认为我忽略了最重要的一点："实际上，引发嫉妒的，不是嫉妒者，而是让别人嫉妒的人。他无意识地（甚至有意识地）引发了嫉妒，而他因此感到愤慨，那是封建或财阀的自以为是。"

不过吕斯托马上补充道：

> 然而，这些考虑都不能使嫉妒以任何方式显得更美好、高尚或者令人向往。从人类角度来说，在每一个案例中，它都是一种卑鄙、丑陋的品性，会对嫉妒者自身产生破坏性的影响。我们说某人"被嫉妒吞噬"并非没有道理。但在这里，我们更关注社会因果关系、责任，以及嫉妒作为一种次级社会现象而非基本行为方式的事实。[11]

这种观点基本上是不正确的。吕斯托错误地认为，在一个"公正的世界"里，嫉妒可以得到抑制，只会以个体病理的形式表现出来。他没有意识到我所展示的观察材料，没有意识到，没有任何社会可以"公正地"实现平等，以至消除嫉妒。人们寻求刺激，以激发他们的嫉妒。如果某些激发嫉妒的刺激被消除，人们就会转向自己与他人之间最相似的差异。

图尔尼埃虽然多次表明他知道正是嫉妒本身的存在导致了内疚感，但他不能直面它，因为这样做意味着指责他的同胞有罪。他挣扎于无法通过治疗、宗教来消除普遍的内疚感问题。他甚至问，当人们通过神的行为或其他宽恕行为被完全赦免或拯救时，这种内疚感是如何持续存在的。但他从未深入到问题的核心，即那种对他人嫉妒的恐惧。因为正是由于有了这种恐惧，即使我们确实相信，从世俗或宗教的角度来看我们自己是无辜的，而且我们的不平等是合理的，内疚感仍然存在于我们之中。我们怀疑，如果我们可以在神学上从内疚感中解脱出来，会在别人眼中更加可憎和令人嫉妒。因为他们会说："他先享受了罪，现在罪被赦免了。当然我会怀恨在心！"正是这个原因——对嫉妒的邪恶之眼的恐惧——让人类的内疚仍然保持着活力。然而，尽管图尔尼埃努力追求这一洞察力，有时甚至接近了它，但仍然无法触及，因为它需要对普通人进行一种严厉的诊断，这在他看来是不符合基督教精神的。

## 无法赎回的罪行

在题为《一切都必须付出代价》（"Alles muss bezahlt werden"）的最后一章，图尔尼埃谈到人类心灵中一个显著的基本特征。不仅是西方文化中的无神论者、基督徒，还有在恒河中不断洗净自己的印度教徒，以及各种宗教中的苦修者——所有这些人都被一种始终存在着的、某种罪恶必须赎回的感觉折磨。对人类来说，很少有一种经历比接受宗教或世俗的恩典更加难以消化的。

图尔尼埃将这一观察与"人类玷污和贬低他所接触的一切"的概念联系起来。人类无法想象邪恶最终会消失，因为它必须以某种方式符合物质和能量的不灭原则。图尔尼埃随后回忆起摩西律法规定的必须有两个替罪羔羊，人们在这两个羔羊之间抽签：一个献给上帝，另一个被赶进旷野，满载着人类的罪孽。[12]

在接下来的部分中，图尔尼埃描述了那些受到无法抵挡的内疚感驱使的人们。他们有时会给自己施加荒谬的惩罚，试图摆脱那些在上帝和世人眼中已经得到救赎的罪行，从理性的角度来看，这些罪行早已不复存在。

他认为这个问题是心理问题，而不是宗教问题，尽管它对新教教徒的影响要大于天主教徒。[13]

> 在所有基督教会的核心，都有一些道德主义者，他们希望为其他人设定得救的条件……这是一个心理问题，因为它涉及人类心灵中固有的倾向，即掩盖罪恶的机制……这种机制使人炫耀自己的优点、美德和节制，以自我辩护，并急切地将它们呈现给别人作为得到恩典的条件。[14]

图尔尼埃的观察具有重要意义，因为它暗示着社会控制——特别是那些充满禁欲主义色彩的社会控制，许多人声称其具有普遍的约束力——可能最初起源于无法控制的内疚感，尽管它们看起来似乎是出于嫉妒的动机。我们无法真正摆脱内疚感，尽管我们已经被原谅，图尔尼埃对此感到很困惑。然而，这可能在某种程度上与那些嫉妒我们的人有关，他们不愿意接受我们的无罪状态。

在向所有人毫无例外地承诺同等程度的恩典时，无论其先前的品行如何，《新约》似乎在宣扬一种无嫉妒的心态。有时候，它甚至似乎在向"公正感"挑战，这种公正感在"浪子的寓言"*（《新约·路加福音》，15:25-32）和"葡萄园劳工的寓言"（《新约·马太福音》，20:1-16）中被揭示为嫉妒。图尔尼埃在这里恰当地提到了它们。[15]

在他人的嫉妒中表现出的对恩赐的深层、原始的惧怕，不仅仅体现在基督教救赎学说无法为信徒提供一颗无愧的良心，或是让他们无内疚地接受看似神圣的不公正。这里的问题不仅是信徒在命运打击下质疑上帝，还包括那些幸运的人，如灾难的唯一幸存者，他们永远无法停止自问一个充满内疚的问题："为什么是我得救了？在那些死去的人中，有很多人不是比我更好吗？"只有通过研究人格的各个方面，才能在各种情况下区分真实和不那么真实的内疚感。[16]

图尔尼埃努力从现象学和术语学角度定义真实的内疚感。[17]根据弗洛伊德的观点，内疚感仅仅是社会压力的结果。孩子被父母或其他权威人物斥责，害怕失去他们的爱而产生内疚感。像许多其他人一样，图尔尼埃接受了这种机制，但他质疑弗洛伊德将内疚感解释为对有意违反禁忌的反应，或者是由教养和社会所引发的一种反应模式，是否能令人满意地解释所有内疚感，还是仅

---

* "浪子的寓言"（Gleichnis vom verlorenen Sohn），为耶稣讲述的一个故事，关于一个家庭中的两个兄弟。年轻的弟弟索要了他的遗产，离家去过挥霍无度的生活，最后一无所有。在饥荒中，他回到家乡，父亲热情地欢迎他回家并设宴庆祝。而在此期间，年长的哥哥一直勤奋工作，忠诚于父亲。当他发现弟弟被欢迎回家并庆祝时，他感到嫉妒和愤怒。这个寓言揭示了哥哥的嫉妒，以及耶稣试图传达的宽恕和爱的信息。——译者注

仅解释了那些社会控制与个人本能冲动相对立的内疚感？

"功能性内疚感（funktionale Schuldgefühl）是由社会暗示、对禁忌或失去他人爱意的恐惧产生的内疚感。而价值性内疚感（wertbestimmte Schuldgefühl）是对背叛一个真实标准的真正自觉；它是自我对自我的自由判断。"[18]

法国精神分析学家查尔斯·奥迪尔（Charles Odier）甚至对这两种内疚感的差异诊断进行了分类。

对于儿童来说，功能性内疚感属于正常现象，但是，成年人身上体验到的这种功能性内疚感，却代表着神经质和幼稚退行*，图尔尼埃倾向于将其描述为"虚假的内疚感"。但他也提醒我们，我们有时确实会因为犯了错误而真正感到内疚，因为我们的反应已经被这种条件反射塑造。因此，是否可以说这是一种虚假的内疚感？图尔尼埃进一步指出，从根本上说，所有的人类行为，"无论从道德角度看是否真诚，都可以被视为'功能性'的，即可以从关注其起源机制的角度进行客观研究"。[19]

其他精神分析学派关于内疚感的理论揭示了问题的其他方面。阿德勒（Adler）认为，内疚感源于我们不接受自己的劣势；而卡尔·荣格（Carl Jung）则认为，内疚感源于我们拒绝接受自己的整体性。

图尔尼埃从荣格的解释中看到了真正的、未受社会环境暗示影响的内疚感的概念。他随后引入了马丁·布伯（Martin Buber）的观点。布伯要求心理治疗除了要承认无根据的、神经质的内疚

---

\* "幼稚退行"（infantile Regression），指成年人在面临压力或焦虑时回归到儿童时期的心理和行为模式。——译者注

感之外，也要承认真实的、真诚的内疚感的存在。对布伯来说，当人与人之间的关系受到伤害时，这种真实的、真诚的内疚感就会产生。[20] 图尔尼埃认为，这些不同的定义反映了相互重叠的现实。它们都是同一个复杂现象的不同方面。

在他的书中，图尔尼埃反复强调他是如何被这种不确定类型的内疚感折磨的。[21]"没有人能摆脱这种感觉。"[22] 根据他的说法，精神分析试图将我们从内疚感中解放出来，但只是让它们发生了转移，"没有办法做到完全公正"。[23] 在其他地方，他还说："内疚感不是《圣经》或教会的发明。它普遍存在于人类的灵魂中。现代心理学毫无保留地证实了这一基督教教义。"[24]

## 社会公正

在图尔尼埃的著作中，我们无法找到对于这种无所不在的内疚感从何而来的明确解释，尤其是人类在遇到高等宗教之前就已经体验到的内疚感。然而，他在一些自述和经历中为这个问题提供了答案：在这些描述中，他觉得自己无疑是受到了他人嫉妒的威胁。对于解决这个问题，图尔尼埃有时不加批判地使用"社会公正"这个概念，他没有意识到即使是再小的、不可避免的不平等，也可能引发嫉妒以及它的反面——社会内疚感。

事实上，我们大多数人通常都是如此谨慎……很少愿意毫无保留地谈论我们的财务问题，即使是与亲密的朋友，尤其是与那些看起来没有我们富裕的人。我们也看到有些重要的工会领袖会向工人们隐瞒他们通过为工人事业服务而获得

的财富。我们整个社会都在试图驱散与自由特权无情相连的
这种内疚感。

在这一点上，图尔尼埃对于避免嫉妒行为的描述符合现实。
但他对自己的良好境况感到的内疚感如此之强烈，以至他继续说：

> 工资由集体合同决定；晋升自动进行，与年龄相应。我
> 并不批评这些进步，这些进步在一定程度上减轻了社会不公
> 的可怕罪责。就像贫穷者有内疚感一样，富有者也有内疚
> 感……但这整个社会的立法……依然极度不足，就像一床太
> 小的被子，勉强掩盖了富裕者内疚的良心。[25]

图尔尼埃没有意识到，由于平等社会的乌托邦看起来几乎实
现了，它反而使某些生存的不平等问题更加突出，从而加剧了嫉
妒和内疚感。从根本上说，图尔尼埃意识到了下面这一点，例如
他写道：

> 一个奇怪的悖论是，那些完全配得上晋升且没有要求晋
> 升的员工，在他的同事面前，比那些毫无顾忌、通过或多或
> 少可疑的手段故意谋求晋升的人更加不安。[26]

这个"悖论"是什么？图尔尼埃在接下来的评论中暗示了这
一点："当有那么多人生病时，我感到不安，因为我身体健康；当
有那么多人不快乐时，我为自己的快乐感到不安；当有那么多人缺
钱时，我对自己的有钱感到不安；当有那么多人在讨厌的工作负担

下叹息时，我也对自己拥有一个有趣的职业感到有点不舒服……"[27]

然而，在寻找内疚感根源的过程中，图尔尼埃自己揭示了其中的原因：他发现自己被无数可能产生嫉妒的人包围，这些人让他感到不安——就像原始人在自己保持健康、快乐和成功的时候，怀疑每一丛灌木都隐藏着一个嫉妒的亲戚的魔法或魂灵一样。

## 西方人的受虐倾向

图尔尼埃记录了与朋友和同事的一次谈话，这位朋友告诉他，他的内疚感病态又夸张，他患有"扭曲的责任感"。尽管意识到自己并不对整个世界负责，但他发现，与朋友的谈话对自己并没有什么帮助。

"因此，我背负着更多的内疚。"诚然，他意识到了人类的伪善，他们担心印度人会死于饥饿，却看不到身边的苦难。但当他收到另一位朋友的来信时，他的痛苦只会加剧，信中写道："根据统计数据，我刚刚发现很大一部分人类都在挨饿；地球上的美好事物分配不均。因此，当我吃饭时、睡觉时，我感到不安；在周日和假期，我不敢寻求娱乐。"

图尔尼埃无法在他的精神病学家朋友的建议与另一位朋友的抱怨之间做出决定——哪个更糟糕？压抑内疚感，还是，正如我所说，确定自己责任的界限？

当然，我的精神病学家朋友可能会说，我的这位朋友有些病态的观念，就像他曾经这样说我一样。然而，世界上还普遍存在另一种疾病，那就是人们对良心的强烈抑制。可能世界上之所以有那么多的痛苦，是因为很多正直、道德的人，在他们直接的责任面前表现得非常尽责，但对于远方的困难，他们却过于轻易地安抚自己，认为他们的帮助无法触及世界上的那些深重的苦难……因此，尖锐的不公正由于某种全球性的共谋而持续存在。[28]

让我们分析一下：只有在我对某事具有因果责任时，才会存在做一件好事或避免一个有害行为的义务。除非我逃避那种责任（Verantwortlichkeit），否则既不会有罪责也不会有真正的内疚感，而这种内疚感是我不应该从良心中排除的。有时，我的责任也可能扩展到祖先和后代。

一个人可能会在合理的范围内感到有义务去补偿和救赎他的祖先或后代的罪责：继承人要对祖先的债务负责。

然而，今天广泛讨论的罪责（Schuld）、良心（Gewissen）、责任（Verantwortung）等问题，以及图尔尼埃的书和他的个性所见证的问题，与这类真正的概念没有任何共同之处。

## 情感伦理还是责任伦理？

如果一个人没有做某件可能对自己极度危险但可以挽救他人生命的事情，就可能会感到内疚。他可以想象死者和他的家属那指责的目光。而且，如果他的不作为被人知道，他还会感到羞愧。然而，这与那些因为世界上某个地方的人们生活在与西方生活方式无法相提并论的文化和环境中而感到不快和内疚的人所宣称的（或者他们认为是这样的）虚伪、自命不凡的宇宙责任感截然不同。

这里我们看到的是一个被误解的现代性概念。我是否应该对一个世纪前饿死的印度人感到内疚，因为当时我的直系祖先并没有饿死？严格来讲，印度人与我是同时代的人，但我们并没有在一个经济体系中共存，因此我的行为无法以任何方式帮助他们。假如我确信（这很难）这些无名的人比其他任何人更需要我的帮助和金钱——只要这些都在合理范围内提供——我可以自愿把我自己和我的钱带给他们。但是，到了那里后，我是否会受到赞赏是存有疑问的；所有无法摆脱日常生活的人，都不应该因为他们自己的文化历史，想象自己在一个遥远的、原始的土地上没有做到什么而感到内疚。

那些滋生或传播这种内疚感的人，必定是对现实有错误的认知。这种现象，在社会心理学和精神分析学上，比在伦理学和神学上更容易得到解释。我们可以理解、尊重甚至同情那些因为自己的不足或无能，或者因为觉得自己需要经历某种特殊的忏悔或赎罪过程，而自愿流放到一个远离我们所谓的文明的地方，并为当地人民服务的人。然而，这与自己没有执行"阿尔伯特·施韦策使命"*，而是在伦敦、巴黎、华盛顿或苏黎世的办公桌前宣扬这是一种普遍的、所有西方人都有的义务，使得任何不能成为阿尔伯特·施韦策或援外工作者的人都感到内疚，并在实际上贬低了他在自己的生活和活动领域内所能取得的成就，是完全不同的事情。

---

* 阿尔伯特·施韦策（Albert Schweitzer，1875—1965），德国医生、哲学家、音乐家和神学家。他在 20 世纪初于现今的加蓬创建了一家医院，为非洲居民提供医疗服务。他因其在人道主义工作方面的贡献而荣获 1952 年诺贝尔和平奖。因此，"阿尔伯特·施韦策使命"可以理解为一种以阿尔伯特·施韦策为典范的、投身于帮助他人的使命。——译者注

## "爱远方的人"：作为与人接触能力弱的借口

如今，对远方人的刻板的爱，成了一种普遍现象，这在某些情况下可能是由于无法爱自己的邻居而产生的替代品，正如一些个人的证词所表明的。一些杰出人物曾不时地将他们抽象的社会理想主义，以及他们为"社会公正"和激进改革运动所进行的斗争，归因于他们无法与邻居建立简单、自然和轻松的联系。许多知识分子可能由于这种人际交往的贫乏或缺乏接触——在心理治疗中是一个合理的问题——而导致对"远方"的人的泛化之爱。

英国小说家 C. P. 斯诺（C. P. Snow）笔下的角色大多来自他对英国现实生活的敏锐观察。在他的几部小说中，斯诺描绘了一些这样的社会理想主义者，他们都有一个共同的特点：在正常的社会关系中，他们表现得不可理喻、忘恩负义、傲慢无礼、麻木不仁，无法感知或想象他人的感受和想法，而他们以这种方式对待的对象，往往是那些试图帮助他们的人。[29] 顺便提一下，C. P. 斯诺是一个极有才华的人，1964 年的工党政府还任命他担任高级职务，他不太可能对左翼知识分子抱有偏见。

尼采的《查拉图斯特拉如是说》（Zarathustra）谴责了对邻居的爱，而推崇"远方的爱"（Fernsten-Liebe）。[30] 在这里，"远方"指的是未来的超人（Übermensch）。我们不禁要质疑，那些提倡远方的爱的现代预言家们是否意识到，他们对未来的人（主要是所谓的发展中国家）所表现出的抽象关爱，已经与尼采晚期的社会观念有了重大不同。在那个时期，尼采描绘了一个在物质意义上与邻居断绝联系的人。在此之前，他写道："是的，朋友，你是邻居的罪恶良心；因为他们不配拥有你。所以他们恨你，恨

不得吸你的血……你的邻居永远是有毒的昆虫；你身上的伟大之
处——正是这个东西使他们更加有毒……"[31] [请参阅《更嫉妒》
("neidischer!") 一节]

也许有些试图将海外慈善事业作为一种制度的人，在内心深
处知道，当他们的被保护者近在咫尺时，一个资助者和慈善家通
常是多么受人憎恨。难道说，远方的爱是为了逃避邻里慈善实践
的努力吗？

## 获得确证的情感需求

对于我们的幸运在社会结构和官方意识形态中得到合法性确
认的普遍需求，马克斯·韦伯有过深刻的论述。他创造了一个极
好的概念：对自身幸运合法性的情感需求。

> 在其他条件相等的情况下，在社会和经济上具有积极特
> 权的阶层，几乎没有意识到救赎的需求。相反，他们首先要
> 求宗教承认他们的生活方式和地位。这一普遍现象，源于或
> 多或少的、普遍的内心困境。一个幸运的人面对一个不那么
> 幸运的人时，通常不会满足于自己的幸运，而是希望有"权
> 利"获得幸运，换句话说，要意识到自己是"赚到"了这份
> 幸运，而不是像那些不那么幸运的人一样——同样，后者也
> 必定是以某种方式"赚到"了他们的不幸。人们在诸如政治
> 命运、经济地位、身体健康、恋爱成功等方面，希望自己所
> 拥有的好运是合法和正当的，因此需要得到一种情感上的确
> 证。在这种内在的意义上，"合法化"（Legitimierung）是那

些积极的特权者内心要求的宗教信仰。并不是每一个积极的特权阶层都在同等程度上感受到这种需要。例如，对于战斗英雄这个阶层来说，神并非完全没有嫉妒之心。所罗门和古代犹太智慧文献确实都认识到了高位所固有的危险。[32]

在当今时代，因为在富裕社会或无神论的福利国家，这种情感在本国内无法得到满足，人们是否将关注转向发展中国家，以满足那种需要得到确证的情感呢？

几年前，路德维希·弗罗因德（Ludwig Freund）在他关于政治和伦理的极具洞察力的书中，也描述了在我们当代许多人身上可观察到的这种令人费解且带有内疚感的不安。然而，他试图从人类学的角度，而不是从文化和宗教社会学的角度来解释这一现象。[33]

弗洛因德正确发现了这种沮丧和内疚不安感的根源，它们源于一些不协调的观念被带入了西方文化：在现实的社会框架中，无权无势和无产者在末世论中所获得的荣耀化——或至少平等化——地位，而这种严格的社会结构，长期以来都是由制度化的宗教所规定的。

西方社会上层阶级的一些成员，对他人实际或可能存在的嫉妒产生了痛苦的意识，或者至少对其怀疑过，这使他们产生了一种明显的内疚感（可能在 1890 年至 1950 年最为强烈）。在自传《走进危险的世界》(Into the Dangerous World) 中，工党议员伍德罗·怀亚特（Woodrow Wyatt）（出生于 1918 年）描述了他在另一个人身上突然爆发出嫉妒的创伤性经历。

　　当然，在我 10 岁的时候，我并没有明确的政治观点或情感，尽管在那之前，我经历过一些非常生动的时刻。我想那一定是在 1924 年的大选期间。当时我家前院附近的花园里正在铺设一些新的排水管道。我和年轻的工人非常友好，选举来临时，我问他是否要投保守党的票。他那张之前我认为是友好亲切的狭长的脸，立刻变得阴沉和愠怒。他说："什么？投票给像你父亲这样的人，他们住在那样大的房子里，而我却在挖这个下水道？我为什么要投给他？"他错误地认为，因为我们住在一个大房子里——一所学校不可能是一个小房子——我们就一定很有钱。但我明白了他的意思，害怕地跑回了屋里，慌张不安。后来我常常想起那次谈话。在我的脑海里，它逐渐代表了我所想象的法国大革命的氛围。我记得自己一次又一次地想："他们的人数远远多于我们。"这是相当现实的。[34]

　　我毫不怀疑，加入平等主义政治运动的最重要动机之一是这种焦虑的内疚感："让我们建立一个没有嫉妒的社会。"

## 等级制度的脆弱性

　　一个流动的等级制度，受到批评的原因之一，正是源于它的优点：它是无数异质的个体和集体偶然形成的产物。因此，从未有人为社会等级制度提供一种内在的合理性。正是因为在这种社会制度中，人们相对容易地晋升到更高的阶层或从中降级，它无法像军事或宗教等级制度那样为个人地位提供一种可以安慰良知的解释。即使是印度教的种姓制度，也不太可能产生内疚感。除了现在已被法律禁止的、表面上的歧视象征，如客栈外的告示牌，种姓制度基本上完整保留了下来，甚至没有受到内疚感的影响。大多数的印度村庄，至少有四个主要种姓，相互避让的做法如以前一样被严格地遵守。一位直到一年前从未离开过自己国家的印度老人，他的父母把他养育成了一个新教徒，并在印度担任了多年的传教士，他告诉我，尽管转向了基督教，人们仍然或多或少地接受了种姓制度；因此，例如，不同种姓的人往往需要单独举行圣餐仪式。

实际上，即使在 19 世纪末，也有一些印度人因为对高种姓的愤恨而加入了政治或宗教抗议或分离主义运动，这些运动要么忽视种姓制度，要么容忍两种行为方式。还有一些接受过西方教育的印度人，他们对自己高种姓的内疚感与英国贵族后代的内疚感相当。然而，迄今为止，绝大多数印度人从未质疑过他们出生时所属的种姓。这个制度的意识形态，背后有宗教的力量支持，既不承认内疚感，也不承认嫉妒。

根据印度教的教义，从精神意义上讲，没有一个个体可以替代另一个个体。尽管同一个家庭的成员可以一起进行宗教仪式，但他们都是单独祈祷。如果一个人现在出生在富裕家庭，生活优越，很可能是因为他在前世积累了很多功德。因此，一个特权阶层的人，他现在的生活，是前世有德行的生活的结果，而那个前世又是他今世重生到更好境遇的先决条件。

因此，在这里，我们看到的，是一个从一开始就很少给不同社会阶层之间产生嫉妒情感留下空间的制度。然而，印度人对自己群体内恶意嫉妒者的恐惧非常强烈，这种恐惧表现在通常用来抵御邪恶之眼的魔法上。[35]

第 16 章

# 平等社会中的杰出个人

毫无疑问，现代社会中的知识精英，特别容易展现出一种天真而虚荣的态度，他们的避免嫉妒行为，常常又与政治有所关联。大量传记和政治科学文献均证实，受过较高教育程度的个体——如杰出的艺术家、演员、知名的科学家——在接触平等主义时，往往显示出显著的兴趣和倾向。这让我们得以推测：一个人在社会中的地位越不平等、越杰出、越非凡，他就越可能选择一个经过哲学润色的长期平等主义计划（相对于那些为进行初级的恐吓和街头战斗而短期招募的暴民），只要他能将自身的特权地位和一种内疚感关联起来。[1]

这种杰出个体的内疚感可能源于诸如以下情况：他的父母无法为所有子女提供同等的教育，他个人虽然取得了显著的成就，但他的家庭却仍然停留在社会底层，或者他活了下来，而一个更有天赋的兄弟却过早去世了。

然而，奇怪的是，这种类型的人物从来没有想过要追求一个不需要物理学家、数学家或顶尖小提琴家的简单社会——换言之，一个他可以默默无闻、摆脱因杰出地位而引发内疚感的社会。由于他的虚荣心、名人地位的既得利益，以及他可能出于精明考量而不愿追求田园诗般的农业乌托邦，这样的想法对他来说是不可能的。但他确实相信，一个极端的平等社会，或者类似于德国第三帝国这样的制度，将会强制推行社会团结，为其最无能和最缺乏天赋的公民创造一个天堂般的环境，在这种环境中，他不必因自己的特殊地位而感到内疚。

事实上，这种期待在某种程度上是有道理的，因为在一定的时间内，社会革命体制确实可能使"体力劳动者"与曾经被委婉称为"脑力劳动者"的人达成一种认同：如果一个高收入的物理学家与一个劳动者在公园长椅上共享空间，前者可以自欺欺人地认为，后者对他的嫉妒实际上是对元首、党的领导集团所倡导的全面团结意识形态的背叛。劳动者有时也会接受这个想法，尽管研究表明，他们通常不会嫉妒物理学家或歌手——就像后者所预想的那样——而更可能嫉妒工头，或者更有可能是嫉妒被允许加班几个小时的同事。

在一个基督教的世界中，所有人都有共同的信仰，无论他们在世俗生活中的地位或职务如何，每个人都可以认为自己通过超越的神与邻居建立了联系，与他们达成了和解。而且，他甚至可能不会嫉妒他们，因为这样做会对神的智慧产生质疑。因此，20世纪的无神论知识分子需要寻求一位新神，这个神能承诺给予他和基督教的神一样的保护，保护他免受旁人的嫉妒（往往只是怀疑）的侵扰，摆脱因个人优越感产生的内疚感。这个替代的神就是进步主义意识形态，或者更准确地说，是一个完全平等社会的乌托邦。尽管这可能永远无法实现，但仅是内心对它的支持就已经有助于缓解不平等带给他们的内疚感。

自20世纪中叶起，人们似乎越来越表现出优柔寡断与软弱。在当今时代，人们往往不愿陷入那种需要自己去客观判断一个可能激发嫉妒感的情形是否合法的困境中。仅仅是在政治演讲、漫画或讽刺歌曲中表达的嫉妒情绪，就已经足够让这些人坚信存在着某种形式的不公。将这一现象视为一种社会退化的想法，是很有诱惑力的。在原始部落和许多简单的农业社区中，嫉妒者的邪恶之眼所影响的个性层面并非纯粹的智力功能，而是在它之下的其他方面。*有很多经过证实的案例表明，知道嫉妒者的诅咒，就足以在被诅咒者身上引发疾病症状。整个文明进程都预期有足够多的人能够克服这种恐惧。这个过程得到了某些宗教观念以及一些具有文化根源的世俗观念的帮助，如运气的概念。

然而，如今在西方工业社会中，许多人似乎像原始社会的成员一样，容易受到对嫉妒的恐惧的影响。除了在农村和某些少数族群中，我们很少见到使用神秘的护身符来对抗邪恶之眼的情况；相反，我们遇到了一种缺乏充分推理的反应，它接受所有形式的嫉妒，并以平等观念的名义认为这些嫉妒都是合理的。

如今追求社会关注的嫉妒者，可能从许多同时代人中某一性格层面的易激动性中受益，这种性格也是导致普遍的迷信倾向的原因。简单地说，那些不与嫉妒者及其追求保持一致的人，很可能会给自己带来不幸。

## 平等主义者的社会良知

当平等主义者的收入高到足以使他超过体力劳动者和许多知识分子同行时，他的社会良知和对自己会让人嫉妒的内疚感就会在他的灵魂中觉醒。两位作家——比阿特丽斯·韦伯和西蒙

---

* 这些其他方面可能包括情感、心理等非理性因素。——译者注

娜·德·波伏瓦——的自传性记述，都揭示了那种能够帮助平等主义者恢复人格平衡的智力和情感结构。她们在政治上都倾向于左翼。

在日记中，比阿特丽斯·韦伯回忆起第二次世界大战前，工党即将上台执政，其领导人即将获得部长级薪酬的时候，工党内部的激烈争论。有人要求工党内阁将所有部长的年薪降至 1000 英镑。尽管韦伯夫人能够理解，对于普通工党成员来说，5000 英镑的薪酬似乎是天文数字，但她以一位资本家董事会主席的技巧辩称，在扣除所得税后，再加上必要的支出，工党部长很可能入不敷出。她认为，一个人的应得报酬，应该在其整个职业生涯中来计算，而不仅仅是其职业生涯顶峰时期的那几年。她还提到了许多工党领导人在成为部长并获得相应薪酬之前所做出的财务牺牲；她甚至没有忽略这样一个观点：一位即将退休的部长可能会发现要恢复他原来的职业生涯将非常困难。

在此之际，比阿特丽斯·韦伯面临着一个道德问题，那些已经拥有稳定收入的工党政府成员在任期内是否应该继续获得这笔收入。

首先，她略带轻蔑地提到了工会领导人。他们在政治聚光灯下的那段时间，不仅能比以往更稳妥地安顿好自己的老本行，而且还能节省下大部分工资，经过几年的任期后，他们可能会在余生里成为"小资产阶级"。接下来，比阿特丽斯·韦伯将这一艰难的良心问题应用到她的丈夫和其他同样富有的知识分子身上。

另一类从官方薪水中意外受益的人是那些已经靠无偿收入生活的人，如特雷弗利安（Trevelyan）、巴克斯顿（Buxton），以及在较小程度上的我们，这些人在成为无薪公务员后的花费不会比现在多很多。我们可能会因为西德尼上任而在额外招待和秘书费用上每年支出大约 500 英镑，但除非我们刻意把剩下的 3000 英镑花掉，否则这些钱都是纯收益……事实上，我们在没有直接报酬的情况下为公众服务了一辈子，但作为社会主义者，如果不这样做，我们就很难证明自己有资格接受每年 1000 英镑的无偿收入。巴克斯顿和特雷弗利安的情况也是如此……

## 部长的薪酬

在下一段中，比阿特丽斯·韦伯反思说，鉴于个人情况的差异，以及许多内阁高层成员在任期内可能因此而出现赤字的事实，要解决部长级薪水是否合理这一麻烦的良心问题几乎是不可能的。她也无法解决关于她自己和丈夫的道德困境，但却在一个蹩脚的希望中找到了安慰，即他们的任期很短：

> 然而，我怀疑部长级别薪酬的数额是否会对我们个人造成困扰：因为我相信我们的任期会很短，所以良心问题不会产生，而且我怀疑，几周或几个月的薪水是否足以支付即将到来的选举费用。可能会有几百英镑的盈余，但我对此表示怀疑。

她又一次抨击工会领导人："对于那些不是工会领导人的劳动人民来说，政治是一场输钱的游戏。"[2]

比阿特丽斯·韦伯关于再次选举费用的安慰性言论，为具有平等主义思想的民主政治家们提供了持久的良知安慰，这种安慰在美国尤其如此，自20世纪中叶以来，它的重要性不断增加。因为在美国，竞选总统或参议员的支出几乎没有限制，所以现在可以向选民和自己的良心证明，任何遗产、任何财富（无论在公共服务中如何可疑地获得）、任何薪水（无论多高）都可以通过关注再次选举成本不断上升来证明正当。目的可以证明手段——在这里是指金钱。

或许，在其他职业中，政治家们能够容忍同样的"道德"准则，这一点没有什么可反驳的。因为它的基础是一个分工社会中不同需求的普遍问题。如果一个社会主义政治家，根据定义，致力于建立一个平等的社会（或者说，由他"使之平等"的社会），由于他的职业和机会所面临的特殊需求，以及他对公共利益的不可或缺性，使得他能够证明自己的特殊财务地位是合理的，那么其他职业也有权利获得类似的增加。一个30岁、有天赋、精力充沛的经理希望实现独立，他可以正确地认为，由于在他作为雇员期间的累进所得税，他无法在年轻的时候积攒足够的钱成为雇主，从而在工业组织、创新等领域做出他认为自己独有的贡献。

即使是一个大致平等的社会理想，也无法与那种允许个人决定并大声宣告他对公共利益的贡献程度的文化精神相容。然而，社会主义作家们尤其珍视这种自由。

## 西蒙娜·德·波伏瓦与萨特

与比阿特丽斯·韦伯一样，西蒙娜·德·波伏瓦在她的自传体作品中也谈到了一个问题，即社会主义知识分子如何看待自己仅仅因文学成就而高高在上，远离了同伴的世界。

1945 年，在多年的贫困之后，当让-保罗·萨特（Jean-Paul Sartre）因其作品取得了世界性的成功后，这位女作家就面临着这个问题。当她意识到从那一刻起，萨特将永远拥有大量的金钱，她感到非常震惊，并认为他们有义务将这些钱用于有价值的事业。但怎么做呢？她和萨特都不喜欢把自己变成一个慈善机构的想法。她努力尽量少为自己花钱，但最后还是为她在美国的讲演之旅买了一套昂贵的西装。她泪流满面地告诉萨特："这是第一个让步。"她的朋友们都取笑她。然而，西蒙娜·德·波伏瓦仍然"坚持想象……可以找到一种摆脱参与社会不公的方式"。她觉得自己有罪，她告诉我们，她和萨特逐渐开始享受和欣赏生活中的美好事物，比如昂贵的餐厅。他们对这种间接剥削大众的不安感逐渐减弱。

但西蒙娜·德·波伏瓦未能解决一个问题：一个成功的社会主义作家可以容忍多少社会不公？"总的来说，我决定是否允许自己某些'让步'以及拒绝其他让步的方式是完全任意的。在这类事情上，我认为不可能建立任何逻辑原则来规范自己的行为。"[3]

## 阿瑟·凯斯特勒

在一篇自传体文章中，阿瑟·凯斯特勒（Arthur Koestler）记录了与伍德罗·怀亚特和西蒙娜·德·波伏瓦类似的经历。和许多其他人一样，他愤怒地发现其他（更富有的）人没有经历过他每次为自己花钱时所受折磨的内疚感：

　　　　我清楚地意识到了家庭的经济困境，并对我的父亲，一个总是计划失败的发明家，深感同情……每当我收到新的书籍或玩具作为礼物时，我总会被内疚感困扰。后来，每次我为自己购买新衣服时，都意味着我能寄回家的钱变少了。同时，我对那些明显富有的人充满了反感，不是因为他们能够买得起东西（嫉妒在社会冲突中的作用远比人们一般认为的要小），而是因为他们在购买时没有任何内疚感。因此，我将自己的个人困境投射到了整个社会结构上。

　　遗憾的是，（就现代社会批判的可读性而言）在那些把社会主义视为解决方案的作者中，很少有人能达到凯斯特勒所展示的洞察力。[4]

　　很多左翼作家强烈呼吁建立一个他们认为能全面实现社会公正的社会，而这种热情，不是首先源自他们试图在抽象的社会中实现他们在个人生活中无法实现的理想——社会公正吗？在这个理想的社会中，没有人会因为不平等而在他人的嫉妒面前感到内疚。

　　声称"令人嫉妒的人应对嫉妒负责（因此，不仅拥有就等同于窃取，而且拥有就等同于激起他人的嫉妒）"，这是左翼作家最喜欢的一种论调，这种论调同样虚伪，并且在逻辑推论上同样荒谬，就如同那些声称"嫉妒的人从来没有正当理由感到愤怒"的论调一样。然而，在任何形式的人类生活中，我们都无法摆脱引起他人嫉妒的"内疚感"。这就是普遍、无目的的内疚感的根源，在过去一两百年里，这种内疚感产生了如此多破坏性和混乱的影响。内疚感（社会良知）的煎熬，以及认为可能存在一个无阶级、不引起嫉妒的社会形式的天真设想，是许多中产阶级和上层阶级的人支持左翼运动的原因。

寻求一个几乎没有人会因为嫉妒、怨恨或贪婪而对别人感到"内疚"的社会，是徒劳的，因此是不诚实的，或者说是天真的。这样的社会将无法正常运作。它甚至没有基本的机构来维护或保留我们迄今为止已经取得的文明成果；它无法承认任何创新，也无法成功地培养新一代。最终，事实将证明，要在教育媒体所有权和自由裁量权方面维持未成年人与成年人的差异是不可能的，正如在同龄人之间维持这种差异不可能一样。因为平等主义者的乌托邦首先会被任何社会中都存在的、基于年龄的等级制度推翻。代际之间的紧张关系和怨恨是相当大的，而在原始民族中，确实有一些精心设计的仪式来疏导它们。想想在一个年龄是唯一区别特征的社会中，不同年龄的人们会对产生的差异存在多大的困扰，这并不需要特别生动的想象力。

## 做你自己

"做你自己！"（Du sollst Du selbst sein!）这一命令是许多伦理体系的核心，无论是基督教的伦理体系还是非基督教的伦理体系。然而，没有什么比"做自己"这件事更让我们的同伴怀疑的了。原因不难寻找：一个人越真实、越充分地成为自己，别人与他相比就越痛苦，因为只有当每个人都隐藏自己的真实本质时，个体才能实现平等。

大卫·理斯曼提出了他者导向型人格。他认为，这种人是典型的现代美国人，是在一个已经屈服于平等主义的文化中表现出社会预期行为的例子。

图尔尼埃深刻地描述了这种存在于我们的自我之中的他者独裁：

> ……我们感到内疚……因为我们让自己被恐惧束缚，被环境左右……被从众心理消磨；因为没有做自己……在这里，社会所暗示的虚假内疚感与在上帝面前对自己的责任之间的对立变得明确……一位诗人告诉我，他在开始写诗之前总是感到内疚——因为他觉得自己被批评是浪费时间在纸上涂鸦，而不是谋生……[5]

在关于基布兹儿童研究的伟大著作中，M. 斯皮罗（M. Spiro）描述了一个几乎相同的案例：一个年轻人，每写一首诗，都会想到他在平等社区定居点宿舍里的室友，内疚地想到他们无法写诗。[6]

有这样一种人，总是试图为自己的出生寻找借口。当他有代表自己的意见，或者可能被认为是他的意见要说时，总是带着无数的保留和顺从来表达。他回避奖励、荣誉和礼物，总是为自己选择最差的座位。[7]在许多民族、文化的文学作品中，我们都可以找到对这种性格类型的描述。其中最极端的表现，是中国人在遇到平等地位的人时必须遵循的一种仪式，以确保双方都不会觉得对方有丝毫优越。

我们并不是唯一认为这是人类普遍的行为方式的人，通过这种方式，人们试图中和或平息他人的嫉妒，无论是真实的还是想象中的。在历史上的各个社会中，有许多逐步确立为良好礼仪或礼节的规则，其核心大部分都是为了避免引起他人的嫉妒。我们可以称之为"声望规避"（Prestige-Vermeidung），这是一种特殊的避免嫉妒的方式。在所有的文化中，无论是最原始的文化，还是最高度发展的文化，都存在着对任何可能激起嫉妒的个性表达的抑制，抑制的强度各不相同。在精神病理学中，我们遇到过这种情况，当这种态度过于僵化并加剧，正常的生活也变得不再可能。

## 大卫·理斯曼的案例

大卫·理斯曼描述的"他者导向型"人格，呈现出与我们称之为"避嫉行为"的行为模式密切相符的情况。在美国，这种人格类型的人常常模仿周围的生活方式和消费习惯，换言之，他会买下可能引起经济地位较低者嫉妒的物品。然而，理斯曼强调了他的调查对象对于通过任何方式展现出的与众不同的品味或过度奢侈行为可能引发的嫉妒所感到的惧怕。

1952 年，理斯曼在他的著作《人群中的面孔》（*Faces in the Crowd*）中记录了一些个人经历和访谈，这些资料是他在《孤独的人群》（*The Lonely Crowd*）一书中提出的理论的基础。在一些案例中，避嫉动机相当明显。比如，他描述了一个高度自我怀疑的高年级学生。像他那一代的许多美国人一样，他无法从自己的非凡天赋中获得任何乐趣。理斯曼称呼他为克莱德·希金斯(Clyde Higgins)，他表现出自己认为足球很重要。理斯曼怀疑他对这项运动的热情（像许多学生一样）要么是为了掩盖自己的真实感受，要么更有可能是作为一种对抗内疚和焦虑的防御；他不仅想要表现得普通，还想要感觉到自己是普通的。理斯曼接着说：

天赋是危险的东西。如果一个人出生在上层阶级，天赋可以成为一件装饰……但是，流动的下层阶级人士很可能对他的天赋有矛盾的态度……如果他培养他的天赋，对他来说，要想结交其他人就变得更困难了……一个人的天赋把他推向竞争激烈的环境，在那里，他成为众矢之的……通过贬低自己的天赋，一个人由此寻求实现两个相辅相成的目标：首先，避免顺从天赋，这可能会将他引入新奇的境地和雄心勃勃的个人要求；其次，抵挡嫉妒之箭。即使其中一部分可以归因于低调的时尚，这在很大程度上仍是一个无意识的过程。

理斯曼还写道：

他者导向型人格……一开始就对集体生活充满恐惧，"你以为你很了不起"，并且……偶尔会挣扎着抵制他的天赋，以免这些天赋使他与他人发生冲突……他者导向型人格，会更多地关注他人可能带来的限制，如担心引发他人的嫉妒或触犯平等主义的观点。[8]

然而，理斯曼错误地将避嫉行为，特别是他所清楚展示的那种导致人的天赋受到削弱的行为，描述为现代工业社会的特殊特征。正如我们所能展示的那样，这些抑制作用在农村社会、原始人群和孤立社区（如挪威渔村）中比在美国更为根深蒂固，更为明显。理斯曼只是观察到了一种态度的余波，这种态度在美国至今仍然十分显著——与欧洲不同——它更专注于智识差异，而不是经济差异——收入或消费行为差异。

一个社会如果只由吹嘘者组成，那么这个社会将无法长时间运作。在社会交往中，和乱伦禁忌一样，一定程度的传统的谦逊是社会的先决条件。所有民族的迷信、谚语和宗教都始终将谦逊美德灌输给每一个成长中的新成员，这并非巧合。作为加尔文主义的一大特点，宗教改革后一个令人惊讶的发展是，个人可以毫不羞愧地感到优于他人，并在他的作品中展现出来。这是突破嫉妒壁垒的开始。这种发展之所以走向了这个方向，也许是因为基督教一开始就将人置于一种新的、特殊的与世界的关系之中，并为他提供了一个中心的、逻辑的价值体系。然而，当宗教改革将这种精神力量赋予个人时，其结果之一便是对不如自己有天赋、不那么成功的人所施加的邪恶之眼的威胁具有了更大的免疫力。

在一个社会中，谦逊的美德和价值可能是不可或缺的；然而，如果那些寻求权力的人通过宣传或修辞手段，强化公民个人的谦逊——源于对被嫉妒的模糊恐惧——直到它变成一种神经质的避嫉态度，那么这将是一种极具争议的做法。这种做法使得通过实施平等措施（包括其他方面）以便于当权者控制社会成为可能。

第 17 章

# 脱离嫉妒的社会：
## 一个乌托邦

一个没有嫉妒的社会是什么样子的？那些乌托邦主义者所钟爱的模型，如部落文化和小型孤立社会，并不能帮助我们描绘理想，因为正如我们已经看到的，此类社群比任何其他社群更容易受到嫉妒的困扰。历史并无更多的启示，唯有一个例子可以思考，但在今天的民主社会，我们宁愿避而不谈：许多观察家认为，嫉妒在等级结构稳定的社会中引发的问题要少于在社会流动性大的社会引发的问题。[1] 同样，与谴责嫉妒的道德教义相结合的、真正的超越性宗教，可以大大抵制嫉妒。然而，非常值得怀疑的是，过去的任何社会制度或社会形态是否真正理解了那些摒弃嫉妒情绪的人。[2]

　　当我们谈论一个脱离嫉妒的社会时，我们究竟指的是什么？就其表面的问题解读而言（例如，吕斯托的解读就是一例，虽然至今仍有人持这种观点），它是一种社会现实，在这个社会中，再也没有任何值得被嫉妒的东西存在。[3] 这里的嫉妒主要是由某些值得被嫉妒的事物引发的，例如，他人拥有的更多的物质财富、教育或生活享受。解决这个问题的办法就是平等化，让人们在社会地位上变得平等。然而，完全撇开被严重低估的实现平等化的实际困难和心理难度，这种解决方案忽视了物质不平等的重要作用。嫉妒的人能够容忍邻居在相貌、青春、子女或婚姻幸福等方面的优越，只因为他嫉妒对方的收入、房子、汽车和度假旅行。物质财富形成了一道社会必要的"嫉妒屏障"，将人们隔开，并保护个体免受身体攻击。

## 公正感与脱离嫉妒

将乌托邦描绘为一个没有嫉妒个体的社会，并不意味着认为人们在本质上无法感知、感受到不公正的事实。我们可以想象出极端不公正的情况，这种情况让每个人都毫无疑问地深感愤慨。

当我们谈论一个没有嫉妒的社会时，我们并不是在设想这样一个社会，在这个社会里，人们对于表现差距极大但报酬差异却很小，或者表现相同却报酬差异极大的情况无动于衷。在构建一个没有嫉妒社会的心理演练中，我们需要考虑长期过程、持久的结构和制度。为了避免嫉妒和怨恨，需要什么样的性格、人格结构和社会经济环境呢？

要回答这样的问题，需要有这样一个社会，其中有完全致力于社会、经济和政治平等的人。从幼年到死亡，每个人都必须不断意识到一个基本原则，那就是他绝不能变得不平等。他的整个教育都将以此为目标，向他灌输这一原则。更具一致性的是，在古代斯巴达或柏拉图的《理想国》中，孩子从出生开始就在社区由照护人员抚养，而照护人员则经常被取代。在这样一个社会的学校里，不会有好学生或坏学生，也不会有人每年被留级，更不会有分数。社区里的每个成员都会有食物、医疗照护、衣物和住所。为了实现平等，所有的饭菜都将在公共厨房食用，没有人有自己的衣物，而是每周五领到新洗好的下周的衣物。牙刷和一双鞋是唯一的个人物品。任何形式的私有财产都不被允许。工作将被分配得如此均匀，以至没有人可以在特定职位或办公室任职超过一定的时间。即使是最有才华的人，在轮到他们的时候，也必须放弃其他一切，去从事最艰苦的体力劳动。对于这种社会形式的成员资格，每个人必须是完全自愿的。不能强迫任何人留在那里。没有围墙。除此之外，人们还可以自由选择自己喜欢的其他生活方式。

为了测试我们的论点，这个实验必须进行足够长的时间，以使得一代人在新的社会长大，没有关于其他社会生活形式的个人记忆。

## 作为平等实验室的基布兹

尽管听起来似乎不太可能，但实际上确实存在这样的社会。超过 200 个大小不一的社区遵循着同样的理念和习俗，尽管每个社区在某些细节上可能有所差异。[4] 这就需要不同的观察者对这些社区进行精确的研究，包括那些在简单文化研究中富有经验的文化人类学家。我们也可以利用这些资源。这里所谈论的社会，是指以色列的集体定居点，即基布兹。许多社会科学家准确地把基布兹描述为研究特殊社会条件下人类行为的重要实验室之一。因为这些社区是第一个真正实践社会主义理念和精神的"乌托邦式"社区，它们并未在短短一两年之后就瓦解，而是已经持续运行了半个世纪（到 1965 年）。

对于比较文化学和人类学来说，基布兹比原始民族的社区更有价值，因为前者的创始人和随后的成员大部分来自西方。他们是现代人，与原始民族相反，他们非常清楚基布兹以外的世界是什么样的。

基布兹的目标，是实现斐迪南·滕尼斯（Ferdinand Tönnies）在 1887 年发表的著名且有影响力的著作《社群与社会》（*Community and Society*）中阐述的纯粹而充实的共同生活。然而，在过去真实存在的社区中，确实有一些明显存在等级和分层。

基布兹超越了大多数早期的自然社区，因为其目标——从字面上来说——是构建一个绝对平等的社会。在基布兹初创的几十年，大约从 1910 年到 1930 年，这种努力有时会显得很荒诞。那段时间，甚至工作服或内衣都不能为个人拥有，而是每周送到公共洗衣房，然后重新分配。

从基布兹最初的规划开始，直到现在，无论是创始人和成员，还是他们外界的朋友、拥护者和支持者，都毫不怀疑这是第一次的伟大实验，是对社会主义的实践测试。他们可以利用自卡尔·马克思以来的社会主义文献，试图在比苏联更有利的环境中实现社会主义，尽管在基布兹，至少直到 20 世纪 60 年代，人们对于苏联的社会主义实验仍然充满了浓厚的同情和天真的钦佩。

如今，在许多方面，基布兹都采用了现代的技术方法——生产过程现代化，并引进了农业机械。然而，毫无疑问的是，这样的方法绝不可能是由一个从未摆脱基布兹所代表的社群形式的民族所能发明或发展出来的。换句话说，纯粹的平等主义社群，特别是在基布兹特有的、极为艰难的环境中，只能通过利用个人主义社会的产品、技术和成就才能存续和运作。

## 未来的社会形式？

基布兹的主张——将自身视为一个卓越且具有前瞻性的社会

形式——应首先引起我们的怀疑。依据本书所提供的研究，我们不禁要问，如果没有个人主义社会的贡献，那么平等主义社会是否能够存在于它现在习惯的水平？令人惊讶的是，基布兹理念的宣传者忽视了一个事实，即在许多领域（如教育）中，基布兹的平等主义与美国更为相似。

这意味着，基布兹运动的理想主义者不能将苏联的成就作为他们自身系统效能的额外证据，因为这些成就并不是在平等的制度下实现的，同时还引入了自由世界的模式。反过来，苏联的辩护者——尽管他们几乎不会这么做——也不能简单地指向基布兹，并在其表面的和谐中找到苏联社会发展的最终稳定状态。在苏联，没有任何单一趋势、目标或约束性的价值观，能够孕育出像以色列这样小心翼翼地维护平等的社区定居点。

因此，乌托邦的梦想家、平等主义者和西方的空想社会主义者，只要是从事实出发，就无法从苏联或基布兹的社会现实中构建一个能为平等主义带来希望的预测模型。

存在着极少数的社区，其成员数量如此之少，条件如此之简单，以至完全缺乏或几乎没有政治结构的外在表现，以及公认的规范或授权的权威。几乎总会有一些任务，制定决策和执行决策的劳动分工是必要的。必须与邻近的村庄、部落或外界的商人等进行谈判，这不能由整个社群或所有适龄男子组成的常设公会来完成。总需要有人制订下一次的狩猎、捕鱼远征或与邻近部落下一场战争的计划，也需要有人确保计划的实行。

在极其简单的社会组织层次上，有时很难确定领导角色是被强加给了那些没能及时逃避的人，还是被特别有进取心、雄心勃勃的人，或者是关心团体福利的人承担了。许多人类学研究似乎表明，这样的过程通常是同时发生的。[5] 它们并非互相排斥。因为在民主国家的近代历史上，我们已经看到，有些总统候选人努力塑造出一种完全公正的旁观者形象，并在公开强调公职弊端的同时，还在促使朋友为他们的利益游说拉票。

一个社区越小、越紧密，它所需或所拥有的劳动分工越少，其成员就越倾向于平等主义。然而，几乎在所有文化中，对那些必须行使权威的人都存在一种根深蒂固的反感和不信任。在原始的村庄或部落，只有在需要权力或权威的情况下才会勉强同意要有一个领导者，但从他上任的那一刻起，就通过一些特殊的、令人不快的仪式让他明白，权威的行使者是多么不受尊敬；此后，他就成了他们特别不信任的对象，担心他不能将社群利益置于自己利益之上。如果将人类学家对原始部落中领导者角色得不到感激的描述，以及许多人试图回避这一角色的倾向，与对基布兹的描述相对照，就会发现惊人的相似性。

## 基布兹的权威问题

完全支持基布兹实验的美国社会科学家已经向我们展现出，在大约 30 年的演变过程中，个别基布兹的发展已经陷入僵局。这些基于字面理解的抽象平等主义精神创立的基布兹，无法摆脱现代性，无法摆脱自以色列成为国家以来的商业化和工业化。基布兹的任务不断增加。在生活和工作的各个领域，都需要专家、代表和领导者。他们试图通过强制性的平等永远消除的相互嫉妒，实际上也从未被根除。在基布兹，尽管准备选举产生权威领导者，但从一开始就会对他们严密监视，充满紧张和焦虑的不信任，他们的任何明显的权力行使行为都被视为可疑的。那些被选中的人都非常清楚并充分感受到了这一点。几年后，社区就会陷入危机，因为，用一位学者的话说，出现了一种"拒绝模式"（refusal pattern）：每当需要选拔人选担任必要职务时，所有人都试图逃避提名或接受。[6]

如果一个政体能够为其选出的高级公务人员提供充分或超额的报酬，选民就不必不断问自己，这个职位的拥有者是不是为了利用他的职位损害社区利益而承担这个职位的。然而，如果立法者以"健康"（嫉妒）的民意为由，不能给予领导者适当的报酬，民主嫉妒就会露出另一副面孔，人们会问："如果这个人在商业或职业上做得很好，为什么他还想要从政？他与我们普通人有什么不同？他是危险的野心家吗？他是不是为了从中谋取非法经济利益而谋求政府职位的？"这种态度在美国国会对联邦政府高级官员施加的限制中得到了体现（但这些限制并不适用于国会议员）。

然而，在根据收入进行经济分层的社会中，有许多可能的妥协方式，既让公职在经济上足够有吸引力，也可以让竞选看起来合理、合法，而不会引起人们对当选者太多的嫉妒。但是，如果一个政体，如基布兹，在原则上，且毫无例外地，拒绝向其成员支付报酬，同时要求按照马克思主义的精神，对作为平等一员的成员，各尽所能，各取所需，那么平等主义者的困境就会被严峻地揭示出来。在基布兹担任领导角色的人，会发现自己没有足够的时间陪伴家人，或是从事业余爱好，甚至可能不得不动用自己的微薄资源来履行职责，然而，他不仅得不到任何补偿，而且事实上，比其他成员受到更严密的监视，以确保他不从公共资源中获得其他人也没有的好处。随着时间的推移，愿意接任领导职务的人会越来越少，直到最后，基布兹的成员痛苦并不安地意识到，实际上，总是同样的人担任职务。这反过来又引起了真正的不满。因此，嫉妒产生了一个恶性循环——在对领导者的控制中，嫉妒愈发明显，领导者与被领导者之间的摩擦愈发严重。研究基布兹社会的人们看不到这种自发产生的冲突的解决办法。

显而易见的是，这一观察也适用于更大的社会。毕竟，基布兹是纯粹民主的一种模式。如果现有的民主国家发展到一个阶段，那些碰巧担任公职的人原则上会受到恶意公众的无休止攻击——不是因为他们确实有罪，而只是因为他们必须行使权威——那么，这些怀有怨恨的民主监督者，将使得一个由脸皮厚的人组成的越来越狭窄的圈子里的人担任这样的职务，并且他们对公众舆论会越来越不敏感。

## 创始人的动机

有众多的社会事实可以表明，一个热切追求共同目标的社区，可以容忍其成员之间存在相当大的不平等，甚至维护和鼓励这种不平等，以作为一种激励机制。面对危险且困难的环境，以及作为拓荒者，不像其他的土地占领和定居行动，基布兹并不是必须要提出和维持绝对平等。因此，除了这些实际的环境因素外，还必须有其他理想化、意识形态化的因素。正如了解基布兹运动的专家所强调的，甚至像德国青年运动这样看似不太可能的榜样，也直接影响了基布兹的建立过程。

因此，我们面临的问题是，创始人和早期成员是否知道——实际上，20世纪60年代的基布兹成年人是否知道——他们的事业是在尝试建立一个没有嫉妒的社会？他们有意识地选择了平等的理想。根据基布兹的最近研究文献，至少可以看出，提到平等的次数比提到社会公正的次数要多。在一个真正平等并维持这种平等的社区中，社会公正会自然而然地跟随而来。但是，他们是否意识到，在基布兹，他们试图实现一个古老的梦想，即建立一个没有人嫉妒和被嫉妒的社会？

我们或许可以换一种方式提问：对于坚持平等这一立场，是否存在其他可能的动机？根据我们在本书中迄今为止提供的资料，答案似乎是否定的。因为对于理想的、和谐的、利他的社区来说，唯一的障碍就是一种以嫉妒为核心的情感和驱动力的综合体。因此，现在的问题是：到 20 世纪 60 年代，基布兹是否成功地营造了一个无嫉妒的氛围？是否培养出了一代新的、未受个人主义影响和经历污染的年轻人，这些人已经学会了无怨无恨、无嫉无妒，尤其是不再害怕被别人嫉妒的生活？

即使是基布兹实验的热情支持者（而非怀疑论者或反对者）撰写的那些科学研究，也对这个问题给出了明确的答案：嫉妒问题既没有得到解决，也没有被消除。即使在一种比任何修道院（在修道院中，至少还有等级和权威存在）都更强烈地消除了不平等、力图最大程度地实现平等的社群中，人们仍然有足够的理由因为他人的成就、爱好、技能甚至是一点微不足道的财产而嫉妒他人。

然而，更为重要的是，由于避嫉行为的加剧，以及因想象中或现实中的不平等而加深的社会内疚感，人们觉得这些不平等是他们自己造成的。这也解释了基布兹文化的研究权威、美国人类学家斯皮罗在他的伟大著作中所描述的基布兹孩子的行为：他们压抑、内向，总是被焦虑折磨。

托克维尔曾预言，人际关系的紧张程度会随着已经建立的外在平等程度的提高而加剧，这在基布兹社区中得到了应验。

## 基布兹的孩子们

如果我们回想在嫉妒心理形成和固化过程中，兄弟姐妹间妒忌所起的作用，那么，更值得注意的是，在基布兹的父母那里，斯皮罗几乎没有发现父母要理解这种情况的迹象。每一个最年幼的孩子都会无拘无束地被偏爱、溺爱和宠爱，而在他之前出生的孩子突然被"罢黜"。斯皮罗描述了一些他观察到的父母与孩子的情况，他注意到了年长孩子的苦涩和涌现的妒忌，但父母却没有给予这种情感任何关注。[7]

目前还无法验证基布兹文化本身是否倾向于在父母中培养出一种能够在孩子之间引发兄弟姐妹间妒忌的态度。不过，这种假设是可行的，例如，即使最小的孩子也在类似于孤儿院的机构中由陌生人抚养，远离亲生父母，这可能是父母感到异常内疚的原因。在探望孩子的时候，他们只会向最小的孩子表达爱意，因为对这个年龄段的孩子，他们会感到特别内疚。具有讽刺意味的是，正是基布兹所特有的一些特征，影响了孩子们的情感发展和性格，使他们特别容易产生嫉妒，从而不太适应他们所生活的社区形式。

反智主义（Anti-Intellektualismus）和针对那些从事艺术的人的相关敌意，实际上也是嫉妒的结果。任何一个专注于个人智力活动并具有这方面能力和天赋的人，以及任何一个看起来有能力进行深度思考的人，在大多数群体中都会引人注目。这些活动是无法被集体化或社会化的。它们属于个体的领域，个人必须根据自己的判断和品味来实践，或者根据运气或当时的情绪来决定。因此，在一个公开宣称集体劳动尤其体力劳动具有最高价值的社群里，致力于智力工作的个体总是会令人不快。

虽然在研究基布兹的著作中，斯皮罗提供了大量的反智主义案例，但他实际上只在一个基布兹生活了较长时间。如果没有犹太文化和传统的背景——这些传统高度重视学问、阅读和智识追求，那么对于基布兹里智力活跃的成员来说，情况肯定会更加困难。但即使是在集体允许的精神活动中，比如一个人在空闲时间从事智识活动，也总是存在一种隐隐的内疚感。一个人告诉斯皮罗说，他发现自己无法发展自己的诗歌天赋，因为他忍不住想到他的同伴，他们只能从事体力劳动，他们小时候和他一起坐在厕所里（他自己的话）。这种内疚感，与我们在第 15 章看到的日内瓦医生保罗·图尔尼埃和他一些朋友身上的表现一样。然而，这种由具有特殊天赋、智力活跃的人所感受到的内疚感，实际上无非是他人可能对自己特殊地位的嫉妒的想象。[8]

如果我们深入观察基布兹社区成员在嫉妒下进行的无所不在的社会控制，并见识到只要有人表现出稍许不同，或者稍显创新、才华、兴趣或创造力，就会遭到排斥、嘲讽、敌意和疑忌，这一点就变得清晰起来：在这个被视为社会主义社群典型和"人类未来指路明灯"的基布兹文化中，很多原始部落社会的特点重现。在这样一个实验室般的环境中，我们可以看到，平等主义的压力以及所有人对嫉妒的恐惧，对潜在的发明家、创造者和革新者产生了怎样的影响。绝对平等的理想，避免任何形式的权威和优势，规避所有经济利益，以及对维持这个平等体系的担心，这些都无法容忍任何一个人成功地实现未能预见的创新。因为一旦引入创新，他将不再是一个平等的人，即使他立刻无私地将发明贡献给集体。

事实上，问题不在于基布兹社群实际上拒绝创新，而是个人从小就被灌输的恐惧——担心他可能会不再平等，可能会表现出优越感或在某种程度上变得引人注目。斯皮罗以极大的同情研究了基布兹，并描述了在基布兹出生和成长的孩子们的压抑心理。[9]最近，财产无主人的基布兹与以色列的继承法之间出现了冲突。[10]另一个问题是许多基布兹付费从外界雇佣了很多工人。[11]

## 独处的罪

英文中的"privacy"这个词在德语中没有很好的对应译词。"I want my privacy!"大致可以翻译成："拜托，让我独处！不要打扰！"更准确的说法应该是："我希望享受我的私人空间，不受未经许可的侵扰。"

不同的文化对私人领域的认可程度各不相同。然而，我们不要以为，从一个没有私人领域的原始阶段到一个确保私人领域的高度文明之间有一条笔直的道路。

值得注意的是，即使在允许私人生活并且这种允许已经成为一种长期存在的制度的文化中，如果一个人真的利用了独处的权利，他的同胞就会感到恼怒、嫉妒和不信任。任何一个拉上窗帘、在观察范围之外独自生活很长时间的人，总是被视为潜在的异教徒、势利小人或阴谋家。因此，新英格兰的清教徒对珍视私人领域的人深感不信任，这一点也不奇怪。此外，还一定存在着对拥有私人生活的人的偏见，这种偏见完全不民主，也没有宗教内涵，尤其是在西部边境，如果有人在他的房子周围建起围栏或树篱，后果可能会很严重。

与英国的盎格鲁-撒克逊文化尊重和重视隐私的程度相同，美国政治的平等主义导致了人们对隐私的反感。在美国生活时间足够长的人，一定会注意到，许多人仍然害怕沉溺于他们的同胞可能认为是过度的隐私。他们尽可能地表现出自己没有什么可隐藏的。在黄昏时分驾车穿过一个中产阶级郊区，你会发现无数家庭生活在起居室或餐厅没有窗帘的房子里，就像在一个金鱼缸里。除了少数例外，现代美国人仍然不愿意用那种可以完全遮蔽的围栏或树篱将他们的房子围起来。在一些城镇，这甚至是明令禁止的。

在美国，因为平等主义，有一个职业尤其害怕被认为是利用了本身就很自然亦很必要的隐私，这个职业就是现今最专注于平等主义的职业——大学和学院的教授。他们中没有一个人会否认，从事智识性工作，尤其是在美国，比在其他地方更需要进行持续的学术写作，最好是可以安静、不受打扰、不分心地坐在书桌前进行。但是，美国校园的一个标志性景象，就是到处都可以看到讲师和教授们敞开大门坐在办公室里。如果有人在工作压力下决定勉强关上门，他会带着强烈的内疚感这样做，并事先向同事和学生解释原因，在门上挂上道歉的告示。

偶尔，某个系主任会因为担忧教师被话多的学生和同事过度打扰，而建议关上门。但几乎没有人能下定决心这样做，因为一旦议论起来，他的动机就会立刻受到质疑。

为了体会这种习俗的全部意义，我们应该知道，在美国，几乎在每所大学、每个学院、每个系，从每天上午 9 点到下午 5 点，教授们都需要在办公室待命，即使那天没有讲座或研讨会。强制规定敞开办公室，影响了从事智识性工作的很大一部分时间。

对这种隐私恐惧症的动机进行的谨慎探究，揭示了一个深层次的担忧，即不想被认为是不平等，不想被认为是傲慢、神秘或不友好，甚至不想被认为是特别多产——简而言之，就是不想引起那些缺乏自律、很容易注意力分散的人的嫉妒。

对美国日常生活的这一观察，揭示了美国的民主和社会中的许多动机复合体；现在，我们还需要在一个不同的框架内进一步考察这个问题，即比较文化和哲学的框架。

## 马丁·布伯与基布兹

让我们从一个明显的悖论开始：在《一九八四》中，乔治·奥威尔对极端集体主义进行了残酷描绘，展示了国家禁止任何隐私，将渴望独处视为严重犯罪。另一方面，在像马丁·布伯这样的理想主义哲学家的作品中，我们发现了一些主张控制和消除隐私的段落，尽管这些主张是自愿的。当以色列的基布兹实验尚未历经一代人的时间，当它被认为是未来公社结构的核心时，马丁·布伯谈到了这些平等主义社区，他写了一句话，从以上在美国的观察来看，这句话的可信度增加了。根据布伯的观点，基布兹存在的真正问题不是个体与观念之间的关系，也不是个体与社区或工作之间的关系，而是人际关系。布伯在这里所指的，并不是像从小型基布兹到大型基布兹中亲密关系的丧失那样简单的事情：

> 我在想的是一件与社区的规模完全无关的事情，也与亲

密度无关……问题更多的是关于开放性。一个真正的社区并
不需要由那些始终待在一起的人构成，但它必须由那些为彼
此做好准备的人组成，因为他们是伙伴，因此能够互相接触。
一个真正的社区，至少潜在地在其每一处都具有社区的整体
特性。[12]

　　如果将这些命题与基布兹的实践相比较，与他们最初消除任
何形式的隐私的努力相比较，我们就可以理解布伯表达的意思，
他出于最好的意图：在一个平等的社区中，没有人应该嫉妒别人，
这一点不仅通过消除财产，还要通过在纯粹的人际关系中相互拥
有（正如柏拉图所设想的那样，不是性关系）来保证。每个人都
必须时刻为他人腾出时间，任何囤积自己的时间、闲暇时间和隐
私的人都会被排除在外。

　　因此，我们看到，当理想的平等主义条件已经实现，而且所
有可以共同拥有的东西早已集体化后，总会有一些东西被保留下
来，这些东西就会引起嫉妒，从而对社区构成威胁；仅作为个体
和私人拥有的时间和空间就足以引起恼怒。然后，还有相反的情
况：在这样的团体中，可能有一些个人因其受欢迎和受尊敬的地
位而引起嫉妒，他们的建议、鼓励和陪伴备受追捧。这些人可能
会在那些乏人问津的人中引起嫉妒。

　　布伯要求每个人始终保持可用，这是实现平等、无嫉妒社区
乌托邦的关键。它假定一个完全没有权威的社会。每个具有权威
的人都有一个特点，即在与哪些人交往和互动时，有选择性。想
要与这些权威人物接触的人，必须接受这种现实（即他们可能不
会被所有权威人物接纳）。每一个等级制度、任何有效的劳动分工，

都预设了个体必须能够节约他们的时间，甚至到吝啬的地步。正是在这里，基布兹生活的最大困难产生了。

就其本身而言，广泛而友好的可用性，是最令人愉快的个人特质之一。但是，显然不可能让任何部长、心理治疗师、医生、律师或雇主始终对每个人都保持可用。许多乌托邦都倾向的个人时间的社会化，是荒谬的。然而，事实上，只要人类继续追求"真正"的社区，一种完全没有私人财产的生活形式，这个先决条件就必须保持，这表明了这种渴望是徒劳的。

## 群体的妒忌

在那些因为想要思考甚至创新而想独处、寻求孤独的人中，嫉妒问题表现得尤为突出。那些有独处欲望的个体，能够承受乃至享受一段时间的孤独，而这会冒犯他人，激发集体的嫉妒。那些不能独处的人，会因为别人成功地逃脱了社会控制、懂得如何独处而感到恼火。群体对个体的最大影响力，往往是基于一个人通常想得到群体的认可和赞扬。人们对于自己在一个或多个主要群体中的"地位"的渴望，就构成了社会控制的主要手段。[13]

因此，独处的人就已经引发了那些不愿意让他享受社交自由的人的嫉妒。此外，还有一种嫉妒源自对个体如何利用他的孤独的好奇：他会发明或创造出一些能让他超越其他人的东西吗？他能否完美地完成他的诗歌、著作、个人工作？因此，任何人，如果因为追求自己设定的目标而要求拥有自己的个人时间，也就是他有限的生命时间的一部分，并排除其他人，那他就已经在一种非常根本的意义上冒犯了那些嫉妒的人，因为他创造了最基本的财产，即他个人生活时间中的个体经历，这是他在不敢逃避其他人的存在之前无法完全拥有的东西。

从根本上说，任何一个喜欢独处而不是与他人相处的人，总是令人恼火的。彼特拉克反复提到他人的嫉妒，他一定是非常清楚并害怕他人的嫉妒，因为他明显觉得自己必须为自己喜欢独处的行为辩护，还要为他给诗人寻求独处的建议进行辩护。彼特拉克反驳了那些试图激起对独处者的愤怒的人使用的所有论据——《圣经》中甚至还有反对独处的告诫；亚里士多德的"政治动物"（zoon politikon）言论，以及西塞罗（Cicero）的观点——即使是自给自足、不需要他人的人，也总是要寻求一个伴侣。[14] 在其他地方，彼特拉克谈到了他在那些认为独处对美德生活构成威胁的人面前所遭受的猛烈攻击。[15]

回顾彼特拉克对嫉妒者的关注，我们几乎可以认为，在某种程度上，早期欧洲诗人的独处理想本身就是一种从嫉妒者的目光中逃脱的方式。正是因为当时的职业作家相对较少，这些作家又依赖于某些社会条件，如"赞助者的庭院"（Hof des Mäzens），他们之间的相互监视比现代社会的作家更为紧密和持续。卡尔·沃斯勒关于西班牙孤独文学的研究表明，故意逃避他人的嫉妒，可能是这种文学类型的直接动机。[16]

## 脱离嫉妒，是个人而非社会的任务

根据迄今为止所见，我们认为，即使能够消除所有明显的差异（即使这在实际中是可行的），嫉妒的问题也不会得到解决。因为仍然存在大量的推测性差异（这在当今已经起着重要的作用）、细微的不平等、未得到报酬的绩效差异等。我们能否改变个体的性格，使他们不那么容易受到嫉妒的影响呢？首先，我们需要让孩子们在没有兄弟姐妹间妒忌的情况下成长；但同时，我们还需要消除父母的角色，必须由一个中立的成年人来抚养孩子。然而，这是否会培养出一个不会感到妒忌，最终不会嫉妒的人，还是值得怀疑的，因为总有一天，孩子必须与其养育者和教育者分离，而后者必须将注意力转移到新的孩子身上。无论如何看待这个问题，我们的生物学基础使得培养一个完全不会嫉妒的人变得不可能。

因此，只能在儿童和青少年的成长过程中，在他们逐渐成熟并融入成人的世界、文化和道德的过程中，找到嫉妒困境的部分解决方案。在孩子成长的环境中，个别有影响力的人产生的影响几乎和整个文化价值体系产生的影响一样大——无论是好的影响还是坏的影响。偶尔会有作者通过自传描述他们是何时以及如何从嫉妒中脱离出来的。海伦娜·莫利（Helena Morley）是奥古斯托·马里奥·卡尔德拉·布兰特（Augusto Mario Caldeira Brant）夫人的化名，是里约热内卢一位领导人的妻子。她在 1942 年首次私下发布了她的日记，吸引了当时居住在巴西的乔治·贝尔纳诺斯（Georges Bernanos）的注意。在书中，她回忆起了童年时期：

"当我小的时候，我经常受到嫉妒的困扰。为此我要感谢我的祖母。她帮助我从嫉妒中走了出来。我是我的朋友中最穷的女孩。我看到了我的生活和其他人生活之间的差异，但我并不嫉妒他们。"[17]

1957 年，阿尔贝·加缪（Albert Camus）为他要出版的早期散文《反与正》（*L'Envers et l'endroit*）写了一篇序言，在这篇序言中，他讲述了自己是如何在工人阶级的环境中免于嫉妒和怨恨的，尽管早期生活有可能会让他产生这样的情感。他并不认为贫穷是嫉妒的原因，他谴责那些为嫉妒服务的教条和运动。

对基布兹文献的前述解读不应被误解为在这样的社区中没有人能真正快乐或者展现他们的个性。当十年后斯皮罗短暂回访基布兹时，他惊讶地发现，有三位在年轻时曾对他表示过对基布兹生活失望的成年人，现在已完全适应了这种生活。当然，我们永远不知道，这种对非常规社会形式的忠诚声明，有多少要归因于一种已经放弃却仍坚持的态度，这种态度就是永远不会让外界了解他们的疑虑。需要强调的是，这种生活方式是自愿的；每个人都可以离开他的基布兹，尽管对于一些人来说，这可能意味着物质上的牺牲，因为他们已经在其中投入了全部的工作能力，而且如果需要，他们会被社区照顾到生命的最后一刻。

对于我们的研究来说，基布兹的另一点也很重要：我们没有发现任何迹象表明，这种最大程度的平等文化，比开放社会的文化更自然、更自发或更能自我调节。单个的成员总是不断地对体系施加压力，使其朝向一个与外部世界相比更"正常"的社会发展。创始人的极端平等主义在各个方面都让步于对差异化、私有财产和个人化休闲方式的渴望。不断会出现那些希望进一步远离原初理想的人与那些坚守传统、希望重新加强平等主义约束的人之间的冲突和决定性投票。

## 乌托邦

基布兹以及其他所有曾经付诸实践的乌托邦社区，基本上都是农业社会，尽管其中一些后来加入了工厂化的食品加工企业。在这里，最重要的价值是农人对土地付出的辛勤劳动，这使得相比之下所有其他活动都显得微不足道。没有一种乌托邦或平等主义的定居点能在思想上处理好从农民生活过渡到复杂的工业社会生活同时还要保留集体主义的问题。例如，在《健全的社会》（*The Sane Society*）中，埃里希·弗洛姆只是对把我们的现代社会退化为规模大约为 500 人的类似基布兹的社区表达了痴迷之情。[18]

我们并不需要花费太大的努力就能明白，仅仅是这一条件，就已经使得完全平等的社区形式不太可能成为大部分人的生活方式。

通常情况下，人们常常将在他们所处的社会体系中看似无法实现的事物视为乌托邦。"乌托邦"这个词经常被滥用。然而，鉴于我们对嫉妒现象的心理学、人类学和历史维度的证据，我们可以有理由断言，当我们将无嫉妒社会——也就是结束了能够嫉妒和必须嫉妒的状态——视为纯粹的乌托邦时，这不仅仅是由于我们当前的社会结构导致的短视或我们有限的想象力，而且这样的希望和想象会破坏现有的社会体系及其意识形态，甚至可能导致其崩溃，但它们无法真正转化为社会现实。也许，对于一代又一代的知识分子来说，平等的乌托邦——也就是被从嫉妒中解放出来的社会的想象——之所以如此吸引人，是因为它承诺将永远保持为一个乌托邦，总是能合法化新的要求。对于乌托邦式的知识分子来说，没有什么比一个他们无法再挑剔的社会更糟糕的了。[19]

在未来，会有一些社会过分地考虑嫉妒者的感受，而另一些社会可能会比现代的民主社会更少地关注嫉妒者。一个社会对于真实或预期的嫉妒者的正式反应会发生很大的变化，但嫉妒的基本激发因素却相对稳定。尽管如此，正如所示，历史和文化的变迁会改变人们所嫉妒的对象，甚至可能影响人们平均体验到的嫉妒的强度。

第 18 章

# 私有财产是盗窃吗？

平等主义被视为道德发展的最后完成阶段，同时也被视为对现代工业资本主义生活中产生的不平等问题的必要回应。然而，平等主义的支持者可能没有意识到，他们的视角在人类社会生活的最原始阶段就已经存在，而且至今仍然存在。即当所有人都几乎平等时，人们会感到最强烈的嫉妒；当几乎没有什么可以分配的时候，人们最强烈地呼吁重新分配。

只有当社会的嫉妒情感普遍地被克服，被特定的观念、信仰和法律原则平衡和限制时，才能为扩大经济开辟道路，尤其是这样会给成功者带来良好的道德感。以消费为导向的经济，越是扩大其基础，将个体的注意力从对等级和阶级的情感困扰转移到对特定物品的获取——那是其他人在他之前可能就拥有的，因为这些人能够加班工作更长时间，而不是因为享有绝对特权——阻碍经济增长的原始嫉妒就越多。

今天，源自平等主义的教义——不论以什么名目——再次流行起来，并将抽象的社会嫉妒作为调控经济生活的合法原则，这使得人们转移了注意力，忽视了个人通过不同的努力（也包括偶然性）可以取得的成就。这样，那些最不适合让个人在生活上成功的情感——嫉妒、仇恨、怨恨和幸灾乐祸——在人们的心中被煽动起来，而只有个人的生活取得成功才能缓和这些令人沮丧的情感。

关于平等主义的定义无须争论。任何能描绘出可以被称为我们时代精神部分潮流的定义，对我来说都是可以接受的。萨特拒绝接受诺贝尔奖，因为他说，否则他对未来社会主义社会的贡献将不再具有可信度。我们可以很容易地看出，这个概念所表达的情感并不足以规划一个社会秩序，甚至无法规划一个"社会主义"的社会秩序。但是，一个受到萨特影响的政治家，可能会把他的影响力投向一个从经济角度来看非理性的法律，以抱着模糊的希望，认为这样做是朝着哲学家更倾向的社会迈出的一步。

当一名基督教神学家宣布个人主义的时代即将结束，人们从现在开始必须更多地将自己融入集体结构，同样的事情也会发生。很容易可以预测，无论是倾向于无神论存在主义者修辞的政治家，还是相信这位基督教神学家的政治家，他们在实践中都会倾向于制定一些具有共同点的法律和法令。这样的法律或法令最好被定义为一种行动，即为了平息某些不那么优越的群体（他们今天的生活状况并不一定很糟糕）的潜在嫉妒，而需要通过立法操控社会现实（例如教育体制）和经济现实（例如累进税制）。然而，如果我们认真对待本书提到的社会行为学，看到人作为嫉妒者所面临的可能性和限制，那么我们就不会信任这样的解决方案。

无论是存在主义者还是神学家，无论是政治家还是为他们提供支持的新闻评论员，他们不一定是刻意去煽动群众的嫉妒情绪。有时候，他们确实会有意识地利用已经产生嫉妒的人，但这样的策略往往很快就会失效。更为危险的是，人对他人嫉妒的敏感深深植根于人的内心，以至当人们对他人的嫉妒做出让步，从而产生了解脱和平静的感觉时，他们往往会认为这是他们道德高尚的证明，也是他们在现实中的权宜之计。

革命性的弥赛亚主义，对于本质上截然不同的群体，比如富有的英国贵族和巴黎一无所成的艺术家，都具有吸引力。此外，每当这些理论因为与经济现实相冲突而失败时，它们总能以新的形式再度崛起。对于这种现象的解释其实很简单。

并非像许多人所相信的那样，将个人纳入某种集体主义之下的理念之所以具有坚韧性和穿透力，是因为它们代表了真正的进步，似乎是植根于未来的。恰恰相反，正是因为这些理念从人类对嫉妒者的原始恐惧中获取力量，它们代表了一种回归原始人的简单因果思维（他人的幸福必定是我自身的损失），所以它们才能对任何由理性或经验所做的反驳产生免疫。

## 最大多数人中最少嫉妒的经济政策

我们再来看看充满嫉妒情感的原始人，看看他们的典型经济思维。这类人往往会坚称，即使在供应充足的情况下，供应也应该是严格限制的，以此来激发人们的嫉妒情感和由此产生的行动。西太平洋的岛民多布人是一个嫉妒心很严重的原始部落，关于他们，玛格丽特·米德（Margaret Mead）曾写道："他们创造了这样的情境——客观上无限的供应被重新定义为固定、有限的数量。因此，无论付出多少努力都无法增加明年的山药收成，也没有人能在山药的收成数量上超越他人，否则他就会被指责从他人的园地中（通过魔法）'偷走'了额外的山药。"[1]

在不同的原始部落中，我们可以发现一些对自身经济和环境的类似消极看法。这种充满嫉妒的想象如何阻碍我们理解社会产品增长的途径是显而易见的，尽管这种增长是绝对的、普遍的，但并非对所有人在同一时期以相同幅度增长。遗憾的是，一般所谓的"左翼进步主义"的经济观念，其实质和那些充满嫉妒情绪的原始部落无异。在过去一两百年里，那些自诩为"进步思想"的观点，其实只是退回到了人类经济思维的幼年阶段。吕斯托曾明确阐述过这一点，虽然他可能并不知道这多么符合原始部落的习俗：

> 平等，可能在开始时（初始平等）以公正的名义被要求，最后只能以嫉妒的名义被要求。每个人应得其所，这是公正的要求；每个人应得相同，这是嫉妒的要求。嫉妒的一种特别直截了当的、粗暴的形式，是对某种与生俱来或偶然的优势的嫉妒，在这种情况下，根本无法提出公正的要求（除非这是对自然或造物主的要求）。例如，当一个女孩将硫酸或酸液泼向更有吸引力的竞争对手的脸。还有其他情况，虽然没有那么粗暴，也不会被广泛谴责，但嫉妒也无疑是其中的一部分。例如，当有声望的政治经济学家毫不羞愧地公开、明确地提出这样的论点：一种较低但公平分配的国民收入，比一种国民收入较高但却有少数非常富有的人更好——所有人都应该同样贫穷，而不是所有人都富有但少数人更富有。显然，即使在第二种情况下，相对不太富有的人的绝对收入，也会高于在第一种情况下的收入。然而，这些受人尊敬的先生们可能并非出于嫉妒动机；他们把下层阶级的嫉妒视为社会学数据，认为他们必须考虑这一点。如果这种社会心理的消极情绪占了上风，那将无异于一场灾难。仅这一事实就足以证明，

嫉妒的心理学和现象学是一项重要、紧迫但困难的任务。[2]

## 福利经济学

有些读者可能会怀疑，在经济学中是否有任何一派思想主张采取一种经济政策，这种政策的主要原则是让尽可能多的人感受到最少的嫉妒。在英语世界，这通常被称为"福利经济学"（welfare economics）。这一学派在 1935 年到 1955 年最为人所知。近来，从美国翻译过来的国民经济学教科书也开始主导德国的专业书籍市场，而他们所奠定的福利经济学教义值得我们给予批判性的关注。

有证据表明，这一教义关心的不是所有人的福祉，而是为了避免某些人的福祉过度增长而牺牲大众的福祉。一篇最初于 1960 年在美国发表的文章《福利经济学概览：1939—1959》（"A Survey of Welfare Economics, 1939-1959"）为我们提供了这一证据。这篇文章在 1966 年被译成德文供人们阅读。在同类文献中，这篇文章较为少见地、明确地提到了嫉妒。这篇由 E. J. 米香（E. J. Mishan）撰写的福利经济学简史文章，主要是基于詹姆斯·S. 杜森贝里（James S. Duesenberry）于 1949 年在美国出版的《收入、储蓄和消费者行为理论》（*Income, Saving, and the Theory of Consumer Behavior*）一书。这种观点认为，每个收入群体的主观幸福感，都会受到其上方收入群体的影响。为了摆脱这种"被剥夺感"（Beeinträchtigung），他们采取了累进所得税。米香写道：

　　理想的情况是，税收应足够覆盖所有初始和后续的需求，这些需求都是为了安抚低收入群体中的每个人，而且，如果对他人的嫉妒感越强,那么需要的税收就必须越重。

根据杜森贝里的观点(他代表了许多志同道合的人),可能存在一种"过度的"(exzessive)收入状况,在这种情况下:

> 任何产出的净增长——例如,不需额外努力,就能获得更多的"每一种"商品——都不会提升社区的福利,无论它如何分配。事实上,任何产出的增加都会使社区变得更糟,因为,无论额外的商品如何分配,由此产生的额外嫉妒都不能得到足够的补偿,即使是源于这些额外的商品。[3]

虽然米香在同一页中三次使用了"嫉妒"一词,但他对这种观点持批判态度。他认为,可能存在一种分配额外商品的方式,这些商品不需要任何额外的努力就能获得,尽管明显存在嫉妒,但这种方式会改善社会中每个人的地位。然而,如果本书成功地证明了嫉妒在本质上完全不受数量操纵的影响,那么福利经济学的错误就会更为明显。

不过,米香确实认为,在考虑嫉妒的情况下,福利经济学有一些成功的前景:

> 的确,所得税不仅能够纠正社会嫉妒,而且还能在一定程度上缓解由于可支配收入而非总收入引发的嫉妒。在这方面,如果社区对收入差距的敏感度越高(即嫉妒感越强),为了修正已有的社会条件,就有必要加大税收的累进程度。在极端情况下,只有让可支配收入完全平等,才能解决福利问

题的相互依赖性。从根本上讲，这种极端的制度在富裕社会中比在贫穷社会中更可能被接受。[4]

米香在他的分析中完全忽视了一种现象，那就是由于在雇主心目中的重要性，某些人能获得看似过高的薪酬，例如，他们的公司付给他们 50 万马克的毛收入，从而引起了小人物的嫉妒，尽管在 99% 的所得税之后，他们的实际收入可能与嫉妒他们的人相差无几。因为在社会中，人们也会因为他人的社会地位和工作的重要性而感到嫉妒，而这种重要性通常通过某种符号（如高薪）来表现。另外，米香并不认为福利经济学是一个值得认真研究的主题，不是因为逻辑上的困难，而是因为"最终决定幸福的东西，如友谊、信仰、对美的感知等"，都不在其研究范围之内。[5] 这是正确的。但我们不能忽视的是，受福利经济学的影响，新一代的平等主义社会工程师已经开始提出要平等化这些主观的价值。我知道有些人无法忍受在他们的理想社会中，有人只把流行音乐当作放松娱乐的方式，而其他人却能享受并理解古典音乐的思想。几年前，我详细研究了这些问题。[6]

## "社会公正"意味着所有人利益的减少吗？

在一个社会产品增长速度明显快于人口增长速度的情况下，社会嫉妒本身没有理由起到过大的作用。即使是处于政治关键位置的劳动团体或农民代表成功地为自己争取到了更多，而这些更多的收入是他们在没有考虑嫉妒的情况下无法得到的，这也并不意味着经济政策是根据嫉妒的人来调整的。尽管偶尔会有纳税人的钱和其他形式的国民收入被引导到某些团体，这更多是因为他们在立法机构中巧妙地操纵了避免嫉妒的风琴键，而不是因为他们的实际表现，但这样的过程只不过是嫉妒现象的局部表现，对整个经济的影响微乎其微。只要这些情况在国民收入的分配中不占主导地位，那么这个过程就更像是一个员工知道了同事的薪酬，对老板说："我也想要一样的。毕竟，让我嫉妒对公司的士气可不好！"

当经济政策基于这样的假设，即多数人的福利只能在少数人的福利不提高的情况下实现，或者认为一个社会的收入或财富是固定的，以至"社会公正"只能通过牺牲少数人的利益来实践，以便让其他人"感觉更好"，那么这种政策就形成了一种具有政治危险的螺旋。

到目前为止，我们已经展示了嫉妒与引发它的对象或特质的性质或大小关系不大。[7]几乎所有曾经专门研究过嫉妒的人都一致同意，嫉妒的人有能力把注意力集中在其他人身上的每一个特征上，无论这个特征有多么微不足道，就像司汤达的爱情理论*中的恋人一样，这些特征都可以使他的嫉妒之情得到升华。

然而，我们还必须关注那些引发嫉妒的主要目标，即最容易引发嫉妒的物品和特性，特别是那些被无嫉妒社会的理论家视为社会不满的唯一或主要原因，因此他们要求消除或掩饰这些方面的生活。

---

\* 司汤达（Stendhal, 1783—1842），原名马里-亨利·贝尔（Marie-Henri Beyle），"司汤达"是他的笔名，为 19 世纪法国批判现实主义作家，代表作有《红与黑》《帕尔马修道院》等。1822 年发表了对爱情进行心理学和社会学分析的论文《论爱情》。——译者注

一些批评市场经济社会的专业评论员展示出的逻辑以及对经济学的理解，常常令人惊讶。在 1952 年 3 月的选举期间，美国最杰出的新闻记者之一伯纳德·德沃托（Bernard DeVoto），站出来反对那些承诺要阻止全面福利国家的进步的人。他指出："A 不会愉快地每天工作 12 小时，以便 B 可以在埃及享受愉快的冬季假期。"（《哈珀斯杂志》）人们自然会嫉妒那个在埃及度过 1952 年的冬天的人，人们会对那个每周工作 72 小时的人感到同情。然而，事实上，那时和现在一样，大多数美国人为了冬季去温暖的地方要花费昂贵的旅行费用，可能会在其他时间自愿并热情地做医生、高管、自由职业等工作，可能每周都要工作 70 小时。

伯纳德·德沃托和其他数百位持相同观点的记者反复强调的这种情绪，让人们更真诚地爆发出来，就像 1964 年比利时医生罢工时出现的情绪一样：

> 我身上那"容易被激发的社会嫉妒"，被激发得过于强烈了……我根本无法理解，像你们这样的杂志，毕竟并不代表任何协会的利益，为何会毫无理由地与那些已经过于强大的人结盟。我们也需要一些公正，我们必须负担医生的富裕生活，而我们自己永远也不会变得那么富有（引起了社会的嫉妒！）。[8]

## 私有财产

在从社会演变的角度讨论私有财产时，不同的批评者将个人财产的概念描述为人类历史上的晚期现象。对此，比较心理学（vergleichende Tierpsychologie）和行为生理学（也称行为学）应该能够纠正他们的观点。但我们还发现，一个没有个人财产的状态实际上是相当人为的，通常是基于某种抽象的意识形态强加给个人或家庭的要求。[9]在这里，我们可以回顾前一章中描述的集体村庄（Gemeinschaftsdörfer）。

在基布兹，财产是公有的——事实上，在许多定居点，这种情况几乎达到了不切实际的程度。美国人类学家斯皮罗观察到，小孩子们在一个完全平等的社会环境中长大，他们的父母没有私有财产，当他们在公共托儿所玩耍时（孩子们并非由自己的父母抚养），他们首先会非常自然地将玩具、毛巾等称为私有财产，尽管在这个阶段他们绝对不可能拥有这些东西。他们会为到底是谁的财产争吵，就像在资本主义社会中以财产为导向的孩子一样。这些孩子也表现出嫉妒。他们知道"这是我的！"是什么意思。只有在青少年时期，官方的意识形态才开始占主导地位，尤其是在基布兹出生的成年人中，他们开始否认私有财产有任何价值或理由存在。[10]

大量的证据表明，不同原始民族中的儿童对财产的观念是非常相似的。这些原始社群承认孩子的私有财产，而且在很大程度上比今天西欧或美国的父母更坚守这一原则。

如果将这些观察结果与对各种动物行为的研究结果相结合，我们只能得出这样的结论：个人财产的概念以及其情感基础，是一个基本的、自然的、根深蒂固的现象，它并不一定由特定类型的社会引发，也不一定会在另一种社会的保护下消退。因此，希望通过废除私有财产，在几代人的时间内培养出一个没有私欲、没有社会的批评者所厌恶的那些特征和驱动力的新人，这种想法似乎是徒劳的。

　　苏联人仍然如过去一样具有获取欲望，在获得他们想要的东西方面还非常聪明。苏联并不是真的要寻求废除私有财产——在某些领域，如累进制税收，它对私有财产的敌意要比美国小得多。更重要的一个例子是基布兹，这是一个大部分的私人财产已经被实质性废除的社会环境，然而，这样的环境并不能使孩子们在成长过程中从不产生对私有财产的想法，事实上，这种想法后来是被集体及其教育机构消除了。

　　因此，纯粹的平等主义社会永远无法成为一个自我传播和发展的体制。对私有财产的放弃，必须在每一代人中重新要求并且灌输。除了小规模的聚居地，这种社会形式是否健康和有效是值得怀疑的。因为它首先是一个会在每一代新成员中产生相当多怨恨的社会。精神分析学已经揭示，当社会在儿童和青少年的成长阶段（也就是社会化和身份认同发展的时期）仅对基本的性欲进行控制时，就已经产生了足够的紧张关系。但是，如果对财产的渴望也被视为人的一种自然、基本和普遍的欲望，那么那种为"超我"装备了禁止私有财产戒律的社会形态，对个体来说是极其令人不适的。

　　值得注意的是，在以精神分析学为基础的行为研究中，斯皮罗发现了土生土长的基布兹成员对集体的矛盾情感、怨恨和痛苦的诸多迹象。[11]当然，这并非巧合，如今，在许多基布兹中，人们承认对私有财产和隐私的渴望，而这在创始人看来是彻头彻尾的异端邪说。此外，还有一个事实，即作为唯一一个真正试图废除私有财产的大规模"乌托邦"实验，基布兹运动显然已经开始停滞不前，就人口而言，很难将其视为新时代的核心或榜样。

## 以"租赁"取代"所有"

1959 年，当苏联已经明确地朝着私有财产和消费社会的方向迈进时，赫鲁晓夫政府中的一位年轻官员、共青团领导人谢米恰斯内（Semichastny），在第 21 次党代会上宣称，"在苏联，必须消除自我主义、个人主义以及其他私有财产所有者的心理和道德残余"。谢米恰斯内提出的方法如下：

> 孩子还小的时候，我们就告诉他："这是你的玩具。""这是你的书。""这是你的自行车。"当他长大后，他会说："这是我的汽车。""这是我的乡间别墅。""这是我的摩托车。"我们应该越来越多地将"我们的"这个美好的词汇引入社会主义公共生活实践。这是一个重大问题。以租赁商店为例，为什么不能在各处设立这样的商店，以便那些希望这样做的人可以在短时间内以较低的成本租用自行车、汽车、摩托车、汽艇和其他物品？12

现在看来，谢米恰斯内似乎是一个极其嫉妒的人。这不仅由上述挑战表明，还由他在 1958 年秋天鲍里斯·帕斯捷尔纳克（Boris Pasternak）获得诺贝尔奖时对其的排斥所表明。这位共青团领导人称这位诗人为"猪"，要求他离开苏联。即使在苏联，这样的恶言恶语对于知识分子来说也过于刻薄。当这位官员对孩子说"我的自行车"表示事实上的不满时，他对能够获得诺贝尔奖的诗歌天赋会有何感受，是不难想象的。

在我们整个分析的背景下，谢米恰斯内的提议具有启发性，原因有以下几个。公共所有权的狂热拥护者正确地看到，对私有财产的感觉，在个性形成过程中被根深蒂固地灌输和印记在儿童身上。他可能不知道，几十年前，在以色列的一些集体村庄（基布兹）中，由于同样的原因，尽管可能并不成功，人们已经认真尝试过建立一个轮换系统，甚至对工作服也是如此，以便没有人可以谈论"他的"鞋子或"他的"裤子。他也不知道，即使是还没有被"资本主义腐蚀"的最简单的原始民族，也都认可并鼓励孩子对某些物品无条件的、安全的所有权。有强有力的证据表明，私有财产是构成社会存在的因素，试图通过立法，从个人的社会化过程中排除它，只可能在文化史上的相对晚期才出现，而那时政治弥赛亚主义的进程已经开始。

的确，颇具讽刺意味的是，谢米恰斯内的这种理想方法，首先在美国这个据称是资本主义的物质主义堡垒中得到了应用：日常使用的物品、全新的汽车、摩托艇、小型飞机、割草机、各种办公设备、衣物、画作等，越来越多地被普通人租用或租赁，他们认为临时租用一件新的或维护良好的物品，比长期拥有它更经济、更实用。

只有当个人对其经济体系具有无条件的信心，知道他总能在其中找到足够的可供租赁的商品时，这种对物质财产的新态度才可能出现。这种"共同体经济"（Gemeinwirtschaft）源于对以消费者为导向的市场经济的信心，预示着资本主义制度的新阶段。因为只有当个人不再担心政治权威会对他获取这些物品的权利进行任意限制时，他才会在日常消费的重要领域中放弃具体的、持久的所有权，转而选择租赁物品。

此外，这些与财产概念相关的人类行为模式、特征和驱动力，即那些纯粹的财产批评所针对的，并不会因为在狭义上消除私有财产而简单地消失。在家庭、宗族或村落社区内，在个人没有私有财产的情况下，发生在所有者与非所有者之间的所有情感与意图表现，会直接转移到家庭与外界或不同村庄之间。

人们常常有这样的感觉：一个小型集体对所有权的自豪感和对财产的贪婪，比个人表现得更强烈、更无理（更具有民族主义色彩）。以色列的基布兹，通常不允许其成员拥有任何私人财产，但他们并未考虑将他们的财产结构与其他基布兹或以色列国家混合。如果其中的一个成员，比如因为赔偿金，得到了一大笔钱，这笔钱将被没收，且在几年后，即使该成员退出了基布兹社区，他也无法再次取回这笔钱。

我们很难严肃对待对财产的这种批评，即认为只要确保没有个人或家庭拥有财产，那么主要的问题就解决了。当财产转移到十人、三十人或三千人的手中时，财产对人的生存意义的重要性变化不大：他仍然知道自己生活在一个必须划定彼此边界的世界里，一个需要对交易负责的世界，一个存在财产犯罪的世界，一个每个群体都尽力（必要时甚至以牺牲其他群体的代价）增加自己财产的世界。

第 19 章

# 社会愤慨

他人事实上的（或被指控的）食物处理方式，无论是出于正当理由还是轻浮原因，往往会引发对社会的激烈批判。如果你问一个学生，在他看来，资本主义应该受到的首要指责是什么，令人惊讶的是，即使在今天，他的回答仍然是，销毁食物。他们甚至知道这主要涉及的是咖啡豆，而咖啡豆并不能拯救任何人免于饥饿。阿瑟·凯斯特勒的记忆可能更有代表性，他在描述自己走向左翼的过程时表示："使我的愤慨达到前所未有的程度的事件，就是美国在经济危机期间为了保持农产品价格而销毁粮食储备的政策。"[1]

然而，对此感到愤慨的人，对相对高收入的技术人员的策略性罢工——这种罢工间接使许多其他无关的员工失业数月，或者对运输工人的罢工——威胁到美国一个大城市的食品供应，却保持了奇怪的冷漠。当私人利益导致工作时间被浪费，并无可挽回地丧失时，引起的愤慨要远远小于烧毁谷物这样的有形物品，尽管在这两种情况下，动机和结果可能是相同的。

事实上，出于价格政策或政治原因销毁食品并不是资本主义或自由市场经济特有的罪行。自"二战"以来，这样的事件在计划经济中可能更为常见。1964 年，在所有可可豆出口国中，只有加纳开始销毁可可豆作物以提高世界的可可豆价格。另外，完全支持经济控制的美国政治学家罗伯特·E. 莱恩（Robert E. Lane），在研究 1945 年至 1951 年英国的社会主义经济计划问题时，得出了令人清醒的结论：正是这种官方管理、控制的经济，在平等压力下，宁愿让商品和食品变质，也不愿意让某些消费者比其他人拥有更多。他给出的一个例子是 1950 年春季，当时的粮食部禁止艾克斯穆尔（Exmoor）的农民用他们的过剩牛奶为德文郡（Devonshire）生产奶油，理由是在英国其他地方无法供应奶油的时候，让牛奶坏掉比让一些人享受奶油更"公正"。[2]

莱恩还从生活和经济的不同领域举出了许多其他例子，所有这些例子都证明，在其努力保证乌托邦式的全面"公正"以避免大众嫉妒的过程中，国家会反复采取措施，发布禁令，宣布惩罚，那些没有沉浸在乌托邦幻想中的人，都会认为这些行为是不经济的、不公平的。

## "求你今天赐给我们每天吃的面包"

当我们探究深深植根于我们内心的抗拒丢弃变质食物（特别是面包）的心理时，也许能获得更深入的了解。这并不是出于吝啬，尽管吝啬有可能是其中的一个原因。有句话说："宁愿让自己的肚子受罪，也不愿意白白给店主留下食物。"这暗示了嫉妒的存在。但我认为这更像是与生存紧密相连的行为抑制；我们甚至可以思考这是否与人类进化史的前人类阶段有关，类似于康拉德·洛伦茨（Konrad Lorenz）所描述的那些抑制行为。[3]

如今，谷物也可以用于酿酒，喝酒是为了快乐。然而，很少有人会在倒掉酒杯中残留的白兰地时感到不舒服，就像如果他们丢掉牛奶或面包会感受的那样。因为这是一种非理性的抑制。此时此刻，一杯水可能会在世界某个地方拯救某人的生命，但没人会因为相当于一百杯的水未被利用就流进下水道而感到担忧。我们害怕并羞于破坏符号，而不是破坏实质。也许宗教观念也涉及其中（比如"求你今天赐给我们每天吃的面包"*）。但是，正如宗教已经成功地对一些本质上令人愉快的食物，如有蹄动物的肉，出于卫生原因设下了禁忌。在我所知道的《旧约》或《新约》中，没有任何在食物状况存疑时还鼓励食用食物的规则。诞生这些文字的文化，对食物中毒的危险过于关注，因此不太可能有这种教义。显然，我们在这里插入了一个看似宗教性的戒律，以掩饰我们的非理性抑制。

当我们必须丢弃不新鲜的食物，甚至是新鲜的食物（如果我们恰好要离开很长时间）时，那种令人不安的罪恶感，与任何特定的经济制度无关，尽管制度的批评者会乐意利用它，以在道德上使我们困惑。这是一种奇特的感觉，让许多人百思不得其解。

1959 年 10 月，《斯图加特报》（*Stuttgarter Zeitung*）发表了一篇题为《面包与机器》（"Brot und Maschinen"）的文章。文章写道："据我们生活方式的无情批评者们所说，繁荣对道德并无益处；他们试图通过各种恐怖故事来证明这一点……"例如，关于"公园长凳上有人遗留的干面包卷"的故事。文章的作者通过援引 1959 年的一项民意调查结果来反驳这个论点，当时人们被

---

* "求你今天赐给我们每天吃的面包"（Unser tägliches Brot gib uns heute），源自《圣经》"主祷文"（The Lord's Prayer）。在《马太福音》第 6 章第 11 节中，耶稣教导了这个祷告，呼求上帝每天赐给我们所需的食物。基督教各个教派都会使用这段祷告，它对于基督徒来说具有重要的意义。——译者注

问到："单身汉或职业女性丢弃不新鲜的面包是对的吗？"（值得一提的是，民意调查者只敢提出一个内含借口的问题。显然，没有家庭应该丢弃任何东西。）在 100 名成年人中，只有 21% 的人对单身汉的这种行为表示宽容，而只有 14% 的人对职业女性的这种行为表示宽容。文章因此得出结论：

> 我们看到的显然是一种几乎完好无损的道德观念（Stück Moral），无论是工业化还是由此产生的各种消费品的过度生产，都没有损害它。另一方面，普通消费者对生产这些商品所使用的技术手段——也就是繁荣的工具——并没有道德上的感觉……[4]

虽然我观察到对报废过期的工业产品有某种抑制，但让我们回到面包的话题。这种"完好无损的道德观念"背后的真正的含义是什么呢？正好在这篇文章发表五年后，《法兰克福汇报》(Frankfurter Allgemeine Zeitung) 的头版刊登了尼古拉斯·本基泽尔（Nikolas Benckiser）一篇题为《垃圾桶里的面包》（"Brot im Müll"）的社论。他也在思考他所称的短视的激情（kurzsichtige Leidenschaft），但是他进一步深入分析道：

> 作为一个敏感的人，面对成山的谷物、肉类、水果和蔬菜……怎么能不想到那些正在饥饿中挣扎的人……然而，这些物品却任其腐烂，甚至被系统性地销毁。然后就出现了不可避免的愤怒言论，比如，任何容忍贫困存在的社会都不值得存在……

本基泽尔接着向激动的批评者们证明，仅仅因为运输原因，将地方性的过剩食物在全球范围内分配，以使浪费降到最低，是多么困难甚至不可能的事情。（他还可以从发展援助案例中找到许多例子。如果在发展中国家的港口，人们无法合理地处理像水泥、木材、钢铁这样的材料，更不用说机械了，那么易腐烂的食物又该如何处理呢？）

本基泽尔在微观尺度上阐述了道德困境：在普通家庭的垃圾桶中，常常可以找到食物残渣，理论上，它们可以填饱其他人的空肚子（他人是否愿意接受是另一个问题）。当看到垃圾桶里的食物，这个人会有什么感觉呢？

> 他不会喜欢。他会想："求你今天赐给我们每天吃的面包。"丢弃面包总是有罪恶感的，因为面包既是象征，又是主食。再者，人们意识到，在同一座城市，仅仅几条街之外……有一些人，在食物变质前，付出的那几分钱对他们来说真的很重要。

本基泽尔随后正确地指出，即使在家庭经济方面，我们现在也有很大的发挥空间；这是现代生活中无法否认的事实，没有它，许多其他事物都无法实现。没有人应该因为我们没有"过着拮据、勉强度日的生活"而感到羞愧。他继续提问，为什么近年来苏联新闻中经常提到的那些装满无法销售的工业产品的仓库，不会引起同资本主义国家中粮食过剩一样的羞愧感呢？[5]

然而，本基泽尔认为我们在垃圾桶里看到面包时产生的情绪源自现代人想要保留的虔诚之感，这种解释并不充分，我们应尝试一种更为深入的解释。如果我们考虑一些精神分析的观点，再加上我们对原始民族甚至是今天的原始民族找到足够食物的不确定性，以及他们将所有的努力都集中在维持生存上——这种驱动力甚至比性驱动力更强烈——那么，假设人内心深处存在着一种原始的饥饿恐惧，这也许并不过分。对许多欧洲人来说，这在两次世界大战中得到了证实。

在美国，部分由于气候原因，对于不再新鲜食物的相对不关心，甚至把它扔掉，肯定与历史学家戴维·M. 波特强调的事实有关，即美国人，几乎从它的历史一开始，就从未真正经历过食物短缺。[6]

当我们在扔掉一块不新鲜的面包之前犹豫，或者当我们为此找借口，无论是向自己还是偶然在场的人解释时，我们心中在想什么？我们害怕一个不赞成甚至是惩罚的权威。我们知道，在现在的状况下，面包对任何人来说都没什么用，如果附近有个池塘，我们可以用它喂鱼或鸭子，我们会感到很高兴。我们对此存在的罪恶感是不合理的，因为我们不会或很少会对未使用的入场票有罪恶感，或者对一个摔碎的碗有罪恶感。这会不会是对神之嫉妒的恐惧再次冒了出来？这一定是一个前基督教时期的观念，让人想起了希腊人。

我们敢于扔掉食物的原因是，我们觉得它不再被需要。但是，也许在某个地方，有一个愤怒的命运之神，他对我们的轻浮和大胆心生嫉妒，会想："这个人应该挨一会儿饿！"也许我们会突然想到："如果我现在把这个面包扔掉，将来的某一天，我会不会记起这个，渴望一点不新鲜的面包？"我们知道，这和我们现在的理性决定即只吃健康美味食物的关联性很小。然而，这种不安的感觉仍然伴随着我们。

## 个人的防范措施是不合群的

任何采取防范措施的人，即使这些措施丝毫不影响他人的机会，也常常必须与阴险的敌意、愤怒的谴责或鄙视进行斗争，在这背后，就潜藏着特殊的嫉妒。为了理解这一点，我们必须回到原始的迷信观念。在许多原始人群中，甚至在我们自己中间，即使只是提到可能会在某个时候降临部落的灾难，也被视为不可原谅的轻率。因此，如果有人以一种真正独特和彻底的方式为可能的灾难做准备，他将引起他的同伴的潜在的恶意，他们部分是被他的远见激怒，部分是无意识地担心他的防范行为会引来灾难。

例如，我注意到在 20 世纪 50 年代中期，当安全专家推荐在汽车中使用安全带时，很少有车主决定安装，那时我发现这些安全带的所有者会从完全不相关的人那里，比如在加油站停车时的其他驾驶员那里，听到恶意的、轻蔑的，有时甚至是非理性的敌意言论。有针对性的调查随后显示，许多可能会使用这种安全带的人实际上没有安装，因为他们预想到或担心会遭到这种反应。

任何比其他人更早或更好地做准备的人，都不再是患难中的平等成员，因此成为嫉妒的对象。从下面的观察中，我前所未有地明显看到了这一点。

我参加了一个欧洲家庭成员的无意识的、偶然的谈话。谈话转向了对下一次战争的担忧。有人提到，20 世纪 50 年代初，一个欧洲知识分子在美国的朋友那里存了一大笔钱，专门用于在第三次世界大战后寄给他食物包裹。令我惊讶的是，所有在场的人的表情立即变得不悦。一位女医生开始以最愤怒的语气和更适用于偷窃银器的访客的方式，辱骂这个谨慎、对她来说完全陌生的个体——而如果从理性的角度看，他的唯一愿望只不过是不想乞讨。

他触犯了什么禁忌呢？首先应该说明的是，这些人在"二战"期间和战后都有充足的食物。因此，这不能归因于对真正匮乏的记忆，这种记忆会使他们对一个已经采取了防范措施的人发泄愤怒。这部分是由于他们对一个私人（相对于政府措施，或者那些官方推荐的措施，如家庭储备食物供应）的预防措施可能会引发第三次世界大战的迷信恐惧。另一个因素可能是他们将自己的感觉投射到第三次世界大战后想象中的饥荒年代，他们将自己与定期收到食物包裹的假定接受者进行了比较。

## 患难之中的嫉妒

让我们想象两个生活在中欧的富人。一个人买了一座爱尔兰的农场，以供他度过夏天。另一个人在澳大利亚的一家银行存了一大笔钱，指示在第三次世界大战后找到他，并给他提供帮助。我们可以相当确定，如果第二个人将他的防范措施告诉其他经济状况同样良好的人，他会引起比第一个人更多的隐蔽的恶意和嫉妒。为什么呢？

在灾难后，我们对人与人之间不平等的容忍度会降低。"命运共同体"（Schicksalsgemeinschaft）的概念解释了为什么会这样。因为一个人越是具体地关心他在潜在的未来不幸中的更好位置，就会引起越多的预期的嫉妒。而如果他越是关注当下，甚至可能是轻浮的奢侈，则在命运共同体的同伴中引起的愤怒就越少。

可以理解的是，当嫉妒延伸到与生存条件有关的不平等时，它变得更加"存在主义"，更加非理性和无情。食物和生存是基本价值。那些为自己安排未来优势的人（如果我们努力、不迷信、不吝啬或不过于注重消费，我们也能拥有这些优势），会激起我们的敌意，甚至比那些明显因暴饮暴食走向死亡的邻居更令我们反感。因为在贪吃邻居的情形中，我们总是可以用伪善的幸灾乐祸告诉自己，我们可能会比他活得更长。有关这一点的证据是，如果美国的家庭在某些地区为自己建造了防空洞或龙卷风避难所，他们会受到嫉妒的、愤怒的攻击。

成功的权力政治和操纵嫉妒者的高超策略，来自这些人能够抓住人类社会生活中最脆弱的神经。尽管他们一开始可能没有意识到这一点，但渐渐地，他们开始交换会心的、犀利的微笑。每个人，从原始部落的倒数第二名，到现代工业企业中的倒数第二名，都害怕他所感知到的更低名次的嫉妒。实际上，在人类生活中，很难想象有一种存在能让人摆脱这种内疚感，它主要体现在这样的问题上："为什么我比别人过得更好？他是怎么看待我的，他会采取什么行动？"这种原始的焦虑贯穿了整个文化发展过程。毫无疑问，它已经导致了一些个体行为和社会制度的产生，使得生活比早期宜人一些。但是，人类似乎不太可能完全压抑他的原始动机。它们总是会回来的。

现在，面对操纵社会平等主义思想的煽动者，那些被指控者产生了一种盲目的恐慌反应。然而，这既不能证明指控的合理性，也不能证明被指控者被迫接受的社会经济制度的有效性。他们已经没有足够的信心去质疑这个制度是否能够缓解他们自己的内疚感或其他嫉妒心理带来的痛苦。

第 20 章

# 作为收税员的嫉妒

无论是民主国家还是独裁国家，都不排斥依赖人们之间所谓的相互嫉妒来实现税收方面的最大限度的诚实。诚然，在美国，纳税申报被视为机密信息，但几年前《时代》杂志发表的一篇文章对直接税收制度的高效表示惊讶，并直言不讳地表示，这要归功于纳税人之间的相互嫉妒，他们互相监督。或许较为鲜为人知的是，在每年春季，正如我们在过去15年中每年都观察到的那样，美国国税局都会在纳税申报截止日期之前，公布向举报人支付的奖励金额。我们从新闻媒体上常常可以看到这样的讽刺漫画或照片——一个明显存有恶意的人在纳税人肩膀上窥视，标题写着："诚实点，嫉妒在监视你！"

值得注意的是，19世纪，一种刻意依靠嫉妒来实现税收目的的方法被公然推崇，例如杰里米·边沁建议国家应制定适合利用嫉妒作为廉价监督的税收类型。他考虑到了对银行家征收特别税的成功和便捷：

> 如果对这个阶层（银行家）的反感，这个至少无辜的甚至可以说是非常有用的阶层（！），陛下的臣民，如果出于恶意，而不是为了应对国家的紧急需要，成为国王和他的顾问们采取行动的合适动机，那么就会建议采取严厉的税收（且）不

会听取任何倾向于减轻税负的声音……[1]

如今，这种方法可能会成功地应用于美国的医生，因为多年来，他们一直是嫉妒的公共舆论的替罪羊。顺便说一下，公开税收申报的做法在瑞士的一些社区也存在，在那里，人们无须正当理由就可以了解到邻居或竞争对手申报的收入和资产。卢塞恩（Lucerne）附近的一个小社区做得更好。

在沃尔胡森（Wolhusen）（以及附近的一两个社区），学童们挨家挨户出售一份印有当地居民姓名、资产和收入的名单。名单发布后的几周内，恶意和嫉妒的八卦成了丰富的谈资。我现在手头有 1964 年的登记册。它以 A. A. 开头，一个工厂的工人，资产为 2000 瑞士法郎，应纳税年收入为 3400 瑞士法郎。同一页还有董事 E. B. 的名字，资产为 270,000 瑞士法郎，应纳税年收入为 45,400 瑞士法郎。两位同名的农民 J. B.：一位资产为 153,000 瑞士法郎，应纳税年收入为 9100 瑞士法郎；另一位资产为 3000 瑞士法郎，应纳税年收入为 2000 瑞士法郎。清单中特别引人关注的部分是，某些人的财产和收入是由"专家委员会"进行评估的。也就是说，在这种情况下，其他市民的嫉妒对这些评估数据可能会产生特别的关注和反应。其中包括医生 J. B.，资产为 469,000 瑞士法郎，应纳税年收入为 75,600 瑞士法郎；而牙医 J. F. 虽然没有资产，但应纳税年收入仍为 41,500 瑞士法郎。另一位牙医的应纳税年收入不超过 20,000 瑞士法郎，一位摄影师的应纳税年收入为 17,400 瑞士法郎。电影院老板的应纳税年收入仅比园丁好一点。印刷商、屠夫、画家、出租车司机和瓦匠的应纳税年收入都大约为 12,000 瑞士法郎。

名单的售价为 3 瑞士法郎，未注明出版者。据我了解，该名单是由瑞士社会民主党在获得市议会许可后出版的。但在这里，正如很多其他地方一样，许多人可以利用假定的、潜在的公民的嫉妒进行社会控制来谋求自己的利益。据说，在这个城市，有女儿要嫁人的农民或希望获得信贷的人，会声称他们的资产和收入比实际情况要高得多。因此，他们愿意支付不必要的高额税收。

## 累进税制

20 世纪 40 年代在美国进行的一项民意调查显示，在被问及应该向年收入在 10,000 美元或以上的不同收入阶层的人征收多少税时，最底层阶层的人认为"合适"或"公正"的数字，总是要低于政府当时实际上征收的高额税收。[2]

其他调查也未能找到任何确切证据来证明，针对低收入人群的"公正感"，为了所谓的"政治"必要，需要采用高达 90% 的税率。从一个简单的心理角度来看，无论一个人多么穷，或对顶层富人的嫉妒有多深，人们都难以想象会有人如此富有，以至其收入的一半以上可以被剥夺。

关于极端的累进税制（progressive Besteuerung），有一点非常奇怪，那就是有人声称这种税制在社会学或政治上是必要的，也就是说，是出于形象的考虑，尽管大家都承认最高的税率在财政上是没有意义的。那么，这种税制到底是为了满足谁的平等情感，为了平息谁的嫉妒之心呢？难道是为了那些根本不敢想象有哪个国家会对某人征收如此高比例的税收的人民吗？

自"二战"以来，在一些西方民主国家，所得税和遗产税的税率虽然未能实现平等主义的天堂，却在某些情况下已经达到了几乎等同于财产没收的程度。这些措施通常是政府应知识分子的明确要求（如哈罗德·J.拉斯基、西德尼和比阿特丽斯·韦伯等倡导者）而推行的，同时也是基于他们认为这样可以满足广大选民无止境的情感需求。因此，尽管1950年后美国低收入阶层的嫉妒现象相较于英国有所缓解，但英美两国在税收税率上的做法却呈现出显著的相似性。

在美国、西德和瑞士等民主国家，所得税的累进征收已变得较为宽松；然而，在英国、奥地利和瑞典，情况却并非如此。在前述国家，累进税制已不再是主要的争议点，尽管在这些国家，它仍然反映的是对大多数人假定嫉妒的考量，而非出于财政的必要。例如，如果瑞典的国民所得税（1960年）被限制在25%，那么财政部门仅会损失2%的税收收入。如果最高税率为45%（而非现行的65%），则会导致损失4500万克朗（总收入为1650亿克朗）。在美国（1962年），累进所得税税率超过30%仅带来总收入的6.4%，超过50%仅带来总收入的1.9%，超过65%仅带来总收入的0.6%，而超过75%至91%仅带来总收入的0.2%。然而，即便在保守派政府接替左翼政府时，通常也无法大幅削减这种陡峭的累进税率，因为他们担心这将在选民中引发他们认为存在的嫉妒情绪。

如果要求极端的累进税支持者说明他们的理由，他们中的大多数实际上会承认这在财政上是无意义的。他们主张高税率的理由，据说是追求平等的理想，哪怕这种平等只是象征性的。如果这样的论点被质疑（例如，通过引用对某些奢侈品的持续需求，以及至少在美国，中产阶级和上层阶级之间非常明显的相似消费习惯），那么一个普遍的反驳会是，极端的累进税收有助于抵制不平等的权力分配。这种观点的出发点是，一个公民拥有与他的大量财产相对应的权力是错误的。在这一点上，平等主义者似乎有意忽视这样一个事实：薪酬相对较低的国会议员、官员或高管比赚取或继承特殊财产的人拥有更多的权力。在现代民主国家，能够建议累进税收应达到何种程度的三四位专家所拥有的"权力"，无疑比从丈夫那里继承了几百万的寡妇的权力大得多。

极端累进税支持者中的嫉妒动机，往往被伪装成所谓的政治或伦理上对"大众"嫉妒的必要的关注，这种现象在科学文献上不时被提到。[3] 如我们在第 18 章看到的，这大多与福利经济学有关。但实际上，这并非社会进步或现代化的标志，而更像是今日政治中常见的、直接回归到原始人的动机状态。在观察一些原始人的习俗时，这一点变得尤为明显，这些习俗往往会打击那些幸运的人，或者说略微富有的人。你会发现，无论是数百万美元、英镑、马克，还是仅仅一打贝壳的财富，嫉妒都知道如何将自己制度化。

嫉妒的最引人注目的制度形式之一，与今天的"社会公正"情感结构有很大相似之处，这就是新西兰毛利人的"穆鲁袭击"（Muru-Überfall）。

## 民族学视角下极端累进税的动机

在新西兰的原始部落中，没有人特别富有或贫穷。物质方面的平等延伸到了酋长身上，尽管他们享有财政优势，但也要承担持续的开支，如强制性的招待，这使得财富的积累变得极为困难。

毛利（Maori）语中的"muru"，字面意思是掠夺，更具体地说，是掠夺那些在部落人看来以某种方式犯了罪的人的财产。在一个没有司法机构的社会里，这或许看起来并无异议。然而，一份因"危害社会"而遭受"穆鲁袭击"的罪行清单，可能会让人深思。一个拥有足够财产可供部落抢掠的人，即使真正的罪犯只是他最远的亲戚，也一定会遭受"穆鲁袭击"（在欧洲巫师审判期间也可以观察到这种情况）。一个毛利人如果因意外而暂时丧失行动能力，他也会遭受"穆鲁袭击"。基本上，任何偏离日常规范的行为，任何通过意外事件表现出个性的行为，都足以成为社区攻击个人及其个人财产的理由。

一个妻子通奸的丈夫、一个逝者的朋友、一个受伤孩子的父亲、一个在墓地意外引发火灾的人（即使那里已经有一百年没有埋葬过死者了）都是无数例子中的一个，这个人可能因此失去财产，包括庄稼和粮食储备。但是，就像今天的有些美国人为他们交纳所得税的巨额数额感到骄傲一样，似乎也有毛利人把"穆鲁袭击"看作一种荣誉，作为令人艳羡的高声望的标志。[4]

"穆鲁袭击"者有时会从一英里之外会集到受害者身边；这是一种抢劫，部落成员发出野蛮的号叫，带走一切有价值的东西，甚至会挖出地里的根茎作物。[5]

在毛利人从欧洲移民那里学到技能之前，一个人只要拥有一把斧头或一把铲子，就会被嫉妒的人盯上，寻找任何可以证立"穆鲁袭击"的理由，从而"合法"地偷走工具。[6]

实际上，"穆鲁袭击"制度意味着没有人能保留任何可移动财产，因此没有任何工作的动力。在遭受"穆鲁袭击"时，从未有人进行抵抗。这不仅会导致身体伤害，而且更糟糕的是，意味着不能参加任何未来的"穆鲁袭击"。因此，最好顺从部落的抢劫，以便自己能参与下一次袭击。最后的结果是，大多数可移动财产，比如一艘船，会从一个人转到另一个人，最终成为公共财产。[7]

或许，在一个特别平等的民主国家，当一个公民面对烦琐且高额的税率时毫不抗议地屈服，他也在暗自希望，就像毛利人一样，某个特殊的政府计划能让他以某种方式从比自己富裕的人口袋里捞一把？

"穆鲁袭击"的习俗并不意味着毛利人对私有财产没有明确的概念。恰恰相反。"禁忌"（Tabu）这个词，正是来自他们（tapu）。这个概念是为保护个人财产而发展起来的。任何一个有一定地位的人，都可以用他的"禁忌"，对他的所有可移动财产进行保护，包括衣物、武器、饰品、工具等；也就是说，他可以使这些财产免受他人（当然，除了"穆鲁袭击"）的损害或盗窃。一个人的社会地位越高，他的禁忌就越强。他无须把东西借给别人，可以放心地把他的财产放在任何地方。以渔网为例，禁忌被认为如此强大，以至只有制造者才能靠近它。[8]

毛利人也有对不同表现给予不同报酬的观念。因此，在捕鱼远征后，一个家庭在公共分配中所获得的份额与这个人所付出的努力成正比。[9]

从这里，我们可以再次看出，想象存在几乎纯粹的"平等主义"或"个人主义"的社会形态，或者认为社会发展是线性的，是多么错误。实际上，对任何人类群体、社会和文化的更深入的审查，都会揭示出实现完全私人的目标以及明显具有共同利益目标的动机结构。在很多方面，一个以私有利益为导向的现代国家的邻居、公民和商人，要比原始部落或大多数简单农村社区的成员（如南美或南意大利的农村社区）更能适应真正的共同事业。由于人们永远无法确定其他人是否会从"公共利益"中获得比自己更大的好处，因此在原始的嫉妒得到较大程度的抑制之前，有益的共同合作永远无法真正实现。相互间的嫉妒一旦被激发，人们会盲目而猛烈地攻击私人利益和财产，但正如对无数社区的观察所显示的，这种因嫉妒产生的攻击也会针对那些事关集体的建议，比如只是为整个村庄寻找更好的水源地。[10]

尤其在一些较新近的发展中国家，通过激发和合理化民众中已经过于强烈的嫉妒情绪，极端的社会方案常常以所谓的"科学基础"为借口来实施。然而，矛盾的是，这些方案反而破坏或延误了那些对于建立信任并为超越个体目标的共同合作所必需的态度和观念的形成。[11]

第 21 章

# 社会革命

何种社会革命和历史情境最容易引发嫉妒？是嫉妒者在利用革命还是革命在利用嫉妒者？以下是四种可能。

第一，社会革命，包括革命前阶段和革命后阶段，都与嫉妒动机相关，且受其驱动。

第二，在特定的群体、教派、少数群体或工人群体，甚至在某个社会阶级内部，嫉妒可能变得十分严重，并在数百年里导致显著的、基于嫉妒的社会批评，但却从未引发真正意义上的革命。这里更适合的词语是"怨恨"，按照马克斯·舍勒和尼采的理论，这其中包含了长期的无力感。

第三，嫉妒有可能在一个批判社会的团体——比如"美国民主行动"（Americans for Democratic Action）——中发挥很大的作用，但并不是以真正的革命为目标，而只是着眼于渐进式的改革。

第四，嫉妒在经济政策计划中可能起到一定的作用，尽管这些计划并未打算进行重大的结构性、持久性改革。在"二战"后西德的"负担均衡"（Lastenausgleich）政策中，决定性的考虑因素是关于受害者的社会嫉妒情绪。此项政策并非是为了缓解贫困，或者用每个人根据其收入情况均等支付的税款进行赔偿（就像在其他必须赔偿战争受害者的国家），而是有针对性地加重幸运的、偶然得益的公民的负担，实现较好处境的人（即再次幸存下来的居民）与受害者之间的直接平衡。

但是，这样的一种平衡方式，即使持续数十年，并且让每个人甚至他们的后代都时刻铭记他们曾经在历史上比其他人更幸运的事实，仍然不能视为从嫉妒角度出发的、社会结构的革命性改变。相反，西德实施"负担均衡"政策的时期同时也是经济史上经济大幅增长的一个阶段，个人能够在极大程度上避免社会嫉妒的影响，积累大量财富，其中经常包括那些在 1945 年处于经济低谷的人。

尽管在对"负担均衡"政策进行讨论之初，存在一种对所有保留的实物价值（即现有财产）进行重新分配的要求，但在 1948 年货币改革后实行的法律并未追求这种平均化的意图。这种补偿政策的受益者，按照他们在战前拥有的财富程度接受赔偿。因此，我们可以看出，一种名义上为了社会公正而实施的激进政策，并不一定要追求平等理论的终极状态，也不一定要追求消除嫉妒的几乎平等的社会状态。（顺便说一句，在芬兰划归苏联领土的地区，实施了类似于西德的负担均衡政策。）

从社会底层的人或其代表的角度来看，成功人士或享有特权者试图使嫉妒变得不合理的行为，几乎从未能在全社会范围内得到认可。反对社会嫉妒的人，实际上是在反对社会的上升、改革、创新、公正以及财富的重新分配等。煽动者总是显得比社会平衡的维护者更加公正和合理。但这可能是出于某种特定的政治和情感视角。仔细思考，我们不太理解的是，为什么那些想拥有自己没有的东西的人（或至少希望确保其他人也没有）会比那些简单地希望物品和价值保持原状的人少一些享乐主义和自私。然而，确实存在一种特殊情况：如果对社会底层的人来说，重新分配财富是一个关乎生存的问题，他无法通过其他方法——甚至通过合理地推迟满足需求——来获取生活所需，那么他的要求就是合理的。

## 革命形势的类型

在《德国经济学史》（*Geschichte der Nationalökonomik in Deutschland*，1874）一书中，威廉·罗雪尔具体讨论了革命中的嫉妒动机。他在每一次深度进行的革命中都发现了平等主义的情感和期望。他所理解的平等主义是指超出特定社会现有共识的集体所有制，因此可能需要强制性的措施。只要革命确实导致合法权威的削弱，总会有人愿意相信这意味着一切皆有可能。罗雪尔提到了社会主义情感的表现，出现在威克里夫[*]时代的英国，或者在胡斯[†]战争期间的波希米亚。[1]

罗雪尔认为，只有同时满足以下三个条件，才会出现对私有财产合法性的明确质疑：

第一，富人与穷人的直接对抗，导致绝望的嫉妒。

第二，高度发展的分工，促进了相互依赖的增长，从而增加

---

[*]　约翰·威克里夫（John Wycliffe，约 1328—1384），英国神学家、哲学家和教会改革家，被认为是宗教改革的先驱。他强烈抨击罗马天主教会的财产和权力，主张教会财产应当归还给信徒，教会职位的任命应当依据个人品质而非金钱交易。此外，威克里夫还主张普通人应当直接阅读《圣经》，因此他将《圣经》从拉丁文翻译成了英语。在这一时期，社会主义情感体现在对教会财产的抨击和对平等的追求上。——译者注

[†]　扬·胡斯（Jan Hus，约 1369—1415），15 世纪初捷克宗教改革家，受到威克里夫思想的影响，反对教会腐败和赎罪券制度。他的观点在波希米亚引起了广泛关注，并引发了一场名为胡斯战争（1419—1434）的冲突。在胡斯战争中，波希米亚贵族和平民联合起来反对教会权力及其在政治和经济领域的干预。在这一时期，社会主义情感表现为对教会权力的反抗和对普遍平等的追求。——译者注

了潜在的摩擦，使得教育程度较低的人越来越难以认识到表现与回报之间的联系。

第三，引入民主制度后，下层阶级提出不切实际的要求，例如，理论上的权利与实践中无法充分利用这些权利之间的差距。

罗雪尔认为，这些因素在农民战争时期发挥了作用，当时富格尔家族*的财富与有组织的乞丐团体†并存。

由于金银贬值，下层阶级陷入困境。在农民战争时期，许多人抨击一些人过于奢侈，反对进口商品。外贸越发展，劳动分工越大。这些使得奢侈品和炫耀性消费成为可能，从而激起了普通人的贪婪，他们进一步误解了许多宗教改革家关于上帝面前所有基督徒平等的布道，将其理解为物质意义上的平等。

## 反殖民运动

自第二次世界大战以来，在不发达地区（亚洲、非洲和南美洲），类似的情况不时出现，革命者自相矛盾地将群众的嫉妒引向那些可能引发嫉妒的机构和人，而这些机构和人同时又是经济发展的前提条件：进出口商人、外国公司或因某些服务而处境略

---

\* 富格尔家族（Fugger），一家源自德国的著名商业和银行家族，活跃于15世纪到16世纪。家族成员通过与欧洲各国的贵族和教会建立贸易往来，积累了巨额财富。富格尔家族是当时欧洲最富有的家族之一，对德国和欧洲历史产生了重要影响，他们在金融、矿业、贸易等领域的成功使他们成为封建时代和文艺复兴时期典型的富人代表。——译者注

† 有组织的乞丐团体（organisierte Bettlerbanden），指的是在中世纪和文艺复兴时期，作为城市贫困人口的一部分，许多乞丐为了生存而组织起来，形成了具有一定结构和规则的乞丐团体。这些乞丐团体在城市中游走，向富人乞讨救济。有组织的乞丐团体反映了当时社会中贫富差距和社会不平等的现象。——译者注

好的同胞等。法国社会学家勒内·莫里耶（René Maunier）强调了"殖民主义"（Kolonialismus）反对者的嫉妒动机以及反殖民革命运动中的嫉妒动机。作为法国海外科学院成员，莫里耶在他关于殖民地社会学的伟大著作中探讨了这些问题。[2]

莫里耶的研究主要聚焦于阿尔及利亚。在他的著作首次出版约 30 年后，《新苏黎世报》在关于阿尔及利亚革命的一篇报道中，有一段观察明确暗示了嫉妒动机：

> 如果阿尔及利亚富裕的外国社群崩溃，许多穆斯林阶层应该感到满意，而不是不满，尽管这可能意味着他们的生活水平略有降低（这始终是嫉妒动机的真正标准！），因为他们过去的雇主将离开这个国家，关闭他们的企业。然而，他们在降低生活水平后，如果继续降低，可能会饿死。新的雇主——国家——将能够借助美国粮食援助等手段，维持或在某些地方提高阿尔及利亚大多数人原本生活于其中的悲惨标准。但作为新雇主的国家很可能无法像私人企业那样从国家中获取相同的盈余和利润。[3]

## 革命前夕的嫉妒对象

我的印象是，自第二次世界大战以来，英国的中产阶级所面临的直接的社会嫉妒，要比美国和西德更为明显。更为重要的是，在 20 世纪 50 年代，报纸编辑收到的关于中产阶级的愤怒信件要比关于上层阶级的更多。一个工人阶级成员可能会发现，与遥不可及的上层阶级相比，与他更靠近的中产阶级更令他恼火。总的来说，嫉妒心理似乎会选择明确的对象，如医生、主管、银行家或面包师傅（在法国大革命期间，这些行业和职业涉及食品的生产和销售）。要对资本家、中产阶级等感到愤怒，需要一定的抽象能力；人们对这些术语的含义并不总是完全确定。

嫉妒习惯于将注意力集中在一个明确的受害者上，这令政治家、煽动者或宣传者几乎总是会去寻找并指责替罪羊，如货币兑换者、蔬菜商，即使他们本意是想将那些为其革命目标所需的群众的不满引向更为优越的群体。

触发道德愤慨的情境和原因，以及引发革命的强烈不满情绪，都与特定的时代背景紧密相关。同样的行为，如果是某个小众群体所为，一些人可能就会认为这种行为是情有可原的，甚至可能用这种行为来为革命中最残酷的恐怖行动找到借口或提供理由。但是，当这种行为变得常见，特别是在那些通过革命得到解放的人群中普遍实施时，它可能就不再受到大众的关注，或者只是单调地被列入犯罪统计之中。

许多读者都熟悉查尔斯·狄更斯（Charles Dickens）在《双城记》中的生动描绘：一名法国侯爵的马车在巴黎街头意外撞死了一个来自工人阶级的孩子，这一场景展示了法国大革命前的社会紧张局势。这位侯爵停下来给孩子的父母扔了一枚金币——至少比现今肇事逃逸的司机对受害者的冷漠要好一些。无论将来会发生什么样的社会爆炸事件，有一点是相当确定的：后来的历史学家不会把许多机动车司机冷酷无情地撞倒行人列为引发革命的原因之一。在一个美国流浪汉都能驾驶机动车四处疯跑的时代，一个撞人后逃逸的司机不再是社会动力炸药的原料。公众的愤怒需要其他催化剂。

因此，在革命的酝酿过程中，平等主义观点扮演了双重角色：不仅所有的财产只有在少数人手中时才会被视为无法忍受的挑衅，而且，不端行为（Vergehen）、恶行（Übeltaten）和犯罪（Verbrechen），只有在所有或多数社会阶级的人有能力犯下它们之前，才具有社会爆炸性。20 世纪 50 年代末，猎狐运动在美国仍被认为是真正的贵族上层阶级的最后堡垒，但到了 60 年代，却被热衷于马术的英国矿工们推倒了。[4]

正如犯罪学家认识到的，日常的普通犯罪在很大程度上受到文化的影响，这种文化将特定条件下的某些行为定义为犯罪，同时，那些被称为反对健康公共舆论的罪行或冒犯，在每一次革命中都会被用来作为宣传工具，这同样具有相对性。此处所提并非指向那种毫无顾忌、理所当然地接受和实施的态度，即几乎所有真正的革命，在开始之初或很短时间内，都会迅速采纳并开始执行那些之前作为控诉理由而反对的暴力措施和不明确的法律政策。我们在这里关注的，是更长的时间周期，以及这样一个不太明显的现象：革命政府不仅迅速将前任政府的错误视为美德，而且在今天，只要个人不属于某个小的单一阶层，他们也可以在很小的风险下安全地挑衅同胞、歪曲法律和犯罪，而在早期，这种程度的行为足以引发一场革命。一个明显的例子是，一些美国工会对公众进行的定期敲诈勒索，这种行为无法归因于工会成员的真正需求，它表明即使是经济上的敲诈勒索也逐渐被视为正常现象。

通过自己的观察，弗朗西斯·培根深刻洞察了嫉妒在革命前期所起的作用；他提到公共嫉妒，认为这也是有益的，因为它可以对暴君进行控制。培根认为公共嫉妒是不满的症状：

在一个国家中，嫉妒就像是一种传染病。正如传染病会在健康的人身上蔓延并感染他们一样，当嫉妒一旦进入一个国家，它会败坏该国最好的行为，使之变得令人厌恶。因此，将可取的行为与其他行为混杂在一起，几乎无法收获成果。这只能说明对嫉妒的软弱和恐惧，而这种恐惧会使问题愈演愈烈，正如在传染病中一样；如果你害怕它们，反而会招致它们降临。

培根关于嫉妒在革命前期历史中的作用的观察是正确的：一旦不满的群体将公众的怀疑、嫉妒和反感引导朝向不受欢迎的政府措施和制度，通过将不受欢迎的措施与受欢迎的措施相混合来抵消"邪恶之眼"的作用几乎无济于事。只要掌权者表现出对嫉妒的恐惧，这种心态就会传播开来，并最终摧毁阻止叛乱的最后壁垒。

很多已经发生的革命已经证明了培根的观点是正确的，即政府对嫉妒的恐惧在引发革命中起到了作用。

培根在论述公共嫉妒时观察到，它主要是针对领导官员和大臣的，而较少针对"国王和政权"本身。因此，总会有一个人，其个人行为可以受到检验和批评。然而，有一个明确的规则：如果对大臣的嫉妒很强烈，而他引起嫉妒的原因很小，或者如果嫉妒扩展到政府中的所有大臣和官员，那么这种隐藏的嫉妒，实际上就是对国家本身的嫉妒。这可以被描述为是国家与嫉妒的代言人之间的完全疏离。在这种情况下，公众的嫉妒变得更加危险，因为它已经超越了个别官员的行为，转向了对国家及其政治制度的不满。[5]

## 奥斯瓦尔德·斯宾格勒论革命

在其论战性著作《决定时刻》(*Jahre der Entscheidung*) 中，奥斯瓦尔德·斯宾格勒或许比其他任何近期的作者都更关注嫉妒在革命中的作用。这本书于 1933 年 7 月出版，但正如序言所述，在 1 月 30 日德国纳粹党上台之前，整本书已经印刷到了第 160 页。斯宾格勒在这些页面，对现有的出于嫉妒而发动的革命者以及煽动嫉妒的人，有着极为严厉的谴责；这些言辞紧密契合了纳粹在狭义上代表的那些人和阶层。斯宾格勒肯定已经意识到这一点；他甚至描绘了那些把嫉妒藏在爱国主义幌子后的、空洞的人。然而，在序言中，他表示，欢迎希特勒在 1 月 30 日掌权，理由是这将抵制他在著作中警告的那些事情。也许斯宾格勒和许多其他德国人一样，在新政权的头几个月，真诚地相信第三帝国宣传的全面的社会民族团结也会缓解那些因嫉妒而滋生的阶级冲突。

毫无疑问，在 1933 年，许多人认为希特勒是较小的恶，因为他的德国社会计划似乎能缓解左翼政党挑起的充满阶级意识的嫉妒情绪。这种嫉妒情绪，在魏玛共和国的最后几年，特别是自全球经济危机开始以来，给德国的有产阶级带来了真正的恐惧。

值得注意的是，掌权后的纳粹党很快放弃了它的阶级意识、平等主义基调宣传，而将社会嫉妒情绪引向犹太人和"殖民地大国"。

斯宾格勒对嫉妒煽动者的抨击，充满了无以复加的痛苦和愤怒。然而，对法国大革命以来的嫉妒，尤其是社会民主中的嫉妒，他基本上并没有多说什么，而那些都可以在阿历克西·德·托克维尔、尼采、马克斯·舍勒、格奥尔格·齐美尔、何塞·奥尔特加·伊·加塞特或雅各布·布克哈特等人的著作中找到。斯宾格勒所看到的，是某些作家不加选择地、愤世嫉俗地煽动那些未被扭曲的、简单心灵中的嫉妒。他的想法无疑是正确的，在过去的时代，手工业者有自己的地位意识，融入了自己所在的城市，对他有时去做生意的贵族家庭并没有嫉妒之情。正如我们已经看到的，只要不受煽动者的挑拨，嫉妒通常只局限于社会邻近的人和群体。对遥远的阶级或群体的嫉妒，必须在广泛的日常事务中向普通人展示和灌输。

但是斯宾格勒并没有考虑到嫉妒在原始民族中的普遍作用，这些地方从未有过煽动者活动。他对各种信仰的神职人员毫不留情地表示鄙视，说他们披着宗教外衣纵容自己的嫉妒。从社会学的视角来看，斯宾格勒正确地指出了一种社会现象，那就是某些特定的概念或理念经过策略性的包装后，被塑造为被嫉妒着的、不可触碰的神：在这个语境中，"工人"这个抽象的概念被认为有权利并且应当以自我为中心，而农民、手工业者或者脑力劳动者则并非如此。[6] 这种对某个特定人群的预设好感在社会中有趣地保留下来，并被人们接受，即使在那些真正经济落后的群体早已经是其他人群的情况下。

### 嫉妒者在创新中的角色

在革命和暴动中，个体因天生或社会原因而产生的嫉妒和怨恨，这一问题在 H.G. 巴尼特的研究中得到了进一步的探讨。巴尼特是一位文化人类学家，他在非西方社会的原始民族中观察到了这些过程。

巴尼特认为，"怨恨"（他几乎与"嫉妒"同义地使用这个词）

存在于阶级社会中那些对自己从属地位不满的人身上。然而，巴尼特强调，阶级差异或阶级区别本身并不能产生嫉妒；它们不会在任何地方和任何时候都引发相同的反应，只有在有意诱导受害者将自己与更有利地位的人进行比较的情况下才会如此。处于特殊的不利个人环境的人，如混血儿、孤儿、私生子、被遗弃者以及第七个儿子的第七个儿子，可能会激发更大群体或阶层的不满。

另外，巴尼特并不认为对歧视事实的敏感或嫉妒反应是一种自然现象。相反，他认为歧视是一种观念，就像其他观念一样，一开始对某些人来说似乎是新颖的。他进一步指出，民主社会的社会政治观念往往通过让人们意识到现实或想象中的歧视来实现其目标。

在他关于作为文化变革基础的创新过程的基础性著作中，巴尼特详细描述了嫉妒者在接纳创新过程中的作用。没有一个社会真正提供完全的机会平等。从根本上说，一个群体中总会有令人垂涎的对象和价值，因为这些要少于寻求拥有它们的个体。每个群体的成文或不成文法律，都禁止对有价值物品的无节制竞争。尽管大多数人会接受自己的命运，但总会有一些人感到怨恨。巴尼特对这些人做了如下描述：

　　　　与那些对一切都无所谓的个体不同，他们是清醒地感知自身贫困的人。他们拒绝接受自己的角色，贪婪地窥视那些境遇更为优越的人。他们对那些享受他们无法触及之物的人充满了嫉妒和怨恨。他们无法对自己的命运感到满足。与他们所嫉妒的、对现状感到满意的那些人不同，他们对任何可能承诺使机会均等的改变，或者更进一步，有可能将嫉妒者提升、将被嫉妒者降低的状况，展现出极高的敏感度。[7]

嫉妒的人可以失去的东西，往往比满足的人更少。他们可以赞成冒险的变革。因此，从巴尼特的观点出发，我们可以说，由于没有任何一种文化传统可以同时且均匀地满足所有人，由于几乎每个群体中总会有一些嫉妒程度超过平均水平的人，每个社会都会有一些潜在的叛逆者，通过他们可能实现创新。从长远来看，社会完全有可能从这样的创新中获益，而这些创新，最初可能只是通过那些充满怨恨的人才得以实现的。也就是说，那些由于其嫉妒和反抗被驱逐到社会边缘的人，逃脱了对创新敌视的社会控制，可能会引入一些经过验证的创新，这些创新最终被他试图伤害的那个社会和精英阶层接纳和提升。例如，这个人可能是一个不满、被忽视的原始部落的成员，他第一个接受了西方医生的接种或治疗，以便挫败他自己的巫医。但他的"勇气"和治疗的成功，促使部落其他成员效仿他的榜样，使科学的医疗得以逐渐引入。因此，在这种特殊的情况下，如果我们不考虑其他副作用，这个"总是试图做坏事"的嫉妒者，实际上为他的群体做了一些好事。

可以设想类似的情况，也许是一个行业、医院或地区因为其领导人坚守传统、对现有权力结构感到满意而在经济上停滞不前，他们对所有创新都持排斥态度。只有其中一个不太成功、影响力较小的雇主或主管，主要是出于对其他人的怨恨，才会冒险进行真正原创的创新，因为他无论如何都没有太多东西可以失去。然而，出乎他的意料，这种创新非常成功，以至他的榜样导致整个行业或地区传统的放宽和创新的普及。

## 文化接触

文化接触（Kulturberührungen）产生了一种特殊形式的革命。每当一种原始或相对原始的文化与欧洲或美洲的文化接触时，那些转向西方的土著人大多是由于这样或那样的原因无法充分参与到他们自己的文化中。巴尼特提到了两个印第安部落——尤罗克人（Yurok）和钦西安人（Tsimshian）。根据他们的传统，社会和政治地位完全取决于继承的特权，那些没有这种特权的人，几乎没有取得地位或声誉的可能。正是这些人，首先摆脱了传统，采纳白人的习俗和信仰。[8]

巴尼特叙述道，在"二战"前，他亲自听到仍坚守传统的尤罗克部落成员表示，他们明确地把自己遇到的地位困难问题归咎于白人和部落中的下层成员，因为后者从一开始就模仿白人的文化。同样，对种姓社会的研究表明，较为从属（但不是最低）的种姓，更容易对外来文化表示同情。

这似乎表明，基督教观念、民主中关于人类平等的思想，应当对在处于较为不利地位的人中激起的叛逆、嫉妒之情负责，尤其是当这些观念在文化接触时被引入一个严格分级的社会时。然而，巴尼特正确地指出，贵族阶层对外来创新的排斥和普通民众的欢呼是一个普遍现象，与新来者的道德、政治或宗教原则无关。因此，在"二战"期间，当日本占领帕劳群岛（Palau-Inselgruppe）时，他们并没有试图向非常有阶级意识的岛民灌输人类平等的观念，实际上，日本的教育和实践原本也否认这一观念；帕劳的孩子被教导他们属于生物学上的劣等种族。日本人也不会反对当地基于家族和年龄的等级制度，因为这与他们自己的制度相符。然而，正如巴尼特领导下的美国研究人员在岛屿被夺回后发现的，日本占领后的结果与其他地方一样：只有传统地位高的家族保留了他们原有的文化形式和习俗。[9]

巴尼特引用了两个来自传教士传教史的例子，其中一个是摩门教在新西兰毛利人中获得的影响力，西方传教士通过那些在争权斗争中失败的酋长进入了当地的原始文化。巴尼特用一句话总结了这一点：

> 嫉妒的人会通过创新以弥补他们在身体、经济或其他方面的劣势；而同样受到这些劣势困扰的其他嫉妒的人，会发现这些解决方案是合适且有吸引力的；当然，比起他们自满的竞争对手来说，这些解决方案更具吸引力。[10]

在这里，我们应该质疑一下，巴尼特所说的"嫉妒的人"——他认为这些人在创新中扮演着重要角色——是否更多地意味着那些不管出于什么动机，对于自己的文化、传统和本族群精英都显得冷漠和疏远的人。的确，微弱的嫉妒感可能会导致一种决定，比如"现在我们将会看到！"或者"我会让他们看看！"从而可能在文明进程中发挥创造性的激励作用。但是，最好还是遵循本书中所阐述术语的确切定义：真正嫉妒的人、纯粹类型的嫉妒者，通常都太过于沉浸在仇恨和自怜中，以至无法实现或接受弥补性、建设性的创新，即使这种创新一旦成功，就会消除他嫉妒的原因。嫉妒的人可能希望推进某些创新形式，如新的税收政策、一场革命或限制自由市场，以此损害、摧毁他嫉妒的人，使他们陷入贫困，但作为一个嫉妒者，他很少会进行任何建设性的创新，即使有，也几乎是违心的。

然而，嫉妒可能在某种意义上会对社会产生积极的影响；因为如果在没有社会控制的情况下，任何传统都不可能存在，以至任何创新，无论多么轻率和仓促，都可以实现，那么就不可能产生稳定的文化。而且，对那些利用低效制度牟利的人的嫉妒，也可以作为嫉妒者的激励，他们可能会成功地引入新的、更好的制度。这完全取决于革命者的性质。美洲殖民地的人对远在英格兰的人们从他们的成就中获取税收收益的情况感到愤怒以及类似于愤慨的嫉妒。这种愤慨型嫉妒并不一定是破坏性的。

## 法国大革命中的嫉妒

G. 鲁德（G. Rudé）对比分析了法国大革命中实际参与的暴民（Pöbel）、乌合之众（Mob）、最底层的平民百姓与愤怒的资产阶级所受到的驱使动机。事实上，他们的不满始终与他们的日常生活密切相关。如果一个人因为饥饿而盲目地出击，或者因为不明白就参与到一场革命中，我们很难称之为嫉妒。只要有可能提供和分配食物，或者以经济实惠的价格出售食物，他的革命冲动就会立即消退。鲁德认为，例如，在阅读了卡米尔-埃内斯特·拉布鲁斯（Camille-Ernest Labrousse）的研究后，我们很可能会对巴黎工人及其愿意帮助资产阶级摧毁旧制度的态度表示同情，因为我们可以想象到最底层人民的日常生活。

在 1787—1789 年，谷物短缺的问题达到了顶峰。1788 年 8 月，巴黎的建筑工人不得不花费他们收入的 50% 才能购买到足够的面包，而在 1789 年 2 月至 7 月，这一比例超过了 80%。在研究

1778 年和大革命初期暴动的文献时，鲁德发现，人们不断抱怨面包短缺或价格高昂。他给出了一些详细信息，说明了巴黎的某些社会暴动及其发生频率如何与面包价格的涨跌相吻合，这种现象经常是每月或每周都在发生。[11]

　　因供应短缺而引发的动荡，逐渐演变成更有目的性的动机，这种动机可以用"嫉妒"这个词来形容。在激进的赫伯特派*和更加激进的恼怒派†的帮助下，巴黎的无套裤汉‡制订了一套社会诉求计划。他们的愤怒对象，从面包师傅和磨坊主转向了杂货商。革命的暴民试图迫使杂货商以革命前的价格出售商品。鲁德在以下段落中总结了他的研究成果：

　　　　不可避免的结论是，这一时期推动革命群众的最主要、最持久的动力，是对廉价的、充足的食物的关注。这一因素比其他任何因素都更能解释大众革命的形成。它解释了这些年首都社会持续的动荡，以及由此发展出的重大政治事件。它甚至还解释了底层人民超越或违背资产阶级盟友的利益，偶尔进行的独立行动……然而，如果没有主要来自资产阶级领导人的政治观念的影响，这样的运动将变得毫无目的和结果。[12]

---

* 赫伯特派 (Hébertisten)，得名于雅克·赫伯特 (Jacques Hébert, 1757—1794)，一位激进的记者和政治活动家。赫伯特派主张更加彻底的革命，要求废除君主制、实行严格的物价管制，并支持以暴力手段保卫革命。赫伯特派对无套裤汉有很大的影响力，他们共同推动了革命的进程。——译者注

† 恼怒派 (Enragés)，一个更激进的政治派别，主要成员包括让-雅克·卢梭、让-保尔·马拉等人。他们主张消除贫富差距，追求更为平等的社会制度。恼怒派在法国大革命中起到了煽动和鼓舞群众的作用。——译者注

‡ 无套裤汉 (Sanskulotten)，指支持法国大革命的城市下层民众，包括手工艺者、小商贩和工人。与贵族穿的及膝马裤 (Kulotten) 不同，他们经常穿长裤 (Sanskulotten)。——译者注

与其他一些学者不同，鲁德还认为，无套裤汉原本可以吸收更抽象的理论。只有这样，才能解释革命的深度和广度。

我们从英国历史学家 E. J. 霍布斯鲍姆（E. J. Hobsbawm）的研究中看到了类似的见解，霍布斯鲍姆的研究主要涉及欧洲南部城市暴民的动机。在他的研究过程中，他与鲁德进行了交流。

## 原始叛乱者和社会匪徒

霍布斯鲍姆试图从原始资料中描绘出 19 世纪和 20 世纪社会匪徒 * 和其他原始叛乱者 † 的思想、情感、目标和方法，他认为这些人进行的是旧式形式的社会运动。他主要关注自法国大革命以来的西欧和南欧，特别是意大利。

关于嫉妒在革命过程中起到的作用，我认为以下是他最有启发性的观察。在法国大革命前后，在欧洲的大城市特别是最高政治或宗教权力所在地，底层民众、小手工业者、体力劳动者和靠零工为生的人会周期性地发动骚乱，试图从上层阶级或宫廷那里获得特权、佣金、廉价物资等。[13] 基本上，城市中的所有人，无论上层阶级还是大众，都乐于保持一种平衡。这些暴动被接受，甚至被期待，就像它们是自然现象一样。每个人都知道应该做什

---

\* 社会匪徒（soziale Banditen），指的是那些在农村地区为了生存和反抗不公正的社会制度而进行抢劫、盗窃等犯罪活动的人。这些人在民间往往被视为英雄，因为他们打击的是富人和地主。——译者注

† 原始叛乱者（primitive Rebellen），指的是那些通过暴力和叛乱行动来反抗社会不公和压迫的人。他们通常没有明确的政治目标或组织，而是试图通过对抗现有的社会制度来改善自己的生活。他们的行动通常是基于个人经历和感受，而不是意识形态。——译者注

么。社会制度并未被摧毁；事实上，叛乱者根本不知道他们应该提出什么样的结构性改变。[14]

霍布斯鲍姆指出，即使在法国大革命发生很久以后，这些暴动仍然缺乏平等主义的诉求。[15] 人们想从富裕的阶层和阶级那里得到更多，但并不想消灭他们；也没有人想加入他们。[16] 与农民或小地主不同，对城市中的小人物来说，实现平等并不真的可行。让他恼火或生气的东西——有可能是城市上层阶级的奢侈——不能简单地分享。一辆豪华马车、一座宫殿、昂贵的衣物和一群仆人是可以被摧毁但无法分享的财产。摧毁它们对他来说并没有什么好处，因为它们所代表的奢侈意味着工作机会。因此，他从上层阶级寻求的基本上是赎金。然而，与城市的原始叛乱者不同，在法国大革命前的几个世纪里，农村地区就出现了许多具有明显平等主义特征的社会运动、起义和初步的革命——要求人人平等。不难想象，任何靠土地和牧场谋生的人，任何只拥有一小块土地和一两头牲畜的人，或任何在农场做零工的人，都会要求对这些东西进行重新分配。正因为如此，许多务实的共产主义者都鄙视农民心态的平等主义。毕竟，如果他的追随者真的要求平分生产资料，这对一个工业社会的共产主义领导人来说可不方便。只有私营企业才能提供这样的解决方案，按需分配其股份。

然而，当城市暴民爆发运动时，正如霍布斯鲍姆所展示的，许多情况下，他们是受嫉妒驱使的：他们摧毁了富人的财产，尤其是那些对他们没有用处的东西。但是，除非得到具有平等主义思想的资产阶级知识分子的支持，这种瞬间的破坏性愤怒不会演变成一场成功的革命。

霍布斯鲍姆详细讨论了伊凡·奥勃拉赫特（Ivan Olbracht）

在关于匪徒尼古拉·舒哈伊（Nikola Shuhaj）的捷克小说中的社会匪徒行为。面对他无法理解并只能攻击的现代世界，匪徒显得束手无策。正如奥勃拉赫特所说，他想要摧毁它，"为了报复不公，惩罚领主，夺回他们抢走的财产，用火和剑摧毁一切不能为公共利益服务的东西，为快乐，为复仇，作为对未来世纪的警告——也许是因为害怕它们"。[17]

这不仅仅是一种虚无主义的愤怒爆发，而且是"消除一切阻碍构建一个简单、稳定的农民社区的无谓尝试：奢侈品是公正和公平交易的大敌"。[18]

对于无政府主义的农民和从他们队伍中涌现出来的社会匪徒来说，在千禧年主义的意义上，他们可能会觉得，在富人及其财产被摧毁之后，可以期待一个简单、美好、平等的生活。[19]然而，大城市的穷人无法接受这样的观念。因为他们的生活依赖于有人管理城市，维持其经济运作。正因为如此，霍布斯鲍姆无法在过去的两百年里发现一个具有千禧年主义特质的城市暴民。对于城市中的底层民众来说，一个新的、完美世界的乌托邦是难以想象的。[20]

## 作为发展中国家破坏性因素的嫉妒

在革命或内战中的受害者群体中，那些更有才干和企图心的人数远远超过其他人，但这一比例会随着文化发展水平的变化而波动。当一个社会实现了真正广泛且分布均匀的分工时，更有才干的人就更容易隐藏起来；而且，在这样一个社会里，每个受过教育、具有一定个人成就的人也不会成为革命法庭的嫌疑对象。

因此，假设一个欧洲国家 A，在 1950 年经历了一场革命，其中 10% 的人口被消灭，那么这 10% 的人中有 95% 的人是智力超群人的可能性非常小。但是，相比之下，如果一个非洲刚刚独立的地区出现了一段几乎专门针对人口中"更好的人"的伪革命恐怖时期，恐怕大量有才干和勤奋的人会因此丧命。因为他们更容易被识别出来。在像尼日利亚这样的地方，不同的民族或宗教团体达到了不同的效率水平，这种情况将更为严重。

上述考虑可以这样来应用：自 1945 年以来，许多所谓发展中国家已经进入了一个永久革命阶段。但是，由于这些国家人口中最可靠、最有才能的人大多数仍然生活在小规模的定居点，以至每个人都非常引人注目，因此在革命的受害者中，他们的人数明显不成比例。通过这种方式，这些地区已经开始了一个长期的过程，涉及对那些可能最终负责经济和教育发展的人进行"负面筛选"。根据我们手头的报告，叛乱者首先屠杀那些"比他们优越"的人，这些人通常是在传教士学校上过两年学、拥有一台缝纫机或一辆自行车。1964 年 10 月 4 日，发表在《纽约时报》的文章这样写道：

　　马达拉·阿卡（Medara Aka），23 岁，因在俄勒冈大学学习了一年，被视为刚果的"知识分子"。他在美国奖学金制度的帮助下参加了教师培训课程，回到利奥波德维尔（Léopoldville），在一所中学教英语。三周前，他回到这里看望他的家人。第二天，叛军占领了利萨拉（Lisala）。阿卡先生立即被叛军首领单独挑了出来。叛军首领问他："你是知识分子，对吧？你甚至去过我们最大的敌国——美国。你太聪明了。你是革命的敌人。"就这样，这个年轻人被带到市中心并被斩首。

他的死只是叛军有意识地消灭任何受过基础教育的人的千千万万个例子之一。

现在，叛军部队已经控制了刚果约五分之一的地方，这种消灭已经达到了令人震惊的规模。

没人知道有多少"知识分子"被杀害。在刚果，受过高等教育的人仍然很少。在比利时的统治下，刚果的教育金字塔基础广泛，但只在中等教育层次达到高峰。在独立时，只有很少的刚果人担任过比办事员更高的职位。

现在，在刚果的北部和东部省份，叛军持有主导权，甚至连办事员都被消灭了。

今天，在利萨拉的一位天主教传教士说："在中部省（Moyen Province），几乎没有一个受过超过初等教育的刚果人还活着。"他补充说："简单地说，这部分刚果已经倒退了30 年。"[21]

另外，1965 年 1 月 24 日《纽约时报》发表了一篇关于海地中产阶级、相对成功人士被独裁者的警察系统性屠杀的报道。1966 年针对印度尼西亚共产党人的大屠杀，其受害者估计有几十万，其中很多人是因为以某种方式引起了村民的嫉妒而丧生，比如设立了一个出租车公司。根据现有的报道，这场在印度尼西亚的血腥镇压对于"不平等者"——不仅是共产主义者——的影响是相当大的。

自 1962 年以来发生在尼日利亚的事件，为我们关于发展中国家清除有才华人士的理论提供了一个典型案例，其中更聪明和更能适应现代化的伊博人（Ibo）被感到比他们低的其他部落系统地迫害和杀害。"伊博人被认为是尼日利亚最聪明的族群……在北尼日利亚，清除这个现代元素必将导致经济、行政和交通的灾难性状况。在复活节大屠杀后，伊博人开始大量逃往南部，这种不利的发展状况已经开始显现。"[22]

叛乱者对社区"领导"成员的残暴杀戮，虽然可能源于原始的嫉妒仇恨，但这样的屠杀也有可能是基于"革命"中经过专门训练的那些专家的计算。

1955 年年初，一位名叫黄文志（Hoang Van Chi）的越南人，作为独立运动的成员亲身经历了共产主义政权在北越的建立。在 1964 年出版的一本书中，他详细描述了该运动如何有系统地在每个村庄通过煽动起来的暴徒去清除那些更成功、更能干、更有才华的人。值得注意的是，这样的恐怖，在城市中感觉到的比较少，而且"成功"的程度也较低，因为受害者更容易藏身。所以，我们的观点在这里也得到了支持：在恐怖统治下，一个国家的人民，如果更多地生活在村庄里，那么其中更有才华的人口就会更容易被当作目标，遭受到更大比例的减少——因为在村庄里，每个人都认识每个人，每个人都嫉妒每个人。

## 亚洲国家革命中的嫉妒策略

黄文志是一位最初在越南反抗法国殖民者的抵抗者。在他的书中，他不仅描述了革命者是如何利用较不富裕者的嫉妒的，而且还描写了成功的反攻，其中一个受困的村庄设法在名义上提高了嫉妒的标准，消除了政治委员或特工。我们来看一些典型的例子，通过这些方法，村庄中较不富裕的人合法化了潜在的嫉妒，然后用这种嫉妒作为持久控制所有人来为革命政权服务的动机。

在当地，启动一个以收集稻米为形式的严格税收计划是必要的。地方党政机构利用稻米的交付来羞辱并展示持有土地的农民、富裕的农民；稻米收集点通常在村庄十五公里开外，贫穷的农民带来的稻米会被先称，而富裕的人则需要等待一整天，有时甚至要到第二天都还在等待称他们的稻米。[23]

在"经济平衡"（Wirtschaftliches Nivellieren）一章中，黄文志描述了在税收评估和征收措施中（主要在 1951 年至 1955 年）对相对同质群体内部嫉妒的（社会学上完全正确的）计算，相对同质群体指的是在一条街道或手工业行会中的群体。[24]

两次集会是必须的。第一次集会，所有在同一地区从事同一行业的人必须参加。他们必须讨论他们的业务，并互相评估每个企业或业务的重要性，以便按照"重要性"顺序列出商人名单。这个阶段被称为每个行业的纵向评估。官方对这一过程的解释是，同一行业的人，最能对同行业者的业务规模做出正确的判断。然而，黄文志写道："这种方法背后的真正动机，是意识到那些从事购买和销售相同商品的人之间存在一种天生的嫉妒，这会驱使他们互相揭发。这样，每个人都会努力揭露他的竞争对手的真实收入。"[25]

第二次集会，所有的手工业者和商人，无论他们从事何种业务，只要他们住在同一条街道或同一个村庄，都必须参加。他们必须进行讨论，直到确定每个人的销售额。这个阶段被称为横向评估。每个商人都知道，每个地方都有一个规定的税额。因此，他会尽其所能，通过声明抬高其他人的销售额，以尽可能减少自己的份额。

黄文志接下来描绘了这种方法的效果，这种方法明确了嫉妒动机的运作：

> 横向评估提供了一个机会，让人有机会攻击自己的邻居。比如，A 的妻子与 B 通奸。A 现在宣称，他有理由相信 B 有巨额收入。作为证据，他说，他经常看到 B 的妻子从市场带着购物篮里的鸡回家。然后，B 的兄弟站出来为 B 报仇，他声称，看到 A 每天早晨在咖啡馆享用咖啡和牛奶（在北越是一种奢侈）。最后，显然每个人的实际销售额都被估计得过高，税收员则收取了最大额度的税款。[26]

很快，再没有人公开吃鸡或者喝咖啡。鸡被隐藏在篮子底部，咖啡被秘密地喝掉：

> 由于无情地相互评估收入，整个地区很快呈现出一种悲惨的景象。每个人都穿着最旧、最破的衣服，让头发长长的。咖啡店老板、理发师、裁缝关闭了他们的店铺，统一管理，贸易崩溃。一大群破产的商人和他们的员工逃到了法国占领区。商业办公室现在可以开始按照领导者规范的模式进行重建。现在，所有的人都一样贫穷。[27]

一些关于将缓解嫉妒作为社会控制手段的理论，也在黄文志关于北越较大城市嫉妒政策成功实施的描述中得到了证实，这与农村的情况形成了对比。他写道："城市居民间的相互仇恨并没有在同等程度上出现，因为他们来自不同地方，相互之间几乎不熟悉。"[28] 普通的乡村居民大约需要一周的时间才能意识到，迅速承认所谓的罪行是唯一逃避折磨的方式，而城市中更有思想的居民更快地理解了领导者的意图。他们在人们对他们动手之前就跪下并承认罪行。总的来说，他们相互指控的只是对国家的轻微犯罪。黄文志指出，在城市中缺乏"好的"告密者（如果我们还可以在"焦土策略"之后谈论这样的人），使得领导者无法维持两周的恐怖清洗行动。因此，在城市中，这场运动很快就转向了进口商品的消费者，这支持了关于任何嫉妒政策都有可能偏离原始目标而转向其他甚至可笑的目标的论点。"有洁净外表的人，甚至使用发油的人都被视为犯罪。每个街角都有忠实的仆人，他们的任务是拦住头发上有发油的过路人，强迫他们在装满脏水的桶中清洗掉这种奢侈品。"[29]

人们期待着那些衣着更好或者烹饪更讲究的人受到类似的待遇。然而，虽然在乡村中一旦引发嫉妒，恐怖便会持续增强，直到连领导政权也无法控制，但在大城市中，这种情况通常会很快消退，并转变为对小市民生活方式相对无害的抨击。

黄文志用以下的话总结了领导层在一段时间后对嫉妒恐怖双面性的思考：

即使是坚定的领导也对农民产生了怀疑，并开始担心，如果这些简单的人被仇恨（嫉妒）驱使，可以随心所欲地行动，结果会怎样。人们知道，在一个富人折磨穷人的社会，是地狱，但人们也开始意识到，那些喜欢把彼此的大拇指压在螺丝上的人，也无法建立一个人间的天堂。[30]

此外，在选择受害者进行公开审判和折磨时，他们遵循了一个完全由嫉妒决定的原则：每个省的逮捕名单都包括"最富有的地主"、"最资深的佛教僧人"、"天主教主教"、"最有影响力的儒者"（即达到最高学术程度的学者）、"级别最高的官员"。[31]

广泛而不同的观念和概念，以及它们所产生的情感状态，可以单独或共同作为一个政治体的社会和政治基础。要整合人类，有诸如进步、团结、荣誉、声誉、爱、来世的想象、历史使命的概念，甚至是对外的仇恨或者针对其他群体的、由嫉妒引发的自卑感。但是，有一种状态，任何社会都无法长时间生活在其中并将其视为官方教义，那就是相互嫉妒。当然，为了准备和成功实现一场阶级斗争革命，可以利用它作为一个集结点，但一旦实现了这个目标，嫉妒就必须转移到社会内部的少数替罪羊身上，这些替罪羊也许被错误地视为可以牺牲的——或者，更好的做法是，将其转移到本国之外的群体和富裕象征上。

第 22 章

# 人类存在的嫉妒理论

已知大约有三千种不同的文化，从小型部落到复杂的文明。嫉妒和害怕嫉妒的情绪在不同文化下的社会中产生的影响程度并不相同；同样，我们也无法追溯到一条从更嫉妒的文化到较少嫉妒的文化的直线发展轨迹。要维持一个社会的运转，并确保基本的社会进程发生，社会成员中只需要有一定程度的嫉妒情绪。超过这个最低限度的嫉妒就是一种过剩，时常会被社会体系"消化"，但对社会的潜在发展和存在水平来说，它肯定是弊大于利的。

毫无疑问，对经济发展来说，嫉妒动机具有明显的抑制作用：在今天所谓经济落后的文化中，存在着一种由嫉妒形成的障碍。无论是在贫穷还是富裕的文化中，都可以发现人们对他人嫉妒的特别顾虑。一个社会中相互嫉妒的频率、方向和强度，或者文化风俗中对嫉妒者的关注程度，与事实上的不平等状况和个人贫富水平关系不大。一个文化体系对于那些有助于提高大多数人生活水平的社会行为的接受程度和奖励制度，取决于在嫉妒网络中偶尔或必然出现的，在组织、经济、政治和技术方面具有重要意义的那些差距。

当嫉妒成功确立自己的地位后（包括虐待狂般的社会控制或颠覆性的秘密社团），嫉妒或嫉妒者会危害到任何一种群体和社会。从定义上讲，嫉妒威胁到每一个个体，因为他们永远不能确

定是否有一个嫉妒的人在某一个地方等待着一个报复的机会，因为他们比他过得更好。<sup>1</sup>

在对嫉妒的关注中，几乎所有观察者和评论家都忽略了它在社会生活中独有的、不可或缺的功能和普遍作用。即使是那些在20世纪30年代就研究嫉妒并认识到它具有一定积极作用的学者，比如斯文·拉努尔夫和欧仁·雷加，也未能借鉴对原始的简单人类社会中的一系列观察。他们认为，嫉妒仅仅是极端奢侈、令人恼火的不合群态度等偶尔需要的矫正手段。他们几乎没有认识到，嫉妒情感与人们之间的绝对不平等程度、"奢侈"程度等关系甚微，实际上与之完全不相关。在限制王子、国家元首或商业大亨荒谬支出的问题上，嫉妒的作用微乎其微，但当一个人在几乎平等的人群中脱颖而出时，它的作用就变得重要了。

在两个截然相反的社会过程中，嫉妒者都扮演着重要角色：一是抑制过程，通过阻碍创新来维护传统；二是革命的破坏过程。一旦人们认识到这两种情况中的行为动机相同，即都是嫉妒——对任何试图引入新事物的人进行讽刺、破坏和带有恶意的幸灾乐祸，以及革命者试图摧毁现有秩序及其成功象征时充满恶意的幸灾乐祸——则表面上的矛盾就消失了。

任何以传统之名抨击创新，因为无法忍受创新者个人成功的人，或者以传统崩溃的名义反对其维护者和代表的人，很可能是受到了相同的基本动机驱使。双方都对他人所有、所能、所知、所信、所珍视、所得而自己没有甚至无法想象拥有的东西感到愤怒。

在文化史上，嫉妒者对人类的成就构成了双重威胁：第一种情况是，嫉妒的传统会试图抵制任何创新。然而，一旦后者成功，并成为强大的机构，其受益者很可能引起年轻人或从属阶层的嫉妒。因此，私营企业最初不得不抵御和规避王室的嫉妒，而当它取得成功，它就成为王室之外每个评论家的攻击目标；19 世纪后期的私营企业受到了来自贵族的嫉妒攻击，其所有者往往成为早期社会主义者的盟友。[2]

这里提出了一个关键问题：人类嫉妒的能力是否应被视为一种完全消极的冲动，只能抑制或压制创新以及更先进的经济和技术发展？成功驯化了嫉妒并将其纳入文化内的反对者，是否是促进文化发展的唯一力量？或者说，嫉妒本身是否间接地在文化变革和文明进步中发挥了积极作用？

## 嫉妒驯化权力

嫉妒是一种如此不可避免且深植于人类生物学和存在状况的驱动力和心态，以至研究这一现象的科学考量，不应当从其在社会变革和社会形态分化过程中具有纯粹消极影响的假设出发。相反，我们是否可以假设，部分依赖于嫉妒能力的某些社会控制，不仅对维持社会现状是必要的，而且有时对社会的发展过程也是至关重要的？嫉妒不仅是财产受到不断威胁的源头，而且也激发了无数的非官方的财产监管者，他们仅仅因为嫉妒骗子、小偷和抢劫犯的战利品，就不请自来地承担起了警察的职责。正如斯文·拉努尔夫在关于古代雅典的研究中所展示的那样，这是一种"无利害关系的惩罚倾向"。[3]

嫉妒的情绪也延伸到了不合群者、犯罪分子和行走在灰色地道的人（halbkrimineller）所持有的价值观中，我们几乎可以认为这是幸运的。在美国 20 世纪 30 年代臭名昭著的黑帮犯罪中，犯罪调查小组偶尔可以通过嫉妒未能上报纸头条的同伙来抓住头目。换句话说，在一个社会中，任何一个群体的优势地位或主导地位，都可能受到该群体成员之间相互嫉妒或者他们对领导者嫉妒的限制。这一点同样适用于绝对的暴君。

在很大程度上，嫉妒的无所不在，与无限制的权力垄断背道而驰，因此通常会导致权力的分散。而且，正是通过驯化权力，大部分创造性的创新和人性才得以实现，所以我们不能将嫉妒视为纯粹消极的现象。

然而，嫉妒在创新中还发挥着更直接的作用。正如马克斯·舍勒和H.G.巴尼特所指出的，怀有怨恨的人，尤其会欢迎创新。那种挑衅性的态度——"现在我要让他们看看"，既有破坏性的结果，也有生产性的结果。然而，这里需要做出区分。所有关于嫉妒的著作都将纯粹的嫉妒描述为一种完全消极的，具有破坏性、否定价值和贬低价值的态度。只有当一个人意识到沉溺于自己和他人之间不公平比较的徒劳无益，并认识到嫉妒的折磨是无法避免的——因为它总会有刺激源，他才能够将嫉妒之情转化为竞争的冲动，努力通过自己的成就来超越他人，他才能在嫉妒的驱动下有意识地到达一种全新的、具有价值增值性的竞争层面。

与肤浅的观点相反，摆脱嫉妒的方法不是禁欲主义、炫耀般的节制、修道院或孤独。所有这些活动和心境——如果它们源于嫉妒——都与嫉妒的意图紧密相连：通过强调贫穷，让富人的享乐变得痛苦；让其他人因为他们舒适的环境而感到内疚。这是否会让嫉妒的人快乐，值得怀疑。唯一能从嫉妒中解脱出来的活动是那些让我们充满新的、不同的冲动、情感和思想的活动，这些活动要想起到帮助作用，必须是有价值的、充满活力的和具有前瞻性的。对很多人来说，克服嫉妒的欲望可能是实现积极成就的真正动力，并因此导致了对成就感的满足。

确实，在所有文化中，避免嫉妒的行为都是常态，但在某些文化中也可能存在一些个体，他们故意设法达成某种目标，以在批评者、竞争对手或亲戚中引发无能为力的嫉妒愤怒。在这种情况下，引发他人嫉妒是一种报复或惩罚手段。与报复或惩罚的其他行动和方法不同，对于激发者来说，引发对手痛苦的嫉妒感并不是一种消极或破坏性的行为，因为通常情况下，除非他自己实现某个目标，证明自己是更好的骑手、渔夫、猎人、战士、情人或作家，否则他无法引起他人的嫉妒。（我们在这里讨论的不是那些明显虚假、注定失败的尝试；一个典型的例子是那些为了在显眼的消费上超过邻居而债台高筑的美国人。）

## 嫉妒的限度

嫉妒者无处不在，这让我们不禁要问：我们观察到的财产和生活状况为何会呈现如此大的差异？为什么嫉妒的人很少能够成功地（即使只是短暂地，如在革命中，或一个短暂的教派中）按照他们自己的标准塑造世界？可以将其与性冲动进行比较，尽管性冲动无处不在，十分强烈，但混乱的性关系却从未成为常态。没有哪个社会允许完全不受约束的混乱性关系。每个文化中都有关于性领域的所有权限制，这是因为，没有一个社会能在没有关于选择性伴侣的可预见、可预测的限制规则的情况下运作。

可以类似地理解根植于文化的嫉妒抑制。嫉妒是一种如此专注于人际关系的激情，而且是如此消极，以至任何群体或社会如果不首先设法在某种程度上抑制嫉妒，并——只要它还存在——将其转移到对社会生存并非至关重要的价值观上，就不可能正常运作。

在每个社会中，当嫉妒作为一种制度居于支配地位，或者作为个体的嫉妒者表现出专横，就会受到进一步的限制，因为大多数人在情感上不可能与嫉妒所规定的世界观共存。"希望"（Hoffnung）一词就表达了这一点。嫉妒的人相信，总是别的人幸运，"他们总能得到好运"（Glück haben），而他自己则总是倒霉（Pech haben）。然而，即使从生理上讲，要长时间生活在这种对未来的排他性期待中，也几乎是不可能的。简而言之，极度嫉妒的人不会活得很久。在进化过程中，对于那些嫉妒程度最强烈的人来说，生存的机会必然更少，因此，他们在塑造行为模式方面的影响也更小。

任何一个无法向他的部落族人隐藏嫉妒的人，几乎总是会被怀疑使用巫术，并且经常会被排除在外。与18世纪末以来的一些社会哲学不同，人类社会从未将嫉妒视为一种积极价值，而把嫉妒的人视为恶毒的，所以采取了特定或通用的避嫉行为。极度嫉妒的人总是属于少数。只有在无产者、被剥夺者和被剥削者的抽象、美化的概念中，嫉妒的地位才得以充分合法化。而且这也只是因为预示着从需要动员群众嫉妒的革命中，将诞生一个没有嫉妒的、平等的、无阶级的天堂。试图宣称嫉妒是一个永久的制度，超越了它在各个社会中已经实际承担的角色，这是荒谬的。

文化精神，也就是那些支配日常生活的世俗、超自然观念，通常是由一些反对嫉妒过度的观点支持的。在过去的几千年里，人类在塑造自我及环境方面所取得的成就，本身就足以证明他强

烈需要设想一个在个人意义上可以理解的可能性的世界。在这样
一个存在意义上，一个人可以看到自己的许多可能性，这将为嫉
妒原则留下很小的空间。

从民族学文献中记载的巫师和受害者之间存在持续冲突的事
实来看，在各个地方几乎总是有一些人，即使面对充满危险的嫉
妒之人，也坚持自己对未来的看法和改善自己的环境。在非洲某
个村子里，拥有全村第一台缝纫机或第一辆自行车的主人，知道
他将面临什么，但他仍然决定勇敢迈出这"向前"的一步。

而对于生活在拥有文化观念的社群中的人来说，不平等之路
会较为平坦，例如有各种程度的运气，这些观念可以安抚他自己
的良心，缓和嫉妒者的情绪。加尔文主义所教导的宿命论（Lehr
von der Prädestination），是一个在压制嫉妒方面非常成功的教义。

## 作为文明因素的嫉妒压力

逃离他人的嫉妒，往往有利于文明发展。在人类更为复杂的
技能和成就的发展中，文化传播的重要性是众所周知的。发明、
创新、新概念和新方法最初可能仅限于一个地区的一个家庭。如
果创新者在自己所在的地区遭受偏见，其他地区和部落更有可能
接受并复制这些新观念和新方法。

谚语中的智慧早已告诉我们，在自己的国家，没有人会成为
先知。当然，有些人不愿意接受陌生人的教诲和帮助，但总的来说，
当一种创新是由一位邻居或亲戚提出时，由于自己不是第一个提
出创新的人，而自己在创新提出前就认识那个创新者了，就会更
加不愿意接受创新。

　　原因不难找到。如果我的同乡、同学或同事突然提出一个发明、发现或某种新的工艺，拥有无可否认的客观价值和质量，这会比陌生人做同样的事情更让我嫉妒；因为在那种情况下，我可以安慰自己，认为那个陌生人之前有某些机会、受到某些影响并享有我所无法获得的学习和观察的可能性。他的优越既不那么让人压抑，也不那么令人觉得耻辱，而我自己圈子里的成功的创新者的优越却让我不得不问："为什么我自己没有想到这个点子？他学到了什么、看到了什么，而我却没学到、没看到？"

　　如果要让创新为文化、文明做出贡献，就必须有迁移的机会和横向流动的动力。因此，正如有人指出的，在没有适当的陆路交通，但有内陆水道（一个良好的河流系统）或者漫长的曲折海岸线能够提供便利航行的地区，早期的科学、技术和现代经济活动得以发展起来。发明家、创新者和足智多谋的人总会因冒险和有所求的欲望而走得更远；但很容易想象，让有创造性的人离开家乡（在狭义上）的动力是他在家乡遭受的敌意、嘲笑和不信任。

　　因此，对于那些通过引入创新（无论在哪个领域）使自己与众不同的人，普遍的嫉妒性报复因素是有益的，因为它在某种程度上有助于推动文化成就的整体发展。

　　总的来说，嫉妒的功能不仅使得人类社会所依赖的社会控制成为可能，而且通过移民促进了文明的发展。然而，这是以创新者的家乡为代价的。在某种程度上，这些影响可能是自我补偿的，使得文明的整体效果——或者某个行业——保持不变。例如，一个发明家因为市民的敌意而离开了城市 A，来到了城市 B，然后获得了成功，而另一个发明家则从城市 B 来到了城市 A。在这种情况下，即使类似情形无限制地增加，一个国家或一个大陆上的创新增长速度与完全没有嫉妒因素的情况大致相同。然而，对于某些地方来说，特别是大城市，它们为因恼怒而离开家乡的创新者提供了有利条件，创新者往往会聚集在此，从而有利于整体技能的发展。

再次说明，由于基本上是受到嫉妒驱使的社会和经济控制，创新者才可能会被被迫离开，寻求在另一个地区更好地发挥自己的能力。

## 嫉妒在人类进化中的意义

在人类进化过程中，嫉妒的意义可能如下：社会共存，尤其是合作，需要相当有效的社会控制。也就是说，即使发出指示、命令和禁令的人并不在场，这些规定也必须要遵守。这意味着，群体中未受监督的成员，受到的只是轻微的嫉妒感驱使，也必须互相警惕，以防有人偏离指定任务：没有人能确信自己不会被告发。因此，当一个酋长派遣一些代表去和另一个部落进行交涉时，他可以期待他们忠诚地完成任务，因为如果任何一个人试图因个人利益与对方达成妥协，他就会被部落族人由嫉妒引发的愤怒阻止。

这种情况可能最容易通过乱伦禁忌（Inzesttabu）来说明：在父亲缺席的情况下，兄弟中没有人敢对家庭中的女性成员放肆，因为他必须考虑到至少有一个兄弟会出于嫉妒揭发他。在一个平等的工作团队中也是如此：没有人会让其他人偷懒，因为那样可能意味着自己不得不弥补他人的工作缺口。因此，他会嫉妒其他工友的休息或偷工减料，进而会试图阻止这种行为。

可以说，生物在摆脱了本能活动和由本能决定的大部分束缚后，要想充分利用新获得的自由来发挥建设性作用，就必须将偏离行为和创新行为减少到最低限度。

一个超越了本能的生物个体的行动，必须再次受到限制，以便能够支持一个更大的社会群体的正常运作。然而，我们已经发现，没有什么动机，能比担心激起他人的嫉妒以及由此带来的制裁更能确保一致性的了。因此，人类在很大程度上已经从他人的怀疑中发展出了相互控制的能力，使得拥有分工的、更大的社会群体成为可能。在兄弟姐妹的共同体内，一个人的性格形成至少需要一个相当长的、生物学上规定的至少十年的时间，这意味着对嫉妒的社会考虑已经成为人格的组成部分。

可以想象，如果小型群体或家庭成员未能充分发展出对他人嫉妒威胁的敏感性，他们在进化过程中就会落后，因为从长远来看，他们无法组成掌握环境所需的更大群体。

因此，作为嫉妒者，人通过嫉妒的能力，才真正成为人。如今，仍然存在一些非常简单的原始民族，他们的组织形式极为原始，停留在这个阶段。也许，玻利维亚的西里奥诺印第安人是一个最明显的例子。阿伦·霍姆伯格在20世纪40年代对这个部落进行了研究，部落是由一些大约20名成员的小部落组成的。出于对他人嫉妒的恐惧，这些人很少在认为别人正看着自己时吃东西：通常是一个人在晚上吃。然而，这种相互嫉妒并没有演变成一种社会控制制度，例如允许一个部落共同行动，或者几个部落共同行动。[4]

仅仅通过形成相对持久的较大群体，比如50个到500个成员，并不能取得太多成果。当然，这还取决于环境，相对于10人到

20 人的自治群体，这样的群体会取得更多的成就，但是，如果它们要成为更高文化结构的核心或起点，必须发展和制度化另一种能力，即要限制相互之间普遍存在的嫉妒对社会控制的影响。在一个群体内部，只有当个体的创新、不同的收益、财富的积累等至少在一段时间内在社会上重新变得可行时，才能产生差异的文化、明确的劳动分工、政治结构、经济增长和行业的多样性。必须容忍那些基于不可预测的个体偏离群体规范而形成的一定程度的不平等。因此，群体——现在可以称之为社会——的整体文化必须达到一种平衡状态，一方面释放足够的嫉妒（也就是要利用嫉妒），以支持政治体制本身所需的社会控制，另一方面，对某些个体的表现和成就的嫉妒必须被压制和取缔，以留出足够的空间进行创新——那些对不断发展的群体适应其环境至关重要的创新。

因此，我们的第二个前提是：只有当群体中的嫉妒者的嫉妒在很大程度上被某些概念如宗教性质的概念，或解释财富不平等的合理化观念（如运气的观念），或为那些不平等的人设置的政治保留权缓和时，嫉妒的人才能成为一个真正的、在文化上具有创造力的人。

在文化、经济、技术和一般文明发展的保护下，大多数的道德体系和宗教通常都符合这一要求，即抑制嫉妒。没有任何伦理或宗教体系会明确支持一个人对另一个人的嫉妒。然而，在谴责粗暴的嫉妒的同时，大多数长期发展的规范体系（至少在没有被特定政治目的扭曲的地方），都有许多明确反对引发嫉妒的禁令、限制和教诲。这些已有的制裁，要求社会中有足够数量的嫉妒者，去遵守避免引起嫉妒的行为规范。这就解释了一个明显的悖论：

一方面，宗教使嫉妒的人受到约束，用它们的寓言明确奖励那些能够控制自己嫉妒情绪的人；另一方面，宗教要求一种社会公正，倾向于追求平等的理想，这种理念只有考虑到嫉妒者才能解释得通。

## 向嫉妒者屈服

不幸的是，对于经济学的普遍理解，一些社会哲学，以及一些自 18 世纪末以来在教会内部发展并在过去一百年左右得到加强的观念，都将重点放在了满足、缓解嫉妒上，实际上，它们几乎将决定社会规范的权力完全交给了嫉妒。这种重心的转移，不仅可以归咎于一些充满嫉妒和怨恨的公众人物和政治家，还可以归咎于那些坦荡而没有嫉妒心的人，他们受到了社会内疚感的折磨。值得怀疑的是，后者是否经常意识到社会内疚感和对原始嫉妒的恐惧之间的关联性。

那些针对嫉妒者和反对招嫉者的宣言、社会政治或哲学理论之所以能取得巨大成功（尽管它们往往与理性和传统观念相悖），可以通过这种进化的根源来解释。它们触及了人类情感的最根本层面，无法再比这更深入了。

那些向嫉妒者屈服的人，完全忽略了两个决定性的事实。首先，每一个较大的人类群体的有效运作，不仅依赖于约束嫉妒，还依赖于对嫉妒者的关注。其次，没有任何可能建立一个既没有嫉妒的人也没有社会良心不安的人的、持久的人类政治体。

原始人类群体中的成员能够接受同族的恶意，将他们的嫉妒视为世界观中的一个确定因素。他无法也无须相信人性的善良。

对于原始人来说，他人，尤其是与他有亲密关系的人，总是充满嫉妒的敌人。在我们看来，尽管原始人自身的不平等可能相当微小，但对他们来说这并不是一个大问题，因为他人的嫉妒是无法避免的现实。虽然这可能导致恐惧，但在原始人群体中，一个人因自身的不平等和他人的嫉妒引发内疚感（从我们的角度来看），以至具备社会、政治活动能力，这似乎是不太可能的。[5]

然而，到了 18 世纪中叶，敏感的欧洲人和美洲人（西方人）逐渐在他人的嫉妒面前失去了勇气。我们进一步可以问，自法国大革命以来对嫉妒恐惧的不断增长是否进一步加剧了社会分层的消失，还是说由于社会重新洗牌，对此前合法等级制度的摧毁，加剧了被嫉妒的恐惧。无论哪种情况，在过去的两百年里，相信人类本性善良且独立于那个败坏他的社会，这样的需求变得越来越迫切。然而，如果我们要相信人是绝对善良、仁慈且不嫉妒的，我们必须坚持平等主义的乌托邦，将平等逐渐理解为一种历史使命：人们总希望通过某种方式为自己寻找一个安慰的正当理由，以免受到同代人或邻居的质疑和批判。为此，他们选择致力于某种富有意识形态、政治理念或者仅仅是基于感性、天真情感的未来愿景。这些理念和愿景，承诺创造一个真正的平等社会，也就是说，一个通过所有人的平等可以消除嫉妒情感的社群。但是，这是不可能的，因为如我们所知，嫉妒的能力和嫉妒的必然性是人类本性的一部分。在一个无人需担心他人嫉妒的社会中，这样的社会将缺乏维持其作为一个社会所必需的社会控制机制。在原始文化中，我们可以清楚看到，在那里，每个人几乎都是平等的，但并不能消除相互间的嫉妒。此外，从发展心理学的角度来看，我们也永远无法建成一个不会有人因嫉妒而痛苦的社会，这样的希望不可能实现。

将纯粹的嫉妒作为一个社会的基本概念或最高准则，这是不可容忍的，也是具有破坏性的，就像将纯粹的性嫉妒提升到绝对地位一样，这将导致一个永久的混乱状态。原则上，社会不可能将一种宣称个人隐私和私有财产无效的心态和情感合法化为核心价值观。

从原始人类到现代城市居民，嫉妒的概念和作为嫉妒者的人类，都是纯粹非理性的。当某人在全面的竞争或冲突情境之外，因为自己无法拥有某种东西或成为怎样的人，就坚持另一个人不能获得这个东西——即使这个东西可能不值得拥有，这与理性的概念、理性的行动和合目的的世界秩序的概念是不相容的。值得注意的是，在几千年的时间里，在不同的社会里，人类已经对这种基本驱动力进行了足够的控制，以便能通过个体变得不平等的过程实现文明成就。

人会嫉妒，这是与生俱来的。在某种程度上，人类是一种能够反思自己存在的生物，他必须问自己："为什么是我，而不是别人？"接着自然而然地会有下一个问题："为什么他人的存在与我的存在是如此不同？"根据提问者的自我定位，嫉妒或是内疚会随之而来。两者都可能折磨着同一个人，它们可以互相转化。在人作为"个体"（Individuum）的认知中，即使在某些社会中，这种认知是如此模糊，他永远无法确定没有别的人希望成为他。因此，总会有他不能信任的人，面对这个人，他会有内疚感。这种内疚感是无法逃避的，它无法被社会操控手段消除。只有当我们意识到令人嫉妒的原因是不可消除的，才能从这种无用的、破坏性的内疚感中解脱出来。在一个社会中，那些因嫉妒而生的、阻碍文化发展的非理性行为，不是通过高尚的道德观或利他主义消除的，而几乎总是通过更高层次的理性克服。例如，只要我们意识到，为某些人提供更多的（或不同的）东西，并不意味着其他人得到的会更少：这需要具备一定的计算和逻辑推理能力，还要能够清晰洞察更复杂的关系，具备较长的记忆力；并且不仅能够对物与物进行比较，还要能够比较不同人身上非常不同的价值观。

如今，相较于一百多年前，我们可以在更好的实证基础上断言，世界不可能属于嫉妒者，也不可能从社会中根除嫉妒的原因。那些完全摆脱阶级和地位痕迹的社会以及类似的用于逃避困境思考和不适感受的避难所，不再值得被严肃讨论。研究人类的科学应当关注现实中的人类并将其纳入考量范围，而非基于模糊原因所设想的未来人类，因为现实中的人类是推动建立更大的社会群体和特定政治的关键力量。

在过去的一百多年里，很多人受到诱导并错误地认为，社会中的关键角色是嫉妒心理，对这种心理做出一次让步就能让其满足。当然，有许多社会愚蠢行为可以并且必须避免。在伤口上撒盐并无益处。但从历史观察和人类基本行为推导出的规律似乎表明，对嫉妒的过度敏感有一种逐渐变得强硬的态度。弗朗西斯·培根已经意识到，对于嫉妒者来说，没有什么比非理性行动更能激怒他和滋养他的不满了——这种行动是，从优越的地位退下来，意图消除他的嫉妒。现在显然是时候停止表现得好像嫉妒者是经济和社会政策的主要衡量标准了。

# 注 释

## 第 1 章 嫉妒的人类

1. 1966 年，阿姆斯特丹的 "Provos" 可以被视为具有怨恨特质的类型，他们对君主制尤其感到怨恨。爱德华·希尔斯（Edward Shils）与 N. 伯恩鲍姆（N. Birnbaum）展开了一场争论，讨论的是，在现代社会中，君主制作为一个无法嫉妒的象征，是否仍然有其功能（E. Shils u. M. Young, The Meaning of the Coronation, The Sociological Review, Bd. III, Dezember 1953, S. 63–81; N. Birnbaum, Monarchs and Sociologists, ebd., Bd. III, Juli 1955, S. 5–23）。（Provos，荷兰语，意为"挑衅者"，是荷兰的反文化和无政府主义运动，活跃于 20 世纪 60 年代。他们是一群主要由年轻人组成的激进分子，以戏谑和非暴力手段抗议传统权威、社会习俗和政治制度。他们的目标是揭示并改变当时荷兰社会的不公正和保守观念。阿姆斯特丹的 "Provos" 在 20 世纪 60 年代成为当地抗议活动的象征，并对荷兰和其他国家的反文化运动产生了影响。——译者注）

2. 在过去几个世纪里，嫉妒（的人）有时被象征性地描绘成一个骑在嘴里叼着骨头的狗的背上的人。例如，参见：Die Abbildung in Heinz-Günter Deiters, Die Kunst der Intrige, Hamburg, 1966, S. 14. Der Neid. 这幅画选自维也纳阿尔伯蒂纳（Albertina）博物馆的一组题为《七宗罪》（Die Sieben Todsünden）的木刻作品，作者是来自康斯坦茨地区的一位匿名大师，创作于 1480 年至 1490 年间。

3. 因此，拉尔夫·达伦多夫（Ralf Dahrendorf）在撰写他的《社会冲突理论》（Theorie des sozialen Konflikts）时，没有一次使用"嫉妒"（Neid）这个词，但在其他地方，他却毫不吝惜地在同一页纸上两次把相互嫉妒归咎于美国和欧洲的知识分子（参见：Ralf Dahrendorf, Gesellschaft und Demokratie in Deutschland, 1965, S. 320.）。

4. 正如大卫·理斯曼（David Riesman）所指出的，在消费相等的美国社会中，人们仍然会嫉妒他人的、预想中的、更高程度的性享受（*The Lonely Crowd*, New Haven, 1950, S. 155.）。

## 第 2 章　嫉妒与语言

1. F. G. Steiner, Malice, Oxford, 1952, S. 16.
2. K. Simrock, Handbuch der deutschen Mythologie mit Einschluß der nordischen, 4. Aufl. Bonn, 1874, S. 177.
3. A. a. O., S. 356.
4. K.F.W.Waflder (Hrsg.), Deutsches Sprichwörter-Lexikon, Bd 3., Leipzig, 1873.
5. The Oxford English Dictionary, Bd 5., Oxford, 1933.
6. W. L. Davidson, Envy and Emulation, in: Encyclopedia of Religion and Ethics, hrsg. von James Hastings, Bd. 5, New York und Edinburgh, 1912.
7. John Gay, Concerning the Fundamental Principle of Virtue or Morality, zit. nach: The English Philosophers from Bacon to Mill, hrsg. von Edwin A. Burtt, The Modern Library, New York, o. J., S. 784.
8. Adam Smith, Wealth of Nations, Modern Library Edition, S. 670.
9. 关于伊斯兰中的嫉妒，参见：Dwight M. Donaldson, Studies in Muslim Ethics, London, 1953, S. 91ff.

　　　"envy"（嫉妒）、"jealousy"（妒忌）和 "ressentiment"（怨恨）这些关键词在以下期刊的主题索引中一次都没有出现：《美国社会学评论》（*American Sociological Review*），1936—1960 年（第 1—25 卷）的索引；《美国社会学杂志》（*American Journal of Sociology*），1895—1947 年的索引；《乡村社会学》（*Rural Sociology*），1936—1955 年（第 1—20 卷）的索引；《英国社会学杂志》（*The British Journal of Sociology*），1949—1959 年的索引；《美国人类学家和美国人类学协会纪事》（*American Anthropologist and the Memoirs of the American Anthropological Association*），1949—1958年的索引；《西南人类学杂志》（*Southwestern Journal of Anthropology*），1945—1964 年（第 1—20 卷）的索引。尽管在这些期刊的历年文章中，我们偶尔会发现一些非常有力的短篇文章，它们都涉及嫉妒，甚至给这个概念赋予了明显的意义。但是，对于那些负责编制这些主题索引的人来说，嫉妒、怨恨、妒忌这些概念离他们太远，他们没有给予它们任何关注。而如果我们在一些如 "攻击"（aggression）这样的模糊概念下寻找，我们可以找到一些包含嫉妒概念的文章。在人类学期刊中，如果在索引中查找 "巫术"（witchcraft）或 "魔法"（sorcery），我们将毫无困难地发现具有概念性的嫉妒现象。然而，奇怪的是，那个无一例外的、特指嫉妒的词汇 "嫉妒之眼"（evil eye）在上述的索引中又被遗漏了。
10. Frankfurter Allgemeine Zeitung, 3. Juli 1965, S. 7.
11. M. Schreiter, Die Straße: Tummelfeld des Neides? Die Einschüchterung der Bürger — Kritik am neuen Gesetz, in: Die Zeit, 1. Januar 1965, S. 20.

12. K.-H. Krumm, Ein Mann kämpft um sein Recht, in: Frankfurter Rundschau, 17. Juli 1965 (Zeit und Bild).

13. C. Jacobsen, Halbzeit bei der Ford-Stiftung, in: Die Zeit, 9. Oktober 1964, S.9.

14. The New York Times, 7. Dezember 1961, S. 29.

15. Nation's Business, Washington D. C., April 1958, S. 48.

16. G. H. Theunissen, Der Fall Max Bense, in: Die Zeit, 24. April 1964, S. 9.

17. A. und P. Toynbee, Über Gott und die Welt. Ein Gespräch zwischen den Generationen. München, 1965, S. 46ff. ( 英文原版 : Comparing Notes, London, 1963.)

18. Walter Hoffmann, Abiturienten in nichtakademischen Berufen, Heidelberg, 1960, S. 7, 161, 175ff.

19. Nachwuchskräfte sollen sich am Anfang überall unterrichten, in: Die Welt, Nr. 128, 4. Juni 1966.

20. Wolfgang Kellner, Der moderne soziale Konflikt. Seine Ursache und seine Überwindung im Betrieb. Stuttgart, 1961, S. 142-151.

## 第 3 章　文化镜像中的嫉妒者

1. R. Thurnwald, in: Lehrbuch der Völkerkunde, hrsg. von K. Th. Preuss, 1937, S.272.

2. F. Rose, Umgang mit Schweden (Band 12 der Reihe, "Umgang mit Völkern" ), Nürnberg, 1954, S. 13.

3. Time, 29. Juni 1953.

4. H. G. Barnett, Innovations. The Basis of Cultural Change. New York, 1953, S. 401 f.

5. C. Kluckhohn, The Navaho, Cambridge (Mass.), 1946. Ders., Navaho Witchcraft [Papers of the Peabody Museum of American Archaeology and Ethnology, Bd. 22, No.2, Cambridge (Mass.), 1944]; siehe vor allem S. 68.

6. R. Firth, Primitive Polynesian Economy, London, 1939, S. 282.

7. A. R. Holmberg, Nomads of the Long Bow. The Siriono of Eastern Bolivia. (Smithsonian Institution: Institute of Social Anthropology Publication, No. 10.) Washington, 1950. 实地考察是在 1941—1942 年进行的。

8. A. a. O., S. 36.

9. A. a. O., S. 60.

10. A. a. O., S. 60, 61.

11. A. a. O., S. 62.

## 第 4 章　嫉妒与黑魔法

1. M. Scheler, Das Ressentiment im Aufbau der Moralen, Gesammelte Werke, Bd. 3, S. 52.

2. C. Kluckbohn, Navaho Witchcraft, Cambridge (Mass.), 1944, S. 15, 59.

3．C. Kluckbohn, The Navaho, Cambridge (Mass.), 1946, S. 128 f.

4．C. Kludchohn, Navaho Witchcraft, Cambridge (Mass.), 1944, S. 68.

5．A. a. O., S.15.

6．A. a. O., S. 24, 111.

7．R. B. Brandt, Hopi Ethics, 1954, S. 328.

8．A. a. O., S. 143, 148.

9．A. a. O., S. 156.

10．A. a. O., S. 129.

11．A. a. O., S. 129.

12．J. Gillin, The Culture of Security in San Carlos. A Study of a Guatemalan Community of Indians and Ladinos. New Orleans, 1951.

13．E. E. Evans-Pritchard, Witchcraft (Mangu) among the Azande (Sudan Notes and Records, Bd. 12), Khartoum, 1929, S. 163-249, 215.

14．A. a. O., S. 212.

15．A. a. O.

16．A. a. O., S. 220.

17．E. E. Evans-Pritchard, Witchcraft. Oracles and Magic among the Azande, Oxford, 1937, S.117.

18．A. a. O., S. 112.

19．A. a. O., S. 206 f.

20．A. a. O., S. 148.

21．E. H. Winter, The Enemy Within, in: John Middleton und E. H. Winter (Hrsg.), Witchcraft and Sorcery in East Africa, London, 1963, S. 280 f.

22．R. E. S. Tanner, The Sorcerer in Northern Sukumaland, Tanganyika, in: Southwestern Journal of Anthropology, Bd. 12, S. 437 ff.

23．E. J. Krige und J. D. Krige, The Realm of a Rain-Queen, London, 1943, S. 268 f.

24．A. a. O., S. 264 ff.

25．A. a. O., S. 18.

26．A. a. O., S. 290.

27．A. a. O., S. 286.

28．A. a. O., S. 287.

29．A. a. O., S. 270.

30．R. Karsten, The Head-Hunters of Western Amazonas. The Life and Culture of the Jivaro Indians of Eastern Ecuador and Peru. (Societas Scientiarum Fennica. Commentationes Humanarum Litterarum, Bd. VII, No. 1.) Helsingfors, 1935, S. 452. 在 1917 年至 1928 年，卡斯滕前后共花了三年时间与这些部落相处。

31．即使在某些情况下，我们也必须考虑到父亲对子女教育机会的嫉妒是教育的障碍，这一点在关于未使用的教育机会的研究中得到了体现。例如，参见：Franz Hess u. a., Die Ungleichheit der Bildungschancen, Olten und Freiburg, i. Br. 1966,

S. 155 f. 以及：Willy Strzelewicz u. a., Bildung und gesellschaftliches Bewußtsein, Stuttgart, 1966, S. 606.

## 第 5 章　发展中国家的嫉妒恐惧

1．E. R. Wolf, Types of Latin American Peasantry. A Preliminary Discussion, in: American Anthropologist, Bd. 57 (1955), S. 460 ff.

2．G. M. Foster, Interpersonal Relations in Peasant Society, in: Human Organization, Bd. 19 (Winter 1960/61) S. 175ff; O. Lewis, a. a. O., S. 179; J. Pitt-Rivers, a. a. O., S. 180 f. 关于村民对嫉妒的强烈恐惧，以及这种恐惧成为一切进步的障碍，在上述约翰·吉林的著作中可以找到完全相应的观察，参见第 116、114、124、122 页。在危地马拉的这个社会中，有一种疾病"envidia"，字面意思是"嫉妒"，在这些人的信念中，这种疾病是由受害者身上的嫉妒者的魔法引起的。C. J. 伊拉斯姆斯提到了一种"嫉妒模式"（Neidpattern），它有时会阻止海地успешный成功的农民采用较新的农业方法。参见：C. J. Erasmus, Man Takes Control. Cultural Development and American Aid. Minneapolis, 1961, S. 80. 同样，在海地，G.E. 辛普森发现，农民会通过购买几块小土地而不是连成片的土地来掩饰自己的经济状况。他也不会穿好衣服。他故意这样做是为了保护自己远离来自邻居的嫉妒性伤害的魔咒。参见：G. E. Simpson, Haiti's Social Structure, in: American Sociological Review, Bd. 6, S. 643. S. 塔克斯强调了阻碍发展的行为中的嫉妒因素，参见：S. Tax, Changing Consumption in Indian Guatemala, in: Economic Development and Culture Change, Bd. 5, Chicago, 1957, S. 151, 155.

3．Y. A. Cohen, Four Categories of Interpersonal Relationships in the Family and Community in a Jamaican Village, in: Anthropological Quarterly, Bd. 28 (neue Series, Vol. 3), 1955, S. 121-147. 在 1938 年之前，C. S. 罗森塔尔通过研究波兰的一个城市犹太人社区报告了非常类似的避免嫉妒行为："人们非常害怕别人的嫉妒。人们不厌其烦地指出，你不能摘掉别人的眼睛，也就是说，应该避免让别人嫉妒。"在这句话中，引人注目的是"邪恶之眼"与信仰的联系。参见：C. S. Rosenthal, Social Stratification of the Jewish Community in a Small Polish Town, in: American Journal of Sociology, Bd. 59, 1953, S. 6。

4．W. Watson, Tribal Cohesion in a Money Economy. A Study of the Mambwe People of Northern Rhodesia (The Rhodes-Livingstone Institute.), Manchester, 1958, S. 82 f.

5．A. a. O., S. 122 f.

6．A. a. O., S. 209. 在这方面，沃森提到了曼布韦人与贝姆巴人（Bemba）的相似性，这是 A. I. 理查兹（A. I. Richards）曾研究过的一个邻近部落："如果你的生活状况长期优于村子里的其他人，你几乎肯定会被指控使用了巫术。"参见：A. I. Richards, Land, Labour, and Diet in Northern Rhodesia. London, 1939, S. 215. 沃森还将他的发现与我提到过的克里格夫妇的研究成果，以及下面的另外两项研究进行了比较。所有这些研究都强调了成功的非洲人超越平均水平的地位总是要付出代价的，那就是他的同伴们会感觉到自己的财产和福祉受到了他的巫术的损害，参见：M. Hunter, Reaction to Conquest. Effects of Contact with Europeans on the Pondo of South Africa. London, 1936, S. 317; M. Gluckman, Lozi Land Tenure, in: Essays on Lozi Land and Royal Property (Rhodes-Livingstone Papers No. 14), Cape Town, 1943, S. 37.

7．O. Lewis, Life in a Mexican Village, Urbana, 1951.

8．A. a. O., S. 297.

9．G. und A. Reichel-Dolmatoff, The People of Aritama. The Cultural Personality of a Colombian Mestizo Village, Chikago, 1961, S. 396.

10．A. a. O., S. 398.

11．C. Wright Mills, White Collar. The American Middle-Classes, New York, 1951.

12．Reichei-Dolmatoff, A. a. O., S. 402.

13．A. a. O., S. 403.

14．A. a. O., S. 404.

15．Hsien-Chin Hu, in: American Anthropologist, Bd. 46, 1944, S. 45-64；德文译本，参见：Die chinesischen Begriffe vom, Gesicht', in: Kulturanthropologie, hrsg. von W. E. Mühlmann und E. W. Müller, Köln, 1966, S. 238 bis 263.

16．P. Bohannan, Some Principles of Exchange and Investment among the Tiv, in: American Anthropologist, Bd. 57, 1955, S. 60 ff.

17．L. Bohannan, Der angsterfüllte Zauberer, in: Kulturanthropologie, hrsg. von W. E. Mühlmann und E. W. Müller, Köln, 1966, S. 293. 来自 Joseph B. Casagrande, In the Company of Man（New York, 1960.）德文译本。

18．A. a. O., S. 301.

19．Reichel-Dolmatoff, A. a. O., S. 403.

20．R. F. Fortune, Sorcerers of Dobu. The Social Anthropology of the Dobu Islanders of the Western Pacific. New York, 1932, S. 135.

21．J. B. Watson und J. Samora, Subordinate Leadership in a Bicultural Community. An Analysis, in: American Sociological Review, Bd. 19, 1954, S. 413 bis 421.

22．C. S. Belshaw, In Search of Wealth, in: American Anthropologist Memoir; Februar, 1955, S. 80.

23．A. a. O., S. 60 f.

24．1958 年 9 月在新泽西州普林斯顿朝圣山学社（Mont Pelerin Society）会议上发表的演讲。

## 第 6 章　嫉妒的心理学

1．G. Devereux, Reality and Dream, Psychotherapy of a Plains Indian, New York, 1951, S. 66.

2．R. S. Wallis, The Changed Status of Twins among the Eastern Dakota, in: Anthropological

Quarterly, Bd. 28 (Neue Serie, Bd. 3),1955, S. 117.

3. B. D. Paul, Symbolic Sibling Rivalry in a Guatemalan Indian Village, in: American Anthropologist, Bd. 52, 1950, S. 205-218.

4. H. Granqvist, Child Problems among the Arabs. Studies in a Muhammadan Village in Palestine, Copenhagen, 1950, S. 81.

5. R. R. Fortune, Sorcerers of Dobu, New York, 1932, S. 16 f.

6. S. Freud, Gesammelte Werke, Bd. 13, London, 1940, S. 134 f.

7. A. Kardiner, The Individual and his society. The Psychodynamics of Primitive Social Organization. New York, 1939, S. 375 f.

8. A. a. o., s. 379.

9. A. a. o., s. 402 f.

10. 参见：D. Wyss, Die tiefenpsychologischen Schulen von den Anfängen bis zur Gegenwart. 2. Aufl., Göttingen, 1966, S. 81; B. Bettelheim, Symbolic Wounds. Puberty Rites and the Envious Male. 1954; Melanie Klein, Envy and Gratitude. A Study of Unconscious Sources. London, 1957.

11. E. A. Gutheil, The Language of the Dream, New York, 1939, S. 39, 68, 87, 195, 212, 228.

12. I. D. Suttie, The Origins of Love and Hate, London, 1935, S. 107 u. 110.

13. G. P. Murdock, Social Structure, New York, 1949.

14. David F. Aberle ,et al., The Incest Taboo and the Mating Patterns of Animals, American Anthropologist, Bd. 65, April 1963, S. 253-265.

15. P. Greenacre, Trauma, Growth, and Personality, London, 1953, S. 233.

16. V. E. Frankl, Man's Search for Meaning, S. 43. 新版为：From Death-Camp to Existentialism, Boston, 1959. 德文第一版为：Ein Psychologe erlebt das Konzentrationslager. 1946.

17. A. a. O., S. 45, 63.

18. A. a. O., S. 33.

19. A. H. Buss u. a., The Measurement of Hostility in Clinical Situations, Journal of Abnormal and Social Physiology, Bd. 52, Januar 1956, S. 84 ff.

20. H. Stack Sullivan, The Interpersonal Theory of Psychiatry, New York, 1953, S. 347 f.

21. A. a. O., S. 355.

22. A. a. O., S. 213.

23. G. Piers und M. B. Singer, Shame and Guilt. A Psychoanalytical and a Cultural Study. Springfield/Illinois, 1953, S. 6, 11.

24. A. a. O., S. 23 f.

25. R. M. Yerkes, Conjugal Contrasts among the Chimpanzees, in: Journal of Abnormal and Social Psychology, Bd. 36, 1941, 5. 175-199. 另外参见：The Life History and Personality of the Chimpanzee, in: American Naturalist, Bd. 73, 1939, S. 97-112. Ders., Chimpanzees, 1943.

26. J. P. Scott, Aggression, Chikago, 1958, S. 39-41.

27. A. a. O., S. 7 f.

28. A. a. O., S. 22.

29. A. a. O., S. 32 ff.

30. E. Baumgarten, Versuch über mögliche Fortschritte im theoretischen und praktischen Umgang mit Macht, in: Studium Generale, 4. Jg., 1951, S. 548.

31. A. a. O.

32. K. Lorenz, Moral-analoges Verhalten geselliger Tiere, in: Universitas, 11. Jg., 1956, S. 693.

33. S. E. Asch, Effects of Group Pressure upon the Modification and Distortion of Judgments, in: Groups, Leadership and Men, hrsg. von Harold Guetzkow. Pittsburgh, 1951.

34. S. Milgram, Nationality and Conformity, in: Scientific American, Bd. 205, 1961. Zitiert nach dem Nachdruck der Arbeit, in: Readings in General Sociology, hrsg. von R. W. O'Brien u. a., Boston, 1964, S. 54 ff.

35. A. Pepitone, Attraction and Hostility. An Experimental Analysis of Interpersonal and Self-Evaluation. New York, 1964, S. 105.

36. A. a. O., S. 78 f.

37. A. a. O., S. 88.

38. A. a. O., S. 222 f.

39. A. a. O., S. 224.

40. 这部 1965 年出版的《人类冲突的本质》（*The Nature of Human Conflict*）专题论文集（由 Elton B. McNeil 编辑、Englewood Cliffs 出版社出版），吸纳了多位美国社会科学家的工作成果，但仍然停留在最表面的现象。这在很大程度上是因为，作者们必须努力去描述人类冲突的本质，以便能够合理地为社会科学家争取更多的研究资金和更大的政治影响力，以期解决这个问题。

## 第 7 章　社会科学视角下的嫉妒

1. R. Dahrendorf, Die angewandte Aufklärung. Gesellschaft und Soziologie in Amerika. München, 1963, S. 188.

2. R. Dahrendorf, Gesellschaft und Freiheit, München, 1963, S. 197-235.

3. A. a. O., S.213.

4. R. K. Merton und E. Barber, Sociological Ambivalence, in: Sociological Theory, Values, and Sociocultural Change. Essays in Honor of P. A. Sorokin, hrsg. von E. A. Tiryakian. London, 1963, S. 92f., 95, 106 f.

5. R. Dahrendorf, Bildung ist Bürgerrecht, Hamburg, 1965, 5. 70 f. 受访工人的陈述取自：J. Hitpass, Einstellungen der Industriearbeiterschaft zu höherer Bildung. Eine Motivuntersuchung, 1965.

6. G. Simmel, Soziologie. Untersuchungen über die Formen der Vergesellschaftung.

München u. Leipzig, 2. Aufl. 1922, S. 210.

7．A. a. O., S. 210-211.

8．A. a. O., S. 211.

9．K. Davis, Human Society, New York, 1949, S. 175.

10．A. a. O., S. 182.

11．B. Berelson and G. A. Steiner, Human Behavior. An Inventory of Scientific Findings. New York, 1964, S. 156.

12．A. a. O., S. 72.

13．A. a. O., S. 72, 81, 82.

14．A. a. O., S. 281, 514-516.

15．A. a. O., S. 273 f.

16．N. J. Smelser, Collective Behavior, New York, 1963, S. 106.

17．比如，纽约社会学家乔治·辛普森赞同社会学家应将对自己社会的不满情绪作为必要的出发点，参见：Simpson, A Sociologist Abroad, Hague, 1959, S. 168. C. 赖特·米尔斯也持有同样的观点，因此受到了爱德华·希尔斯的批评，参见：Edward Shils, "Professor Mills on the Calling of Sociology", in: World Politics, Bd. 13, Juli 1961, S. 608.

18．阿诺德·W. 格林关注了美国社会中的平等和嫉妒问题。他在这方面意识到了自己的异端地位。参见：Arnold W. Green, Sociology, 4. Aufl., New York u. London, 1964.

19．在一个群体中，避嫉行为的普遍性也可以通过民意测验来确定。1966 年夏天，我请民意测验研究所重复了一个问题，这个问题在大约 1956 年首次向德国人提出。避免嫉妒的倾向甚至略有增加。53% 的受访者认为，最好不要表现出自己的成功。在公务员中，这个比例上升到 63%。在按照宗教信仰、难民和本地人、小城市和中等城市以及地区进行划分的受访者中，没有显示出明显的差异。只有西柏林的受访者表现出较低的驱动倾向。在此非常感谢传播学家伊丽莎白·诺埃尔-诺伊曼（Elisabeth Noelle-Neumann）教授提供的数据。

## 第 8 章　嫉妒引发的犯罪

1．"Youth is Accused of Killing City College Star With Car", in: The New York Times, 16. Dezember, 1963.

2．海因茨·哈夫纳（Heinz Häfner）博士在 1953 年 7 月 17 日的书信通知中提到，克雷奇默教授将在一篇出版物中使用他关于慕尼黑儿童谋杀案的评估报告。这份出版物我没有接触过。

3．1959 年 8 月 21 日来自加利福尼亚州圣昆廷的美联社报道。

4．例如，"正如在理查德·康登（Richard Condon）《满洲候选人》（The Manchurian Candidate）一书中的邪恶心理学家所说：'……那些怀恨在心、精神上的癌症患者，是伟大的刺客。'"参见：The Marxist Marine, in: Newsweek, 2. Dezember 1963.

S. 23. 哈罗德 · D. 拉斯韦尔（Harold D. Lasswell）在为斯文 · 拉努尔夫（Svend Ranulf）《道德义愤与中产阶级心理研究》新版撰写的前言中也提到，杀害总统的凶手可以被理解为是嫉妒者。参见：S. Ranulf, Moral Indignation and Middle Class Psychology, New York, 1964, S. XIII.

5. "Jealous of Woman's Wealth, Boy Says in Iron-Rod Killing", in: The Atlanta Journal, 15. März, 1960, S. 19.

6. The Atlanta Journal, 28. Oktober, 1963.

7. G. Zöller, Scotland Yard in Wiesbaden, in: Rheinischer Merkur, 18. März 1960, S. 24.

8. R. F. Fortune, Sorcerers of Dobu, New York, 1932, S. 210.

9. P. Kipphoff, Hetzjagd auf die schöne Frau. Vorurteil, schlechtes Gewissen und Eifersucht von den Hexenverfolgungen bis zum Mariottiprozeß, in: Die Zeit, 10. April 1964, S. 10 f.

10. Walter Gibson, The Boat, London, 1952. "每个自杀者都有一个奇怪的特点。当人们决定跳船时，似乎怨恨别人有留下来的机会。他们会试图抓住食物扔进海里。他们会试图让他们在船上的最后一个动作是拔出船舱里的塞子，让水进来。他们的疯狂总是呈现出他们不能独自离去，必须带上所有人。"（第 35 页）

11. Frederic M. Thrasher, The Gang. A Study of 1313 Gangs in Chicago. 1. Aufl. 1927, neu hrsg. von J. F. Short, Jr., Chicago, 1963, S. 77 f. 也可参见：T. R. Fyvel, Troublemakers., 1962. "vandalism" 作为犯罪社会学上的常用术语，也出现在：D. C. Gibbons, Changing the Lawbreaker, Englewood Cliffs, 1965, S. 35, der sich auf M. B. Clinard u. A. L. Wade bezieht; Toward the Delineation of Vandalism as a Sub-Type of Juvenile Delinquency, in: Journal of Criminal Law, Criminology and Police Science, Bd. 48, 1958, S. 493-499. A. K. Cohen, Delinquent Boys. The Culture of the Gang. Glencoe/Ill., 1955, S. 183ff. 作者将"破坏行为"（Vandalismus）视为美国反社会的青年团伙行为的主要特征，当他将这种"闹事青少年"的亚文化称为充满"恶意"和"无端的敌意"时，也几乎推进到了"嫉妒"一词。美国联邦监狱的官方期刊《联邦观察》（Federal Probation）在 1954 年 3 月（第 18 卷）举办了关于"破坏行为"的研讨会。

12. Time Magazin, 3. November 1952.

13. Fortune Magazin, Juli 1952, S. 60.

14. Erich Fromm, The Heart of Man; its genius for good and evil. New York, 1964, S. 27 ff.

15. S. und E. Glueck, Delinquents in the Making, New York, 1952, S. 149.

## 第 9 章　神之嫉妒与命运观

1. Dies kommt auch ganz deutlich im Märchen zu Tage. Vgl. H. von Beit, Symbolik des Märchens. Bern, 1952, S. 72.

2. F. Bertholet, Artikel, "Neid der Götter", in: Die Religion in Geschichte und

Gegenwart, Tübingen, 1930, Bd. 4, S. 488.

3. Aischylos, Tragödien und Fragmente. Übers. von L. Wolde (Sammlung Dieterich, Bd. 17). 1938, S. 31 (832 ff.).

4. A. a. O., S. 33 (904 ff.).

5. S. Ranulf, The Jealousy of the Gods and Criminal Law at Athens, Kopenhagen, 1933, Bd. I, S. 117.

6. U. von Wilamowitz-Moellendorf, Griechische Tragödien übersetzt, Bd. 2, 6. Aufl., 1910, S. 21 f.

7. M. P. Nilsson, Geschichte der griechischen Religion. Bd. 1: Bis zur griechischen Weltherrschaft. (Handbuch der Altertumswissenschaft, hrsg. von W. Otto, 5. Abt., 2. Teil, 1. Bd.) München, 1941, S. 344.

8. A. a. O., S. 338.

9. A. a. O., S. 339.

10. A. a. O., S. 339.

11. A. a. O., S. 342.

12. A. a. O., S.

13. A. a. O., S. 615.

14. A. a. O., S. 699.

15. A. a. O., S. 699 f.

16. A. a. O., S. 700.

17. A. a. O., S. 696.

18. A. a. O., S. 696 ff.

19. A. a. O., S. 701.

20. E. R. Dodds, The Greeks and the Irrational, Berkeley and Los Angeles, 1951, S. 30.

21. A. a. O., S.30 ff.

22. A. a. O., S.45.

23. A. a. O., S.62.

24. P. Tournier, Echtes und falsches Schuldgefühl, Zürich u. Stuttgart, 1959, S. 15 f.

25. K. Simrock, Handbuch der Deutschen Mythologie mit Einschluß der nordischen, 4. Aufl., Bonn, 1874, S. 164.

26. A. a .O., S. 165.

27. G. Piers und M. B. Singer, Shame and Guilt. A Psychoanalytical and a Cultural Study. Springfield, 1953, S. 28 f.

28. A. a. O., S. 36 f.

29. M. Weber, Wirtschaft und Gesellschaft, Bd. I, Tübingen, 1925, S. 281.

# 第 10 章　文学中的嫉妒者

1. H. Melville, Billy Budd, in: The Portable Melville, hrsg. von J. Leyda, New York,

1952, S. 643.

2．A. a. O., S. 672 f.

3．A. a. O., S. 673.

4．A. a. O., S. 673.

5．A. a. O., S. 674.

6．A. a. O., S. 674 f.

7．A. a. O., S. 675.

8．A. a. O., S. 675.

9．A. a. O., S. 676.

10．A. a. O., S. 677.

11．A. a. O., S. 678 f.

12．参见，比如："在《雷德本》(*Redburn*) 中，杰克逊特别恨一个年轻的水手——雷德本自己——因为他年轻，脸色好，身体健康……。《白鲸》(*Moby Dick*) 第54章《动嘀号的故事》(" The Town-Ho's Story") 中的拉德尼 (Radney)，他也嫉妒一个英俊、受欢迎的水手。"Herman Melville, Billy Budd, sailor, reading Text and genetic Text, 由 H. 海福德 (H. Hayford) 和 M. M. 西尔茨 (M. M. Sealts) 根据手稿编辑，并附有介绍和注释 (2. Aufl., London-Chicago, 1963, S. 32.)。或者在 H. F. 波默 (H. F. Pommer) 看来："雷德本相信杰克逊对他的恨的一个原因，是嫉妒他的身体健康：因为我年轻英俊……而他正在被一种无法治愈的疾病消耗，正在吞噬他的身体。类似的情况是来自贝尔法斯特的水手，他一直被杰克逊虐待和轻蔑，杰克逊似乎十分恨他，因为他的力量和健美的身材，特别是因为他的红脸颊 (Redburn, pp. 72, 356, 356-357, 74, 76)。撒旦的这部分动机，很大程度上就是妒忌，参见：Milton, Paradise Lost, IX, 119-130; Milton and Melville, Pittsburgh, 1950, S. 85 f.

麦尔维尔的《水手比利·巴德》与米尔顿对撒旦的嫉妒的描绘之间的联系是显而易见的：最后是第二章分析军械士官长克拉加特性格的标题——《苍白的愤怒、嫉妒和绝望》("Pale ire，envy, and despair") (Billy Budd, XIII, p.48)。米尔顿用这些词描述撒旦第一次看到伊甸园时的情绪 (P. L., IV, p. 115)。麦尔维尔用它们来介绍他对克拉加特看到比利时的嫉妒的分析——也许暗示了克拉加特的苍白 (pallor) 的原因。"克拉加特表现出的并不是一种庸常型的 (嫉妒) ……" (a. a. O. S. 88.)

我们也在 R. 梅森 (R. Mason)《尘埃之上的灵魂》(The Spirit above the Dust. A Study of Herman Melville. London, 1951) 中找到了同样的提示："通过引用撒旦接近伊甸园场景的半行文字'苍白的愤怒、嫉妒和绝望'作为介绍克拉加特部分的引言，麦尔维尔明确证实了文字的来源出处。"(S. 252.)

关于这个对比更详细的讨论来自 L. 汤普森 (L. Thompson)："在这个特定的情况下，比利是一个显著的例子，表明伊甸园的主要干涉者、嫉妒的麻烦制造者，仍然或多或少地参与了每一个被送往这个地球的人。"(S. 366.)；"《水手比利·巴德》和《失乐园》之间的许多交叉引用有时是明显的，有时是微妙的；但最明显的一个是麦尔维尔使用的直接引用，即他用作第十一章的标题或格言：'苍白的愤怒、嫉妒和绝望'……麦尔维尔用这些词来描述克拉加特看比利时的复杂情绪。克拉加特嫉妒比利的纯真，却又鄙视这种纯真……麦尔维尔的处理方式让人想起米尔顿写到的撒旦同时观察着亚当和夏娃时嫉妒的独白。"(Melville's Quarrel with God, 1952, S. 379f.)。

13．M. Bowen, The Long Encounter. Self and Experience in the Writings of Herman Melville. Chicago, 1960, S. 229. 另 参 见：N. Arvin, Herman Melville, London, 1950. 但此书也没有提到嫉妒是克拉加特的动机。

14．A. R. Humphrey, Melville, Edinburgh und London, 1962, S. 113.

15．R. Harter Fogle, Melville's Shorter Tales, Norman, 1960, S. 138.

16．T. Hillway, Herman Melville, New York, 1963.

17．G. Stone, Melville, New York, 1949, S. 27.

18．A.a.O., S.313.

19．M. R. Stern, The Fine Hammered Steel of Herman Melville, Urbana, 1957, S. 227 ff. J. B. 努恩（J. B. Noone Jr.）也两次提到了克拉加特的嫉妒，参见：J. B. Noone jr., Billy Budd Two Concepts of Nature, in: American Literature, Bd. 29, 1957, S. 251. 另外，W. 伯特霍夫（W. Berthoff）也写道："克拉加特……充满了嫉妒和绝望。" 参见：W. Berthoff, The Example of Melville, 1962, S. 200.

20．Amerikanische Renaissance. Kunst und Ausdruck im Zeitalter Emersons und Whitmans. Wiesbaden, 1948, S. 412, 478.

21．E. Sue, Frederick Bastien: Envy. Boston, o. J. Bd. 2, S. 49 f.

22．A. a. O., S. 56.

23．A. a. O., S. 91.

24．A. a. O., S. 157.

25．G. Lukács, Schriften zur Literatursoziologie, 2. Aufl., Neuwied, 1963, S. 224 f.

26．E. von Wildenbruch, Der Neid, S. 19-21.

27．St. Andres, Novellen und Erzählungen, München, 1962, S. 207.

28．Jurij Olescha, Neid, Frankfurt a. M. 1964.

29．R. Mathewson, The First Writers' Congress. A Second Look, in: Literature and Revolution in Soviet Russia 1917-62. A Symposium, hrsg. von M. Hayward und L. Labedz, London, 1963, S. 65.

30．J. Olesdsa, Aufzeichnungen eines Schriftstellers, in: Russische Erzähler des XX. Jahrhunderts, ausgewählt von E. Gagaron, neu hrsg. von J. Zimmermann. 2. Aufl. München, 1960, S. 214 ff.

31．Olescha, Neid, S. 73.

32．A. a. O., S. 9.

33．A. a. O., S. 18.

34．A. a. O., S. 116.

35．A. a. O., S. 121.

36. A. a. O., S. 123.

37. A. a. O., S. 60.

38. G. Struve, Soviet Russian Literature 1917-50. Norman, 1951, S. 98, 219.

39. "除了向下和向内看，他们（这个系列早期的一些作家）似乎喜欢斜眼看他们的邻居，这是一种尤其难以解释的行为，因为它最常见的效果似乎是引发愤怒和恶意。一位年收入 800 英镑的退休校长的简单享乐和谦逊的生活方式，对许多读者来说就像是红布对公牛一样。一位牧师的'歪斜的微笑'几乎是对这篇文章最仁慈的反应。

"我不能不感到，对于明目张胆的欺诈的容忍，是战后英国最令人震惊的现象之一。但是，将相对更幸运的人的成功和舒适看作愤怒和烦恼的原因，将他们的高文化和教育标准看作侮辱，这完全是另一回事。这只是嫉妒。"（W. Taplin, Making End's Meet, in: The Spectator, 3. August 1951, S. 151 f.）

40. L. P. Hartley, Facial Justice, London, 1960, S. 13.

41. A. a. O., S. 43 f.

42. A. a. O., S. 78.

43. A. a. O., S. 86.

44. A. a. O., S. 170 f.

45. A. a. O., S. 201.

46. A. a. O., S. 207.

47. P. Bien, L. P. Hartley, London, 1963, S. 221.

48. A. a. O., S. 276 f.

49. K. Vossler, Poesie der Einsamkeit in Spanien, München, 1940, S. 340-342.

50. E. Zilsel, Die Entstehung des Geniebegriffes. Ein Beitrag zur Ideengeschichte der Antike und des Frühkapitalismus. Tübingen, 1926, S. 198.

51. A. a. O., S. 200.

52. A. a. O., S. 194 f.

53. A. a. O., S. 196.

## 第 11 章　哲学中的嫉妒主题

1. Aristoteles, Rhetorik, Buch II, 9（1387 ff.）.

2. Francis Bacon, The Essays or Counsels, Civil and Moral, hrsg. von S. H. Reynolds, Oxford, 1890, S. 56.

3. A. a. O., S.60.

4. A. a. O., S.60.

5. A. a. O., S.60.

6. A. a. O., S.56.

7. A. a. O., S. 57.

8. A. a. O., S. 57 f.

9．A. a. O., S. 58.

10．A. a. O., S. 58f.

11．A. a. O., S. 59.

12．A. a. O., S. 59.

13．A. a. O., S. 59.

14．A. Smith, The Wealth of Nations, Modern Library Edition, S. 670.

15．I. Kant, Metaphysik der Sitten, in: Sämtliche Werke, hrsg. von K. Vorländer. 3. Band, 4. Aufl., Leipzig, 1922, S. 316.

16．A. a. O., S. 316 f.

17．A. a. O., S. 317.

18．A. a. O., S. 312.

19．A. a. O., S. 312 f.

20．A. Schopenhauer, Sämtliche Werke, hrsg. von A. Hübscher. Leipzig, 1939, Bd. 6, S. 223-229.

21．A. a. O., S, 491.

22．A. a. O., S. 491-492.

23．A. a. O., S. 492.

24．A. a. O., S. 493-494.

25．"在一个人可能犯的所有罪恶中、没有任何的恶习、卑鄙行为、下贱行径或者不友善行为，会像他的成功那样激起他的同时代人、朋友和邻居的愤怒。这是唯一一个理性无法辩护、谦逊也无法减轻的不可饶恕的罪行。'当上天赐予他这样的才能时，我难道没有理由憎恨他吗？'这是庸俗人类心中真实而自然的表达。那些写我们所不能写，说我们所不能说，做我们所不能做，兴我们所不能兴之事的人，都把一个人可能犯的所有罪行累积在了自己身上。打倒他！为什么让他占着地方呢？"（同上，第230页。）

26．Sören Kierkegaard, Gesammelte Werke, 24. u. 25. Abteilung: Die Krankheit zum Tode. Düsseldorf, 1954, S. 84f. (= XI/197 f.) 。括号内罗马数字代表丹麦主要版本。

27．Ders., Ges. Werke, 13. u. 14. Abteilung: Vier erbauliche Reden 1844. Drei Reden bei gedachten Gelegenheiten 1845. Düsseldorf, 1952, S. 77 (V/141).

28．Wie Anm. 26.

29．Leben und Walten der Liebe. Jena, 1924, S. 264 (IX/245).

30．A. a. O., S. 86 f. (IX/245).

31．Ges. Werke, 17. Abt. Eine literarische Anzeige, S. 82 (VIII/73).

32．A. a. O., S. 86 (VIII/76).

33．A. a. O. "反对他"是指个人。

34．A. a. O., S. 87 (VIII/77).

35．A. a. O., S. 158. 来自译者伊曼纽尔·赫希（Emanuel Hirsch）的一个注释。

36．A. a. O., S. 89 (VIII/79).

37．A. a. O., S. 90 (VIII/79).

38．A. a. O., S. 96 (VIII/84).

39．Ges. Werke, 20. Abt. Christlichen Reden 1848. Düsseldorf, 1959, S.122 (X/120 f.).

40．A. a. O., S. 126 (X/124).

41．引用尼采的文字来自：Karl Schlechta, München, o. J., III, 294.

42．III, 295 f.

43．I, 696.

44．I, 762.

45．I, 890.

46．I, 891.

47．I, 891.

48．I, 1190.

49．I, 865.

50．II, 865.

51．II, 869.

52．II, 782 f.

53．II, 814 f.

54．II, 424.

55．Max Scheler, Ges. Werke, Bd. 3, 1955, S. 36.

56．A. a. O., S.39.

57．A. a. O., S.39 f.

58．A. a. O., S. 41.

59．A. a. O., S. 65.

60．A. a. O., S. 45.

61．Ludwig Klages, Die Grundlagen der Charakterkunde, 4. Aufl. der "Prinzipien der Charakterologie", Leipzig, 1926, S. 29 ff.

62．Nicolai Hartmann, Ethik, 2. Aufl. 1935, S. 78.

63．A. a. O., S.79.

64．A. a. O., S. 83.

65．A. a. O., S. 83.

66．A. a. O., S. 83 f.

67．E. Raiga, L'Envie, Paris, 1932, S. 13.

68．A. a. O., S. 14 f.

69．A. a. O., S. 8.

70．A. a. O., S. 11.

71．A. a. O., S. 24.

72．A. a. O., S. 25.

73．A. a. O., S. 65 ff.

74．A. a. O., S. 83.

75．A. a. O., S. 99.

76．A. a. O., S. 233 ff.

77．A. a. O., S. 236.

78．A. a. O., S. 255.

79．A. a. O., S. 263.

80．A. a. O., S. 264.

## 第 12 章　作为安抚嫉妒手段的政治

1．国民经济学家威廉·罗雪尔认为："……其他的大多数罪行，至少在最开始，看起来似乎是能带来快乐的，但是嫉妒感从一开始就只会使人不幸。然而，在像我们这样的民主时代，嫉妒情绪尤其普遍。我们内心有无数的情绪，我们把它们想象成合理的感受，但在最深处却是在被嫉妒的情绪侵蚀。"参见：Wilhelm Roscher, Geistliche Gedanken eines Nationalökonomen, Dresden, 1895, S. 57.

2．这在 1945 年后英国工党的国有化计划中尤其明显。参见：W.W. Haynes, Nationalization in Practice. The British Coal Industry. Cambridge (Mass.), 1953；特别是在第 69、115、159、163、177、184、385 页。

3．"平等主义，甚至是政治上的平等主义，有其高尚的一面，但它很容易被嫉妒情绪败坏，社会运动的宣传并没有放过任何一个可以败坏它的机会。这是一个令人恐惧的想法，许多人愿意接受严重的困苦，只要他们确信那些享有特权的人也受到了同样的困扰。无家可归者对于房屋建设的惊人迟缓感到的愤怒，不及他们对富人可能在酒店获得房间的想法的十分之一。对建设计划的强力推动，会为他们提供住所，关闭所有酒店则不会，但他们对开放的酒店的愤怒，超过了对未完成的房屋的愤怒。"参见：C. Brogan, Our New Masters, London, 1948, S. 207.

4．对于像科尔姆·布罗根（Colm Brogan）这样的观点，平等主义的作者有时候会做出回应，但他们却没有说明他们要如何证明他们的计划中没有嫉妒。美国社会批评家马克斯·勒纳（Max Lerner）曾这样为他支持的运动辩护："这是一个理论，已经成为攻击民粹主义运动的主要依据。我们被告知，这些运动是出于怨恨、嫉妒和仇恨而诞生的。他们是那些被剥夺了文明福利的底层人口的产物，他们愿意毁灭文明的结构。毫无疑问，这种嫉妒，这种增强自身地位的渴望，参与了所有的权力之争……但是，如果我们认为普通人完全是由这种嫉妒所驱动的……这是精英们枯燥无味的想象的表现！"参见：Max Lerner, It Is Later Than You Think, New York, 1939, S. 249 f.

　　英国知名社会主义者 C.A.R. 克罗斯兰（C. A. R. Crosland）用以下的话来反驳对嫉妒的指责："有人说，我们在考虑社会嫉妒和怨恨时，做了一些不光彩的事，只是迎合了群众的自私喧闹。事实并非如此……考虑它们与考虑政治家必须注意的其他许多事实——比如富人的贪婪，他们声称必须得到更高的金钱回报和减税以激励他们做出更大的努力，这显然只是爱国主义还不够——一样并无可厌……社会主义者寻求一个足够平等的奖励、地位和特权分配，以减少社会的怨恨，确保个体之间的公正、平等的机会；他们也寻求削弱现有的、深层次的阶级分化，它所带来的嫉妒和自卑感，以及阻碍阶级之间无拘无束交往的障碍。"参见：C. A. R. Crosland, The Future of Socialism, London, 1956, S. 203 f.

5. 我在自己的书中进行了详细的研究，参见：Helmut Schoeck, Was heißt politisch unmöglich?, Zürich-Erlenbach, 1959, S. 64f., 127 ff.

6. 参 见：B. R. E. Lane, The Fear of Equality, in: American Political Science Quarterly, Bd. 53, 1959, S. 35-51.

7. 即使在激进的社会计划和运动中证实了嫉妒动机的存在，也并不能构成反对这些计划和运动的论据，对于这一点，参见：W. H. Mallock, Social Equality und Labour and the Popular Welfare, 1894; R. Kirk, Lebendiges politisches Erbe, 1959, S. 388. 德国学者如历史学家海因里希·冯·特赖奇克（Heinrich von Treitschke）过于简化了这个问题，因为他们只是充满愤怒地确认了嫉妒动机的存在。

8. L. Strauss, On Tyranny. An Interpretation of Xenophon's Hiero. New York, 1948, S. 67 ff. (也有德语译本。)

9. M. Scheler, Das Ressentiment im Aufbau der Moralen. Ges. Werke, Bd. 3, S. 44.

10. C. M. Stevans, Bryan and Sewall and the Great Issue of 1896, New York, 1896, S. 95.

11. A. a. O., S. 268.

12. A. a. O., S. 271.

13. A. a. O., S. 132.

14. H. W. Morgan, William McKinley and his America, Syracuse, 1963, S. 221.

15. 引自 H. W. 摩根（H. W. Morgan）的话。A. a. O., S. 237.

## 第13章　贫穷的颂歌：从抵制奢侈到对富裕社会的反感

1. J. K. Galbraith, The Affluent Society, Boston, 1958. 请参阅我对这种"新"批评的预测：Das Problem des Neides in der Massendemokratie, in: Masse und Demokratie, hrsg. von A. Hunold, Zürich-Erlenbach, 1956, S. 254ff.

2. A. und P. Toynbee, Über Gott und die Welt. Ein Gespräch zwischen den Generationen. München, 1965, S. 58 f.

3. 关于苏联的收入结构，参见：A. Inkeles, Social Stratification and Mobility in the Soviet Union, in: American Sociological Review, Bd. 15, S. 465-479. 另见：Rudolf Becker, Lohnsystem und Lohnpolitik, in: Werner Markert (Hrsg.), Osteuropa-Handbuch. Sowjetunion. Das Wirtschaftssystem. Köln-Graz, 1965, S. 412. 关于苏联社会收入分层的数据，参见：Boris Meissner hrsg., Band der Deutschen Gesellschaft für Osteuropakunde, Sowjetgesellschaft im Wandel. Rußlands Weg zur Industriegesellschaft. Stuttgart, 1966, S. 110 ff., 147 f. 顶级官员的确切收入（以及他们的津贴特权的价值）是保密的，但我们从苏联的数据中得知，1959 年，超过三分之二的工人和雇员的平均月薪只有大约 60 卢布，而 1960 年，一个大学学者可以拿到 1500 卢布，一个歌剧艺术家可以拿到 2000 卢布，一个工厂主管可以拿到 1000 卢布。即使我们假设 1965 年的平均月薪达到了 95 卢布，我们也可以

保守估计，顶级官员的有效收入应该是 4000 卢布，所以，苏联社会的底层与精英之间的收入差距可能是 1:40，15 年前这个比例还是 1:100。

4. H. 克赖克鲍姆（H. Kreikebaum）和 G. 林切（G. Rinsche）探讨了这个主题，但并没有对消费行为中避免嫉妒的动机进行详细研究。作者们意识到"奢侈"（Luxus）或"消费"（Aufwand）这些概念很难确定，而且在这些词背后隐藏着对文化的批判性怨恨，但他们没有进一步探究这些概念背后的历史原因和基础，这些原因和基础导致了对过度消费的更多或更少的情绪上的反对。参见：H. Kreikebaum, G. Rinsche, Das Prestigemotiv in Konsum und Investition. Demonstrative Investition und aufwendiger Verbrauch, in: Beiträge zur Verhaltensforschung, hrsg. von G. Schmölders, Berlin, 1961, S.112.

5. J. M. Vincent, Artikel, Sumptuary Legislation, in: Encyclopedia of the Social Sciences. 以及：John Martin Vincent, European Blue Laws, in: Annual Report of the American Historical Association for the Year 1897, Washington, 1898, S. 357-372; P. Kraemer, Le luxe et les lois somptuaires au moyen âge, Paris, 1920; J. Schwarten, Verordnungen gegen Luxus und Kleiderpracht in Hamburg, in: Zeitschrift für Kulturgeschichte, neue Folge, Bd. VI, 1899, S. 67, 102, 170-190; F. E. Baldwin, Sumptuary Legislation and Personal Regulation in England (Studies in Historical and Political Science, 44th series, No. 1), Baltimore, 1926; W. Roscher, Prinzipien der politischen Ökonomie, 13. Aufl. 1877; F. Marbach, Luxus und Luxussteuer, Bern, 1948.

有一个讽刺地呼吁创建一种"禁奢法"社会的《禁奢宣言》。在这个宣言中，以讽刺的方式揭示了约翰·肯尼斯·加尔布雷思等人的"新"经济学的精神和情感起源。参见：Journal of Law and Economics Bd. 2, 1959, S. 120-123.

6. C. Rowe, Voltaire, S. 164; 这个引用来自 Moland-Ausgabe, XXII, S. 363.

7. A. Tilgher, Homo Faber. Chicago, 1964, S. 218 f.

8. Oswald Spengler, Jahre der Entscheidung I, München, 1933, S. 70.

9. A. a. O., S. 72 f.

10. W. E. Mühlmann, Chiliasmus und Nativismus. Berlin, 1961, S. 348.

11. Arno Borst, Die Katharer. Stuttgart, 1953, S. 44.

## 第 14 章 公正感与平等观

1. W. Kägi, Falsche und wahre Gleichheit im Staat der Gegenwart, in: Universitas, 8. Jg., 1953, S. 735 ff.

2. G. C. Homans, Sentiments and Activities. New York, 1962, S. 54.

3. E. N. Cahn, The Sense of Injustice. New York, 1949, S. 24.

4. A. a. O., S.26 f.

5. E. Evans-Pritchard, Zande Blood-Brotherhood, in: Africa, Bd. 6, 1933, S. 387.

6. R. Karsten, The Head-Hunters of Western Amazonas. The Life and Culture of

the Jivaro Indians of Eastern Ecuador and Peru. (Societas Scientiarum Fennica: Commentationes Humanarum Litterarum, Vol. VII, No. 1.) Helsingfors, 1935, S. 251.

7. F. J. Roethlisberger und W. J. Dickson, Management and the Worker. Cambridge (Mass.), 1940, S. 575 f.

8. Risë Stevens Protests, in: The New York Times, 29. Juli 1959.

9. M. Scheler, Das Ressentiment im Aufbau der Moralen. Ges. Werke, Bd. 3,. S. 121.

10. A. a. O., S. 121 f., Fußnote.

11. R. T. LaPiere, A Theory of Social Control, New York, 1954, S. 199 f.

12. 美国基督教会全国委员会总委员会 (General Board of the National Council of the Churches of Christ) 1954 年 9 月 15 日之决议。

13. G. Simmel, Soziologie, Untersuchungen über die Formen der Vergesellschaftung. 2. Aufl., München und Leipzig, 1922, S. 164.

14. A. a. O., S. 165.

15. A. a. O., S. 165.

16. F. Kluge, Etymologisches Wörterbuch der deutschen Sprache. ii. Aufl., 1934.

17. N. Hartmann, Ethik. 2. Aufl., Berlin und Leipzig, 1935, S. 86 f.

18. D. V. Glass (Hrsg.), Social Mobility in Britain, London, 1954; M. Young, The Rise of the Meritocracy. An Essay on Education and Equality. London, 1958.

19. A. Curle, in: The New Statesman and Nation, 14. August 1954.

20. D. V. Glass, a. a. O., S. 25f.

21. A. Curle, a. a. O., S. 26.

22. 例如，参见：M. Young und P. Willmott, Family and Kinship in East London, London, 1957, S. 146 ff.

23. R. Lewis und A. Maude, The English Middle Classes, New York, 1950, 1. Aufl., London, 1949, S. 320.

24. J. Strachey, The Object for further Socialization, in: The Political Quarterly, Bd. 24, 1953, S. 67.

25. M. Scheler, a. a. O. (siehe Anm. 9), S. 45.

26. D. Potter, People of Plenty, New Haven, 1954, S. 102 f.

27. R. E. Lane, The Fear of Equality, in: American Political Science Quarterly, Bd. 53, 1959, S. 35-51.

28. B. Webb, Diaries 1924-1932, hrsg. von Margaret Cole. London, 1956, S. 264 f.

29. 例 如，参 见：Wilhelm Roscher, Geistliche Gedanken eines Nationalökonomen, Dresden, 1895, S. 57.

30. 奥利弗·温德尔·霍姆斯和哈罗德·J. 拉斯基的信件往来：Holmes-Laski Letters. The Correspondence of Mr. Justice Holmes and Harold J. Laski 1916 bis 1935, von M. De Wolfe Howe. 2 Bde. Cambridge (Mass.), 1953. 霍姆斯写给拉斯基（1927 年 5 月 12 日，第 942 页）："我对平等的热情并无尊重，我觉得那不过是将嫉妒理想化而已——我并不贬低嫉妒，但我不认为它有权合法地主宰我。

如果我要考虑贡献，它们的差异是无穷无尽的 —— 任何人做出的贡献都是在给力量指定一个方向。建筑师的做法比砌砖工人的规模大，后者只看到一座桥是否平整。我找不出任何先验的理由来说他不应该得到更大的回报……我认为资本对劳动的掠夺是一个笑话。真正的竞争者是不同类型的劳动……在寻求改变这一行动的最底层，其实是某种形式的专制……"同样的观点，霍姆斯也在 1928 年 8 月 23 日（第 1089 页）、1928 年 10 月 11 日（第 1101 页）、1930 年 8 月 9 日（第 1272 页）提到过。

31. Abba P. Lerner, The Economics of Control, New York, 1944. 在这里，我们可以看到，作为改善贫穷的 B 的个体状况的最有效手段，需要的是简单地减少 A 的福利，而不是将他的财产转移给 B（这通常是不可能的）。例如，在第 36 页，勒纳指出，B 的满足不仅取决于他自己的收入，也取决于 A 所拥有的。如果我们从 A 那里拿走一些东西，而不给 B 添加一些东西，那么我们就已经向福利国家迈出了一大步……（第 65 页以下）。

　　如果 A 因此变得邪恶，开始享受更多的闲暇时间，那么如勒纳建议的，我们可以简单地将累进所得税扩大到 A 本来可以赚取的，如果他没有享受那么多闲暇时间的那部分收入上（第 237 页）。

　　"……那些一个人消费增加导致另一个人满意度降低的情况，完全是另一回事。这些情况在'引人嫉妒的'炫耀性消费出现的地方随处可见……总的来说，假设一个人的满意度并不取决于任何其他人的消费，这种消费涉及对关于声望（prestige）、妒忌（jealousy）(!) 等问题的完全掩盖……"（第 65 页以下）。

32. 在法国大革命前的几年里，不同的作者在借鉴卢梭的平等主义思想的同时，明确宣扬了建立一个无嫉妒社会的必要性，特别是 CH · -R · 戈塞林（Ch.-R. Gosselin）和波塞尔（Boissel），参见 W.P. 沃尔金（W. P. Wolgin）在《法国启蒙运动的社会理论》（Die Gesellschaftstheorien der Französischen Aufklärung, Berlin, 1965, S. 322ff.）一书中的描绘。

33. M. Scheler, Ges. Werke, Bd. 3, S. 42.

34. Ebd., S. 43.

35. Alexis de Tocqueville, Über die Demokratie in Amerika, 1. Teil, Stuttgart, 1959. 阿尔诺德 · 盖伦（Arnold Gehlen）强调了"平等"这一实际取得和修辞上的确认只是使人们对新的"不平等"更敏感，参见：Arnold Gehlen, Gleichheit. Kritische Anmerkungen zu einer politischen Leitidee, Wort und Wahrheit, 19. Jg., Januar 1964, S. 50. 同时，美国社会历史学家戴维 · 波特从 20 世纪美国社会的趋势中得出了同样的结论。参见：David Potter, People of Plenty, Chikago, 1954.

## 第 15 章　成为不平等者的内疚

1. P. Tournier, Echtes und falsches Schuldgefühl. Eine Deutung in psychologischer und religiöser Sicht. Zürich und Stuttgart, 1959, S. 18.

2. A. a. O., S. 23.

3．A. a. O., S. 55. 我对此部分进行了强调。

4．A. a. O., S. 157. 我对此部分进行了强调。

5．A. a. O., S. 158.

6．奇怪的是，在他的早期著作中，保罗·图尔尼埃研究并多次使用了嫉妒（Neid）和妒忌（Eifersucht）这两个概念，参见：P. Tournie, De la Solitude à la Communauté, Neuchâtel, 1948. 因此，他在关于"公正的要求"（gerechte Forderungen）的章节对嫉妒的作用表述得非常清楚。它（嫉妒）并不是新的东西，但是在现在，尤其是通过平等的要求，以及某些人（比如问"你怎么能接受这样的侮辱性工作？"）提出"这是社会不公"等的短语被煽动了起来。

7．Tournier, 1959, S. 55.

8．A. a. O., S. 53 f.

9．A. a. O., S. 54.

10．A. a. O., S. 237 ff.

11．A. Rüstow, Ortsbestimmung der Gegenwart. Eine universalgeschichtliche Kulturkritik. Bd. 3: Herrschaft oder Freiheit? Erlenbach-Zürich, 1957. 详见第六节"平等"（Egalité）。

12．Tournier, 1959, S. 280-285.

13．A. a. O., S. 315.

14．A. a. O., S. 312.

15．A. a. O., S. 313.

16．A. a. O., S. 141-145.

17．A. a. O. S. 97-103, 138-144.

18．A. a. O. S. 99.

19．A. a. O., S. 99.

20．A. a. O., S. 101.

21．A. a. O., S. 261.

22．A. a. O., S. 246.

23．A. a. O., S. 107 ff.

24．A. a. O., S. 219.

25．A. a. O., S. 54 f.

26．A. a. O., S. 55 f.

27．A. a. O., S. 56.

28．A. a. O., S. 57.

29．C. P. Snow, The Affair.

30．Friedrich Nietzsche, Zarathustra, Kröners Taschenausgabe, S. 64 ff.

31．A. a. O., S. 57.

32．M. Weber, Wirtschaft und Gesellschaft, Bd. 1, Tübingen, 1925, S. 281.

33．L. Freund, Politik und Ethik. Möglichkeiten und Grenzen ihrer Synthese. 2. Aufl., Gütersloh, 1961, S. 190 ff.

34．W. Wyatt, Into the Dangerous World, New York, o. J. (1952).

35．G. 莫里斯·卡斯泰尔斯（G. Morris Carstairs）在一项丰富的研究中描述了印度村民中所有人对所有人的恐惧，他们几乎完全没有西方意义上的友谊，这项研究名为《两次出生》（Die Zweimal Geborenen，英文原版名为 The Twice Born；德文翻译版于 1963 年在慕尼黑出版），玛格丽特·米德（Margaret Mead）为其撰写了前言。请特别参见第 50 页及以后、第 57 页、第 70 页。阅读这部作品应能使"发展乐观主义者"（Entwicklungsoptimisten）清醒。

## 第 16 章　平等社会中的杰出个人

1．罗伯特·米歇尔斯（Robert Michels）详细描述了"精英们由于恐惧社会主义群众运动中过度夸大的嫉妒情绪而产生的'麻痹'（Paralysierung）"，参见：Robert Michels, Psychologie der antikapitalistischen Massenbewegungen, Grundriß der Sozialökonomik, IX. Abt., 1. Teil. Tübingen, 1926, S. 304-306。另外，安德烈·纪德（André Gide）的自传性告白也很有代表性，他在 1936 年的苏联之行中，并未如愿看到平等，反而发现了精英阶层与普通民众在舒适度和生活享受上的极端差异，这使他对共产主义那预先存在的同情荡然无存，参见：André Gide, The God that failed, S. 179. Anm. 4. 还可参见：Neal Wood, Communism and British Intellectuals, New York u. London, 1959.

2．1924 年 2 月 7 日，比阿特丽斯·韦伯的日记条目，来自：Beatrice Webb's Diaries 1924-1932, hrsg. von Margaret Cole, London, 1956, S. 6 ff.

3．S. de Beauvoir, La force des choses, Paris, 1963, S. 135 f. 在德文版（Hamburg, 1966）中，这段话见于第 121 页及以后。

4．A. Koestler, in: The God That Failed, hrsg. von R. Crossmann, New York, 1949, S. 18.

5．P. Tournier, A. a. O., 1959, S. 84 f.

6．M. Spiro, The Children of the Kibbutz, Cambridge (Mass.), 1958, S. 398.

7．精神分析学家罗伯特·塞登伯格（Robert Seidenberg）描述了这种类型：On being a Guest, in: Psychiatric Quarterly Supplement, Bd. 23, Teil 1 (1949), S. 1-6.

8．D. Riesman, Faces in the Crowd, New Haven, 1952.

## 第 17 章　脱离嫉妒的社会：一个乌托邦

1．D. M. Potter, People of Plenty. Economic Abundance and the American Character. 1954, S. 111 ff.

2．19 世纪一位俄罗斯传教士曾在关于阿留申群岛（Inselgruppe der Aleuten）部落的陈述中提到，他们是如此善良快乐，甚至不知道什么是嫉妒，甚至能在个人遭遇不幸（例如掉入冰冷的水中，衣服完全湿透）时，也不会对运气更好的同伴产生怨念。参见：Human Relations Area Files, Yale University.

3．A. Rüstow, Ortsbestimmung der Gegenwart, Bd. 3, 1957, S. 91 f.

4．从 1948 年到 1958 年，以色列的人口翻了一番多，但是基布兹的成员只增加了大约 25,000 人。到 1957 年年初，基布兹的成员大约有 80,000 人。1948 年有 177 个基布兹，到 1958 年总共有 229 个。数据来自 S. S. 金（S. S. King）在 1958 年 2 月 20 日《纽约时报》发表的一篇报道《基布兹失去了吸引力》（"The Kibbutzim lose their Attraction"）。

5．C. S. Belshaw, In Search of Wealth, in: American Anthropologist Memoirs, Februar 1955, S. 80.

6．I. Vallier, Structural Differentiation, Production Imperatives and Communal Norms. The Kibbutz in Crisis, in: Social Forces, Bd. 40, 1962, S. 233-242.

7．M. Spiro, Children of the Kibbutz, Cambridge (Mass.), 1958, S. 65.

8．A. a. O., S. 398.

9．A. a. O., S. 367-371, 453.

10．Erbschaftsprobleme in Israel, in: Neue Zürcher Zeitung, 13. Dezember 1962.

11．Kibbutzes to End Hiring of Labor, in: The New York Times, 29, September 1963, S. 18.

12．M. Buber, Paths in Utopia. 引自：Beacon Press Paperback, Boston, 1958, S. 144f.

13．R. T. LaPiere, Theory of Social Control, New York, 1954.

14．Petrarca, Dc contemptu mundi. 另可参见：Dc vita solitaria. — Brief an die Nachwelt, Gespräche über die Weltverachtung. Übers. u. hrsg. von H. Hefele, Jena, 1925, S. 70, 99.

15．Ebd.

16．K. Vossler, Poesie der Einsamkeit in Spanien, München, 1940.

17．The Diary of Helena Morley. Übers. von E. Bisbop. New York, 1957, S. 117.

18．H. 达林-德拉布金（H. Darin-Drabkin）在其著作《另一个社会》（The Other Society，1962）中详细描绘了基布兹的生活方式和当前面临的问题，并对这种模型的社区充满了深深的同情。然而，他也反复指出，人类天生的个人主义与集体主义所要求的理论性平等之间的冲突，参见第 152—157 页、第 215 页。

19．对此有许多例证，尤其是在京特·希威一本著作的注释部分，参见：Günther Schiwy, Intellektuelle und Demokratie heute, Würzburg, 1966。美国社会学家梅尔文·M. 图明的抱怨也很典型，他提出了自己的担忧，如今我们知道他完全没有必要这样担忧，因为他担心的是富裕社会可能导致社会批评家的灭绝，参见：Melvin M. Tumin, "Some unapplauded consequences of mass-mobiity", Social Forces, Bd. 15, 1957.

## 第 18 章　私有财产是盗窃吗？

1．M. Mead, Cooperation and Competition Among Primitive Peoples, New York, 1937, S. 466. 在这里，米德参考了：R. Fortune, The Sorcerers of Dobu, 1932, S. 100 ff. 对

于嫉妒问题，在玛格丽特·米德的书中，还有以下页码值得参考：S. 187, 189, 191, 451, 453, 463, 465, 466。

2．A. Rüstow, Ortsbestimmung der Gegenwart. Bd. 3: Herrschaft oder Freiheit?, Erlenbach-Zürich, 1957, S. 90. 比如，L. F. 波斯特（L. F. Post）的观点就直接让人联想到多布人的思想，参见：L. F. Post, Ethics of Democracy, 3. Aufl., Indianapolis, 1916, S. 82.；另外，关于英国社会主义者政策要点的报告，可以参见，Malice or Charity?, in: The Economist, 18. Dezember 1954, S. 973 f.; A. a. O., 3. Juli 1954, S. 9 f.

　　1956 年，A. 刘易斯（A. Lewis）等英国社会主义者出版了一本书《20 世纪的社会主义》(Twentieth Century Socialism)，C. 柯伦对其进行了批评性的评述："当你开始考虑无阶级的平等主义的选举时，所有这些天真的东西开始变得更加丑陋。因为在一个没有贫穷的英国，谁会想要平等呢？让我们假设——这并不是一个非常大的假设——我们的国家生活标准提高到这样的程度，即 1956 年的奢侈品对每个人来说都是可以获得的。如果每个人都过上了富裕的生活，而有些人生活得更富裕，这会是一种困难，或者是一种不公正吗？如果每年最低收入是 3000 英镑，那么有些人的收入是 30,000 英镑，或者 300,000 英镑，这会很可怕吗？

　　"显然，平等主义者认为这很可怕。问他们为什么，他们会以那个高尚的陈词滥调'社会公正'来回答你。但这只不过是政客对'嫉妒'的迂回说法。'社会公正'是一种语义上的欺诈，就像'人民民主'一样。它意味着当每个人都过得很好的时候，去恨那些过得更好的人是正确的。即使是最笨的公民，他的智力只够他标注一张足球彩票，享受着有车的生活标准，平等主义者也会告诉他，你要因为你的车是一辆莫里斯（Morris），而其他人有宾利（Bentley），所以要在警察局里反抗。但是，他为什么要在意呢？

　　"在英国，除了神经质者，还有谁在反思美国是一个比我们更富有的国家时，会感到悲伤、愤怒，或者深深的痛苦呢？……在过去……这些不公正是真实而明显的。但现在，这些问题已经消失了。为了让这个运动继续活跃，左翼知识分子想要用嫉妒和妒忌来替代贫困和困苦，作为选举的筹码。在我看来，这就是《20 世纪社会主义》一书所隐含的结论。"（参见：C. Curran, The Spectator, 6. Juli 1956, S. 7-8.）

3．E. J. Mishan, Ein Überblick über die Wohlfahrtsökonomik 1939-1959, in: Grundlagen der Wirtschaftspolitik, hrsg. von Gérard Gäfgen, Köln-Berlin, 1966, S. 146 f.　这篇文章最初的版本为：A Survey of Welfare Economics, 1939 bis 1959, in: The Economic Journal, Bd. LXX, 1960, S. 197-265.

4．A. a. O., S. 153.——在他的注释部分（同上，第 173 页以下），米香讨论了一个假设，即最终"利他主义的互依性"（altruistische Interdependenz，即对他人幸福感到快乐）可能会增加社会福祉。其反面，即"利己主义的互依性"（egoistische Interdependenz，亦即"对他人幸福感到恼火"），他称之为"嫉妒"。米香用以下观点来反驳这种假设："如果我因为想到那些收入更高或收入正在增长的人而感到高兴，那么当我想到那些收入更低或正在减少的人时，我必定会感到悲伤。"

在这里，我们看到了在福利经济学中深入研究的"社会良知的痛苦"（sozialen schlechten Gewissens）所扮演的角色。米香认为，这两种互依性的影响因人而异，取决于许多因素，以至我们几乎无法判断他在哪种情况下会感到更舒适。——在我们的理论中，一个非常关键的概念，即"嫉妒的平息"，在米香的以下思考中被直接提到："我们可以设想一个社会，在这里，相互之间的嫉妒并不会造成任何对生产的限制。因此，我们可以想象，在技术进步的推动下，生产或产出会增长。这种增长将会被接受，只要额外的产品能够支付每一个新加入的生产要素的成本，并且足够平息新产生的嫉妒。这种新增的嫉妒可能主要来自某个个体或某个群体。但是，只有当增长的产出能够超出补偿新增嫉妒的需求时，这种增长才被认为是合理的。"（同上，第 174 页）

5. A. a. O., S. 155.

6. Individuality vs. Equality, in: Essays on Individuality, hrsg. von F. Morley. Philadelphia, 1958, S. 103-124. 在富裕社会中，对仅仅是收入差异的社会批判、攻击对于骑士们来说并不是非常吸引人，尤其是当这些差异已经被大大平均化的时候。所以，几年来，作为左翼的新的主题，平等化、再分配和重新分配教育开始出现，这种教育不仅被视为谋生手段，而且更直接地被视为精神层面的完全享受的手段。例如，埃里希·弗洛姆在寻求一种介于美国主义和苏联文化之间的"人本主义的社会主义"的道路时，他说："……关于收入平等的观念从来不是社会主义的要求……只要收入的不平等没有超过一个程度，即收入的差距会导致生活体验的差异。"（The Sane Society, London, 1956, S. 334 f.）

7. 在描述哥萨克人时，A. 德·列夫钦（A. de Levchine）写道："人们可能会认为，像哥萨克人这样的简朴民族，对于彼此间的微薄利润和损失是无所谓的，但事实恰恰相反。他们极度贪婪和吝啬。我见过他们在分配微不足道的物品时发生丑陋的争吵。当他们抢劫一队马车时，他们会将抢到的物品割成最荒谬和无用的小块。"参见：Description des hordes et des steppes des Kirghiz-Kazaks ou Kirghiz-Kaissaks, Paris, 1840, S. 343.

8. Die Zeit, 24. April 1964, 读者来信。

9. 在描述塔拉拉人时，拉尔夫·林顿（Ralph Linton）写道："塔拉拉人的物质需求很小，很容易满足，但私有财产对他们来说就像对任何一群欧洲农民一样重要。他们对待私有财产的态度是一样的。"家庭的收成是家庭的绝对财产。即使在直系亲属之间，也会严格遵守财产权。当然，如果有必要，可以在物主不在的情况下由任何人使用工具等。参见：The Tanala. A Hill Tribe of Madagascar. (Publications of the Field Museum of Natural History, Anthropological Series, Bd. 22) Chicago, 1935, S. 127 f.

　　在北美的纳瓦霍印第安人中，甚至小孩子们也会定期得到带有自己所有权标记的宠物。然而，孩子必须时不时地为家庭的肉汤锅中贡献一些东西，参见：C. Kluckhohn, The Navaho, 1946, S. 59 f. 同样，特林吉特（Tlingit）印第安人也非常尊重他们之间的私人财产，参见：American Anthropologist, Bd. 59, 1957, S. 534.

10. M. Spiro, The Children of the Kibbutz, Cambridge (Mass.), 1958, S. 373-376.

11. A. a. O., S. 367 f.

12. Neue Zürcher Zeitung, Fernausgabe, 11. April 1959, Blatt 2.

## 第 19 章 社会愤慨

1. A. Koestler, Arrow in the Blue, New York, 1952, S. 272.

2. Robert E. Lane, Problems of a Regulated Economy. The British Experiment, in: Social Research, Bd. 19, 1952, S. 297.

3. K. Lorenz, Das sogenannte Böse, Wien, 1963, Kapitel 7.

4. Stuttgarter Zeitung, 17. Oktober 1959, S. 3.

5. Frankfurter Allgemeine Zeitung, 13. August 1964.

6. D. Potter, People of Plenty. Economic Abundance and the American Character. Chicago, 1954.

## 第 20 章 作为收税员的嫉妒

1. Proposal for a Tax on Bankers, in: Jeremy Bentham's Economic Writings. Krit. Ed. hrsg. von W. Stark. New York, 1952, Bd. 1, S. 408.

2. G. Knupfer, Portrait of the Underdog, in: Public Opinion Quarterly, Bd. ll, 1947, S. 103-114.

3. C. Föhl, Kritik der progressiven Einkommensbesteuerung, in: Finanzarchiv, Neue Folge, Bd. 14, 1953, 5. 88 ff. W. J. Blum und H. Kalven jr., The Uneasy Case for Progressive Taxation, Chicago, 1953, S. 74 ff. 无法设定一个"社会公正"的累进税也得到了证明，参见：Kurt Schmidt, Die Steuerprogression, Tübingen, 1960, S. 74 f. 该书中也有关于这个问题的更多文献。

4. E. Best, The Maori, Bd. 2, Wellington, 1924, Bd. I, S. 87.

5. E. Best, A. a. O., Bd. II, S. 358-360.

6. F. E. Maning, Old New Zealand, London, 1876, S. 92 f.

7. A. a. O., S. 83 ff.

8. Maning, A. a. O., S. 94 ff. Best A. a. O., S. 251.

9. R. Firth, Primitive Economics of the New Zealand Maori, New York, 1929, S. 279, 284.

10. A. Holmberg, The Wells That Failcd, in: Human Problems in Technological Change, hrsg. von E. H. Spicer. New York, 1952.

11. E. Banfield, The Moral Basis of a Backward Society, Glencoe, 1958.

## 第 21 章 社会革命

1. W. Roscher, Geschichte der Nationalökonomik in Deutschland, München, 1874, S.

80 f.

2. R. Maunier, The Sociology of Colonies. An Introduction to the Study of Race Contact, 2 Bde. (International Library of Sociology) London, 1949. (该书的法文初版于 1932 年在巴黎出版。)文中提到的部分内容位于英文版第一卷第 343—347 页。

3. Algerien im zweiten Jahr seiner Revolution. Der Weg der Zerstörung, in: Neue Zürcher Zeitung, 14. Dezember 1963.

4. L. Fellows, Miners assailed for fox hunting. Welshmen Ride in Hounds in Sport of Aristocrats, in: The New York Times, 6. Oktober 1963, S.4.

5. Francis Bacon, The Essays or Counsels, Civil and Moral, hrsg. von S. H. Reynolds. Oxford, 1890, S. 60 f.

6. O. Spengler, Jahre der Entscheidung I, München, 1933, S. 95.

7. H. G. Barnett, Innovation. The Basis of Cultural Change. New York, 1953, S.401 ff.

8. A. a. O., S. 405.

9. A. a. O., S. 406.

10. A. a. O., S. 402 f.

11. G. Rudé, The Crowd in the French Revolution, Oxford, 1959, S. 201 f., 202 ff.

12. A. a. O., S. 208 f.

13. E. J. Hobsbawm, Social Bandits and Primitive Rebels. Studies in Archaic Forms of Social Movement in the l9th and 20th Centuries. Glencoe (III.). 1959, S. 114 f.

14. A. a. O., S. 121.

15. A. a. O., S. 122.

16. A. a. O., S. 116, 118.

17. A. a. O., S. 25.

18. A. a. O., S.26.

19. A. a. O., S. 187.

20. A. a. O., S. 122.

21. Z. B., L. Garrison, Congo Rebels Kill 'Intellectuals' as Enemies of Their Revolution, The New York Times, 4 Oktober 1964, S. 4.

22. Nigeria unter der Geißel des Bürgerkrieges, Frankfurter Allgemeinen Zeitung, vom 5. 8. 1966.

23. Hoang Van Chi, From Colonialism to Communism. A Case History of North Vietnam. Einleitung von P. J. Honey. London und Dunmow, 1964, S. 83.

24. A. a. O., S. 87-89.

25. A. a. O., S. 88.

26. A. a. O., S. 88 f.

27. A. a. O., S. 89.

28. A. a. O., S. 96.

29. A. a. O.

30. A. a. O., S. 99.

31．A. a. O., S. 102. 威廉·E. 穆尔曼（Wilhelm E. Mühlmann）在研究各种各样的革命运动、教派和土著文化时，非常好地阐述了嫉妒和怨恨的动态，参见：Chiliasmus und Nativismus (Studien zur Soziologie der Revolution Bd. I), Berlin, 1961, S. 330 ff., 336, 339f., 354, 401, 408, 410 ff., 414.

## 第 22 章　人类存在的嫉妒理论

1．对此，民俗学的文献也提供了有趣的信息。在巴伐利亚和奥地利，老农民们仍然在牛舍里的食物中混入"嫉妒草"（Neidkräuter），以保护牲畜免受"嫉妒"的侵害。"嫉妒"相当于原始人的恶意巫术（envious sorcery）。在克恩顿州（Kärnten）的格蒙德（Gmünd）地区，一只不再进食的动物就是被"嫉妒"了。人们这样叙述它的疾病："嫉妒转向"（Neid wend dich）、"嫉妒摩擦"（Neid reib dich）、"嫉妒驱使"（Neid treib dich），等等。参见：Heinrich Marzell, Neidkräuter, Bayerisches Jb. f. Volkskunde, hrsg. von J. M. Ritz, Regensburg, 1953, S. 78 ff.；Robert Mielke, Neidinschriften und Neidsymbole im Niederdeutschen, Niederdeutsche Zeitschrift, Bd. 10, 1932, S. 178 ff. S. 塞利格曼用大量的素材证明了"邪恶之眼"、迷信与嫉妒之间的"密切联系"：S. Seligmann, Der böse Blick und Verwandtes. Ein Beitrag zur Geschichte des Aberglaubens aller Zeiten und Völker. Berlin, 2 Bde., 1910. 尤其参见：S. 4, 13 in Bd. I und 417, 420 in Bd. II.

2．这方面的不同例子，可以参见：Capitalism and the Historians, mit Beiträgen von T. S. Ashton, L. M. Hacker, W. H. Hutt und B. de Jouvenel, hrsg. von F. A. Hayek. Chikago, 1954.

3．在我的书中，我详细介绍了斯文·拉努尔夫关于雅典的放逐理论，参见：Was heißt politisch unmöglich?, Erlenbach-Zürich u. Stuttgart, 1959, S. 75-80. 拉努尔夫的主要著作有：The Jealousy of the Gods and Criminal Law at Athens, A Contribution to the Sociology of Moral Indignation, 2 Bde. London u. Kopenhagen, 1933, 1934; Moral Indignation and Middle Class Psychology. A Sociological Study. Kopenhagen, 1938.

4．A. R. Holmberg, Nomads of the Long Bow: The Siriono of Eastern Bolivia. Smithsonian Institution. Institute of Social Anthropology Publication No. 10. Washington, 1950.

5．也可参见：J. Glyde Mitchell, The Meaning in Misfortune for Urban Africans, in: African Systems of Thought, International African Institute. London, 1965, S. 192 ff. 此书包含了关于恶意巫术社会学的一些最新研究。关于对那些被视为嫉妒者的恶意巫术者的观念的明确阐述，可参见：John Middieton und E. H. Winter, Hrsg., Witchcraft and Sorcery in East Africa, London, 1963, S. 29；John Middleton, Lugbara Religion, London, 1960, S. 239 f.

# 译名对照表

# 译后记

　　奥地利裔德国社会学家赫尔穆特·舍克撰写的《嫉妒与社会》自 1966 年在德国出版以来，迅速成为畅销书，多次再版并被翻译成十多种语言，其影响远远超出了学术界。

　　1988 年，中国社会科学院两位前辈学者王祖望、张田英曾将本书的节选修订版（1977 年版，原书 22 章，修订版 12 章）译成中文。本译本则由 1966 年德文第一版全本译出。2022 年 10 月，我来到德国奥格斯堡大学访学，本书大部分翻译工作在此完成。

　　舍克教授 1922 年出生于奥地利格拉茨，1941 年在德国巴登-符腾堡州路德维希堡市完成高中学业后，先后在慕尼黑大学、图宾根大学学习医学、哲学和心理学，并于 1948 年在图宾根大学取得博士学位。从 1950 年起，他在美国西弗吉尼亚州费尔蒙特州立学院担任哲学与心理学研究所正教授，1953 年执教于耶鲁大学，从 1954 年起任教于亚特兰大埃默里大学，担任社会学研究所正教授。1965 年，舍克教授回到德国，并在美茵茨大学担任社会学、哲学研究所教席教授直到 1990 年退休。本书的研究和写作，始于舍克教授在埃默里大学工作期间，故书中也体现了作者对当时美国社会的亲身观察和思考。

正如舍克教授所说，这本书对嫉妒主题的讨论，"可能会让一些读者感到不安"。作者在人类学、语言学、社会学、哲学、心理学、文学、犯罪学等领域的考察，展示了嫉妒在人类历史上无处不在，在社会生活中却又被刻意隐藏、排斥的事实。

舍克教授不仅关注个体层面的嫉妒，更深入探讨了这种情感是如何塑造文化、经济和政治结构的。他认为，嫉妒是一个基本的人类学范畴，没有它，人类的共同生活是不可想象的。只有当人们发展出通过他人的嫉妒来相互控制的能力时，历史上才可能出现具有任务分工的、较大的人类群体结构。嫉妒是构成我们社会的基石之一。

本书的魅力不仅仅在于其学术深度，更在于它如何将理性的学术研究与日常生活紧密结合。每一位读者，在翻开这本书的时候，都会发现自己在某个角落里体验过的嫉妒和那种深植内心、与生俱来的情感冲突。

这是一本写给每个人的人生之书。正如一位读者在评论本书时所说："我早在19岁的时候就应该读这书了！那么，我可能就可以避免许多问题。在我们的星球上，没有什么比该死的嫉妒造成的痛苦和残酷更多。赫尔穆特·舍克在这本书中清楚地剖析并解释了嫉妒。遗憾的是，它并未被视为相关职业的必读书目。特别是那些政治家，阅读这本书可能会使他们变得更理智。"

我很愿意并有幸能将这部著作译成中文，以期将舍克教授独特的洞察力与更多的读者分享。

谭淦

2023 年 8 月于德国奥格斯堡